《刑事法律论丛》编委会

总顾问 高铭暄 陈光中
主　任 朱孝清
副主任 张智辉
编　委 赵秉志 陈卫东 陈兴良 汪建成
　　　　 樊崇义 陈忠林 龙宗智 陈泽宪

本书获得国家社科基金项目支持

未成年人司法制度改革研究

Research on Juvenile Justice System Reform
——Based on the Empirical Analysis

赵国玲 / 主编

图书在版编目(CIP)数据

未成年人司法制度改革研究/赵国玲主编. —北京:北京大学出版社,2011.8

(刑事法律论丛)

ISBN 978-7-301-19382-2

Ⅰ.①未… Ⅱ.①赵… Ⅲ.①未成年人犯罪:刑事犯罪-司法制度-体制改革-研究-中国 Ⅳ.①D925.24

中国版本图书馆 CIP 数据核字(2011)第 166030 号

书　　　　名:	未成年人司法制度改革研究
著作责任者:	赵国玲　主编
责 任 编 辑:	郭薇薇
标 准 书 号:	ISBN 978-7-301-19382-2/D·2910
出 版 发 行:	北京大学出版社
地　　　　址:	北京市海淀区成府路 205 号　100871
网　　　　址:	http://www.pup.cn
电　　　　话:	邮购部 62752015　发行部 62750672　编辑部 62752027
	出版部 62754962
电 子 邮 箱:	law@pup.pku.edu.cn
印　　刷　者:	三河市北燕印装有限公司
经　　销　者:	新华书店
	965 毫米×1300 毫米　16 开本　28.5 印张　438 千字
	2011 年 8 月第 1 版　2011 年 8 月第 1 次印刷
定　　　　价:	49.00 元

未经许可,不得以任何方式复制或抄袭本书之部分或全部内容。

版权所有,侵权必究

举报电话:010-62752024　电子邮箱:fd@pup.pku.edu.cn

前　言

未成年人司法制度是整个司法制度中的重要组成部分,是衡量一个国家法治文明程度的重要标志。1899年,美国伊利诺斯州通过了世界上第一部《少年法庭法》,并在芝加哥市设立了世界上第一个少年法庭[1],掀开了未成年人司法制度发展的历史。至今,这一制度已经走过了112年的发展历程。

在未成年人司法制度诞生以前,人们对待未成年人犯罪和成年人犯罪的方式没有什么区别,都是以刑罚惩罚为主。直到19世纪中期,随着工业化和城市化的进程,青少年犯罪逐渐成为一个严重的社会问题,引起了人们的广泛关注。在美国,兴起了一场轰轰烈烈的拯救儿童运动,各州建立了一批旨在保护、教导少年的少年矫正机构[2],这直接推动了未成年人司法制度的诞生。进入20世纪以后,未成年人司法制度不仅在美国其他各州陆续建立起来,而且迅速传播到其他国家。目前,经过一个多世纪的发展,大多数西方国家都已经建立了较为完善的未成年人司法制度。

在我国,虽然国家一直非常重视青少年的教育和保护工作,但未成年人司法制度的建设起步较晚。直到1984年,我国第一个少年法庭才在上海市长宁区成立,宣告了未成年人司法制度在我国的诞生。经过二十多年的发展,我国未成年人司法制度的建设取得了重大成就。截至2009年,全国法院系统已经建立了2219个少年法庭,有7018名专业少年审判法官。[3] 在未成年人司法制度的运作实践中,各地的改革创新方兴未艾,探索了大量新的

---

[1] 参见徐建:《少年司法是向传统理论的挑战》,载《青少年犯罪问题》2008年第4期。
[2] 参见姚建龙:《超越刑事司法——美国少年司法史纲》,法律出版社2009年版,第72页。
[3] 参见陈永辉:《功德无量——少年法庭工作25年回眸》,载《人民法院报》2009年6月1日,第1版。

工作机制,如社会调查、暂缓起诉、暂缓判决、前科消灭等等。但是,我国的未成年人司法改革还面临种种困难和障碍,建立全国统一的未成年人司法制度还没有一个明确的目标。

我国学者对未成年人司法制度改革也给予了充分的关注。总体来看,现有的研究主要是从两个方面展开的:一是介绍外国的情况,或者比较中外制度的异同;二是对我国未成年人司法制度中的具体问题进行探索,并提出针对性的改革建议。上述第一种情况有利于开拓我们的视野,但来自异域的制度毕竟产生于对异域问题的解决,对其研究不能代替对我国问题的思考和解决;第二种研究则没有追问和厘清制度背后的根基与理念,因而许多改革建议呈现出不同理念之间的冲突,无法形成一种整体的规划,为制度建构中立场的摇摆无定和制度选择中的机会主义倾向埋下了伏笔。此外,囿于知识结构、认识手段、分析工具等的限制,现有的研究往往停留在定性的层面,缺乏相对比较确切的、可检验的理论和方法。

本书力图改变目前的这种研究状况。本书以科学、扎实的实证分析为基础,从我国当前未成年人司法制度中存在的问题出发,对相关理念进行认真的检讨和抉择,进而以开阔的学术视野进行制度的选择,力图为建立一种既符合我国国情又切合国际发展潮流的未成年人司法制度提出可行的改革建议。

本书的研究结论立足于大规模的实证调查所得到的数据。概括起来,这些调查主要包括三个部分:

第一,问卷调查。本课题最初准备在我国东部、中部和西部各选择一个城市进行调查,为了更科学、准确、全面地反映我国未成年人司法制度改革的实际情况,课题组扩大了调查范围,实际调查了包括北京、上海、天津、安徽、甘肃、广东、贵州、河北、河南、内蒙古、江苏、江西、辽宁、宁夏、山东、山西、陕西、四川、新疆、浙江、重庆、广西、湖北、黑龙江、湖南、吉林、青海等在内的 27 个省、自治区及直辖市。本次的调查对象具体包括六个部分:第一部分是社会公众,主要了解公众对于我国未成年人司法状况以及未来改革方向的认知态度,共收回有效问卷 323 份。第二部分是法官,主要了解目前我国未成年人审判制度的运作状况和法官对未成年人司法制度改革的认知态度,共收回有效问卷 403 份。第三部分是检察官,侧重了解我国未成年人刑事案件检察制度的运作现状,共收回有效问卷175份。第四部分是警察,侧重了解目前我国未成年人刑事案件侦查制度和矫正制度的运作情况,其中,对公安系统警察的调查共收回有效问卷207份,对司法警察(主要来自监狱和劳教系统)的调查共收回有效问卷185份。第五部分是律师,主要了解律师群体对未成年人司法制度的认知状况,共收回有效问卷24份。第六部分是未成年犯罪人,侧重了解未成年人犯罪的有关情况及案件的侦查、起诉、审判情形等,共收回有效问卷1799份。在上述几个部分的调查中,除了对律师的调查由于受到客观条件的限制仅在陕西省进行外,其他几部分的调查都分别在我国东、中、西部的不同省份抽取了一定数量的样本,而公众调查更是涵盖了全国26个省;调查样本的选取尽可能有代表性,比如,法官样本涵盖了各省不同地区、不同级别法院、不同工作年限、不同审判经验的男女法官特别是从事少年审判的法官,而公众样本则涵盖了社会各行各业、无业人员和离退休人员等。

第二,判决书分析。课题组搜集了截至2009年11月15日北大法意网(www.lawyee.net)上所有的未成年人犯罪案件的判决书,共计1180份。通过对判决书中有关犯罪事实、羁押状况、审判情况等信息的分析,了解我国未成年人司法制度的运行现状和存在的问题。

第三,非结构式访谈。课题组对北京、河北、山东、河南、四川等地负责未成年人犯罪处理的侦查、起诉、审判和矫正人员进行了重点访谈,以了解其对目前未成年人司法制度改革的体验、看法和改进的建议。

对于实证调查所搜集的资料,经过数据录入、逻辑查错与净化处理形成最终数据库,研究过程中使用SPSS软件进行统计分析。

本书共分十二章:第一章为未成年人司法制度概述,主要介绍未成年人司法制度的概念和构造本书的研究方法等内容;第二章和第三章分别阐述了世界范围内未成年人司法制度主导理念和未成年人司法制度本身的发展历程;第四章和第五章分别对我国的未成年人法律体系和司法机构建制中存在的问题进行了分析,并提出相关的完善建议;第六至十章对未成年人案件的侦查、起诉、审判、矫正制度中存在的问题及改革发展趋向进行了深入探索;第十一章主要对未成年人司法中的保护性制度进行研究,并对其中存在的一些问题提出了相应的对策;第十二章以河南、山东为例,介绍了我国未成年人司法制度改革的地方性探索。

"少年强则国家强"①，未成年人司法制度改革是一项功在当代、利在千秋的伟大事业。本书希望利用科学、扎实的研究方法，对未成年人司法制度进行全面、深刻的研究，为推动我国的未成年人司法制度改革进程作出自己的贡献。

---

① 梁启超:《少年中国说》，东方出版社1998年版，第2页。

目 录

第一章 未成年人司法制度概述 / 1

 第一节 未成年人司法制度的界定 / 1

 第二节 未成年人司法制度的系统构造 / 8

 第三节 本书研究的基本思路与方法设计 / 13

第二章 未成年人司法制度主导理念的变迁 / 16

 第一节 保护理念的肇始 / 16

 第二节 责任理念的引入 / 29

 第三节 保护理念与责任理念的融合 / 37

 第四节 我国未成年人司法制度主导理念的选择 / 39

第三章 未成年人司法制度的变迁 / 48

 第一节 国外未成年人司法制度的变迁 / 48

 第二节 我国未成年人司法制度的变迁 / 59

第四章 未成年人法律体系 / 74

第一节 未成年人国际法律规范体系 / 75

第二节 我国未成年人法律规范体系及其完善 / 88

第五章 未成年人司法机构建制 / 108

第一节 侦查机构 / 108

第二节 起诉机构 / 121

第三节 审判机构 / 128

第四节 矫正机构 / 143

第六章 未成年人刑事案件侦查制度 / 155

第一节 社会调查制度 / 157

第二节 合适成年人参与制度 / 167

第三节 取保候审制度 / 183

第七章 未成年人刑事案件起诉制度 / 207

第一节 审查起诉 / 208

第二节 酌定不起诉制度 / 212

第三节 暂缓起诉制度 / 221

第四节 分案起诉制度 / 229

第八章 未成年人案件审判制度 / 239

第一节 庭前调查 / 240

第二节 庭审程序 / 243

第三节 刑罚裁量 / 261

第四节 民事审判制度 / 275

第九章 未成年人矫正制度（一）/ 280

第一节 工读学校 / 280

第二节 社会帮教 / 293

第三节　未成年人教养／306

第十章　未成年人矫正制度（二）／316
　　第一节　监狱矫正／317
　　第二节　社区矫正／333
　　第三节　中途之家／353

第十一章　未成年人保护性司法制度／361
　　第一节　恢复性司法／362
　　第二节　前科消灭制度／376

第十二章　未成年人司法制度改革纪实／394
　　第一节　河南省未成年人司法制度／394
　　第二节　山东省未成年人司法制度／409

附录　主要参引书目／428

后记／445

第一章 未成年人司法制度概述

自1899年未成年人司法制度在美国诞生以来,世界上许多国家都陆续建立了较为完善的未成年人司法制度。我国未成年人司法制度的建设虽然起步较晚,但也取得了巨大成就,特别是近几年来,未成年人司法制度改革又成为司法实践和学术研究中的一个热点问题。本章主要对未成年人司法制度的概念和构造、本书采取的研究方法等基础性问题进行重点阐述。

第一节 未成年人司法制度的界定

一、未成年人司法制度的概念

未成年人司法制度是由未成年人与司法制度两个概念组合而成的,但又具有比这两个概念更加丰富的内涵。

(一)对未成年人的界定

未成年人是一个法律上的概念,《中华人民共和国未成年人保护法》(以下简称《未成年人保护法》)第2条规定,未成年人是指未满18周岁的公民。但在国际社会上,对"未成年人"还有类似不同的称谓,具体年龄界限的规定也有所不同,如日本和我国台湾地区都采用了"少年"的称谓,日本《少年法》第2条规定:"少年是指未满20岁的人",我国台湾地区"少年事件处理法"第2条规定："本法称少年者,谓12岁以上18岁未满之人。"《联合国保护被剥夺自由少年规则》也使用了"少年"的称谓,根据其规定,少年是指未满18岁者。《联合国儿童权利公约》中使用的则是"儿童"的称谓,其第1条规定："为本公约之目的,儿童系指18岁以下的任何人。"

本书采用我国《未成年人保护法》所规定的"未成年人"的概念,但是,需要注意的是,并不是所有的未成年人实施的违法犯罪行为都能进入未成年人司法制度中的刑事司法程序。《中华人民共和国刑法》第17条对于未成年人应负刑事责任的情况作了明确规定:已满16周岁的人犯罪,应当负刑事责任。已满14周岁不满16周岁的人,犯故意杀人、故意伤害致人重伤或者死亡、强奸、抢劫、贩卖毒品、放火、投毒罪的,应当负刑事责任。对于未成年人应负刑事责任的案件,应通过未成年人司法制度中的刑事司法程序处理;对于未成年人不负刑事责任的案件以及涉及未成年人的其他类型的案件,则应通过未成年人司法制度中的其他相应程序处理。

（二）司法制度的涵义

一般认为,司法制度有狭义和广义的理解。狭义的司法制度指审判制度和检察制度。广义的司法制度是国家司法机关和法律授权的社会组织的性质、任务、组织体系、活动原则和工作制度的总称,除审判制度、检察制度外,还包括侦查、监狱等制度。① 在未成年人司法中,审判制度、检察制度无疑具有重要的影响和作用,侦查制度、矫正制度等也都有区别于成年人司法的特点。因此,本书采用广义的司法制度的概念。

需要注意的是,按照案件的类型不同,司法制度还可以划分为刑事司法制度、民事司法制度以及行政司法制度等。在以往的学术研究中,多将未成年人（少年）司法制度等同于未成年人（少年）刑事司法制度,如有学者认为少年司法制度就是国家为了治理与预防少年违法犯罪而制定的有关法律并以此为依据建立起来的专门司法制度。② 对未成年人司法制度的这种认识与未成年司法制度的起源密切相关。西方国家的未成年人司法制度是针对

---

① 张柏峰主编:《中国当代司法制度》,法律出版社2007年版,前言第5页。
② 康树华:《少年司法制度发展概况》,载《法学杂志》1995年第2期。

未成年人犯罪日益严重的状况而建立和发展起来的①,因此,在成立之初,未成年人司法制度的主要内容就是未成年人的刑事司法制度。但是,随着未成年人司法制度的不断发展,很多国家都建立了综合性的少年审判庭或少年法院,我国也在进行这方面的试点工作。2006年,最高人民法院下发了《关于在部分中级人民法院开展设立独立建制的未成年人案件综合审判庭试点工作的通知》,在全国选择了17个中级人民法院建立未成年人案件综合审判庭。② 未成年人案件综合审判庭的案件受理范围扩大到了与未成年人有关的刑事、民事以及行政案件,而不再局限于未成年人刑事案件。在这种改革背景下,将未成年人司法制度等同于未成年人刑事司法制度不再符合我国的现状及发展趋势,因此有必要扩大传统的未成年人司法制度的涵义,未成年人司法制度应当包括未成年人刑事司法制度、民事司法制度和行政司法制度。

(三)学界对未成年人司法制度的定义

自20世纪80年代以来,我国学者对未成年人司法制度进行了广泛的研究,所提出的具有代表性的未成年人司法制度的定义主要有以下几种③:

1. 从形式方面来说,所谓未成年人司法制度,就是规定未成年人不良行为和保护处分以及对未成年人的违法犯罪行为所进行的刑事审理、审判程度、教育改造方法的总称。从实质方面来说,正是由于未成年人犯罪较之成年人犯罪有其特殊性,因而决定了未成年人司法制度的基本特点,主要是对犯罪未成年人的审理,无论是审理机关,还是审理方式、处罚方法、审理对象等等,都与普通司法制度有原则区别。建立和健全未成年人司法制度的目的,是在于预防和减少青未成年人犯罪。④

2. 所谓未成年人司法制度就是根据未成年人的生理和心理特点,以保护未成年人健康发展为出发点,以预防未成年人(本人)再违法、犯罪为目

---

① 康树华、刘灿璞、戴嶷云编著:《中外少年司法制度》,华东师范大学出版社1991年版,第154页。
② 安克明:《人民法院司法改革取得明显进展》,载《人民法院报》2007年3月10日。
③ 在我国的未成年人司法制度研究中,有学者采用的是"少年司法制度"的概念,为了论述方便,本书将所列举的定义统一为"未成年人司法制度"。
④ 康树华、刘灿璞、戴嶷云编著:《中外少年司法制度》,华东师范大学出版社1991年版,第154—155页。

的,把犯罪行为放到违法行为中一起作为违法行为对待,采取刑事和行政相结合的方式,以完全不同于成年人犯罪的独立的实体法和程序法进行审理和处理未成年人违法、犯罪行为的特殊的司法制度。①

3. 未成年人司法制度是指国家司法机关和司法性组织应用法律法规处理涉及未成年人的诉讼案件和非诉讼案件,对未成年犯罪人进行保护、教育和改造,以实现保护未成年人和社会双重目标的一种专门司法制度。②

4. 未成年人司法制度是指未成年人司法部门依照有关法律、法规的规定处理未成年人罪错案件的活动及有关的组织形式的统称。③

5. 未成年人司法制度就是以未成年人生理、心理特征为依据规定的,以未成年人犯罪为主的未成年人案件的审理、处置和矫治的法律制度的总称。④

6. 所谓未成年人司法制度,是指专门未成年人司法机构或者其他司法机构(包括国家司法机关和非国家机关的司法组织),应用法律处理未成年人犯罪和不良行为案件,以达到保护和教育未成年人健康成长、防治未成年人犯罪和未成年人不良行为这两个目标的专门司法制度。它是这些专门未成年人司法机构或者其他司法机构的性质、任务、组织体系、活动规则和工作制度的总称。⑤

7. 所谓未成年人司法制度,就是规定未成年人不良行为和保护处分以及对未成年人的违法犯罪行为所进行的刑事诉讼及其教育改造方法的总称。⑥

8. 未成年人司法制度从狭义上来讲,是指办理未成年人刑事案件的侦查、起诉、审判、惩教与康复的法律制度。它与成人刑事司法制度既有联系又有区别。尤其在司法理念与司法程序上,始终贯穿教育、保护未成年人,而不是单纯用法律惩罚未成年人的原则,因此,它主要体现社会法学思想而

---

① 王牧:《我国应当尽快建立少年司法制度》,载《人民法院报》理论版,2003年1月6日。
② 康均心、韩光军:《试论我国少年司法制度的不足与完善》,载《青少年犯罪问题》2006年第6期。
③ 徐建主编:《青少年法学新视野》,中国人民公安大学出版社2005年版,第767页。
④ 肖建国:《中国少年法概论》,中国矿业大学出版社1993年版,第272页。
⑤ 姚建龙:《长大成人:少年司法制度的建构》,中国人民公安大学出版社2003年版,第20页。
⑥ 孙谦、黄河:《少年司法制度论》,载《法制与社会发展》1998年第4期。

不仅仅是传统的刑法学和刑事诉讼法学的思想。广义的未成年人司法制度还包括涉及未成年人福利案件、未成年人保护案件及未成年人权益的刑事案件的司法或准司法制度。①

9. 未成年人司法兼具"体系"与"程序"两个方面,乃指通过一系列专业机构、人员和社会团体以保护未成年人和处置未成年人违法偏差行为的综合体系与过程,致力于以非敌视性的态度对有犯罪与偏差行为的未成年人进行个别处分与矫正。②

从以上定义中可以看出,学者们强调的主要有三点:(1)未成年人司法制度区别于成年人司法制度的特殊性。未成年人司法制度应以未成年人的生理、心理特点为依据,以保护未成年人健康成长为目的,在司法理念、机构设置以及程序规则等方面与成年人司法制度有所不同。(2)未成年人司法制度的对象主要是未成年人的违法犯罪行为。也有学者将未成年人的不良行为包括在内,但都没有提到涉及未成年人的民事案件以及行政案件。(3)在未成年人司法制度所包括的内容上,大都认为未成年人司法制度包括的内容较为广泛,既包括实体的内容,又包括程序的内容;既包括概念规则的内容,又包括制度运行的内容,等等。

本书以为,为未成年人司法制度下一个精确的定义应当遵循以下几个原则:一是要能准确地反应我国未成年司法制度的现状及其未来的发展趋势;二是要对未成年人司法制度的内容作出全面的概括;三是要准确把握未成年人司法制度区别于普通司法制度的特点。

基于上述原则,本书认为,可以对未成年人司法制度做狭义和广义的理解。狭义的未成年人司法制度主要是指传统意义上的未成年人刑事司法制度,即根据未成年人的生理、心理特点,为保护未成年人的健康成长,处理未成年人违法犯罪行为而制定的一系列法律、法规,成立的组织机构以及这些组织机构所进行的侦查、检察、审判、矫正等活动的总称。广义的未成年人司法制度则将未成年人的刑事司法制度、民事司法制度以及行政司法制度等都包括在内,是指根据未成年人的生理、心理特点,为保护未成年人的健康成长,处理未成年人刑事、民事以及行政等案件而制定的一系列法律、法

---

① 郭翔:《中日少年犯罪和少年司法制度比较》,载《河南公安学刊》2000 年第 2 期。
② 张鸿巍:《少年司法通论》,人民出版社 2008 年版,第 84—85 页。

规,成立的组织机构以及这些组织机构所进行的侦查、检察、审判、执行等活动的总称。相对狭义的概念而言,广义的未成年人司法制度更能反映我国未成年人司法制度改革的现状及发展趋势。当然,未成年人刑事司法制度仍然是广义的未成年人司法制度中最为重要的一个组成部分。

二、未成年人司法制度与少年司法制度的名称选择

在我国的犯罪学研究中,与未成年人司法制度相类似的一个概念是少年司法制度,学者们在这两个概念的使用上存在一定程度的混乱。主张使用少年司法制度这一概念的学者所提出的主要理由有:(1)未成年人包括儿童和少年两部分,少年仅仅是未成年人的一部分;(2)对于少年重的是教育和保护,对于儿童重的是养护,与此相应的法律制度是少年法制和儿童福利法制。以未成年人一词代替少年,不利于我国未成年人法制和儿童福利法制的完善和发展;(3)少年司法的主要管辖对象是有不良行为、犯罪行为的未成年人,而不良行为与犯罪行为的实施者仅仅是未成年人中的少年群体,而非全部;(4)我国的《未成年人保护法》、《预防未成年人犯罪法》并没有否定"少年"的提法,相反,还多处使用"少年"一词;(5)"少年"、"少年法庭"、"少年犯"、"少年司法制度"等词在我国未成年人法制中已成为习惯用语。[①]

本书主张采用未成年人司法制度的概念,理由如下:

首先,未成年人的涵义比少年更加精确。《现代汉语词典》对少年的释义有三条:(1)人十岁左右到十五六岁的阶段;(2)指上述年龄的人;(3)指青年男子。[②] 在上述三项解释中,对少年外延的界定都是比较模糊的。正是由于少年这一概念本身含义的不明确性,我国法律中并没有明确规定少年的概念及其范围,而是使用了"未成年人"的概念。相对而言,无论是作为普通用语,还是作为法律概念,未成年人都有比较确定一致的含义,即不满十八周岁的人。少年显然不具有法律概念所应有的精确性,如果在未成年人司法制度中使用少年的概念,所带来的最大问题就是无法明确未成年人

---

① 姚建龙:《长大成人:少年司法制度的建构》,中国人民公安大学出版社2003年版,第11—12页。

② 中国社会科学院语言研究所词典编辑室编:《现代汉语词典》(汉英双语),外语教学与研究出版社2002年版,第1690页。

司法制度的管辖范围。

其次,使用未成年人的概念,有利于统一法律规定与学术研究中的用语。我国已经颁布实施的《未成年人保护法》、《预防未成年人犯罪法》使用的都是未成年人的概念。在《未成年人保护法》的具体规定中,并没有独立使用少年的概念,而是仅仅在"少年先锋队"、"少年宫"两个固定用语中出现了两次"少年"的提法。在《预防未成年人犯罪法》的规定中,"少年"的概念也仅出现了三次,其中两次出现在"少年宫"、"青少年活动中心"这两个固定用语中,还有一次出现在"少年法庭"这一词组中。可见,法律中使用的"少年"概念,多出现在通常用语中。我国法律中虽然使用了"少年法庭"的提法,很多学者在学术研究中也使用这一概念,但这并不意味着"未成年人法庭"的概念有不妥之处。事实上,相当多的学者也在使用"未成年人法庭"的概念。① 在最高人民法院 2006 年下发的《关于在部分中级人民法院开展设立独立建制的未成年人案件综合审判庭试点工作的通知》中,使用的也是"未成年人案件综合审判庭"的概念。因此,虽然"少年"、"少年法庭"、"少年犯"、"少年司法制度"等词在我国未成年人法制中已成为习惯用语,但也同样存在着"未成年人"、"未成年人法庭"、"未成年犯罪人"、"未成年人司法制度"等用语,并且这些用语具有更加规范的法律意义。另外,在我国的学术研究中,通常多使用"未成年人犯罪"、"未成年犯罪人"等用语,而较少使用"少年犯罪"、"少年犯罪人"。因此,使用未成年人的概念,有利于统一法律规定以及学术研究中的用语。当然,提倡使用未成年人的概念,并不意味着在任何情况下都不能使用少年或青少年等概念,在适当的场合仍然可以使用少年或青少年这类的概念。

最后,使用未成年人司法制度的概念,并不否定不良行为与犯罪行为的实施者仅仅是未成年人中的少年群体。未成年人包括不满十八周岁的所有人,但我国《刑法》明确规定只有已满十四周岁的人才对其实施的犯罪行为负刑事责任,已经将儿童、婴儿等群体排除在外,具有明确的年龄界限。而由于"少年"年龄界限的不确定性,并不能确定是否所有的少年都能构成犯

---

① 具体请参见卞建林、李菁菁:《从我国刑事法庭设置看刑事审判构造的完善》,载《法学研究》2004 年第 3 期;刘立:《论未成年人违法犯罪的法治与德治》,载《江汉论坛》2003 年第 6 期;杨长征、黎陆昕等:《"十五"期间青年社会发展预测》,载《中国青年研究》2001 年第 4 期,等等。

罪主体。

综合上述理由,本书采用"未成年人司法制度"的概念。

第二节 未成年人司法制度的系统构造

在社会学上,一般认为一项社会制度是由概念系统、规则系统、组织系统以及设备系统组成的。① 根据这一理论,我国有学者将未成年人司法制度也分为这四个系统:概念系统主要是对未成年人司法制度的理论基础及其独立价值的认识;规则系统是指有关未成年人案件和未成年人司法的专门法律;组织系统是处理未成年人司法案件的专门组织机构;设备系统则是指未成年人司法制度运作所必需的各种物质设施。② 这种简单适用社会学理论对未成年人司法制度进行分析的方法存在一定的问题,如对未成年人司法制度的组织系统与设备系统并没有作出明确的区分,一般都是指未成年人审判庭或未成年人法院等机构。另外,这种分析方法将未成年人司法系统看作是静态的概念规则、组织设施的统一,也没有能够体现出未成年人司法系统所具有的动态发展过程的特点。为此,本书将未成年人司法制度的系统构造划分为静态结构和动态机制两个部分,具体内容包括:

一、未成年人司法制度的静态结构

未成年人司法制度的静态结构是指未成年人司法制度中相对稳定的组成部分,具体包括未成年人司法制度的基本理念、未成年人法律体系、未成年人司法机构建制等内容。

(一) 未成年人司法制度基本理念

理念是哲学中的一个重要范畴,它是指一种理想的、永恒的、精神性的普遍范型。③ 未成年人司法制度的基本理念反映了未成年人司法制度所追求的价值取向,对未成年人司法制度的建立和发展趋向起指导作用。

---

① 王培智:《社会制度》,载《理论学刊》1986 年第 1 期。
② 康均心:《我国少年司法制度的现实困境与改革出路》,载《中国青年研究》2008 年第 3 期。
③ 《中国大百科全书》(第 13 卷),中国大百科全书出版社 2009 年版,第 599 页。

我国学者对未成年人司法制度的基本理念有较多的研究,归纳总结了诸如国家亲权理念、突出以教育、感化为主的教育刑理念、儿童特别保护理念等许多理念。① 学者们提出的这些理念强调的都是对未成年人的保护,这也正是未成年人司法制度建立的初衷。但是,自20世纪50年代开始,这种福利型的未成年人司法模式开始受到强烈的质疑。在美国,以1967年高尔特案件(In re Gault)为标志,未成年人司法呈现出与成人司法趋同的"倒退"。自20世纪70年代后期开始,甚至出现了"硬化"的趋势,"严罚"的刑事政策占据了美国未成年人司法政策的主导地位。② 例如,在20世纪80年代后期,加利福尼亚的奥利奇县和肯塔基州的路易斯维尔德学区实行了"零容忍"的政策,旨在消除少年帮派活动和吸毒现象。到1993年,全美的学校管理机构已经对那些从违反吸烟规定到扰乱学校秩序的偏差行为的青少年适用了这些政策。③ 在我国,未成年人司法制度基本理念的确立和实践也是一个难题。在早期研究中,储槐植教授提出我国未成年人司法制度也存在"本身难题"的问题,"本身难题"指的就是如何处理保护未成年人利益和保护社会利益之间的矛盾。④ 未成年人司法理念所要解决的根本问题也就在于此,即如何平衡保护未成年人利益与追究未成年人责任之间的关系。可以认为,经过深刻的历史变迁,目前的未成年人司法理念基本上形成了未成年人保护理念和未成年人责任理念高度融合、以未成年人保护理念为主流的格局。⑤在我国未成年人司法制度的改革过程中,应当处理好未成年人责任与未成年人保护之间的关系,实现未成年人保护与社会保护的有机融合和统一。

(二) 未成年人法律体系

未成年人法律体系是处理未成年人案件的所有专门法律、法规以及相关法律法规中有关规定的总和。完善的未成年人法律体系是未成年人司法

---

① 姚建龙:《长大成人:少年司法制度的建构》,中国人民公安大学出版社2003年版,第40—47页;张美英:《论现代少年司法制度——以中、德、日少年司法为视角》,载《青少年犯罪问题》2006年第5期;王雪梅:《论少年司法的特殊理念和价值取向》,载《青少年犯罪问题》2006年第5期。
② 姚建龙:《美国少年司法严罚刑事政策的形成、实践与未来》,载《法律科学》2008年第3期。
③ 张鸿巍、韦林欣:《美国少年司法的新近发展》,载《法学论坛》2005年第2期。
④ 储槐植:《刑事一体化与关系刑法论》,北京大学出版社1997年版,第53页。
⑤ 赵国玲、王海涛:《少年司法主导理念的困境、出路和中国的选择》,载《中州学刊》2006年第6期。

的前提和重要保证,是未成年人司法制度运作的基本依据。

目前,我国已经公布实施的未成年相关法律主要有《未成年人保护法》、《预防未成年人犯罪法》以及《宪法》、《刑法》、《刑事诉讼法》、《监狱法》、《治安管理处罚法》中的有关规定。另外,最高人民法院和最高人民检察院还发布了一些处理未成年人案件的司法解释,如最高人民法院于2005年公布的《关于审理未成年人刑事案件具体应用法律若干问题的解释》等。总体来看,我国目前的未成年人法律体系建设取得了重要成绩,但还存在着很多问题,如对未成年人的保护规定不够完善、还没有形成独立于成年犯罪人的未成年人法律体系、现有法律规定的法院受案范围过于狭窄、现有立法落后于司法实践需要等等。①

在未成年人法律体系的立法模式上,主要有两种选择:一是维持现有的分散的立法模式;二是制定一部统一的《未成年人法》,将所有未成年人实体、程序、组织及执行法律规范都制定在同一部法律中,并在未成年人犯罪案件中优先适用《未成年人法》。第一种立法模式相对比较简便,但难以彻底改变未成年人司法目前重惩罚、轻保护的立法局面。后一种立法模式虽然面临种种困难,需要处理好与各个部门法之间的相互关系,但有利于构建一个完善的未成年人司法制度,这也正是本书的主张。

(三) 未成年人司法机构

未成年人司法机构是处理未成年人案件的组织机构,包括未成年人案件的侦查机构、检察机构、审判机构以及矫正机构等。设立专门的未成年人司法机构已经成为我国学术界的共识。我国《未成年人保护法》第55条规定:公安机关、人民检察院、人民法院办理未成年人犯罪案件和涉及未成年人权益保护案件,应当照顾未成年人身心发展特点,尊重他们的人格尊严,保障他们的合法权益,并根据需要设立专门机构或者指定专人办理。这一规定为未成年人司法机构的设立提供了法律依据。

目前,我国学术界研究的热点以及司法实践中的改革焦点主要集中在审判机构上。在对专门未成年人审判机构的研究中,学者们提出了许多具

---

① 康均心:《我国少年司法制度的现实困境与改革出路》,载《中国青年研究》2008年第3期。

体的主张,如建立专门的未成年人法院①,等等。在实践中,自1984年上海长宁区法院建立我国第一个少年法庭以来,一些地方法院还成立了其他各种形式的未成年人案件审判机构,如在刑庭内设立未成年人刑事案件合议庭、在刑事审判庭中指定专人办理未成年人案件等。2006年底,最高人民法院在全国确定了17个中级人民法院为"独立建制的未成年人案件(综合)审判庭试点单位"。未成年案件综合审判庭除受理未成年人刑事案件外,还受理当事人一方或双方为未成年人的民事案件以及婚姻家庭、继承纠纷案件中涉及未成年人权益的案件;当事人为未成年人的行政诉讼案件;未成年罪犯的减刑、假释案件,并且审理一审和二审上述类型案件等等。②除了审判机构外,我国的未成年人侦查机构、检察机构也在不断改革和发展,一些地方正在进行建立专门的未成年人侦查机构或检察机构的试点工作。我国的未成年人矫正机构目前虽然已经比较成型,但其中存在的一些不足之处也在逐步完善之中。

需要说明的是,本书之所以将未成年人司法的基本理念、法律体系以及司法机构统称为未成年人司法制度的静态结构,主要是由于它们在形成之后,在一定的时空范围内会保持相对稳定。但这并不意味着它们是完全静止不变的,特别是我国目前正处于未成年人司法制度不断改革和发展的过程中,静态结构中的内容也会随着实践的发展而不断变化。

二、未成年人司法制度的动态机制

未成年人司法制度的动态机制是指未成年人司法机构在相关理念的指导下,依据法律处理未成年人案件的具体程序和过程,包括未成年人刑事案件的侦查与起诉、未成年人案件的审判以及未成年犯罪人的矫正等内容。

(一) 未成年人案件侦查

立案侦查是未成年犯罪人进入刑事司法程序的第一个环节。但是在我国的未成年人司法改革的过程中,检察和审判程序往往受到人们的关注,改革力度较大,而侦查制度的改革进程较慢,在实践中的探索也比较少。如何

---

① 姚建龙:《长大成人:少年司法制度的建构》,中国人民公安大学出版社2003年版,第253页。

② 袁定波:《最高院披露中级法院少年法庭详情》,载《法制日报》2007年3月19日。

在侦查阶段更好地保护未成年人的权益,是我国未成年人司法改革过程中需要关注的核心内容之一。目前,我国未成年人刑事案件的取保候审率过低,社会调查制度和合适成年人参与制度也尚处于初步发展阶段,如何建立或完善这些制度是本书重点研究的内容之一。

(二)未成年人案件起诉

未成年人案件的起诉制度是未成年人司法制度的重要组成部分。是否实施以及如何实施社会调查制度、酌定不起诉制度、暂缓起诉制度、分案起诉制度、缓刑建议制度和暂缓羁押制度等是目前我国未成年人司法改革中检察机制改革的焦点问题。在审查起诉阶段,社会调查的主要目的是为检察机关准确作出起诉决定和量刑建议提供依据,目前我国起诉阶段的社会调查制度还不够全面,仍需完善;我国《刑事诉讼法》规定的酌定不起诉制度对未成年人案件是否进入审判程序起到了过滤和分流作用,但目前这一制度的适用率仍然较低,程序也不够完善;暂缓起诉制度是我国未成年人司法改革中争议较大的一项制度,这一制度如何在我国实现本土化还需进行深入的讨论;分案起诉制度有利于保护未成年犯罪人,但这一制度的具体标准和实施程序仍需要进一步完善。缓刑建议制度和暂缓羁押制度也是近年来我国地方检察院中出现的一些有益探索,它们的经验也要进一步地总结和推广。

(三)未成年人案件审判

未成年人案件的审判是未成年人司法制度的核心环节,也是我国未成年人司法制度改革的重点。在我国目前未成年人刑事案件审判制度的改革中,争议的焦点主要在于庭前调查、暂缓判决、庭审教育、缓刑的适用等方面。目前我国的司法实践及学术界对上述制度或措施大都采取认同的态度。但是,如何在我国的法律框架内实施这些制度措施、如何进一步完善这些制度措施则需要结合我国实际进行深入的研究。另外,对于涉及未成年人的民事案件和其他案件的审判,在程序上有哪些特殊之处,也需要不断地探索、研究和总结。

(四)未成年违法犯罪人矫正

对违法犯罪未成年人的矫正有多种措施,如工读学校、社会帮教、收容教养、劳动教养、监狱矫正、社区矫正等等。这些制度在帮助实施了违法犯罪行为的未成年人改过自新、顺利回归社会方面起到了非常重要的作用。但是,这些制度在实际运行过程中也存在着一些缺陷,如相关法律的规定不够完善、一些矫正措施的具体操作方法还需进一步探索,新的矫正制度和设施有待建立,等等。完善未成年人违法犯罪矫正制度是未成年人司法改革中的重要内容,对于实现未成年人司法制度的最终目标具有重大意义。

第三节 本书研究的基本思路与方法设计

本书主要采用实证研究的方法,从我国存在的现实问题出发,对未成年人司法制度进行扎实、系统的研究。

一、实证研究方法概述

实证研究是与思辨研究相对应的一种社会科学研究方法。思辨研究侧重从概念和命题出发进行抽象的理论建构,在思维方法上重视抽象的思考和推理,是社会科学的传统研究方法,也是目前我国多数犯罪学学者采用的研究方法。奥古斯特·孔德(Auguste Comte,1798—1857)是最早提出"实证研究"这个概念的人,并且创造了"社会学"(sociology)的概念,被称为"社会学之父"。[①] 实证研究方法主张从经验入手,采用程序化、操作化和定量分析的手段,使对社会现象的研究达到精细化和准确化的水平。这一研究方法对犯罪学的兴起和发展起到了关键的作用,它是"犯罪学起家的方法,也是犯罪学要更大发展的基本研究方法"。[②] 特别是在20世纪二三十年代崛起的美国芝加哥学派把犯罪学的实证研究更是推向了高潮。在芝加哥学派的影响下,自20世纪60年代开始,美国社会学和犯罪学界形成了一种风气,即特别强调数量化、模型化的分析方式。[③]

孔德提出的实证研究的方法及其实证主义的哲学理念对各社会科学学

[①] 刘建宏:《"经验"方法与法学研究》,载《西南政法大学学报》2007年第3期。
[②] 王牧:《〈犯罪学理论与实证〉序言》,载曹立群、周愫娴著:《犯罪学理论与实证》,群众出版社2007年版。
[③] 张可创主编:《犯罪学的实证研究方法》,广西师范大学出版社2009年版,第24页。

科的发展都起到了重要的推动作用。但是,孔德的思想和方法论也遇到了他未能解决好的一些尖锐问题:一方面是反对思辨过了头,陷入了从经验到经验的现象主义或经验主义的泥潭不能自拔;另一方面,由于他强调社会科学必须像自然科学一样,忽视了社会科学研究的对象是与人有关联的。由于这些缘故,孔德的实证主义在哲学上遭到了批判,"实证研究"也成为一个脱不了干系的带有贬义的词。因此,在国外社会学科文献中,"实证研究"这个词现在已经鲜有人提,现在国外社会科学研究中科学的提法是"经验研究"。经验研究强调的是研究的资料必须先来源于客观准确的观察,就像自然科学中使用仪器设备进行准确的测量一样,然后再进行严格的分析。[①]

在我国,思辨方法在犯罪学的研究中长期占据着统治地位,经验研究的方法没有得到应有的重视。随着犯罪学研究的不断深入,越来越多的学者已经意识到,犯罪学是一门经验性很强的社会科学,必须通过观察犯罪事实、收集犯罪案例、进行量化分析来作出自己的评价,发现包含在各种犯罪现象中的规律。因此,对于犯罪学来说,经验研究更为适宜,其在犯罪学研究中具有不可替代的基础作用。[②] 目前,虽然在国外已经很少有"实证研究"的提法,但在我国,学者们普遍接受和使用的概念还是"实证研究",因此,本书也使用"实证研究"一词,但需明确的是,本书中"实证研究"的含义和"经验研究"是一致的,即都是"empirical research",都强调以客观观察所获得的准确资料为研究基础。

二、本研究的基本思路

本研究的基本思路是:通过实证调查发现未成年人司法制度中的问题,通过比较、检讨解决该问题的不同理念,确立我国选择和建构未成年人司法制度的主导理念和根基;并在该主导理念的指引下,对国际上未成年人案件侦查、起诉、审判及矫正等具体制度进行比较、借鉴和融合,从而对我国今后未成年人司法制度的改革提出可行的对策。

[①] 刘建宏:《"经验"方法与法学研究》,载《西南政法大学学报》2007年第3期。
[②] 赵运恒:《实证研究——当代中国犯罪学的缺失》,载《江西公安专科学校学报》2000年第3期。

三、本研究的具体方法

在西方国家所有的经验研究中,主要的方法通常被分为两大类:定性的研究和定量的研究。定性研究集中于研究对象的某些性质,力求达到对较少个案进行深入的描述,达到深入的了解;而定量的研究,则着重采用数量分析的方法来达到对对象的某种较普遍、在一定范围内可以推而广之的认识。[①] 随着社会的发展,定量研究的优点逐渐被研究界普遍接受而成为最主要的一种研究方法:定量分析的标准化和精确化程度较高,逻辑推理比较严谨,因而更客观、更科学,而且定量研究方法还能大大推进理论的抽象化和概括性,促进对现象之间普遍的因果关系的分析。本研究采取定性研究与定量研究相结合但以定量方法为主的研究方法,以大规模的社会调查和案例分析为基础,试图在最大程度上客观准确地把握我国未成年人司法制度的现状、存在的问题及未来的发展趋势。本书中的有些内容,比如第三章"未成年人司法制度的变迁",主要是对未成年人司法制度的相关历史进行回顾,因而主要采用定性研究的范式,但这些研究所提供的知识背景也为其他章节的定量研究打下了良好的基础。

[①] 刘建宏:《"经验"方法与法学研究》,载《西南政法大学学报》2007年第3期。

第二章　未成年人司法制度主导理念的变迁

未成年人司法制度主导理念是制度变革的灵魂和主线。通过对未成年人司法制度主导理念的检讨,并在检讨的基础上寻求适合我国语境的主导理念,为当前的制度变革奠定坚实的根基,可以防止在改革我国现行未成年人司法制度时出现"头痛医头、脚痛医脚"的机会主义现象,从而有效避免在制度的建构中出现立场的摇摆不定以及由此而引发的制度建构中内在的逻辑冲突。

本章首先关注作为未成年人司法制度根基的主导理念是什么,其间经历过何种演变,当前呈现何种面貌;接下来,细致地检讨在当前的主导理念中,我国应当选择何种理念作为问题判断的参照和制度变革的准则,从而为改革现行的未成年人司法制度展示一个宏观的方向。

第一节　保护理念的肇始

所谓保护理念,就是指将未成年人犯罪和不良行为看作是社会弊病的征兆,将未成年犯罪者和不良行为者看作是社会不公和社会弊端的受害者,认为国家对这些受害者负有照料、帮助、矫治并使其最终走向正常生活道路的义务。在18世纪后半期,少年保护理念风起云涌并演变为一场轰轰烈烈的少年保护运动,以处理犯罪少年和不良行为少年为主要对象并独立于传统刑事司法机构的少年司法机构应运而生,从1899年美国伊利诺伊州少年法院的创立开始,美国所有的州在1945年前都设立了少年法院,远在大洋彼岸的欧洲也深受影响,英国于1908年、比利时于1912年、德国于1923年相继设立了少年司法机构。与之相应的是从此到20世纪六七十年代少年保护理念在未成年人司法领域成为一种政治正确的理念,后来尽管在政策实践层面其遭遇到了严峻的挑战,但仍然给我们今天的未成年人司法机构打上了很深的烙印,因而探讨这种理念的背景、表现和在六七十年代面临的困境对了解今天的未成年人司法制度有着很大的帮助。

一、保护理念兴起的背景

(一)起源于英美的国家亲权(parens patriae)传统的影响

国家亲权传统可溯源至12世纪的英国,当时英国的国王作为其治下臣民的监护人,负有向失去父母的儿童和因离婚、被遗弃等原因需要照料的妇女提供保护和帮助的责任。[①] 1562年英国国会还通过一部成文法——《劳工法》,规定国家有权将儿童脱离乞丐父母的控制,并将其送入手工业者家中当学徒,而1601年的《济贫法》也规定国家能够强制儿童脱离贫穷的家庭,并将其训练为技工。这些法律都建立在这样的信念之上:儿童的福利是国家的根本利益所在,为此国家有权保障儿童福利的兑现。[②] 这种国家亲权观念随着英国的殖民征服而得以向世界传播,为后来独立的未成年人司法机构的产生提供了一种根本上的权力根据。

尽管从19世纪末未成年人司法机构的诞生到20世纪六七十年代未成年人司法制度的变革,整个制度的目标是将问题少年从不良的环境中拯救出来,帮助解决其面临的问题和困难,并对其自身的身心疾患进行治疗,但是这伴随着国家运用权力对未成年人进行干涉的过程,并且很有可能短暂地或在相当一段时间内切断问题少年和其家庭的联系,而父母是子女天然的也是法定的监护人,国家的保护或监护凭什么排斥父母的权利,这是一个

[①] Steven M. Cox, *Juvenile Justice: A Guide to Practice and Theory*, Wm. C. Brown Publisher, 1991, p. 3.

[②] Ibid., p. 4.

需要国家认真面对的权力根据问题。国家亲权理论则可以对此作出圆满回答：因为国家是所有未成年人的最高监护人，其监护权通常情况下父母代为履行，当未成年人实施犯罪和其他不良行为而表明未成年人的福利未被有效维护时，国家有权亲自履行该权利。

（二）实证主义犯罪学的大行其道

整个18世纪是古典犯罪学的天下，根据该学派的主张：犯罪人实施犯罪行为是在对行为的快乐和痛苦进行计算基础上所做的自由选择，国家能够通过对犯罪施加均衡的刑罚增加罪犯的痛苦，从而阻遏犯罪的发生。在该理论的视野内，"少年犯罪者和少年非犯罪者之间并没有作出细致的区分，少年犯罪者被视为自由和理性的人，他们为了追求自我的满足而触犯法律"[①]，因而少年犯罪者将和成年人一样接受统一的刑事法庭的审判，考虑到其年龄和责任能力的关系，会获得比较宽大的惩罚。

古典犯罪学因在控制犯罪方面的无能而备受质疑，以龙勃罗梭为代表的实证主义犯罪学开始在19世纪中后期登上舞台，该学派主张对犯罪人进行科学的研究，强调决定论，反对意志自由，尽管有的学者强调遗传是犯罪产生的决定因素，而有的学者强调罪犯所在的环境是导致犯罪发生的决定因素。在实证主义的理论视野内，"少年犯罪者被视为不同于正常人的违法者，在某些方面异于非犯罪的少年，原因在于社会化的缺陷而致的良心缺陷，或者是由于其违法的亚文化影响而产生的人格结构"[②]，但是这些理论都有以下共同的前提：第一，少年犯罪的发生根源于一种少年个人无法控制的力量；第二，为了理解少年犯罪，人们关注的焦点应当是少年犯罪者和他们的行为而非法律；第三，少年犯罪者不同于非犯罪者。[③] 正是这种立场决定了我们在面对少年犯罪时必须抑制惩罚的冲动，放弃阻遏的奢望，而是要观察少年犯罪者本身的生理以及心理缺陷和对其产生不良影响的生存环境，通过国家的权力干预，割断问题少年和有害环境的联系并对其身心疾患进行矫治，从而使少年走上正常的生活道路。因而正是犯罪学立场的变更

---

① L. T. Empey & M. C. Stafford, *American Delinquency: Its Meaning & Construction* (3rd ed.), Belmont, California: Wadsworth Publishing Company, 1991, p. 279.

② Ibid.

③ Ibid., p. 281.

为未成年人司法机构保护理念的流行以及矫治模式的推广提供了深厚的理论根基。

（三）工业革命带来的社会变迁

在传统农业社会中未成年人犯罪问题被作为一个可以在家庭内部消化的问题，大家庭既有解决的意愿，也有解决的能力。随着19世纪中后期工业革命的完成和都市化进程的推进，大批的农业居民涌入城市寻求生计，传统的家庭联系被割断，核心家庭在社会中开始占主导地位，未成年人有更多的机会脱离父母的视线而失去控制，因而劳动阶层也存在着一种需要：国家在某些领域代替繁忙的父母的角色，为需要照料的未成年人提供帮助。[①]

与此同时，大量犯罪少年的出现和少年犯在监狱中备受蹂躏的惨状引发了一场儿童保护运动，保护运动的先驱者对于将少年犯罪者和成年犯人一同关押的做法进行了谴责，呼吁采用一种和刑事惩罚完全不同的处理程序，通过这种程序给应受保护的未成年人提供教育机会、生存技能。

二、保护理念的主要表现

（一）相关概念的中性塑造

传统的成人刑事司法系统在运行中形成了一些基本的概念，如犯罪人、犯罪、逮捕、指控、定罪、量刑、服刑等，这些概念不仅是特定程序阶段的标签，也有强烈的价值评判色彩和对相关的诉讼参与人（特别是被告人）的一种谴责意味。未成年人司法机构诞生以后，为了表明自己与成人刑事司法系统的区别，避免成人刑事司法中的标签对犯罪或不良少年的有害影响，对与刑事司法系统相似程序的命名进行了中性的处理，审前羁押犯罪少年的标签"逮捕"（arrest），被改造为"收押"（take into custody），"指控"（charge）被改造为"诉请行动"（petition），"定罪"（conviction）被改造为"事实判断"（disposition）。[②] 创建未成年人司法机构的先驱者为了表明对犯罪少年和不良少年的处理不是惩罚而是给处于困境中的少年提供帮助，在许多细节上可谓煞费苦心，唯恐给涉案的少年打上犯罪的烙印而断绝他们的自新之路。

[①] Larry J. Siegel, *Juvenile Delinquency: Theory, Practice and Law*, St. Paul: West Publishing Company, 1991, p. 379.

[②] Ibid., p. 406.

(二) 少年立法中目的条款的限定

1899年《伊利诺伊州少年法院法》规定,未成年人司法的原则在于向符合规定的未成年人提供照顾、保护以及在道德、精神和身体方面全面发展的机会。第一任主持少年法院的法官理查德对此解释道:"任何未满16周岁的少年都不应当被当做罪犯对待或考虑,更不应当像一个罪犯一样被逮捕、起诉、定罪或惩罚。法院坦承这些少年能够实施如果由成年人实施就会构成犯罪并遭受国家惩罚的行为,但仍坚持认为任何不满上述年龄(16周岁)的少年不应当在其生活的开端就打上无法消除的烙印,也不能让他们与过着低下、卑鄙、犯罪生活的成年男女为伍,哪怕是暂时性的。"[1]《伊利诺伊少年法院法》对美国及其他欧洲国家相关法律中少年司法制度的目的设定产生了深远的影响,美国截至1945年几乎每一个州都通过成文法建立了少年法院,而每一部法律都有保护少年的目的条款(除亚利桑那州以判例法加以确立外)。从此在少年立法领域内牢固地树立起这样一种原则:对于处于滋生犯罪环境的少年,国家应当介入并有力地确立对此类少年的监护,在以少年的福利为最高的指导原则下,在一种类似家庭的亲情气氛当中提供本应由其父母提供的看护、训练。

(三) 未成年人司法管辖权的宽泛化

在少年保护理念下的司法机构带有浓厚的福利色彩,它倾向于将犯罪少年、不良少年以及在恶劣的家庭环境中遭受虐待的少年看做是同一类问题,认为这些少年因社会或家庭的影响而生活在一个福利遭到侵害的困境中,需要国家的强制性保护,因而主张极力扩张少年法院的管辖范围,而不是将关注对象仅限于对社会有威胁的犯罪少年。如20世纪初,未成年人司法的倡导者主张少年法院应当对所有牵涉到未成年人福利的事项,无论是刑事的或行政的,具有排他性的初始管辖权。具体包括:少年犯罪(delinquency)即由成年人实施构成犯罪,而由少年实施因责任能力欠缺不构成犯罪的行为;身份犯罪(status offence),即仅能由未成年人实施才能构成的犯

---

[1] Richard S. Tuthill, *History of Chicago Children's Court*, 转引自 David S. Tanenhaus &, Steven A. Drizin, "'Owing to the Extreme Youth of the Accused': the Changing Legal Response to Juvenile Homicide", *Journal of Criminal Law & Criminology* 92(2002):641.

罪,如逃学、不听从父母的管教等行为①;少年遭受犯罪侵害或虐待等事项。

(四)未成年人司法程序的民事建构色彩

未成年人司法的目的在于通过友善和仁慈的氛围为问题少年提供一种亲情的保护,因而其程序的灵活性和非正式性从整体上与刑事程序划清了界限,这种程序的灵活性表现在:

1. 少年法庭不受正当程序条款的限制

从未成年人司法机构诞生到1966年Kent v. United States案件,将近半个世纪的时间内,被少年法院处理的问题少年或需要保护的少年并不享有各国宪法或法律赋予成年人的在自由面临被剥夺时的程序保护权,如获知起诉通知的权利、获得律师辩护权、质证权、反对自证其罪的特权以及上诉权等。享有宪法和法律解释权的法院也对这种非正式的程序饱含赞赏之意,并没有对少年法院滥用权力侵害少年利益的可能性保持足够的警惕。

20世纪60年代以前,美国各级法院在国家亲权理念的支配下,拒绝考虑赋予涉案少年程序权利。宾西法尼亚最高法院在Commonwealth v. Fisher一案的裁决中指出:"这种设计不是惩罚,也不是拘束性的监禁,而是一种类似于父母对孩子施加的约束。在每个案件中拘束的严厉性必须缓和到能够满足特定情境下的需要。如果法律能够正确实施,孩子的自由就不存在被侵犯的可能性。每一部规定替代父母权威和代替父母履行给孩子提供保护、照料以及训练职责内容的法律,本质上就是在其他合法监护人对孩子的监护不能有效完成时,对国家作为孩子法定监护人和保护人的一种确认。因此没有任何宪法权利被侵犯。"②整个判决中不断地用孩子(child)这样的字眼指称少年,其意图不过是将少年法院塑造成一个温情的家庭,将法官塑造成权威的父亲或长者,处理的对象不过是犯了错误的儿童,因此不值得劳师动众、大动干戈,所谓的程序保护是不必要的,因为谁会怀疑一个父亲侵害孩子利益的可能性呢?这种做法能够有效的规避对未成年人司法的合宪

---

① 目前美国各州对身份违法存在着不同的界定,有些州把其定义为少年习惯性的违反父母或监护人的教导,或持续性的逃学,或者处于一种走向懒散、放荡、可怕或不道德生活的危险,有的则将其界定为少年不服从父母控制的行为。详见Joseph J. Senna, *Juvenile Law: Cases and Comments*, St. Paul: West Publishing Company, 1992, p. 2.

② John T. Whitehead, *Juvenile Justice: An Introduction*, Cincinnati, OHIO: Anderson Publishing Co., 1990, p. 55.

性审查。

2. 整个程序具有非对抗性

未成年人司法程序对未成年犯罪者或不良行为者的犯罪事实、不法事实进行辨认,并综合考虑该问题少年以前的行为纪录和所在环境,以评估该未成年人的危险性和需要帮助的程度,整个过程应当是在一种亲和的家庭气氛中为解决未成年人的问题而进行的,律师的介入反而可能干扰这种进程,因而法律没有赋予未成年人获得律师的代理权,使得在法庭上双方力量悬殊,不存在对抗的可能性。

作为当时改革的先行者的贝克尔法官在1910年出版的《对被忽视儿童的预防性矫治》一书中描写了他主持少年法院的做法,贝克尔对男女青少年采取了不同的做法:对于男少年,贝克尔先单独会见以去除其父母在场时说出真相的尴尬和恐惧,其目的在于使少年承认其罪过,贝克尔告知少年:"在法庭上比干坏事更坏的就是在干过之后加以否认。"如果少年继续抵赖,贝克尔就会像一个慈祥的父亲一样开导他,抵赖是有害的,撒谎只会使事情变得更加糟糕。因此所有的努力都在于使少年能够认错,以保证矫治的有效性。而对于女少年,贝克尔确保程序的每一步都必须有利于维护该少女的名声,从其被逮捕时起就应当被交给品格值得信赖的妇女看管,只有在该女伴的陪同下法官才能像一个父亲一样举行听证。①

3. 程序参与者被赋予较大的裁量权

所谓程序的参与者,即所有可能参与处理问题少年的警察、缓刑官、公诉人和法官等主体。早期的未成年人司法是一种个别化的司法,其关注的对象不是未成年人的行为,而是由未成年人行为所反映出的人身危险性,犯罪未成年人、身份罪错未成年人与正常未成年人之间的区别就在于他们危险性的有无及危险性的大小,这就要求未成年人司法程序的参与者能个别化地评估行为人的危险性,并根据该危险性提供具体的矫治措施,这客观上也要求赋予程序的参与者以足够的自由裁量权。以警察为例,作为犯罪控制的主体,他们与问题少年的接触最多,可以说是整个未成年人司法程序的看门人,在其履行正常的治安职责时,对于形迹可疑的未成年人或不良行为

---

① L T Empey & M C Stafford, *American Delinquency: Its Meaning & Construction* (3rd ed.), Belmont, California: Wadsworth Publishing Company, 1991, p.331.

未成年人,有着宽泛的反应自由,国外有的学者将其细化为①:

(1) 在没有公民投诉时,警官可以对少年的行为视而不见;

(2) 对于有公民投诉的较为轻微的滋扰行为,如制造噪音、在拥挤街道上轮滑等,警察可以对涉案少年的行为予以象征性的警告,而不采取进一步的行动;

(3) 如果少年表现出有非法行为的意图,警察可以将其收押,然后交由其父母看管;

(4) 对于受毒品、酒精深度影响的少年或者失怙少年,警察可以将其收押,然后交由社区服务机构进行帮助和治疗;

(5) 警察也可能在将少年拘押以后,交由少年接收站处理;

(6) 警察也可能将少年收押以后,提出刑事指控,并把其羁押在拘留所,等候听证或审判。

4. 证据规则和证明标准具有独立性

未成年人司法机构在对未成年人事件进行裁决时,采用传来证据规则,甚至不需要证据和本案有关,只需要和未成年人的品格相关即可,因而未成年人在家庭、社区和学校的表现状况也能在法庭上作为证据使用,而且这些证据不需要质证。因此法官既不乐意接受现有的专门为成年人设定的证据规则,也不会限制采用少年认罪的口供,正如明尼苏达州法官奥热(Orr)所讲:"证据法经常被遗忘或忽略。"②

未成年人司法机构的证明标准也远低于刑事法院,在刑事法院中有罪的事实必须由公诉方证明到能够排除合理性怀疑的地步,而在 In re Winship 一案联邦法院对证明标准作出明确裁决以前,少年法院都普遍采用优势证据规则,即对少年不利的证据优于对其有利的证据即可。正如纽约州最高法院在判决中所讲的:"少年事件的聆讯程序本质是民事程序而非刑事程序,因而优势证据标准即已足够。"③

---

① Dean J. Champion, *The Juvenile Justice System: Delinquency, Processing, and the Law*, New Jersey: Prentice-Hall Upper Saddle River, 1998, pp. 123—125.
② L T Empey & M C Stafford, *American Delinquency: Its Meaning & Construction* (3rd ed.), Belmont, California: Wadsworth Publishing Company, 1991, p. 329.
③ Joseph J. Senna, *Juvenile Law: Cases and Comments*, St. Paul: West Publishing Company, 1992, p. 154.

5. 有关未成年人的信息受到严格保护

少年法院就有关未成年人事件举行听证时原则上是不公开的,参与人主要有问题少年及其父母、受其影响的人或被害人、缓刑官、法官等,其他公众和媒体一般被排除在外。这些惯例至今仍然有很大的影响力,尽管今天未成年人司法机构对媒体介入放松了控制,但是在美国的一些司法区,在不伤害未成年人利益的情况下才允许新闻媒体出席听证会,而且必须得到法官的允许。① 长期以来,少年法院中有关问题少年的信息是绝对保密的,任何人不得向外界特别是大众传媒泄漏,也不会在各个少年法院之间进行交流,因而只要该少年不在同一法院管辖区内再犯,这些不利信息就不会对其产生不利影响。

(五) 强调对未成年犯罪人及不良未成年人的矫正

早在1870年美国辛辛那提监狱大会上,改革者就提出了监狱的目标在于对罪犯进行矫正,在19世纪末叶诞生的未成年人司法制度继承了这些矫正的理念,并且在法律和具体实践中予以贯彻。

1. 矫正罪犯,而非惩罚犯罪

提倡根据未成年人的需要,反对根据犯罪的严重性分配刑罚,正如辛辛那提监狱大会通过的原则宣言所主张的那样,矫治是针对犯罪人而非犯罪,其主要目标是受刑人的道德更新,监狱的最高目标就是犯人的改善,而不是施加报复性的痛苦。② 而死刑、肉刑以及不具有假释可能的终身监禁与矫正、改善受刑人的理念之间存在着不可调和的冲突,因而当少年法院诞生之后,这些惩罚性措施被排除在未成年人司法制度之外,带有教育性、训练性的矫正措施得到迅速的发展,目前美国少年法院没有判处少年死刑以及终身监禁的权力,监禁必须在少年成年时予以终止。③

---

① Joseph J. Senna, *Juvenile Law: Cases and Comments*, St. Paul: West Publishing Company, 1992, p. 172.
② Champion, Dean J, "*The Juvenile Justice System: Delinquency, Processing, and The Law*", 1998, Prentice-Hall Upper Saddle River: New Jersey, p. 364.
③ 需要指出的是,美国存在着少年法院管辖权放弃的制度,即是少年法院在对少年的危险性进行评估后认为该少年不具有在少年矫正机构接受矫正的可能性,法官可以将其移送到普通刑事法院进行审理,而普通刑事法院则按照成人审判程序进行审理,这时法官可能会对该少年判处较长期限的监禁、无期监禁或死刑等残酷的刑罚。

2. 不定期处置

对受刑人进行改善需要对其施加足够长时间的影响,而且改善的期限不能事先加以确定,而是要根据事实上改善的情况决定变更或终止,因而获得较长的对少年照料的可能性,美国的多数州都授予法院可以对问题少年持续监督到21岁时为止。

3. 分类的完善

(1) 和成年人的分离

在19世纪中后期,许多国家已经开始将被判监禁的成年人和未成年人分别关押,但是这种分离在相当多的国家并不彻底,在一些国家,未成年人会被关押在专门的机构之内,在另一些国家,被判处自由刑的未成年人则和成年人关押在同一所监狱,尽管是在不同的监区,但是服刑的未成年人难免会受成年犯人的影响。如在19世纪末叶的比利时,不满16周岁被定罪的未成年人会被关押在圣·胡伯特监狱,但是如果该未成年人被认为无法矫正,就会被移送到成人监狱——根特监狱的一个特殊的区域。① 少年法院创立之后,未成年人被单独关押在一个能够提供各种训练计划的机构,这成为一个无可逆转的潮流,凡是被判决收押的未成年人犯均会被送入专为不良少年设立的教育训练机构。

(2) 未成年犯罪人、不良少年和因受害而需要帮助少年的分类处理

尽管早期的未成年人司法机构将未成年犯罪人、不良少年和受害少年看作具有相似的法律地位,但是三者之间由于所具有的危险性状态的差异,需要国家干预的程度也有不同,如美国通行的做法是对于严重的犯罪少年一般会将其送往封闭的训练设施,而对于实施身份犯罪的未成年人则禁止将其拘押,除非该未成年人有伤害社会或本人的危险,或者有从一般的训练学校逃跑、不履行在社区矫正的义务等行为。荷兰儿童法中将少年行为分为严重的和较为轻微的,并对此作出了不同的反应,将前者送入国家少年改善学校,将后者送入专门设立的再教育机构。②

---

① Jenneke Christiaens,"A History of Belgium's Child Protection Act of 1912 The Redefinition of the Juvenile Offender and His Punishment", *European Journal of Crime, Criminal Law & Criminal Justice* 7 (1999):5.

② Weijers,"The Debate on Juvenile Justice in the Netherlands,1891—1901", *European Journal of Crime, Criminal Law & Criminal Justice* 7(1999):63.

三、保护理念面临的困境

对问题少年进行保护而非惩罚的理念经过半个多世纪的实践，尽管取得了一定程度的成功，但是与其追求的崇高理想之间仍然显示出相当大的差距，早期的对少年司法制度的过分乐观开始消退，在20世纪六七十年代的美国和七八十年代的欧洲，相当一部分公众和学者对当时的少年司法制度提出了尖锐的批评。

（一）批评一——干预面过宽

舆论认为，少年法院对逃学、不服从父母管教等身份犯罪的管辖权太过宽泛。身份犯罪本身并没有触犯刑法，如果这些行为由成年人实施根本不会构成犯罪，少年法院对身份犯罪行为进行干预，有可能使该少年受到比犯罪少年更为严厉的对待，而且会使少年矫正机构过分拥挤，从而破坏其改善和提供服务的效果。更为严重的是何谓身份犯罪法律上并没有给出严格和明确的定义，正如美国总统执法和司法委员会所说的："对在懒散和犯罪的环境中成长、从事不道德的行为、处于一种过不道德生活的危险中等的干预完全建立在典型的模糊和过分扩张的规定之上，特别是以非正式的程序加以执行时，法官不仅是每一个进入法庭的问题儿童的行为裁决者，而且是其道德的裁决者，现有的情况是少年法院的做法已经过了头……一个人不需要援用个人主义、自由表达等美国的传统价值观就可以证明少年法院做法的荒谬。"① 因而1960年英国伦敦举行的联合国犯罪预防和罪犯处遇大会呼吁各国将少年法院干预的范围仅限于少年的行为已经触犯刑法的情形。

（二）批评二——缺乏程序保护

在六七十年代以前，少年法院是作为一个权威的长者出现的，并且认为程序越是非正式越能体现出家庭的气氛，越能给少年提供有效的保护和服务，因而少年的律师辩护权、获得书面控告权、反对自供其罪权、上诉权被认为是无关紧要而被拒绝。但实际情况并非如此，缺乏程序保护给未成年人

---

① L. T. Empey & M. C. Stafford, *American Delinquency: Its Meaning & Construction* (3rd ed.), Belmont, California: Wadsworth Publishing Company, 1991, p. 333.

带来了致命的后果。如在 Kent vs. United States 一案中①,法官在未举行听证,也未说明理由的情况下就将年仅 16 周岁的肯特移送到普通刑事法院,结果其因盗窃和抢劫两项罪名而被判处 30—90 年监禁。少年法院这种不关注问题少年程序保护的状况,使得审理 Kent vs. United States 一案的美国联邦最高法院法官对这些少年的不幸遭遇深表同情,在该案的判决中哀叹:"或许有足够的理由相信孩子们受到了两个世界最坏的对待,他们既未得到给予成年人的保护,也没有得到专为未成年人提供的热切照顾和更生性的改善。"②

(三) 批评三——流水型司法带来负面效果

少年法院由于在整个司法系统的地位较低,少年法院的从业人员(包括法官)的专业水平并不高,据 1963 年的统计,美国约有 20% 的少年法官没有受过正规的大学教育,50% 的法官没有取得学位,更糟糕的是只有 12% 的法官是全职的,90% 的法官将一半以上的时间用在其他事务上,再加上财政投入的不足,使得整个少年司法运作呈现出流水作业的景象。美国犯罪学家科恩发现,在法院一个接收人员需要花 76 天的时间来决定对少年案件的处理,如果需要进一步的司法行动,则要等上 130 天听候处理,如果存在着争论和异议,则需要等上 211 天,但是法庭最后举行听证耗时不过 10—15 分钟。③ 正因为资源的匮乏,少年法院不是考虑少年需要什么而是考虑他们能够获得什么,纽约家庭法院的法官米斯蒂娜对此评价道:"他们的职业责任感正在稳步的下降,法官正在变为一个仪式化的官员,在许多案件中仅仅是

---

① Joseph J. Senna, *Juvenile Law: Cases and Comments*, St. Paul: West Publishing Company, 1992, p. 103. 肯特是一个居住于华盛顿特区的刚满 16 岁的少年,处在缓刑期间的他于 1961 年 9 月 2 日闯入一个女人的住宅进行抢劫,并且强奸了女主人;9 月 3 号被警方逮捕,在被讯问中对于其罪行供认不讳,当时其监护人和律师并不在场,后来少年法院社会服务部门的主管与肯特的律师商量要将肯特移送到普通刑事法院,肯特的律师坚决反对,并且对肯特进行了精神鉴定,证明其是在精神病的影响下实施了罪行因而具有矫正的可能性,随后向法院提出动议要求就有关少年法院对该案放弃管辖权一事举行听证。法官在未考虑律师提交的有关精神鉴定的材料也未举行听证的情况下将肯特移交给了普通刑事法院。

② Joseph J. Senna, *Juvenile Law: Cases and Comments*, St. Paul: West Publishing Company, 1992, p. 107.

③ L T Empey & M C Stafford, *American Delinquency: Its Meaning & Construction* (3rd ed.), Belmont, California: Wadsworth Publishing Company, 1991, p. 336.

赞同一个对孩子而言注定是悲剧性的处理决定。"①

(四) 批评四——矫正的评估让人悲观

早在20世纪60年代,理论界就发出了对矫正、再社会化等效果的质疑,学者爱德温表达了这种看法:未成年人司法系统的法官和其他从业者应当用人性代替傲慢,并且降低他们的预期值。在法律中彻底删除这样一些虔诚的规定是有益的,这些规定要求少年在少年法院法官控制下所获得的照料、看护、规诫与从其父母处所获得的近似,无论从理想还是从现实角度这些规定已无任何意义可言,因为无论是现代国家还是丑闻缠身的法官都不是一个父亲,中途之家也不是一个温暖的家,感化院的陋室也绝非少年梦中的卧室……②

与理论界的失望遥相呼应的是,实践中对一些矫正计划的评估结果也无法让人感到乐观,最著名的是由1966年纽约州矫正犯罪人特别委员会资助的一项评估研究,该项研究对1945年—1967年进行的213项评估研究的结果作了调查和反思,1970年研究小组完成了工作,并起草了一个让州长特别委员会极为震惊的报告,因为该报告显示没有一个成功的个案。鉴于研究结果的轰动性,这项报告一直被州政府控制而未被披露,直到布鲁克斯的最高法院将该报告调取作为证据时才公诸于众。研究小组的首席犯罪学家马丁森在后来的报告说明中指出:"除了极为个别和罕见的例外,对少年的改善和再社会化对于再犯没有任何可见的积极影响。"③这个报告的解密在某种程度宣判了未成年人司法领域中改善理念的死刑。

而与此同时,在美国的大城市由于人权运动、反战运动(反对越战)等的影响,少年犯罪和不法行为激增,传统的价值观被越来越多的年轻人抛弃,运作了半个多世纪的少年法院系统对此束手无策,人们对少年法院所主张的改善和保护理念表现出一种极度的不信任和反感。为此,1968年尼克松在总统大选中承诺,一旦当选将会对犯罪开战,哪怕犯罪是年轻人所为。整个未成年人司法系统的风向开始变更,转向更加强调少年责任和惩罚的方向。

---

① L. T. Empey & M. C. Stafford, *American Delinquency: Its Meaning & Construction* (3rd ed.), Belmont, California: Wadsworth Publishing Company, 1991, p. 337.
② Ibid., p. 370.
③ Ibid., p. 378.

第二节 责任理念的引入

20世纪70年代以后,少年保护理念在世界范围内开始受到质疑,少年责任理念应运而生。所谓少年责任理念,就是未成年人司法制度的主要任务在于使未成年人对其不法行为后果承担认知、消除甚至接受惩罚的责任。与以往的少年保护理念强调少年利益和行为人的人格特征相比,责任理念更加关注未成年人的行为和后果特征,强调的是社会、社区的安全、利益以及受害人的保护和补偿。责任理念在未成年人司法领域内的风起云涌,给相当一部分国家的司法制度和公共政策带来了可见的鲜明影响。

一、责任理念的产生背景

(一) 公众压力和政客的恶意利用

按照一般人的理论逻辑,由于未成年人犯罪的增加引发了公众对未成年人司法系统的不满,政府顺应民意对原有的法律进行修改,从而增加惩罚的力度以维护社会的安全。但是现实中制度运行的逻辑与理论的逻辑大相径庭,如加拿大自1974年至2000年被控谋杀的未成年人案件一直保持稳定,但有关未成年人谋杀的惩罚性规定却被多次修改,惩罚的力度一次比一次重。[①] 美国的统一犯罪报告表明,1974年—1983年因标准犯罪未成年人被逮捕的案件降低了28%,因暴力犯罪少年被逮捕的案件下降了15%[②],而同期的美国立法却出现了加重惩罚犯罪未成年人的动向。为何会出现这种状况呢?为何普通的社会大众对未成年人犯罪和未成年人司法的感知与未成年人犯罪的真实情况和未成年人司法的运作存在着这样大的距离?原因在于社会大众关于未成年人犯罪的信息主要来自于大众传媒,而大众传媒为了追求新闻的轰动性和高收视率,将关注的重点主要放在谋杀、暴力、持

---

① Michael H. Tonry, *Youth Crime and Youth Justice: Comparative and Cross-national Perspectives*, Chicago and London: The University of Chicago Press, 2004, p. 507.

② Steven M. Cox, *Juvenile Justice: A Guide to Practice and Theory*, Wm. C. Brown Publisher, 1991, p. 216.

枪抢劫以及毒品等备受普通民众关注的问题上,这就给民众造成一种假象:社会安全正在遭受无法无天的未成年人的冲击,强调保护未成年人的司法系统太过于仁慈,因而要求政府采取强硬的手腕对付这些问题少年。在加拿大,一群少年对一个少年的致命殴打导致约 50 万人签名请愿要求加重刑罚;而在丹麦,移民少年的强奸行为导致了对更加严厉刑罚的呼吁①,这些案件中媒体的略带煽风点火性质的报道应该说对传统的以保护少年为己任的司法系统的运作产生了很大的压力。

当然政客对被误导民意的滥用也对形势的急转直下起了推波助澜的作用,当一起严重案件发生时,面对民众要求惩罚的呼声,政客们为了捞取选票甘愿被民意绑架,立刻拿出所谓让未成年人为其行为负责的法律和政策,例如 1978 年纽约州一个少年谋杀了两个地铁乘客,该案引起了媒体的广泛关注,也引发了人们对少年法院的谴责,因为该少年曾在少年矫正机构中度过了很长一段时间。纽约市立法机关对此迅速作出回应,于 1978 年通过了新的犯罪少年法,该法规定凡年满 13 岁犯有谋杀和其他暴力犯罪的少年一律在成人法院接受审判。② 这这些法案出台之迅速,不仅让人怀疑这些政客是否早将这些法案揣在怀里,一等重大犯罪发生就将其拿出来应急,以捞取政治资本。而对于现实的犯罪状况和犯罪统计则不是很感兴趣,正如加拿大司法部长麦克莱伦在任时为其推动少年改革所辩护的那样:"如果加拿大人民感到不安全,证明少年暴力犯罪正在下降的统计数据是无关紧要的;只要人们认为暴力犯罪正在增加,我们就必须对这个问题加以解决。"③

(二)新古典主义犯罪学的推波助澜

随着矫正理念在未成年人司法领域内的退潮,作为其根基的理论——实证主义犯罪学理论在犯罪学界也日渐式微,古典犯罪学理论在新的历史条件下再生,并以新古典主义犯罪学的面目登上舞台。这种理论在一些基本问题上与实证主义的犯罪学理论划清了界限。在实证主义犯罪学的视野内,问题少年是环境或遗传等无法控制因素的产物,他们对自己的行为不仅

---

① Michael H. Tonry, *Youth Crime and Youth Justice: Comparative and Cross-national Perspectives*, Chicago and London: The University of Chicago Press, 2004, p. 517.
② Ibid., p. 518.
③ Ibid., p. 524.

不应当承担责任,还可以要求国家给予矫正和帮助,而且他们也存在着矫正的可能性。新古典主义犯罪学则否认犯罪人与非犯罪人在人的本性上的区别,认为人在没有法律等制裁机制下都会从事邪恶的行为;不仅如此,他们还认为实证主义对犯罪根源的探讨仅能满足犯罪学家的理论兴趣,而对社会政策的制定不具有任何意义。正如其代表人物威尔逊所言:"根本原因不可能成为政策所追求的目标,因为既然是根本的,那么就很难变更,例如犯罪学家发现男人的犯罪多于女人,少年的犯罪多于老年,这只能说是理论上重要的和科学上正确的观察,但对于实践中的决策者几乎毫无意义,因为男人无法变为女人,少年也无法掠过年幼的岁月。"①在他们看来,国家改造犯人的乌托邦性质的实践已经宣告失败,既然如此,不如将关注的重点从犯罪人的需要转移到犯罪行为身上,在犯罪和惩罚之间建立起直接的联系,尽管这种做法可能显得不太浪漫,但是更为清醒、现实。

当然,新古典主义犯罪学内部也存在着功利主义和报应主义两大阵营的对立,前者主张法定的处罚应当服务于两种功能:威慑(使一般人不敢实施犯罪)和保护社会秩序;后者反对将惩罚作为威慑的手段使用,强调对行为进行对等的处罚以限制国家权力的滥用。尽管存在这种区别,二者在未成年人司法的对策的许多方面却不谋而合②:

(1) 对少年的"身份犯罪"实行非犯罪化;

(2) 降低少年刑事责任年龄,因为正义的实现要求更多的关注犯罪行为,而不是犯罪人;

(3) 为了消除少年法院不受控制的权力滥用和保护少年的利益,取消少年法院的设置;

(4) 采用定期刑以消除法官过大的自由裁量权;

(5) 惩罚犯罪人,而非治疗;

(6) 分配惩罚应根据两个向度,一是现有犯罪的严重性,二是以往前科的严重性。

上述看法对未成年人司法的改革和变迁产生了深远的影响,特别是新

---

① L. T. Empey & M. C. Stafford, *American Delinquency: Its Meaning & Construction* (3rd ed.), Belmont, California: Wadsworth Publishing Company, 1991, p. 445.

② Ibid., p. 457.

古典主义的犯罪学家纷纷到政府的实务部门任职,以至于20世纪六七十年代后的未成年人司法制度运作打上了鲜明的新古典主义犯罪学烙印。

(三) 国家整体刑事政策的转变

19世纪后半期,西方社会对于人改造世界和人自身的能力有着过分乐观的情绪,在刑事政策领域内,不少国家都实施了医疗模式。最突出的是美国,医疗模式赋予法官和法律执行机构以巨大的自由裁量权,但是这种自由裁量权也造成了罪刑不平等的局面,同时,犯罪规模的扩大和严重犯罪的发展,使得人们对刑事司法制度产生了极度的不信任情绪,刑事政策开始转向。在美国,以《量刑指南》的公布为标志,刑罚个别化运动宣告终结,法官和行刑机构的自由裁量权开始压缩,定期刑开始得到强调,犯罪人的人身危险性在量刑过程中的作用下降,犯罪的严重性和保护社会的必要性成为决定刑罚轻重的决定因素,罪刑法定、罪刑均衡等古典犯罪学的原则重新得到阐发。这种刑事政策的转向对强调司法个别化的未成年人司法制度的影响,可以说是城门失火,殃及池鱼。

二、少年责任的两种模式

(一) 恢复性司法模式(Restorative Justice)

恢复性司法作为一种理论模式在20世纪的80年代得以提出和完善,90年代在实践中开始实施,理论界关于何谓恢复性司法存在不同的看法,有的学者从过程来定义:"恢复性司法是一个特定的纠纷解决过程,在这个过程中对某一特定的犯罪有利害关系的相关各方共同来决定如何处理犯罪的结果和对于未来的影响。"[1]也有学者从结果加以定义:"恢复性司法是在犯罪发生后优先考虑对犯罪造成的损失加以补偿从而追求正义的一种选择。"[2]前者强调犯罪人、受害人、受侵害社区的自愿参与,以及犯罪人道歉、赔偿等处理协议的自愿性;后者则强调受害人和受害社区得到补偿的实在性,而不考虑这种处理结果是否为犯罪人所接受。不管在定义上有何分歧,

---

[1] Allison Morris, *Restorative Justice for Juveniles: Conferencing, Mediation and Circles*, Portland, Oregon: Hart Publishing Co., 2001, p. 5.

[2] Michael H. Tonry, *Youth Crime and Youth Justice: Comparative and Cross-national Perspectives*, Chicago and London: The University of Chicago Press, 2004, p. 52.

两者都认为不应通过对法律秩序的侵害来定义犯罪,而是应当通过犯罪给被害人和被害社区造成的损害来定义犯罪,对犯罪进行反应的基本功能不是惩罚或改善犯罪人,而是设定条件以实现对被害人最大可能的赔偿。[1] 因而界定犯罪的损害、通过受害者—加害人的和解、加害人的赔偿、社区服务等进行恢复、最终追求受害人得到满足、社区的不安得到平息、犯罪人正常融入社会等正义的结果是恢复性司法的基本要素。

恢复性司法的出现对于未成年人司法制度的渗透是有目共睹的[2],但是由于各国的文化传统不同,渗透的程度也有不同。普通法系国家由于法官的权力较大,少年法院的法官在法律没有明文禁止的情况下可以将问题少年转移出少年司法系统,并且将其安置在社区内,通过道歉、赔偿、社区服务等手段来追求少年改善、回归社会的效果。而大陆法系国家,少年法院的法官受法律的严格约束,自由裁量权较小,恢复性司法模式对其影响有限。

(二)惩罚模式

惩罚模式的兴起是建立在对未成年人司法矫正失望的基础之上,该模式的主要代表者是戴维和威尔逊,他们都认为未成年人和成年犯罪人都是理性的和负责任的,因此如果违反法律就应当受到处罚,正如戴维所言:"如果我们无法可靠的改善和教育,我们至少可以在实践中做到公平、合理、人道和和谐。"[3]这种模式又分为两个阵营:报应模式和功利模式(犯罪控制模式),两者尽管在是否追求惩罚的威慑作用上存在不同意见,但是都赞成限制少年司法机构的自由裁量权,恢复定期刑,强调惩罚的比例性,处罚程序的公正性等,这些主张对各国的少年司法制度的变革产生了重大影响。这些影响表现在:

---

[1] Michael H. Tonry, *Youth Crime and Youth Justice: Comparative and Cross-national Perspectives*, Chicago and London: The University of Chicago Press, 2004, p. 553.

[2] 我们不应当忽略的是在恢复性司法复兴以前的20世纪70年代末80年代初,少年司法制度中就存在受害者与加害者调解、家庭会议和社区服务等带有恢复性司法色彩的手段,但是这些手段并不是基于恢复性司法的理论前提,而是为减轻少年司法系统的负担,为问题少年提供更好、更廉价的改善、再社会化的另一种途径。在这些框架内问题少年的康复、改善、教育是第一位的,受害者的补偿是第二位的,因而与恢复性司法模式拉开了距离。

[3] Clemens Bartollas, *Juvenile Justice in America*, New Jersey: Upper Saddle River, 2001, p. 18.

1. 处罚的加重

从目前来看,加重处罚的对象主要是暴力犯罪、惯犯和涉及毒品的犯罪。但是加重处罚的风潮可谓是遍及西方主要国家,如美国、加拿大、英国、丹麦,等等。更加让人难以置信的是,美国自20世纪70年代恢复执行死刑以来,也开始对未成年人执行死刑。① 1988年美国联邦最高法院在Thompson v. Oklahoma 一案中裁决对15周岁的少年执行死刑违反《美国宪法第八修正案》,而在1989年Stanford v. Kentucky 一案中,美国联邦最高法院又裁决对年满16周岁的少年执行死刑不违反美国宪法。②

与此同时,少年法院也通过创设混合量刑制度改变了以往在未成年人司法机构中不能判处成年人刑罚的规定。所谓混合量刑制度,就是对被定罪的严重暴力犯罪的未成年人,少年法院有权在科处特有的未成年人处理措施之外,并处或在一定条件下科处成人性质的处罚。以前的未成年人矫正机构在未成年人成年时必须将其释放,而在混合量刑的情况下,未成年人成年时如果符合一定的条件,就必须在成年人的改造机构内继续接受拘禁或处罚。

2. 受处罚未成年人信息保护的弱化

在少年保护理念主导下,未成年人司法机构为防止给未成年人打下刑事不法的污点,对相关未成年人的处理程序一般是在封闭的情况下进行的,社会上的一般人,特别是大众传媒参与该处理程序必须经过法院的严格审查,而且严格禁止泄漏该未成年人的姓名,对信息的披露不得使一般人能够推知该未成年人的姓名。美国西弗吉尼亚州1976年的法律甚至规定对相关信息的发表构成犯罪。但是在1977年的Oklahoma Publishing Co. v. District Court 一案中,美国最高法院认为,将在公开程序中采集的有关犯罪未成年人的信息加以发表,是不应当加以禁止的,从而推翻了地方法院禁止发布的命令。在1979年的Smith v. Daily Mail Publishing Co. 一案中,联邦最高法院认为,新闻记者通过自己的新闻采访获得了少年杀手的姓名并将其

---

① 截止到2003年,美国是世界上唯一对未成年人执行死刑的国家,自1976年已对22个未成年人执行了死刑。James Annel & Cecil Joanne,"Out of Step: Juvenile Death Penalty in the United States", *International Journal of Children's Rights* 11(2003):291.

② James Annel & Cecil Joanne,"Out of step: Juvenile Death Penalty in the United States", *International Journal of Children's Rights* 11(2003):292.

发表在报纸上,是在行使宪法所赋予的言论自由,不应当作为犯罪处理,从而判定西弗吉尼亚州的法律违宪。①

3. 定期刑的引入

在少年保护的理念下,对未成年人的处理应当根据少年本身的危险特征被改善的状况而定,处理的期限是不定的,但是这种做法导致了未成年人处理轻重的不均衡性,也助长了未成年人司法机构滥用权力的现象。责任理念下定期刑的引入是为了缩小法官的自由裁量权,防止对未成年人的处理出现不平等的情况,以更好地贯彻行为与处罚均衡的责任原则。这方面的典型代表是美国的华盛顿州,华盛顿州的法律在某种程度上是建立在报应模式之上的,法律强调少年不法者的责任,刑罚是预先量定的,也是定期的。②

4. 程序的刑事化和正规化

在 20 世纪六七十年代以前,未成年人司法程序是非正式的民事程序设计(德国除外),自 Kent v. United States 一案后,加强对问题少年的程序保护成为一股不可抗拒的潮流。以美国为例,美国联邦最高法院在 Kent v. United States 一案中,赋予了被告少年出席管辖权放弃听证会和获得控告理由的权利,在 1967 年的 In re Gault 一案中,赋予了被告未成年人在少年法院获得书面指控、获得律师辩护、和证人的对质以及反对自控其罪的权利,在 1970 年的 In re Winship 一案中,联邦最高法院要求公诉方证明未成年人实施不法行为必须达到排除合理性怀疑的地步。尽管在 1971 年的 McKeiver v. Pennsylvania 一案中,联邦最高法院裁决获得陪审团审判不是被告未成年人的法定权利,但是也没有对少年法院适用陪审团的做法予以禁止,而是交由各州立法者或法官裁量决定,截至 1997 年,已有 1/4 的州通过立法授予被告未成年人以陪审团审判的权利。③ 随着对未成年人程序保护的加强,少年法院的运作与其产生时的状况已有很大的不同。因而就目前的情势而

---

① Joseph J. Senna, *Juvenile Law: Cases and Comments*, St. Paul: West Publishing Company, 1992, pp. 174—177.

② John T. Whitehead, *Juvenile Justice: An Introduction*, Cincinnati, OHIO: Anderson Publishing Co., 1990, p. 400.

③ Dean J. Champion, *The Juvenile Justice System: Delinquency, Processing and the Law*, New Jersey: Prentice-Hall Upper Saddle River, 1998, pp. 358—361.

言,除了欧陆坚持福利道路的国家(如苏格兰、丹麦、瑞典等)以外,少年法院的审理程序和刑事司法程序的差别已经越来越小,法庭的对抗性特征日益明显,辩诉交易也愈发地常见,以至于有的学者呼吁废除未成年人司法系统,将未成年人犯罪案件移交刑事法院处理。①

5. 管辖权放弃的加剧

少年法院放弃对实施了特定犯罪(一般指重罪)的未成年人的管辖权,而将其送往成年刑事法院进行审理。管辖权放弃对于被处理的未成年人意味着非常严重的后果。首先,被移送到成年刑事法院,有可能遭受更为严厉的惩罚,因为刑事法院有权判处少年法院无权判处的死刑、不具有假释可能的无期徒刑;其次,意味着未成年人地位的永久变更,因为在未成年人司法中存在着一条惯例:一旦少年被送往刑事法院处理,或者被刑事法院定罪,或者因为一个或数个犯罪被处罚,此后将永远被作为成年人对待;最后,未成年人一旦被作为成年人加以处罚,其有关个人被处罚的信息将无法享受到在少年法院系统得到的特殊保护。

应该说在少年法院诞生时,就存在管辖权放弃的问题,当时的伊利诺伊州少年法院尽管有对少年事件的初始管辖权,但是对少年法院法的合宪性信心不足,害怕被州最高法院判定违宪,因而与公诉方达成了绅士协议,对公诉方在重大案件中将少年起诉到刑事法院的做法睁一只眼闭一只眼,而且在其审理的案件中如果发现少年不具有在少年司法系统改造的可能性,也会将其移送到刑事法院。这种做法在 20 世纪 20 年代以前并不常见,美国大约只有 10 个州允许在成人法院审判少年犯罪人。② 这个领域从 70 年代开始发起变革,80、90 年代达到高潮,直至 1998 年起才渐趋平息。

---

① John T. Whitehead, *Juvenile Justice: An Introduction*, Cincinnati, OHIO: Anderson Publishing Co., 1990, p. 403.

② Ibid., p. 137.

第三节　保护理念与责任理念的融合

正是上述少年责任理念在未成年人司法领域里的抬头,西方政府对未成年人犯罪特别是严重犯罪越来越倾向于采取铁腕政策,以至于国内有学者声称西方的少年政策在走回头路,也有学者认为未成年人司法的整体理念已由对未成年人的保护转向了对未成年人的惩罚,实际上这种说法有点夸大其辞。尽管我们不能低估责任理念在未成年人立法、司法领域里的巨大影响,但是客观地说,这种理念只是改变了保护理念一统天下的局面,使得目前未成年人司法领域形成这样一种潮流:以保护理念为主导,以责任理念为补充来建构未成年人司法制度。

首先,出于对社会安全的忧虑和对未成年人犯罪控制的考虑,各国政府对未成年人暴力犯罪和惯犯的处理原则逐步走向责任优于保护的道路。暴力犯罪(特别是谋杀)、毒品犯罪以及再犯多是各国加重处罚的对象或移送到成年法院处理的对象。但是不能高估这种变化,因为这些犯罪在整个未成年人犯罪中所占的比例较小,而且即使在对这些犯罪的处理中,立法也规定要在责任的限度内追求少年的改善、自新,以使其最终重返社会。如加拿大1982年通过的《青年犯罪者法案》与1908年的《少年不法者法案》相比,尽管强调少年对犯罪承担责任,为少年提供与成年人相同的程序保护,并根据行为的严重性科处刑罚,但是仍然要求为需要帮助的少年提供服务,并且认为这种服务是刑事法院所不能企及的[①];而在2003年生效的《青年刑事司法法案》第38条第1款规定,少年量刑的目的是公众的长久安全,但是必须通过公正的量刑才能取得,并且这种量刑必须是有意义的,能够促进他的改善和重新融入社会。[②] 这类规定并不能被看作是孤立的现象,因为早在1985年通过的《联合国少年司法最低限度标准规则》第5.1条就明确规定,

---

[①] John T. Whitehead, *Juvenile Justice: An Introduction*, Cincinnati, OHIO: Anderson Publishing Co., 1990, p. 391.

[②] Julian Roberts, "Harmonizing the Sentencing of Young and Adult Offenders: A Comparison of the Youth Criminal Justice Act and Part XXIII of the Criminal Code", *Canadian Journal of Criminology & Criminal Justice* 3(2004):301.

少年司法制度应强调少年的幸福,并应确保对少年犯作出的任何反应均应与罪犯和违法行为的情况相称,强调在罪刑均衡的前提下关注少年的保护,这种理念已被越来越多的国家所接受。

其次,对一般的未成年人不法和犯罪行为,仍然恪守保护理念。少年保护的理念经过半个多世纪的锤炼已经在未成年人司法领域内奠定了很深的根基,而上述责任理念的引入不过是人们对严重未成年犯罪者进行矫正能力的怀疑而作出的一种让步,是为了公众安全不得不退而求其次的一种选择,事实上几乎很少有人对保护理念本身提出质疑。但是与少年法院诞生时相比,如何贯彻保护理念的问题,今天有着截然不同的回答。在20世纪上半叶少年法院崇尚父权般的干预,认为通过这种干预,问题少年在家庭或生活环境中得不到满足的正常需要能够得到满足,从而走上正常的生活道路。而今天的理论界和实务界在标签理论的影响下对于未成年人司法机构的看法相对比较悲观,认为未成年人司法机构尽量不要干预未成年人的行为,而是将相关的问题交给社会的福利部门解决,以免给未成年人打上耻辱性的烙印;即使不得已对未成年人进行干预,也要尽量将其留在家庭和社区内,为其提供有意义的、个别化的服务,而对未成年人的监禁必须是最后的不得已的选择。这种思想表现在以下的两种运动中:

(1)身份犯罪的非罪化

身份犯罪的非罪化,就是剥夺少年法院对身份犯罪的管辖权,所有相关的管教均由非司法性的社会服务机构在未成年人自愿的基础上提供。从1984年美国华盛顿和缅因州通过相关的法律之后,对身份犯罪的处理已经成为社会和健康服务部门的职责,随后纽约州将身份犯罪者定义为"需要监督之人",并将其作为一个特殊的类型对待,目前美国的大多数州都通过了类似的法律。这种做法在国际上也得到了认可,《联合国少年司法最低限度标准规则》(简称《北京规则》)也规定少年司法机构的对象应当是触犯刑法的少年,从而将身份犯罪排除出少年司法领域。

(2)非机构化的提倡

所谓非机构化,就是对于少年事件尽可能在社会内部进行反应和消化,减少国家正式机构干预的机会。非机构化运动深受标签理论的影响,根据该理论,少年犯罪的根源不在于少年本身,而在于对少年的反应,国家对少年的反应实际上是对其成功贴上"不法者"、"犯罪者"标签的过程,少年对这个标签不断的认同和内化,从而在犯罪生涯的道路上越走越远。这种理论认为控制少年犯罪的最好做法是国家撒手不管。标签理论对未成年人司法的实践产生了深远的影响,并且在某种程度上导致了非机构化运动的推广。

非机构化运动有两层含义,第一层含义是转处,就是尽量将少年通过不起诉、赔偿、社区服务等手段转移出未成年人司法机构;第二层含义是非监禁化,就是如果必须由未成年人司法机构作出处理,应当优先选择非监禁性的措施。非机构化运动在美国得到了实务界的大力支持,据美国学者统计,1996年送交少年法院处理的未成年人犯罪案件共有1757600件,真正被起诉的共983100件,约为56%,而被起诉的案件中被定罪的只有58%,最后未成年人被关押的案件只有159400件,其他要么被释放,要么被处以缓刑。[①] 这种运动在国际上也有深刻的影响,如《北京规则》对非机构化运动给了高度的赞赏和支持,根据其立场,不干预被认为是对少年儿童最好的政策,当局应在程序的各个阶段尽可能的将其从制度中转移出去。少年犯罪者应被安置在能够为其提供适当照顾和保护的家庭、学校和机构中去。同时少年法院应该有各种替代性措施,包括各种看护命令、缓刑、社区服务令、对受害人的赔偿等,监禁应被视为最后的选择,而且被监禁的少年应当尽可能早的被释放,并被安置在能够让他们重返社会的计划中。[②]

第四节 我国未成年人司法制度主导理念的选择

上述国外未成年人司法主导理念的变迁或许给我们许多启发,但至关重要的是,我们在未成年人保护和未成年人理念[③]的冲突和融合中如何选择

[①] John T. Whitehead, *Juvenile Justice: An Introduction*, Cincinnati, OHIO: Anderson Publishing Co., 1990, p. 40.
[②] Ibid., p. 390.
[③] 在前面几节内容中,为尊重理论界的现有习惯及有关文献的原有表述,我们保留了"少年保护理念"与"少年责任理念"这一说法,从本节开始,我们将使用"未成年人保护理念"与"未成年人责任理念"这两个概念。

以奠定我国相关制度的根基。之所以说是至关重要，是因为理念的选择代表了我们追求的目标、前进的方向和前途；而相关的制度设计不过是满足这些理念的手段。

与未成年人司法制度主导理念相关，我国理论界与实务界一直强调所谓的"双向保护"原则，即保护未成年人与保护社会有机结合原则。该原则的基本含义是指：未成年人司法既要注重保障社会的安全、秩序，也要注重保护犯罪未成年人，努力把两者有力地结合起来，做到保护社会与保护未成年人的有机统一。①

虽然我国一直强调双向保护原则，但学者也指出，由于我国未成年人司法制度直接孕育于普通刑事司法，所以其一开始就有刑事性质，而且作为普通刑事司法的一部分，必然首先要实现保护社会这一刑事政策的目的。因此，我国未成年人司法目前的迫切任务是要加强对未成年人的司法保护。②应当说这一评价是比较中肯的，但从我们的调查情况来看，大部分人并不赞同这一观点。

课题组对 323 名社会公众、207 名公安系统警察（以下简称"警察"）、175 名检察官、403 名法官及 185 名司法警察（主要来自于监狱和劳教系统）③的问卷调查结果表明，如图 2.1、2.2、2.3、2.4 和 2.5 所示，超过一半的社会公众与接近一半的警察认为现行未成年人司法制度对未成年犯罪人的处理"不够严厉，过于强调保护"，而持这种观点的检察官、法官和司法警察都超过了各自样本总数的 20%。而与前述的学者观点相类似、认为现行未成年人司法制度对未成年犯罪人的处理"过于严厉，保护不足"的人所占各自样本总数的比例并不高，其中比例最高的是检察官，为 31.43%，最低的为警察，只有 6.76%。总体来看，大部分人都认为现行制度对未成年犯罪人的处理做到了"惩处与保护并重，大致平衡"。

---

① 姚建龙：《长大成人：少年司法制度的构建》，中国人民公安大学出版社 2003 年版，第 49 页。
② 徐建主编：《青少年法学新视野（下）》，中国人民公安大学出版社 2005 年版，第 547 页。
③ 鉴于这些问卷调查的主要内容都是有关未成年人司法的具体制度，为了全书的协调性，我们将在第五章对社会公众、警察、检察官及法官的问卷调查的具体情况进行介绍，在第十章对司法警察的问卷调查的具体情况进行介绍。

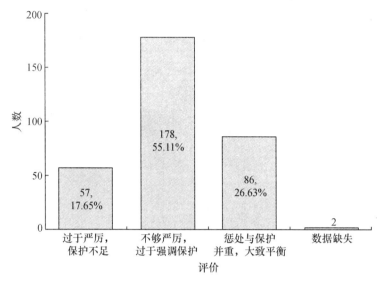

图 2.1 公众对目前未成年人司法制度的评价

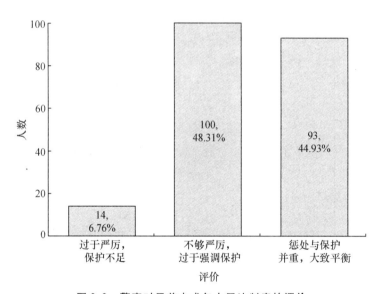

图 2.2 警察对目前未成年人司法制度的评价

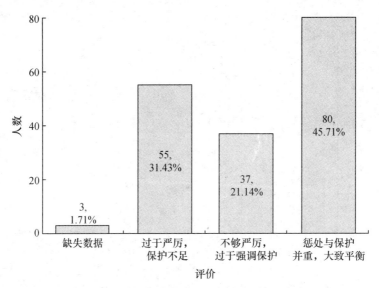

图 2.3 检察官对目前未成年人司法制度的评价

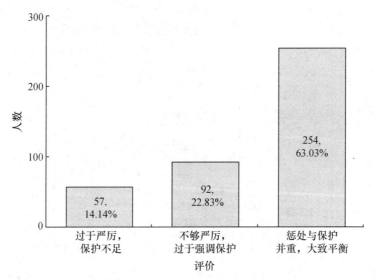

图 2.4 法官对目前未成年人司法制度的评价

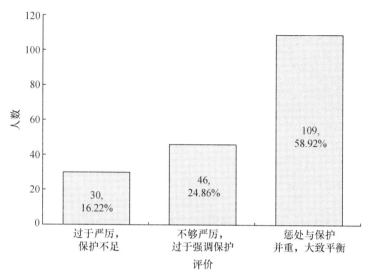

图 2.5 司法警察对目前未成年人司法制度的评价

关于"双向保护"中,对未成年人的保护与对社会利益的保护应当是一种什么关系这一问题,课题组也进行了调查。如果说前述的关于目前未成年人司法制度对未成年人保护程度的评价,是受调查人员对目前未成年人司法理念在实践中"实然状态"的认识,那么,受调查人员对于"未成年人保护和社会保护两者之间的关系"这一问题的看法,则是他们对未成年人司法理念的"应然状态"的认识。调查结果表明,如表 2.1、2.2、2.3、2.4 和 2.5 所示,大部分接受调查的人员,即 57.9% 的社会公众、55.1% 的警察、62.3% 的检察官、74.2% 的法官和 57.3% 的司法警察都认为对社会利益的保护与对未成年人的保护应当并重,并保持大致平衡。而从整体来看,在全部 1293 名受调查人员中,共有 18.17% 的人认为"对未成年人的保护应当大于对社会利益的保护";而有 18.10% 的人则认为"对社会利益的保护应当大于对未成年人的保护",可见赞同这两种意见的人数相当。

表 2.1　社会公众对"双向保护"的看法

		人数	百分比	有效百分比	累积百分比
有效值	对未成年人的保护应当大于对社会利益的保护	62	19.2	19.5	19.5
	对社会利益的保护应当大于对未成年人的保护	69	21.4	21.7	41.2
	两种保护应当并重,大致平衡	187	57.9	58.8	100.0
	合计	318	98.5	100.0	
缺失值		5	1.5		
合计		323	100.0		

表 2.2　警察对"双向保护"的看法

	人数	百分比	有效百分比	累积百分比
对未成年人保护应当大于对社会利益的保护	23	11.1	11.1	11.1
对社会利益的保护应当大于对未成年人的保护	70	33.8	33.8	44.9
两种保护应当并重,大致平衡	114	55.1	55.1	100.0
合计	207	100.0	100.0	

表 2.3　检察官对"双向保护"的看法

		人数	百分比	有效百分比	累积百分比
有效值	对未成年人的保护应当大于对社会利益的保护	51	29.1	29.5	29.5
	对社会利益的保护应当大于对未成年人的保护	13	7.4	7.5	37.0
	两种保护应当并重,大致平衡	109	62.3	63.0	100.0
	合计	173	98.9	100.0	
缺失值		2	1.1		
合计		175	100.0		

表 2.4 法官对"双向保护"的看法

	人数	百分比	有效百分比	累积百分比
对未成年人的保护应当大于对社会利益的保护	50	12.4	12.4	12.4
对社会利益的保护应当大于对未成年人的保护	54	13.4	13.4	25.8
两种保护应当并重,大致平衡	299	74.2	74.2	100.0
合计	403	100.0	100.0	

表 2.5 司法警察对"双向保护"的看法

		人数	百分比	有效百分比	累积百分比
有效值	对未成年人的保护应当大于对社会利益的保护	49	26.5	26.8	26.8
	对社会利益的保护应当大于对未成年人的保护	28	15.1	15.3	42.1
	两种保护应当并重,大致平衡	106	57.3	57.9	100.0
	合计	183	98.9	100.0	
缺失值		2	1.1		
合计		185	100.0		

虽然从调查的结果来看,"对社会利益的保护和对未成年人的保护应当保持平衡"是比较"主流"的观点,但是本书认为,这一社会观念需要转变;而在我国未成年人司法制度的构建中,本书认为,必须弘扬未成年人保护的理念,强调要以保护未成年人为主,坚信"少年只有一个权利,那就是受教育权;只有一个义务,那就是在教育者手中驯良的义务"[①],主要理由如下:

一、犯罪学中对于问题未成年人的认知

目前,在犯罪学界对问题未成年人的看法基本上是一致的,大多认为未成年人是处于从童年向成年过渡的中间阶段,其生理、心理的发展状况决定了他不可能像成年人那样具有对问题成熟的判断能力和对行为的自由选择

[①] 这是一个比利时律师在表达其对少年司法制度的立场时所阐述的精辟之论。见 Michael H. Tonry, *Youth Crime and Youth Justice: Comparative and Cross-national Perspectives*, Chicago and London: The University of Chicago Press, 2004, p. 549.

能力,相反他们更容易受社会诸多不良因素的影响,而问题未成年人是在各种不良的家庭、社区环境中成长的,未成年人的不良行为和犯罪行为不过是社会问题的表现,他们本身就是社会弊病的受害者,因而都需要国家的帮助、救济、教育以及矫治。正如我们上文所提到的,尽管进入20世纪70年代以来出现了让未成年人为其行为承担责任的动向,这在很大程度上是对未成年人保护和矫正机构改善未成年人的功能失望所致,而不是对未成年人保护理念正当性的怀疑。责任理念的引入也是未成年人司法制度为了维护社会安全而作出的一种妥协,而相关带有犯罪控制色彩的立法也带有很大的政治操纵因素,并不代表人们普遍地放弃了对未成年人采用一种与成年人不同的以未成年人的最大利益为依归的司法制度的做法。

二、国际公约的规定

在第二次世界大战以后,未成年人问题逐步得到国际社会的共同关注,关于未成年人司法的一些规则逐步得到认同,并被吸收到联合国的相关条约中去,因而在理念选择并建构相关制度时必须考虑我国已经加入的有关未成年人司法的国际公约。这些公约主要有《儿童权利公约》、《联合国少年司法最低限度标准规则》、《联合国预防少年犯罪标准规则》(简称"《利雅得规则》")以及《保护被剥夺自由少年规则》等。这些未成年人司法准则都高扬保护未成年人的大旗,充满了对未成年人人道主义的持续关注。例如《儿童权利公约》第3条第1款规定:关于儿童的一切行动,均应由公私社会福利机构、法院、行政当局或立法机构执行,而且均应以儿童的最大利益为首要考虑。而《北京规则》总则第1.3条规定:应充分注意采取积极措施,这些措施涉及充分调动所有可能的资源,包括家庭、志愿人员及其他社区团体以及学校和其他社区机构,以便促进未成年人的幸福,减少根据法律进行干预的必要,并在他们触犯法律时对他们加以有效、公平及合乎人道的处理。在第5.1条明确指出少年司法的目的所在:少年司法制度应强调少年的幸福,并应确保对少年犯作出的任何反应均应与罪犯和违法行为情况相称。因而对这些未成年人司法准则作出回应,并将其作为制度建构的根基,是我们无法逃避的义务。

三、目前国际上的主流方向

目前我们生活在一个全球化的时代,许多价值观被越来越多的国家所接受而带有普适的性质,在未成年人司法制度领域也是如此,因而选择何种主导理念也必然深受当前国际潮流的影响。正如我们在前文所讲到的,尽管有许多国家出于维护秩序和公众安全的考虑对问题未成年人采取铁腕政策,对未成年人犯罪特别是严重犯罪的处理带有报应主义或威慑主义的色彩,但是从整个未成年人司法的格局来看,对未成年人的保护理念仍然占据主流地位。而国内某些学者宣扬的所谓"严罚"转向不过是一种夸大其辞的说法,很难让人信服。

但是不应当忽略的是,尽管本书主张在未成年人司法领域内贯彻未成年人保护的理念,尽力将未成年人司法机构塑造成一个公正的福利机构,但是在未成年人犯罪已严重危害到公民人身安全或者公共安全的情况下,我们认为未成年人司法机构应当改变其权威父亲的面目,使未成年人对其行为承担责任,在责任的范围内追求对未成年人的改善。或许有人会批评我们立场前后不一,但是这种在未成年人保护原则主导下的例外是非常必要的。首先,任何事物必须在其度的界限内才能保持其合理性,过分的追求维护未成年人的利益可能导致对受害人利益或公众安全的漠视,正如被一个未成年人谋杀和被一个成年人谋杀,对受害人来讲结果没有任何区别一样,过分的强调保护可能在某种意义上意味着对未成年人行为的放纵。相反,在保护的原则下允许对严重犯罪的未成年人追究责任,实际上是在维护未成年人利益的前提下,兼顾社会的安全。其次,只有未成年人责任理念这一例外的存在,才能为未成年人保护理念提供生存的根基,提高其抵御风险的能力,否则如果全盘采用保护理念建构未成年人司法制度,一旦遇到未成年人犯罪的高涨,人们对制度的功效失去信任,从而矫枉过正,导致对保护理念的根本背离,很有可能真正的走上严罚主义的道路。

综上所述,本书主张,我国的未成年人司法改革,在指导理念上应坚持以保护理念为主,责任理念为辅,以使相关的制度设计既能最大化地实现未成年人权利的保护,又能最大限度地考虑社会安全的底线。

第三章 未成年人司法制度的变迁

各国未成年人司法制度的产生与发展,既有相似的地方,也有充满本国特色之处。美国是未成年人司法制度的起源国,同时也是20世纪率先对未成年人司法制度提出质疑并进行改革的国家,因此,研究国外未成年人司法制度的变迁,不可避免地要对美国未成年人司法的产生与发展进行分析。德国作为典型的大陆法系国家,其法律制度对我国法学理论与实践有着重大的影响,而且德国未成年人司法制度从一开始便坚持只对未成年人犯罪行为进行规制的做法,与我国目前的状况十分相似,因此研究德国的未成年人司法制度的历史变迁,对我国也有很大的借鉴意义。基于上述考虑,本章将首先介绍分别作为英美法系和大陆法系主要代表的美国、德国这两个国家未成年人司法制度的发展过程,然后再系统梳理我国未成年人刑事政策及未成年人司法制度的历史变迁。

第一节 国外未成年人司法制度的变迁

一、美国未成年人司法制度的变迁

根据美国学者的概括,美国未成年人司法制度的起源与历史变迁可以分为四个阶段:第一个阶段为"庇护所时期"(the refuge period),从 1824 年到 1899 年;第二个阶段为"少年法院时期"(the juvenile court period),从 1900 年到 1959 年;第三个阶段为"少年权利时期"(the juvenile rights period),从 1960 年到 1979 年;第四个阶段为 1980 年以来的"犯罪控制时期"(the crime control period)①。

(一) 庇护所时期

总体来看,"庇护所时期"是美国开始逐渐创立独立的未成年人矫正机构的时期,这一时期始于 1824 年纽约庇护所(House of Refuge)的成立。在此之前,美国将少年犯和成年犯关押在一起,这种混合式关押在实践中导致了两个严重的问题:第一,少年犯可以从成年犯身上"学习"到各种各样的犯罪技能与逃生技巧;第二,限于体能和智力,少年犯还可能遭受成年犯的各种盘剥,甚至性侵犯。这种困境引起了社会各界的关注。在 1776 年建立的"核桃街拘留所"(Walnut Street Jail)就进行改革,将女犯、问题少年和成年男犯在夜晚分别关押。② 同时,一些陪审团也出于人道主义的考虑,宣告表面上有罪的少年无罪(即陪审团的"否弃权"),避免将少年送进监狱。但这些努力并没有从根本上改变监狱中同时关押少年犯与成年犯这一现状;而纽约防止贫困协会在解决这一问题上发挥了重要作用。纽约防止贫困协会认为,必须将少年从监狱、不合适的家庭和其他不健康的环境中隔离出来,他们建议,模仿监狱而建立一个专门的少年庇护所。③ 在他们的倡导下,纽约州建立了第一个少年庇护所,其基本理念是,通过结构化的环境重塑少年的人格,强调严格的纪律、教育和劳动工作是矫正的主要方法。因此,纽约庇护所为受庇护者提供了"鼓励勤奋地就业"、"阅读、写作和算术"的基础教育,以及"对其道德和信仰责任本性"的教导。同时,这些机构被赋予了广泛的管辖权——犯罪的、流浪的、被疏于管教的,甚至是不服从管教的儿童都可以被送进庇护所进行矫治。这种广泛的管辖权也使美国的儿童福利政

---

① George F. Cole and Christopher E. Smith, *Criminal Justice in America* (3rd ed.), Wadsworth Pub. Co., 2002, pp. 346—350.
② 张鸿巍:《少年司法通论》,人民出版社 2008 年版,第 32、33 页。
③ Robert E. Shepherd, "The Juvenile Court at 100 Years: a Look Back", *Juvenile Justice*, 2 (1999):14;姚建龙:《超越刑事司法:美国少年司法史纲》,法律出版社 2009 年版,第 51 页。

策与少年司法制度合二为一。①

庇护所的倡导者和管理者本来是仿照公立学校来设计庇护所的,但是实际上它的运作却类似于监狱。它强调艰苦劳作、严格纪律以及密集学习等手段,带有强烈的"强迫"色彩;同时,庇护所也缺乏有经验的专业人员,这在很大程度上制约了庇护的实际效果。此外,其实际关押对象也主要局限于街头流浪少年以及轻微偏差少年,大量触犯重罪的未成年人仍与成年犯被关押同一个监狱里。

庇护所一般是私人慈善提供资金和管理的,而到了19世纪中后叶,美国各州及地方政府开始设立公立的少年矫正机构,这种少年矫正机构一般称为"少年教养院"(reform school)。1846年马萨诸塞州成立了全美第一所少年教养院——"利曼男童教养院"(Lyman School for Boys)。少年教养机构一般设在乡下或牧场内,该机构有几个特点:将问题少年与成年犯隔离开;帮助少年脱离不利的家庭环境;诉讼程序最小化;提供过渡性判决直到少年被成功改造;通过军事训练、体育锻炼和监督以帮助少年改变懒散的生活习性;注重教育,尤其是职业教育和宗教教育以教化少年以及教导问题少年谨慎、节俭和勤奋。②

在"庇护所"时期,虽然美国进行了一系列的改革,但是少年犯罪被告人受到的"待遇"与成年被告人是一样的,也就是说,在这一个时期少年司法制度并没有产生。但这一系列改革与随后少年法院的产生有着密切的关系,因此它对少年司法的产生有着重要的促进作用。

(二)少年法院时期

1870年,伊利诺伊州最高法院通过判例指出,把没有被定为刑事犯罪或没有获得合法正当程序保障的少年监禁在芝加哥教养院的做法是违宪的,且该法院也认为此类学校对问题少年没有矫正作用。两年之后,芝加哥教养院被迫关闭。③ 这便使少年犯与成年犯又重新关押在一起,这为许多特别"拯救儿童运动"者所不满。1882年,约翰·阿尔特杰德律师(1891年当

---

① 〔美〕玛格丽特·K.罗森海姆等编:《少年司法的一个世纪》,高维俭译,商务印书馆2008年版,第24、25页。
② 张鸿巍:《少年司法通论》,人民出版社2008年版,第33—34页。
③ 同上书,第35页。

选为伊利诺伊州州长)参观了芝加哥监狱,并对关押其中的少年犯的状况深感不满。他的文章和演讲也鼓舞了不少人与团体参加到一场旨在建立更好、更人道的法律制度的改革运动中。① 这场运动的初衷与庇护时期的许多改革一样,仅仅是为了改革矫正体系,以改善被关押少年的处境,但很快他们认识到问题的根源在于刑事司法体系本身。因此,改革者们便将诉求转移到建立独立的少年司法体系上来。② 这场改革运动的结果,便是全美第一部,也是全世界第一部《少年法院法》以及第一个少年法院于1899年在伊利诺伊州诞生。

伊利诺伊州《少年法院法》所创设的未成年人司法制度,最核心的特点在于其与普通刑事司法制度的分野,具体来说,包括有以下几个特点:(1)少年司法的目的在于"康复"而不是惩罚;为此《少年法院法》明确规定并拓展了实践中已经存在的观护制度。(2)创设了少年法院,并使之与普通的刑事审判组织相区分。(3)少年法院管辖的对象包括三类未成年人:16岁以下无人抚养儿童、被遗弃儿童和罪错儿童。(4)少年司法程序比较有弹性,少年法院法只规定"少年法院应当以简易的方式审理和处理案件",因此,少年法院可以自己决定少年司法程序并进行弹性地调整。(5)完善了少年矫正体系,禁止将12岁的儿童送交拘留所或警察局。(6)在法律术语上,少年触犯法律的行为不被称为"犯罪"(crime),而被称为"罪错"(delinquency)。③

伊利诺伊州创设的未成年人司法制度,对全美乃至全世界的未成年人司法制度产生了重要影响。在美国,伊利诺伊州的《少年法院法》拉开了少年法院运动的序幕。在芝加哥少年法院成立后的五年内,11个州建立了自己的少年法院;而到1925年,46个州和哥伦比亚特区已经先后设立了少年法院。④

这个时期创立的少年法院,有着明显的福利色彩,具体来说,它有以下

---

① 〔美〕斯蒂文·A.德津:《美国的少年法庭》,韩建军译,载《青少年犯罪问题》2000年第2期。
② 姚建龙:《超越刑事司法:美国少年司法史纲》,法律出版社2009年版,第75页。
③ 姚建龙:《超越刑事司法:美国少年司法史纲》,法律出版社2009年版,第82页以下;Larry Siegel & Joseph Senna, *Juvenile Delinquency*(6th ed.), West Pub. Co., 1997, pp.434—435.
④ 张鸿巍:《少年司法通论》,人民出版社2008年版,第38页。

几个福利性特点:(1)未成年人司法的功能在于维护少年福利,协助罪错少年脱离不利的生活环境,并积极提供其所需的教育和训练。因此,未成年人司法对罪错少年进行干预时主要考虑的是其需要而不是其行为。(2)强调少年法院应当给少年以家庭式的处罚,即使这些少年实施了越轨行为,伊利诺伊州《少年法院法》就规定,对孩子的照料、监管和惩戒应当尽可能近似于其家长所给予的。(3)未成年人司法的运作方式更注重专业性的社会工作方法,使未成年人司法更符合个体的福利,而未成年人司法并不具有普通司法程序的特点。如观护制度的确立,使具有专业化社会工作理念的观护人取代了传统检察官甚至律师的地位。① 福利色彩的少年司法的程序是非对抗性的,这就意味着少年被告人缺少成年被告人所拥有的正当程序的保护。随着社会及联邦最高法院对未成年人权利保护及正当程序的重视,这种状况受到了批判,随之而来的就是少年司法的另一个时期——少年权利时期的开始。

(三)少年权利时期

体现福利性质的未成年人司法制度,在从刑事司法程序中独立出来的同时,很大程度上忽视了刑事司法程序中有关正当程序的要求。当然,这是因为未成年人司法并不被认为是刑事司法程序,少年法院不被认为是刑事法院,而少年矫正机构并不是监狱,对少年的"交押"(commitment)也不被认为是对少年的处罚,不被认为是对少年自由的剥夺。② 但这一近似于玩弄文字游戏的"理由",自20世纪50年代开始便受到了广泛的质疑。质疑的核心在于未成年人司法漠视了少年的权利——以"少年福利"为借口,剥夺了少年的宪法权利。从保护少年宪法权利特别是程序性权利开始,美国从60年代到80年代初期,未成年人司法深受着正当法律程序(due process)、转处(diversion)、非犯罪化(decriminalization)、非机构化(deinstitutionalization)四大运动("4D运动")的影响。这一时期的未成年人司法,也被称为"少年权利时期"。③

少年权利在未成年人司法中得到保障,主要是通过联邦最高法院的几

---

① 姚建龙:《超越刑事司法:美国少年司法史纲》,法律出版社2009年版,第99—103页;George F. Cole and Christopher E. Smith, *The American System of Criminal Justice*(9th ed.), Wadsworth, 2001, pp.580—581.

② 姚建龙:《超越刑事司法:美国少年司法史纲》,法律出版社2009年版,第130页。

③ 姚建龙:《标签理论及其对美国少年司法改革之影响》,载《犯罪研究》2007年第4期。

个著名案件确立的。① 1966年,在"肯特案"(Kent v. US)中,联邦最高法院认为少年法院所依赖的哲学基础——国家亲权,并不能否认程序正义对少年的重要性;同时,管辖权的放弃与移转必须考虑"正当程序"与"公平对待"。在1967年的"戈尔特案"(In re Gault)中,联邦最高法院则指出,尽管少年法院可以实行与成人法院有所不同的程序,但是一些最基本的正当程序还是应该贯穿诉讼始终。这些基本的正当程序包括控诉告知权、聘任律师权、不自证其罪权以及与证人对质和交叉询问证人权。此后,在1970年,联邦最高法院在"温士普案"(In re Winship)中确定,宪法第十四条修正案中的正当程序条款也要求在对罪错少年的审理中采用"超过合理怀疑"的证据规则。但在1971年的"麦克凯案"(McKeiver v. Pennsylvania)中,联邦最高法院认为,少年并不享有陪审团审判的权利。而到1975年,联邦最高法院在"琼斯案"(Breed v. Jones)中确定,正当程序中的"一事不再理"规则亦适用于少年司法,即:少年法院在对少年犯罪案件进行实体审理后,不得再以成人刑事犯的身份,指控少年以相同罪责。也就是说,少年法院要将案件送往成人法院的话,必须在司法听证之前移送。

经过上述判例,少年权利在得到保障的同时,也使未成年人司法与成人司法在程序上的差异大大缩小了。但从整体上来看,未成年人司法所强调的福利性质并没有受到根本的动摇。如果将少年权利也视为少年福利一部分的话,少年权利的强调,也许只是对过去未成年人司法中的"不福利"的因素作出了修改而已。

在少年权利时期,少年司法制度强调少年权利的保护,但在同一时期,少年犯罪情况却越来越严重,因此少年司法制度在强调保护少年权利的同时,也慢慢地加强了对少年犯罪的控制与打击,并在80年代进入了"犯罪控制时期"。

(四)犯罪控制时期

1980年以来的未成年人司法制度,学者们认为是进入了"犯罪控制时期",其主要原因是未成年人司法制度对一些犯罪少年更加强调惩罚而非福

---

① 关于这些案件的具体情况,参见:Clemens Bartollas, Stuart J. Miller, *Juvenile Justice in America*, 2rd, Prentice-Hall, 1994, pp.169—74; Barry C. Feld, "Criminalizing the American Juvenile Court", *Crime and Justice*, 17 (1993): 206—208.

利。这一转变的重要历史背景是,六七十年代以来少年罪错案件数量不断增加,特别是少年暴力恶性犯罪突出,公众也持续要求"严打犯罪"。① 在这少年犯罪"浪潮"下,古典犯罪学派理论重新受到学者的青睐,并得到了发展。这个时期的古典犯罪学派理论的立论基础在于其认为现行的矫正制度是没有效果的,因此,报应主义得到了肯定,同时也强调威慑理论,主张用重刑来遏制犯罪。②

在这个时期,未成年人司法实践也出现了"严罚化"的倾向,即强调并加重对罪错少年的处罚。这种严罚化的政策主要表现以下几个方面:(1) 70 年代末以来,许多州纷纷修改少年法,降低了刑事责任年龄。(2) 80 年代以来,各州通过修改法律,使少年犯罪人被更容易地转送到成人刑事法院中审判。修改法律的方法大概有三种,第一种是使检察机关能更容易地向成人刑事法院起诉未成年人;第二种是降低可以适用"弃权"机制的儿童的年龄;第三种是排除少年法院对一些严重犯罪的管辖权。据统计,成人刑事法院审理的未成年人案件的数量从 1987 年的约 6500 件上升到 1996 年的约 10000 件。(3) 如前所述,对身份罪错少年,在 60 年代强调"非机构化";而这种改革的一个附带结果,便是对严重犯罪和暴力犯罪少年使用监禁的比率增加以及时间的增长。(4) 长期坚持对未成年人适用死刑。据学者的统计,1985 年,美国共有 36 个州保留了死刑,其中共有 27 个州允许对未成年人适用死刑;1986 年 9 月,在实施犯罪时不满 18 周岁的死刑犯共有 33 人。(5) 少年司法程序上进一步成人化,如少年审判不公开原则被削弱了。在一些案件,如少年暴力犯罪、严重犯罪及累犯案件,法律允许或者要求少年法院公开听审程序。③

但是,在"犯罪控制时期",虽然"严罚化"的倾向倍受关注,但是所谓的"控制"与"严罚",针对的是少年严重犯罪、暴力犯罪及累犯。对于少年身份罪错,以及轻微犯罪,传统的福利色彩并没有改变。

---

① George F. Cole and Christopher E. Smith, *The American System of Criminal Justice*(9th ed.), Wadsworth, 2001, p.582.
② 姚建龙:《超越刑事司法:美国少年司法史纲》,法律出版社 2009 年版,第 159—161 页。
③ George F. Cole and Christopher E. Smith, *Criminal Justice in America*(3rd), Wadsworth Pub. Co., 2002, p.350; Clemens Bartollas, *Juvenile Delinquency*(2nd ed.), Macmillan Pub. Co., 1990, pp. 15—17; 姚建龙:《超越刑事司法:美国少年司法史纲》,法律出版社 2009 年版,第 162—173 页。

二、德国未成年人司法制度的变迁

在19世纪及以前,德国的刑法规范已经对未成年人的刑事制裁设有特别的规定,但并没有形成独立的少年刑法及未成年人司法制度。19世纪末,在"拯救儿童行动"、美国少年法院法的创设等等因素的促进下,德国发起了一场"少年法院运动",其结果便是在20世纪初产生了德国第一部《少年法院法》。该法的产生,标志着德国未成年人司法制度的正式确立。此后该法有过多次修正,尤其是在纳粹执政时期、第二次世界大战结束及两德统一等历史背景下的修正更加突出。

(一)19世纪以前德国旧刑法时期的"未成年人司法制度"[①]

德国最古老的刑法,是公元1532年的《卡洛林纳法典》。该法第164条即明文规定减轻处罚少年窃贼:对于14岁以下的少年窃贼,不得处以死刑,仅得宣告身体刑。

18世纪普通法时期,德国根据古代罗马法及教会法,以及参照意大利司法制度,加以创新,形成自己的法律制度,对于少年犯的处罚渐趋科学化。当时已采用"故意能力"的概念,这是今天"责任能力"的"前阶"。当时区分犯罪能力的三个年龄阶段如下:

第一阶段为婴儿期,自出生至7岁。婴儿期并没有故意能力,法官仅可以在特殊例外的情况,给予其轻微答责。但之后对于儿童之惩罚,一概不视为刑罚,而视为"教育处分",其方式为给予儿童"深切的激励"。对于轻微犯罪的儿童,均交付其父母、监护人或学校教师等管教。而对于重大犯罪,才可移送法院,并由法院人员在监狱中施予教化。

第二阶段为青春期,自7岁到14岁。对于青春期之少年,应首先认定其属于"近似婴儿期"还是"近似青春期"。前者不予处罚,后者原则上予以放逐。实施重大案件的,也可以对其予以体罚;实施最重大案件,并认为无法矫治的,可以对其处以死刑。认定"近似青春期"的标准,除年龄之外,还有少年的"成熟程度",法官应当根据少年的行为来进行判断。

第三个阶段为未成年期,自14岁到25岁。14岁以上少年,依普通法原

[①] 本部分内容,参见沈银和:《中德少年刑法比较研究》,台湾五南图书出版股份有限公司1988年版,第1页以下。

则,与成年人一样,同受刑罚处罚。但也有两种减轻处罚的情形:一是14岁的少年实施的轻微犯罪;第二种情形是"重大痴呆"。这里的"减轻处罚",主要是针对死刑而予以减轻的;同时,是否减刑,由法官裁量。在18、19世纪,刑法理论流行报应主义并强调刑罚的阻吓作用,因此儿童及少年被判处死刑并执行的人数很多。

1810年《法国刑法》有关刑事责任能力的规定对德国产生重要影响。根据1810年的《法国刑法》,年满16周岁的人,具有刑事责任能力;16周岁以下的人是否具有刑事责任能力,要根据其是否有识别力而定。所谓识别力,是指分辨合法与非法的智慧能力。《法国刑法》这种做法,德国不少邦先后加以采用,普鲁士于1851年采用,巴伐利亚于1861年引进。1871年《德国帝国刑法》除规定无刑事责任之年龄外,还规定相对之刑事责任能力,即系接受法国刑法中"识别力"这一观念的体现。

1871年到1923年的《德国帝国刑法》中,涉及儿童及少年犯罪问题的主要内容包括:不满12周岁的人没有刑事责任能力;而12周岁到18周岁的人具有相对刑事责任能力——行为人如果在行为时欠缺刑事处罚所需之见识,则不予处罚。因不具有刑事责任能力或辨别能力而不构成犯罪的未成年人,可以将其移送感化教育场所或矫治处分场所。总体来说,这个阶段的帝国刑法时代,对于少年犯的处理,主要着眼于量刑上的"必须减轻处罚"。因此实践中大量少年犯被科处短期有期徒刑,但短期有期徒刑并没有矫正少年的品格,反而促使少年犯与重刑犯接触,出狱后无法更生,从而使少年犯的再犯率高于成年犯。因此,减轻处罚措施遭到学者们的批评。

(二)德国少年法院运动及《少年法院法》的诞生[①]

20世纪初开始了一场对德国未成年人司法产生重要影响的儿童及少年教育运动,这个运动由瑞典开始,其中瑞典教育家爱伦凯(Ellen Key)的著作——《儿童之世纪》起着重要的推动作用。在这场运动中,社会各阶层的生活关系、亲子关系、学校与教育制度、训练与课程等都得到了大幅度的改善。社会在儿童观念及刑罚观念上,都有很大的变化。在儿童观念上,人们建立起一项共识:"儿童并非小大人";其主要意义在于确认"少年世界之本

---

① 本部分内容,参见沈银和:《中德少年刑法比较研究》,台湾五南图书出版股份有限公司1988年版,第5—11页。

体性"。由此种思想观念为出发点,首先改革教育学上养护教育措施,社会学上则实施各种保护措施,而刑罚学上则改革少年刑罚。在刑罚观念上,李斯特为代表的刑事实证学派主张刑罚的特别预防、刑罚个别化及教育功能等观点,在少年刑法领域逐渐居于领导地位。

1891年在哈雷举行的国际犯罪学协会第二次会议对德国未成年人司法制度的产生也有重要影响。会议的讨论题目为"少年犯于现行刑法规定之下应循何种途径改变其处遇?"德国检察官阿培留斯提交《少年犯与失教儿童之处理》一文,该文在公布之后大受赞赏,被誉为划时代的巨著。该文提出的许多建议,嗣后被立法机关所采用,包括:刑事责任能力为年满14周岁;儿童犯罪,由国家实施家庭式或监所式之"监督教育";根据身心成熟程度来判断少年的"识别力";废除短期监禁刑;轻刑犯的最低刑度定为一月,重刑犯之最低刑度定为一年;设立刑罚免除执行的方式,以国家监督的教育措施来代替;少年犯出狱后交付辅导;科处刑罚之外,合并实施教育措施,或以教育措施代替刑罚;要顾及行为者人格,促进少年犯的家庭关系;审理不公开等等。

19世纪末20世纪初,美国和英国有关未成年人司法的改革对德国也产生了巨大影响。19世纪末美国成立特别的少年法院,可以对少年选择科处刑罚或养护措施。这一改革对世界各国包括德国的少年司法制度产生了重大影响。英国则建立"保护管束官员"制度。法官可以要求保护管束官员负责调查并报告有关少年人格方面的事项,并可以将少年交付该官员负责辅导。英国还建立波斯塔制监狱,即对16岁到21岁的犯罪人,通过教育人员实施不定期的刑事执行制度。这种波斯塔制后来输入德国,只是方式有所改变。

上文所介绍的各种思想观念的转变及欧美各国蓬勃发展的少年运动,促使德国也开展了自己的"少年法院运动"。1908年,柏林、法兰克福以及科隆陆续成立少年法院。承办少年案件的刑事法官,也兼掌监护法官所应办理的教育措施。1909年柏林率先创立了"德国少年法院节"。随后各地迅速响应,开始独立设置少年法院并规定少年法院节。1912年,维特里希仿照美国模式设立德国第一所"少年监狱",将少年受刑人与成年受刑人分离,实施教育化的刑事执行。1922年公布实施《少年福利法》,规定各类少年官员掌管少年教育福利以及矫治事务;创设保护管束以及养护教育两种措施;由掌理监护事务的法官,对有放荡行为的少年实施处遇措施。随后1923年2月16日颁行德国第一部《少年法院法》,正式建立了独立的未成年人司法制度,其中的重要内容包括:

1. 少年法院与一般刑事法院相分离。少年法院仅管辖14岁以上18岁以下的少年犯罪案件。对于14岁以下无刑事责任能力的儿童,少年法院没有管辖权;儿童犯罪案件,作为监护与教育问题,由监护法院作出监护上的裁定,交由少年署实施养护教育。

2. 确立"以教代刑"原则:少年法院法明文规定,少年犯罪的处遇,均应处以"教育处分"。如有特别情况无法通过教育处分实现人格矫治这一目的时,才可以科处刑罚。

3. 刑事责任年龄的下限由12岁改为14岁;除了刑事责任年龄外,明文规定处分的前提要件,系"少年身心发展之成熟程度"。即使少年已满14岁,仍要根据发展心理学及教育学的观点,判断是否适合处以各种处分。

4. 扩大适用缓刑制度。规定凡判处一年以下有期徒刑者,必须宣告缓刑。

5. 为使审理程序符合教育目的,明文规定排除审讯公开原则,并对于合法原则,加以相当限制。

6. 注重"人品之调查"与"养护性之托付执行"。这两项任务,均由少年署负责。少年署成为少年法院的辅助机构,是实际执行教育处分的机关。

(三)少年法院法之修改及现行少年法院法

1923年的少年法院法实施后不久即被发现不少缺陷:首先是自由刑的刑期没有限制。由于没有最短期限,短期自由刑泛滥而且危害很大;同时由于没有最长期限,不少少年被科处长期自由刑而长期自由刑有诸多弊端。此外,少年缓刑制度实务上亦显现出许多缺点。在1933年经济危机时代,少年犯罪达到顶峰,少年司法制度的问题更加突出。为应对这些问题,1941年9月10日,德国引进少年拘禁,并创设了刑罚执行上的不定期制度。[①]

在此期间另一个重要的历史事实是,1933年之后德国处于国社党操控的第三帝国(纳粹德国)时期。国社党对1923年的少年法院法多持不信任

---

① 沈银和:《中德少年刑法比较研究》,台湾五南图书出版股份有限公司1988年版,第11页。

态度,因此国社党开始发展一部较严厉的少年法院法,结果是在 1943 年产生了第二部少年法院法——《帝国少年法院法》。① 修正的主要内容包括:第一,将制裁方式改为三种:(1)教育措施;(2)惩戒措施;(3)少年刑罚。少年禁闭引进之后,成为主要的惩戒措施,并以其来代替短期自由刑。禁闭的最长期限为三个月。第二,法官可以以裁判消除刑事前科。第三,将刑事责任年龄下降至 12 岁儿童,且排斥缓刑之适用。②

第二次世界大战结束后,1943 年的《帝国少年法院法》被重新修订,删除了国社党所制定的严厉措施。但是该法的结构并没有改变。为配合成年人刑法的改革,第三部少年法院法,即现行少年法院法于 1953 年 8 月颁布。其中最重要的新规定,是将 18 到 21 周岁间的年轻成年人,以"甫成年人"的名称纳入少年法院的管辖范围之内。③ 同时新法也将刑事责任年龄回复为 14 岁,恢复缓刑制度,建立保护管束辅助机构及监视制度;其他细节的修正,也有很多,总体上是朝教育刑法方向进行修改。④ 此后,少年法院法得到多次修改,但是其主要结构并没有发生改变。1990 年 8 月,《少年法院法之第一修正法》作出了许多细节性修正;同时根据两德统一条约,新修订的少年法院法也在配合一定过渡期的调整下,于 1990 年 10 月 3 日适用于新加入的各邦(即原德意志民主共和国)。⑤

第二节 我国未成年人司法制度的变迁

一、我国古代"未成年人"刑事政策简述

在我国古代,并没有严格的"未成年人"的概念,但存在一些关于儿童、少年的刑事政策。本书只是借用"未成年人"的概念对此进行简要分析。

---

① 〔德〕柯尔纳:《德国刑事追诉与制裁》,许泽天、薛智仁译,台湾元照出版社 2008 年版,第 28、29 页。
② 沈银和:《中德少年刑法比较研究》,台湾五南图书出版股份有限公司 1988 年版,第 12 页。
③ 〔德〕柯尔纳:《德国刑事追诉与制裁》,许泽天、薛智仁译,元照出版社 2008 年版,第 29 页。
④ 沈银和:《中德少年刑法比较研究》,台湾五南图书出版股份有限公司 1988 年版,第 12 页。
⑤ 〔德〕柯尔纳:《德国刑事追诉与制裁》,许泽天、薛智仁译,台湾元照出版社 2008 年版,第 30 页。

古代中国有关未成年人犯罪的刑事政策,主要表现为"恤幼"及"遵从宗法伦理"思想。[①]恤幼思想在有关刑事实体法、程序法及执行法中都有一些具体的表现,但主要体现在刑事实体法中有关"刑事责任年龄"的规定。如《唐律》中就规定:(1) 7 岁以下的人,虽然犯死罪,也不受刑罚处罚;对于其他一般犯罪,当然也不予追究。(2) 7 岁到 10 岁的人,实施一般犯罪的,不予处罚;实施盗及伤人之罪的,允许收赎;实施谋反、谋大逆、杀人等死罪的,适用"上请"的特别程序。(3) 10 岁以上的人,要承担刑事责任;但对于 15 岁以下、实施流罪以下的人,可以"收赎"。这种"恤幼"的刑事政策深受儒家思想的影响,但其基本上只是基于一种道德上的需求而制定的政策,对于危害统治者利益的行为,这种刑事政策便没有适用的余地。如根据《唐律》,7 岁以下的人,因祖父反、逆连坐的,仍要受处罚。除了"恤幼"思想外,"宗法伦理"也对古代的"未成年人"刑事政策产生重要影响。在中国古代,"宗法伦理"往往是刑罚所维护的一个重要"法益",其中,就有不少涉及"未成年人"的犯罪问题。宗法伦理的一个核心要求是"孝",即要求子女必须无条件地服从父亲。"不孝"一直是各代刑法重点惩处的罪行;而且根据"准五服以治罪",卑幼对尊长的侵犯会被处以更加重的处罚。虽然"子女"、"卑幼"并不全是"未成年人",但是由于"未成年人"往往属于"子女"或"卑幼"的范畴,故宗法伦理思想对"未成年人"犯罪的刑事政策也有重要的影响。

二、我国近代未成年人刑事政策及司法制度改革

这里的"近代",指的是清末及民国时期,这是一个法制开始进行转型的时期,有关未成年人犯罪的法律或法律草案也陆续被制定。

在实体法方面,1910 年的《大清新刑律》第 11 条规定:"未满 12 岁人之行为不为罪。"同时规定未满 16 岁犯罪得减刑一等或二等,对未满 12 岁之人得施以感化教育。《大清新刑律》本定于 1913 年施行,但在此之前清政府已经垮台。于 1912 年成立的南京民国临时政府通告全国,《大清新刑律》除与民国国体抵触外,其余条文一概暂行援用,随后便修订《大清新刑律》并公布《暂行新刑律》。1928 年,北洋政府颁布《中华民国刑法》。其中刑事责任

[①] 张利兆主编:《未成年人犯罪刑事政策研究》,中国检察出版社 2006 年版,第 88 页以下。

年龄由12岁改为13岁,并规定对13至16岁的犯罪少年,减刑一半。1935年,南京国民政府制定新的《中华民国刑法》,该法将刑事责任年龄提高到14岁,同时,在刑罚的裁量上,对14岁以上不满18岁的犯罪少年,可以减轻其刑,对于不满18岁的犯罪人,不适用死刑和无期徒刑。对于因未满14岁而不受处罚的,可以令其进入感化教育处所,施以3年以下感化教育。①

在程序法方面,《大清刑事民事诉讼法(草案)》规定了指定辩护人制度,即如果被告人有不满12岁等情节,没有请辩护人的,审判衙门或检察官应为其指定辩护人。但较系统的少年诉讼程序直到1936年才初步出现。1936年国民政府司法行政部公布了《审理少年案件应行注意事项》,对未成年人案件审理过程中应注意的问题归纳为15个方面,其中包括不公开审判、不采取普通开庭方式、尽量不予以羁押、对未成年被告进行庭外必要调查、禁止与成年犯接触等。②

在刑事执行法方面,1923年北京国民政府司法部公布了《感化学校暂行章程》。同年,与北京香山慈幼会合作创办的教育不良儿童的感化院,是我国感化教育的开始。1931年,国民政府开始组织各省组建少年监狱。1934年,山东济南等地建立少年监狱,并根据未成年犯的特点,配置了专业管理人员并制定了配套制度。1946年,国民政府公布《监狱行刑法》,对未成年犯的教育改造做了进一步的改善。③

近代中国的未成年人司法处于转型的"初级阶段",在这个阶段,没有形成独立的未成年人司法制度,而仅有有限的未成年人司法型法律规范。更重要的是,由于当时军阀混战、民生凋零、经济停滞、抗日战争复杂的历史原因及政治背景,"未成年人保护事业仍长期裹足不前,许多制度上的创新常流于形式,窒碍难行"。④

---

① 张鸿巍:《少年司法通论》,人民出版社2008年版,第70页;张利兆主编:《未成年人犯罪刑事政策研究》,中国检察出版社2006年版,第96页以下。
② 张利兆主编:《未成年人犯罪刑事政策研究》,中国检察出版社2006年版,第97、101、102页。
③ 张利兆主编:《未成年人犯罪刑事政策研究》,中国检察出版社2006年版,第100页以下。
④ 张鸿巍:《少年司法通论》,人民出版社2008年版,第72页。

三、新中国"未成年人司法制度"的发展

(一)建国初期的未成年人犯罪刑事政策

建国初期,我国废除了国民政府制定的法律、法令及司法制度,但并没有系统地制定刑事法律规范,所以在1979年《刑法》制定以前,我国有关未成年人犯罪的法律规范,主要是各种形式的"批复"。在这些零星的批复中,主要是关于刑事责任年龄以及"可以从轻或减轻处罚"原则的规定。对于刑事责任年龄的下限,并没有明确且统一的规定。1951年11月,中央人民政府法制委员会对中南军政委员会《关于未成年人被匪特利用放火投毒是否处罚问题的批复》中就规定:"未满12岁者的行为不予处罚。未满14岁者犯一般情节轻微的罪不予处罚,但应交其亲属、监护人或其属机关团体,预防管理教育","但已满12岁者如犯杀人罪、重伤罪、惯窃罪以及其他公共危险性的罪,则可由法院认定。如法院认为有处罚之必要者,亦得酌情处罚,并得对其家长或监护人予以警告。14岁以上未满18岁者的犯罪,一律予以处罚,但得比较18岁以上的成年人犯罪从轻或减轻处罚"。但1954年9月政务院公布的《中华人民共和国劳动改造条例》规定,"少年管教所"管教的对象是"13周岁以上未满18周岁的少年犯",这似乎将刑事责任年龄的下限由12岁提高到了13岁。1957年5月,最高人民法院、司法部在《关于城市中当前几类刑事案件审判工作的指示》中对未成年犯的处罚进行了较详细的规定,该指示规定:"对未成年犯,必须贯彻教育为主,惩罚为辅的方针。对于罪行严重或恶习已深、屡教不改的未成年犯罪分子应当依法判处适当的刑罚,强制改造;但应当比照18周岁以上的成年人同类犯罪从轻或减轻处刑。对于恶习不深、罪行较轻,本应判处短期徒刑的未成年犯,如果是有人能够负责管教的,可以采用缓刑的办法,交其家长、监护人或其属机关、团体、学校,严加管教。对那些按其年龄或犯罪程度尚不够负刑事责任的,如有家庭监护,交其家庭管教,如果无家可归或家庭实在管教不了,要求政府帮助教育的,可由有关部门收容,教育改造。"在这个时期制定的不同刑法草案之间对刑事责任年龄的规定也有一些不同。1954年9月《中华人民共和国刑法指导原则草案(初稿)》规定,已满12岁不满15岁的人为相对无刑事责任能力人,只对反革命、杀人、放火和严重破坏交通罪负刑事责任。而

1963年10月的刑法草案则规定,已满14岁不满16岁的人,犯杀人、重伤、放火、严重偷窃罪或者严重破坏交通工具罪,应当负刑事责任,犯其他罪,不负刑事责任。①

在刑事诉讼法领域,1979年刑事诉讼法制定之前,就存在有关审判不公开、成年人参与讯问以及指定辩护人的一些规定。如1956年5月,全国人大常委会《关于不公开审理的案件的决定》中规定:"未满18周岁少年犯罪的案件,可以不公开进行。"1962年12月,公安部公布的《预审工作细则(试行草案)》第21条规定:"对少年犯的审讯,必要的时候,可以邀请他的父母或监护人以及他所在学校的代表人参加讯问。"

在劳动改造(刑事执行)领域,1954年9月公布的《中华人民共和国劳动改造条例》中规定了将成年人与未成年人分别关押、改造的制度,即"18岁以上的犯人送往监狱或劳动改造管理队进行监管和劳动改造。18岁以下的未成年犯送往少管所进行教育改造"。可见,我国在法制还很不完善的历史时期已经很重视少年矫正机构的建设。

从上述有关未成年人法律规范的发展来看,在中华人民共和国成立的初期,我们对未成年人司法制度的建设已经进行了有益的探索,不少制度在今天仍然适用,但可惜的是,早期未成年人司法制度的这种探索由于"文化大革命"而被中止。

(二) 改革开放后未成年人司法制度的发展

对于改革开放后我国未成年人司法制度的发展,可以从三个层面或角度来进行理解:第一个理解的角度是"综合治理"及"教育为主、惩罚为辅"的刑事政策。这两个政策是我国针对严重的青少年犯罪现象而制定的刑事政策,它们对于我国未成年人犯罪的预防与处理有着决定性的影响。第二个观察的层次是立法层次,即有关未成年人法律规范的制定与发展。这些法律规范构建了我国目前的未成年人司法制度。第三个分析的角度是实践中出现的一些改革,这些改革实践并没有十分明确的法律依据,但对于我国未成年人司法制度的未来走向有着重要的指导作用,其中最引人注目的就是起源于80年代的"少年法庭"的改革。为了与国外少年法院运动的表述相

---

① 高铭暄编著:《中华人民共和国刑法的孕育和诞生》,法律出版社1981年版,第40页。

一致,本章将我国实践中已经持续了二十多年的改革称之为"少年法庭运动"。

1. 综合治理刑事政策

由于"文化大革命"的影响,青少年犯罪问题在改革开放初期日益严重。针对这一现象,我国逐渐形成了"综合治理"的刑事政策,该政策对我国实践中的未成年人司法制度的发展产生了重要影响。

1979年党中央转发了中央宣传部等8个单位的《关于提请全党重视解决青少年犯罪问题的报告》,提请各级党委对青少年犯罪的严重性要有充分的认识,并提出了几项具体的要求:"大力加强对青少年的思想政治工作","积极解决按政策留城青年、社会待业青年的就业问题","对于有一般违法行为的在校学生和青年职工,应当坚持留在学校、工厂、单位教育改造","工读学校是一种教育挽救违法犯罪学生的学校,要认真办好","公安机关对少年犯管教所和劳动教养场所,要加强领导,调进一批懂得教育而又热心此项工作的干部,采取适应青少年特点的教育措施,改进管教方法,提高改造效果","至于违法犯罪青少年中极少数犯有严重罪行的反革命分子和其他犯罪分子,则必须依法惩办"。在这个文件中,并没有直接用"综合治理"这一概念,但是在党委领导下,依靠全社会的力量,实行"综合治理"的思想和原则已经初步形成。

1980年3月,在全国人大常委会法制委员会的支持下,团中央召开"青少年保护法座谈会",在这次会议纪要中,第一次提出解决未成年人违法犯罪问题要"实行综合治理的方针"。

1983年8月25日《中共中央关于严厉打击刑事犯罪活动的决定》,开始了中国的"严打"运动。该文件指出,"运用专政手段,依法严惩犯罪分子,是综合治理的首要一条"。

1985年党中央针对青少年犯罪问题发出第20号文件,《关于进一步加强青少年工作,预防青少年违法犯罪活动》的通知。该文件明确指出:"关心和教育青少年,预防和减少青少年违法和犯罪,是一项综合治理的'系统工程',必须依靠全党,组织各条战线,各个部门的力量,从各个方面做大量的工作,做长期不懈的努力。"

上述几个文件确定了我国早期综合治理政策的主要内容,这个时期的对青少年犯罪的刑事政策,简单地概括,就是要有"两手":对大部分有违法和轻微犯罪行为的青少年,应该运用教育感化的手段,力争挽救他们改造成为社会主义四化建设的有用之材;对少数严重危害社会治安的犯罪分子,必须运用专政手段,依照法律从重从快,严加惩处。①

进入 90 年代,综合治理政策有了进一步的发展。1991 年 2 月 19 日中共中央、国务院公布了《关于加强社会治安综合治理的决定》,随后全国人大常委会于 3 月 2 日公布了《关于加强社会治安综合治理的决定》。通过这两个文件,综合治理政策被正式地确定下来;同时,两文件也系统地规定了综合治理的任务、要求、目标等内容。2000 年 11 月 29 日中央社会治安综合治理委员会提出了《关于进一步加强预防青少年违法犯罪工作的意见》,该文件具体提出了预防未成年人犯罪的九项意见,包括"改进学校法制教育工作,配齐配强中小学校兼职法制副校长"、"认真做好对有不良行为学生的教育、转化工作,推进工读学校建设"等。2001 年 9 月 5 日中共中央、国务院公布了《关于进一步加强社会治安综合治理的决定》,对综合治理工作提出进一步的要求。

对于青少年或未成年人犯罪问题,除了"综合治理"这个总政策外,还有"教育为主、惩罚为辅"这一针对青少年或未成年犯的刑事政策。第一次正式明文规定"教育为主、惩罚为辅"政策的法律是 1991 年制定的《中华人民共和国未成年人保护法》,该法第 38 条规定,"对违法犯罪的未成年人,实行教育、感化、挽救的方针,坚持教育为主、惩罚为辅的原则"。在此规定之后,我国多个法律文件、司法解释都重复了这一刑事政策的要求。

2. 未成年人法律规范的制定与完善

改革开放后,随着我国对法制建设的重新重视,我国少年法制也得到了进一步的发展。

1979 年 7 月 1 日第五届全国人民代表大会第二次会议通过了我国第一部《刑法》及《刑事诉讼法》,此两部法律均于 1980 年 1 月 1 日实施。

1979 年《刑法》对刑事责任年龄及对未成年人的处罚规则作出了规定:完全刑事责任年龄为 16 岁,已满 14 岁不满 16 岁的未成年人只对杀人、重伤、抢劫、惯窃罪及其他严重破坏社会秩序罪负刑事责任;因不满 16 岁而不

---

① 徐汉民:《综合治理青少年犯罪问题必须有"两手"》,载中国青少年犯罪研究学会编委会编:《中国青少年犯罪研究年鉴(1987 年首卷)》,春秋出版社 1987 年版,第 582 页。

处罚的,可以责令他的家长或监护人加以管教,必要时由政府收容教养;对未成年人不适用死刑,但对16岁以上18岁以下的未成年人可以判处死刑缓期两年执行;对于未成年人判处刑罚的,应当从轻或减轻处罚。

1979年《刑事诉讼法》针对未成年人规定了一些特殊程序,主要见于3个条文:第10条规定,"对于不满18岁的未成年人犯罪的案件,在讯问和审判时,可以通知被告人的法定代理人到场";第27条规定,"被告人是聋、哑或者未成年人而没有委托辩护人的,人民法院应当为他指定辩护人";第111条规定,"14岁以上不满16岁未成年人犯罪的案件,一律不公开审理。16岁以上不满18岁未成年人犯罪的案件,一般也不公开审理"。

1990年3月17日国务院颁布《中华人民共和国看守所条例》,其中第14条规定,对于成年人犯和未成年人犯,"应当分别羁押"。

1991年1月最高人民法院公布了《关于办理少年刑事案件的若干规定(试行)》,该规定就未成年人审判组织、未成年人审判程序及执行程序等内容第一次作出了较为详细的规定。其中,未成年人审判组织主要是指少年法庭,即少年刑事案件合议庭;该规定允许有条件的地方建立与其他审判庭同等建制的少年刑事审判庭。在未成年人审判程序上,主要规定了庭前的准备工作及庭审程序。在"庭前程序"中,规定了社会调查(人格调查)制度。如该规定第11、12条规定,"审判长应当主动与公诉人联系,了解少年被告人的性格、心理状态和在侦查、起诉过程中的表现"、"开庭审判前,审判人员应当认真阅卷,进行必要的调查和家访,了解少年被告人的出生日期、生活环境、成长过程、社会交往以及被指控犯罪前后的表现等情况,审查被指控的犯罪事实和动机"。而在庭审程序方面,该规定要求,"审判人员应当根据少年被告人的智力发育程度和心理状态,注意和缓法庭气氛,做到因案审理,因人施教。审判人员的态度既要平缓又不失严肃,用语既要准确又通俗易懂,既要注重疏导又要防止诱供"。此外,还规定了比较独特的"庭审教育"程序:"经过法庭调查和辩论后,根据案件审理情况,可以进行庭审教育,公诉人和诉讼参与人可以围绕下列内容进行发言:(1)教育少年被告人正确对待审判;(2)犯罪行为对社会的危害和应受的刑罚处罚;(3)分析危害社会行为发生的主客观原因以及应当吸取的教训。"在执行程序上,主要规定了少年法庭要主动协助有关机构对少年犯进行的帮教、改造工作。同时也规定,对少年罪犯的减刑、假释,在掌握标准上可以比照成年罪犯依法适度放宽。

1991年6月1日,最高人民法院、最高人民检察院、公安部、司法部联合公布了《关于办理少年刑事案件建立互相配套工作体系的通知》。该通知主要强调要进一步落实既有的未成年人司法政策或制度,包括分管分押制度、各司法机关应当设立专门机构或者指定专人负责办理未成年人刑事案件、未成年人刑事案件必须有律师参加辩护、刑罚执行中的"以教育改造为主,轻微劳动为辅"的方针与"半天学习、半天劳动"制度等内容。

1991年9月4日,我国制定了《未成年人保护法》,相较于当时的《刑法》及《刑事诉讼法》,增加了几项规定:首先,明确规定了未成年人犯罪的刑事政策——"对违法犯罪的未成年人,实行教育、感化、挽救的方针,坚持教育为主、惩罚为辅的原则"(第38条)。其次,该法第40条明确规定,"公安机关、人民检察院、人民法院办理未成年人犯罪的案件,应当照顾未成年人的身心特点,并可以根据需要设立专门机构或者指定专人办理"。其中有关"专门机构"的规定,肯定了当时实践中的少年法庭改革,也为日后的少年法庭及其他专门少年司法机构改革提供了法律基础。再次,正式规定并进一步完善了审前羁押的分别关押制度,即"对审前羁押的未成年人,应当与羁押的成年人分别看管"。这是对《看守所条例》等有关规定的进一步完善。最后,对不公开制度有了进一步完善,除了规定审理不公开外,未成年人保护法还规定:"在判决前,新闻报道、影视节目、公开出版物不得披露该未成年人(即未成年犯罪嫌疑或被告人)的姓名、住所、照片及可能推断出该未成年人的资料。"

《未成年人保护法》颁布后,我国相关的司法机关逐步制定了有关未成年人犯罪案件的司法解释、部门规章或通知,相关的法律体系不断完善。

1991年公安部公布了《关于学习贯彻〈中华人民共和国未成年人保护法〉的通知》,就如何落实未成年人保护法中"司法保护"的有关规定提出了要求。如其中第3条就指出:"坚持教育为主、惩罚为辅的原则。在办理未成年人违法犯罪案件中,要严格依法办事,尊重未成年人的人格尊严,保障他们的合法权益。要根据未成年人的身心特点,选派具有一定犯罪学、心理学、教育学等知识的干警办理未成年人犯罪案件,并逐步做到专人专办。有条件的地方,也可设立专门机构。"

1992年9月22日最高人民检察院发布《关于认真开展未成年人犯罪案件检察工作的通知》。该通知要求各地检察机关"有计划地逐步建立办理未成年人犯罪案件的专门机构";并要求各地检察机关在办理未成年人犯罪案件中,"一是要注意正确运用法律、政策、划清罪与非罪的界限,坚持可捕可不捕的不捕,可诉可不诉的不诉方针;二是要坚持教育为主,惩罚为辅的原则,有针对性地做好教育、感化、挽救工作,促使未成年人犯悔罪服法;三是对于犯罪情节较轻的初犯、偶犯以及对被教唆而犯罪的未成年人犯,可以依法免除处罚。对于犯罪情节较重,但确有悔改表现,也应依法从轻处理。可以提请人民法院减轻或免除处罚;四是对未成年人犯要坚持给出路的政策,对于免予起诉的未成年人犯,应在帮教的同时,注意配合有关部门帮助他们解决实际困难,使他们在复学、升学、就业等方面不受歧视,以利于他们改过自新"。

1994年我国制定了《监狱法》,其中第74条规定了"对未成年犯应当在未成年犯管教所执行刑罚",此规定继承了50年代以来我国关于监狱内"分别关押"的规定,并且将"少年犯管教所"改为"未成年犯管教所"。同时,其第75条也体现了"教育为主、惩罚为辅"的原则:"对未成年犯执行刑罚应当以教育改造为主。未成年犯的劳动,应当符合未成年人的特点,以学习文化和生产技能为主。监狱应当配合国家、社会、学校等教育机构,为未成年犯接受义务教育提供必要的条件。"

1995年5月,最高人民法院公布了《关于办理未成年人刑事案件适用法律的若干问题的解释》,其中就刑法中有关刑事责任年龄、对未成年罪犯适用刑罚如何体现"教育为主,惩罚为辅"原则等问题作出了解释,就剥夺政治权利刑、"从轻、减轻处罚"原则、缓刑、免予刑事处分、减刑与假释等的适用规则做了规定。这个解释的精神,是坚持要对未成年犯罪人从轻处罚、适当扩大缓刑和免予刑事处分的适用率,以及放宽减刑和假释的条件。但单从其条文表述来看,该解释中有些规定却与上述精神背道而驰。如1979年《刑法》规定,"对于被判处拘役、3年以下有期徒刑的犯罪分子,根据犯罪分子的犯罪情节和悔罪表现,认为适用缓刑确实不致再危害社会的,可以宣告缓刑",而该解释规定"对于被判处拘役、3年以下有期徒刑的未成年罪犯,犯罪后有悔罪表现,家庭有监护条件或者社会帮教措施能够落实,认为适用缓刑确实不致再危害社会的,应当适用缓刑"。司法解释相对于1979年《刑法》,虽然少了"根据犯罪情节",但却增加了"家庭有监护条件或者社会帮教措施能够落实"这一条件,此外该解释还规定"有下列情形之一的,一般不宜适用缓刑:惯犯、有前科或者被劳动教养二次以上的;共同犯罪中情节严重的主犯;犯罪后拒不认罪的",而刑法只是规定"累犯不得适用缓刑"。可见,根据此司法解释,未成年犯适用缓刑的条件实际上比成年犯更加严格。

1995年10月公安部颁布了《公安机关办理未成年人违法犯罪案件的规定》,对公安机关讯问未成年人嫌疑人、强制措施的实施以及公安机关执行有关刑罚等问题做了规定。

1996年3月17日第八届全国人民代表大会第四次会议通过《关于修改〈中华人民共和国刑事诉讼法〉的决定》,并重新公布了《刑事诉讼法》,即我国第二部刑事诉讼法。在未成年人刑事诉讼程序方面,1996年《刑事诉讼法》只增加了一条规定,即"对未成年犯应当在未成年犯管教所执行刑罚"(第213条)。但此条只是重复了1994年《监狱法》的规定。

1997年3月14日,第八届全国人民代表大会第五次会议对《中华人民共和国刑法》作出了重大修改并公布了修订后的刑法,这是我国第二部刑法。1997年《刑法》在未成年人犯罪的规定上,有两处主要的变化:一是限制并明确了已满14周岁不满16周岁的未成年人承担刑事责任的范围——"已满14周岁不满16周岁的人,犯故意杀人、故意伤害致人重伤或者死亡、强奸、抢劫、贩卖毒品、放火、爆炸、投毒罪的,应当负刑事责任"。第二处变化是废除了年长少年(已满16周岁不满18周岁的未成年人)可以适用死缓的规定,对未成年人全面废除死刑。

在总结过去多年来预防青少年犯罪的经验基础上,我国于1999年6月制定了《预防未成年人犯罪法》。该法第六章"对未成年人重新犯罪的预防"对少年司法制度的有关内容进行了规定,比较新颖之处有三:第一,要求司法机关在办理未成年人犯罪案件时,应当根据未成年人的生理、心理特点和犯罪的情况,有针对性地进行法制教育(第44条);第二,对审理未成年人案件的少年法庭及法官或人民陪审员的素质提出了要求:"人民法院审判未成年人犯罪的刑事案件,应当由熟悉未成年人身心特点的审判员或者审判员和人民陪审员依法组成少年法庭进行"(第45条);第三,对社会帮教措施的实施主体、对象等内容做出了明确的规定;在此之前,实践中存在的社会帮教制度并没有明确的法律依据。《预防未成年人犯罪法》第47条规定:"未成年人的父母或者其他监护人和学校、城市居民委员会、农村村民委员会,对因不满16周岁而不予刑事处罚、免予刑事处罚的未成年人,或者被判处非监禁刑罚、被判处刑罚宣告缓刑、被假释的未成年人,应当采取有效的帮教措施,协助司法机关做好对未成年人的教育、挽救工作。"

2001年4月最高人民法院公布了《关于审理未成年人刑事案件的若干规定》,代替了1991年的《关于办理少年刑事案件的若干规定(试行)》。新的规定使少年司法制度得到进一步的完善。如针对《预防未成年人犯罪法》第45条,新规定第8条规定:"审判未成年人刑事案件合议庭的审判长,应当由熟悉未成年人特点、善于做未成年人思想教育工作的审判员担任,并且应当保持其工作的相对稳定性。审判未成年人刑事案件的人民陪审员,一般由熟悉未成年人特点,热心于教育、挽救失足未成年人工作,并经过必要培训的共青团、妇联、工会、学校的干部、教师或者离退休人员、未成年人保护组织的工作人员等担任。"

2006年1月最高人民法院公布了《关于审理未成年人刑事案件具体应用法律若干问题的解释》,代替了1995年5月《关于办理未成年人刑事案件适用法律的若干问题的解释》。从整体上来看,该解释的目的是就如何对未成年犯罪人进行"从轻处罚"这一问题作出具体的规定。该解释对一些轻微的抢劫、盗窃行为做出了非犯罪化处理;同时也对1995年的一些不合理的规定进行了修改,如对少年缓刑制度进行了修改,规定"对未成年罪犯符合刑法第72条第1款规定的,可以宣告缓刑。如果同时具有下列情形之一,对其适用缓刑确实不致再危害社会的,应当宣告缓刑:(一)初次犯罪;(二)积极退赃或赔偿被害人经济损失;(三)具备监护、帮教条件"。在刑罚适用方面,也作出了一些新的解释,如限制适用附加刑,包括剥夺政治权利刑以及财产刑;在自由刑方面,则限制了无期徒刑的适用——"未成年人犯罪只有罪行极其严重的,才可以适用无期徒刑。对已满14周岁不满16周岁的人犯罪一般不判处无期徒刑"。对于哪些未成年犯罪人能够适用《刑法》第37条"免予刑事处罚",该解释也作出了规定:"未成年罪犯根据其所犯罪行,可能被判处拘役、3年以下有期徒刑,如果悔罪表现好,并具有下列情形之一的,应当依照刑法第37条的规定免予刑事处罚:(一)系又聋又哑的人或者盲人;(二)防卫过当或者避险过当;(三)犯罪预备、中止或者未遂;(四)共同犯罪中从犯、胁从犯;(五)犯罪后自首或者有立功表现;(六)其他犯罪情节轻微不需要判处刑罚的。"

2006年12月第十届全国人民代表大会常务委员会第二十五次会议对《未成年人保护法》作出了重大的修改,新修订的《未成年人保护法》于2007年6月1日实行。该法第56条规定,"公安机关、人民检察院讯问未成年犯罪嫌疑人,询问未成年证人、被害人,应当通知监护人到场",而在此之前,相关机关只是"可以"而非"应当"通知监护人到场。比较重要的修改体现在新法第55条上,"公安机关、人民检察院、人民法院办理未成年人犯罪案件和涉及未成年人权益保护案件",可以"根据需要设立专门机构或者指定专人办理"。因此,专门的机构可以同时审理未成年犯罪案件以及涉及未成年人权益保护的案件,这就为目前未成年人综合审判庭的改革提供了明确的法律依据。①

3."少年法庭运动"

少年法庭建设,是我国未成年人司法改革中的一环,而且在实践中也是一个"热点问题"。少年法庭改革对目前我国未成年人司法制度的改革有着重要的影响,有关少年法庭及其审判改革的详细内容将在本书第五章与第八章阐述,本节仅对其发展过程做一简单描述。

1984年11月底,上海市长宁区人民法院在刑庭中创立了一个专门审理未成年人犯罪的刑事案件合议庭,也简称为"少年合议庭",引发了一场"少年法庭运动"。随后,北京、江苏等地相继效仿,1987年最高法院对这一改革给予了充分的肯定并在全国推广。到1988年,全国各地法院设立少年刑事案件合议庭有100多个。1988年5月,最高人民法院在上海专门召开"全国法院审理未成年人刑事案件经验交流会议"(以下简称"上海会议"),明确指出:"成立少年法庭是刑事审判制度的一项改革,有条件的法院可以推广。"同年7月,长宁区法院将未成年人刑事案件合议庭改建为业务庭一

---

① 本部分涉及的有关法律、法规和司法解释等规范性法律文件的原文,均来源于北大法律信息网(www.chinalawinfo.com),2009年12月1日查阅。

级建制的"未成年人刑事案件审判庭",也称为"少年刑庭"。与"少年合议庭"相比,"少年刑庭"的不同,在于它是"独立建制"的。与"少年合议庭"改革实践相似,"少年刑庭"这种模式也得到了不少地方的模仿。① 在总结各地的实践基础上,1991年最高人民法院在《关于办理少年刑事案件的若干规定(试行)》的第3条中规定:"人民法院应当在刑事审判庭内设立少年法庭(即少年刑事案件合议庭),有条件的也可以建立与其他审判庭同等建制的少年刑事审判庭。"从这表述上来看,最高法院的态度是,在全国推广少年合议庭的构建的同时,鼓励构建少年刑庭。

虽然少年刑庭得到最高法院的鼓励,但少年刑庭在发展中也遇到了案源不足的问题。为解决这一问题,保证少年法庭能独立地"生存"下去,不少地方也进行了其他改革实践。影响较大的是少年综合案件审判庭及少年案件指定管辖审判庭的改革。

1991年8月,江苏省常州市天宁区人民法院创设了"少年案件综合审判庭"。这种形态的少年审判机构的最大特点在于它把涉及未成年人的民事、行政案件甚至经济案件都纳入少年法庭管辖范围。由于它管辖范围比较广,因此也被称为是"宽幅型"的模式;与之相对就是的"窄幅型"的模式,即只管辖少年刑事案件的模式。这种模式由于能够解决少年法庭案源不足这一问题,因而也得到不少地方的模仿,到1994年底,全国已设立少年综合庭249个。②

1998年5月江苏省连云港市的新浦、海州两区基层法院创设了未成年案件指定管辖庭,也简称为"少年指定管辖庭"。该模式下的少年法庭,也仅仅审理刑事案件,但是却通过上级法院的指定管辖,将几个区的未成年人实施的犯罪案件,都纳入自己的管辖范围,这同时也解决案源不足的问题。相比之下,前述几种改革实践,均是一个基层法院的内部管辖权的改革;而"少年指定管辖庭"则涉及一个地级市内若干基层法院之间管辖权的变更。

这两种改革虽然在一些地方产生了重要的影响,但是在一段较长的时

---

① 姚建龙:《长大成人:少年司法制度的建构》,中国人民公安大学出版社2003年版,第94—96页。

② 《全国法院少年法庭工作会议纪要》,载《中华人民共和国最高人民法院公报》1995年第3期。

间里,并没有得到最高法院的重视与推广。2001年《最高人民法院关于审理未成年人刑事案件的若干规定》并没有就这两种模式作出规定,在其第6条中只规定:"中级人民法院和基层人民法院可以建立未成年人刑事审判庭。条件尚不具备的地方,应当在刑事审判庭内设立未成年人刑事案件合议庭或者由专人负责办理未成年人刑事案件。"与前述"试行规定"不同的只是,2001年规定重点推广"少年刑庭",而"少年合议庭"则从1991年的"重点推广"变为制度上的一种例外情况。

但随着实践中少年综合审判庭的发展,最高法院对少年综合审判庭的态度有所改变。2006年7月,最高人民法院在黑龙江省哈尔滨市召开了"全国部分中级人民法院设立未成年人案件审判庭试点工作会议"。同年8月下发《关于在部分中级人民法院开展设立独立建制的未成年人案件综合审判庭试点工作的通知》,在全国选择了15个省、自治区、直辖市未成年人审判工作基础好,且具有一定代表性的17个中级人民法院开展试点。[①] 2007年修订后的《未成年人保护法》第55条为这个改革提供了较明确的法律依据的同时,也进一步肯定了少年综合审判庭的改革。2009年1月,最高人民法院在《关于进一步规范试点未成年人案件综合审判庭受理民事案件范围的通知》中指出,试点中级人民法院少年审判庭受理四类民事案件:(1)侵权人或者直接被侵权人是未成年人的人格权纠纷案件;(2)婚姻家庭、继承纠纷案件;(3)侵权人或者直接被侵权人是未成年人的特殊类型侵权纠纷案件;(4)适用特殊程序案件。此外,各试点法院还可根据审判力量和案件数量情况,自行决定少年审判庭受理上述列举范围之外的其他涉及未年人权益保护的民事案件。从上述种种迹象来看,未成年人综合审判庭模式,是目前最高法院的政策倾向所在,至于其是否能否代替"少年刑庭"而成为"重点推广"对象,则需要进一步的观察。

[①] 法制网:《最高院披露中院少年法庭详情 受理范围已扩大》,http://www.legaldaily.cn/2007fjdt/2007-03/19/content_604667.htm,2009年10月20日访问。

第四章 未成年人法律体系

未成年人法律体系，是指有关未成年人的规范性法律文件组成的有机整体。本书所指的未成年人法律体系，有以下几个特点：

第一，它既包括未成年人国际法律规范，也包括未成年人国内法律规范。其中，如无特别说明，未成年人国内法律规范仅指我国内地的法律规范。

第二，未成年人法律体系的基本组成单位是未成年人法律规范。这些规范的载体可能是专门规定未成年人有关事项的法律，如《未成年人保护法》；也有可能是其他部门法，如《婚姻法》中就有关子女权利保护的法律条文。

第三，未成年人国内法律规范既包括由全国人大及其常委会所制定的法律，也包括行政法规、地方性法规及由最高人民法院、最高人民检察院及公安部等制定的规范性法律文件。

第四，以对未成年人进行保护的方法以及规范的内容为标准，可以将未成年人法律规范分为保护型法律规范和司法型法律规范。严格来说，所有的未成年人法律规范都应该以保护未成年人为目的的，但本书的"保护型法律规范"中的"保护"是狭义的，即保护型法律规范是指那些一般不需要司法程序来对未成年人进行积极保护的未成年人法律规范；具体来说，根据我国目前的立法模式,保护型法律规范可以分为两类,一类是保护未成年人权利的法律规范;另一类是预防未成年人实施犯罪或越轨行为的法律规范。前者主要是防止未成年人的权益受到其他人或组织的侵害;后者是防止未成年人侵害他人的合法权益,但其最终目的也在于使未成年人能够健康成长。而司法型法律规范则是指需要通过司法程序来实现保护未成年人目的的法律规范,主要包括为处理未成年人犯罪等问题而制定的实体、组织、程序及执行法律规范。

第一节 未成年人国际法律规范体系

未成年人国际法律规范体系,是指未成年人国际法律规范的有机整体。这里的"国际法律规范",是指对我国有法律效力的国际法律规范,主要包括我国加入的有关未成年人问题的国际条约以及联合国大会决议通过的有关规则。我国已经签署并批准加入的有关未成年人的国际条约主要是指《儿童权利公约》,同时我国加入的其他条约中的有关未成年人的条款,也是未成年人国际法律规范体系中的一部分,如《经济、社会和文化权利国际公约》的第10条、第12条和第13条等。联合国大会决议通过的有关未成年人问题的规则主要包括《联合国少年司法最低限度标准规则》、《联合国保护被剥夺自由少年规则》以及《联合国预防少年犯罪准则》。本节以《儿童权利公约》的规定为主,结合上述几项规则,对未成年人国际法律规范的内容进行简单介绍。

一、保护型未成年人国际法律规范

《儿童权利公约》于1989年11月20日由联合国大会通过,我国全国人大常委会于1991年12月29日正式批准加入该公约,1992年3月1日,该公约对我国生效。由此该公约成为我国未成年法律体系中的一个重要组成部分。如前文所述,我国加入的其他国际条约中也含有一些未成年人法律规范,但由于《儿童权利公约》是关于儿童权利保护的最系统的国际法律文件,而且其他非专门性的条约中有关未成年人的法律规范或基本精神一般都被规定于《儿童权利公约》中,因此,本部分仅讨论《儿童权利公约》的内容。《儿童权利公约》中既包括保护型的法律规范,也包括司法型的法律规范,但主要以保护型的法律规范为主,在此本书将主要讨论儿童权利公约中的保护型法律规范。相关的司法型法律规范将于下文相关部分讨论。《儿童权利公约》一共分为三部分,第一部分规定了儿童的定义、权利以及缔约国的义务;第二部分规定了有关儿童权利委员会的事项,包括其设置目的、组成以及权力等;第三部分规定了公约的签署、批准、修正、退出以及语言文本等内容。《儿童权利公约》的第一部分所规定的儿童权利保护的基本原则及儿童的若干基本权利是下文重点讨论的对象。①

(一)基本原则

一般认为,公约规定了保护儿童权利的四个基本原则:

第一,儿童的最大利益原则。儿童的最大利益原则被视为是所有涉及儿童行动时应该首要考虑的原则。②《公约》第 3 条规定,关于儿童的一切行动,不论是由公私社会福利机构、法院、行政当局或立法机构执行,均应以儿童的最大利益为首要考虑。儿童的最大利益原则的精神也体现于公约其他条文中,如《公约》第 9 条规定,法院作出父母与儿童分离(如剥夺父母的监护权)的裁定时,要符合儿童的最大利益。

第二,非歧视原则。非歧视原则即所有儿童都应不被歧视地享有平等的权利,这项原则主要规定在《公约》的第 2 条。非歧视原则包括两个子原则:一是平等保护原则,平等保护原则确定了公约成员国向所有儿童提供平等机会及保护的义务,具体指:各国应尊重并确保其管辖范围内的每一儿童均享受公约所确定的权利,不因儿童或其父母或法定监护人的种族、肤色、性别、语言、宗教、政治或其他见解、民族、族裔或社会出身、财产、伤残、出生或其他身份而有任何差别。同时,《公约》第 22 及 23 条规定了对难民儿童和残疾儿童的平等保护。《公约》第 28 条规定了儿童受教育权的机会均等权。第二个子原则是不受牵连原则,即公约成员国应该采取一切适当措施确保儿童得到保护,不受基于儿童父母、法定监护人或家庭成员的身份、活

---

① 本文所引用的相关国际法律规范的条文内容,如无特别说明,均来源于联合国官方网站(www.un.org)所公布的法律文本。

② 李步云主编:《人权法学》,高等教育出版社 2005 年版,第 318 页。

动、所表达的观点或信仰而加诸的一切形式的歧视或惩罚。

第三,儿童生命权与发展权的最大限度保护原则。《公约》第 6 条规定:"缔约国确认每个儿童均有固有的生命权。缔约国应最大限度地确保儿童的存活与发展。"关于生命权及发展权的内容,下文将有所介绍。我们认为第 6 条值得关注的地方在于其规定了缔约国对儿童生命与发展权的保护应该是"最大限度"的。学者指出,执行这一原则是需要资源的,而较为贫穷的国家则不太可能采取某些措施,因此,"最大限度"这一措词本身就是对这种现实情况的承认。① "最大限度"这一精神也体现于公约的许多条文之中。如《公约》第 4 条就规定:"缔约国应采取一切适当的立法、行政和其他措施以实现本公约所确认的权利。关于经济、社会及文化权利,缔约国应根据其现有资源所允许的最大限度并视需要在国际合作范围内采取此类措施。"《公约》第 24 条规定了儿童的高标准的健康权利:"缔约国确认儿童有权享有可达到的最高标准的健康,并享有医疗和康复设施。缔约国应努力确保没有任何儿童被剥夺获得这种保健服务的权利。"此外《公约》的第 27 条获得合适生活条件的权利、第 28 和 29 条的受教育权以及第 31 条的休闲、娱乐和文化活动的权利等均体现了"最大限度"这一精神。

第四,尊重儿童意见的原则。《公约》第 12 条规定:"(1)缔约国应确保有主见能力的儿童有权对影响到其本人的一切事项自由发表自己的意见,对儿童的意见应按照其年龄和成熟程度给以适当的看待。(2)为此目的,儿童特别应有机会在影响到儿童的任何司法和行政诉讼中,以符合国家法律的诉讼规则的方式,直接或通过代表或适当机构陈述意见。"尊重儿童的意见,与下文的参与权具有内在的一致性,其根本目的在于实现儿童的最大利益。因为在儿童有能力形成自己的意见的范围内,为了知晓什么是儿童真正的利益,就得倾听儿童的意见。② 尊重儿童的意见这一原则的提出,也体现出人们对儿童的认识的转变。传统的观念认为,儿童是不成熟的,需要由成年人为其决定一切大小事项。在这种观念下,儿童是被保护的客体,其主体性地位不被重视。尊重儿童的意见原则的提出,体现了人们对儿童的观念的转变,这种转变的特点在于强调:在关于儿童的行动中,要重视儿童

---

① 李双元等著:《儿童权利的国际法律保护》,人民法院出版社 2004 年版,第 290 页。
② 同上。

本人的意愿,不能一味地将成年人的意愿强加于儿童身上。对儿童主体性的重视,也体现于《公约》的其他地方,如第 13 条规定,儿童应有自由发表言论的权利;同时规定,限制此权利的行使需要有正当的目的。

(二) 儿童的权利

《儿童权利公约》对儿童的权利作了广泛且具体的规定,包括生命权、发展权、姓名权、国籍权、受父母抚养权、言论自由权、思想、信仰和宗教自由权、结社自由及和平集会自由权、隐私权、住宅权、通信权、获得信息权、健康及获得医疗权、社会保障权、享有适当的生活水平权、受教育权、少数人或土著人的文化自主权、休息和闲暇权及免受侵害权等等。国际社会和我国学者一般都将上述诸多项权利概括为四类权利:生存权(Survival Rights)、发展权(Development Rights)、受保护权(Protection Rights)和参与权(Participation Rights)。①

1. 生存权

生存的权利是首要的人权,从广义上看,生存权不仅包括维持基本生活的权利内容,还包括劳动权,教育权,家庭、母亲和儿童予以保护之类的生存权性质的基本权利;从狭义角度看,生存权仅指健康且带有一定文化内涵的最低限度生活的权利。最低限度生活指人在肉体上、精神上能过像人那样的生活。② 广义的生存权,包括了下述的发展权的部分内容,因此本节从狭义的角度来理解生存权。从这个角度来看,公约中有关儿童的生存权主要包括了生命权、姓名权、国籍权以及医疗保健权等几项权利。

《儿童权利公约》第 6 条确认每个儿童均有固有的生命权。关于第 6 条,我国在加入该公约时作出了声明:"中华人民共和国将在符合其宪法第 25 条关于计划生育的规定的前提下,并根据《中华人民共和国未成年人保护法》第 2 条的规定,履行《公约》第 6 条所规定的义务。"根据此声明,可以得出两点结论:一是,对胎儿的保护,应该符合我国计划生育的政策;二是,根据未成年人保护法,在我国,儿童是指 18 岁以下的公民。

姓名权与国籍权是儿童身份权的基本内容,《公约》第 7 条规定:"儿童

---

① 于建伟:《未成年人保护法修订的背景、思路与主要内容》,载《青少年犯罪问题》2007 年第 2 期。

② 〔日〕大须贺明:《生存权》,林浩译,吴新平审校,法律出版社 2001 年版,第 95、137 页。

出生后应立即登记,并有自出生起获得姓名的权利,有获得国籍的权利。以及尽可能知道谁是其父母并受其父母照料的权利。缔约国应确保这些权利按照本国法律及其根据有关国际文书在这一领域承担的义务予以实施,尤应注意不如此儿童即无国籍之情形。"出生后的登记并由此而获得的姓名权与国籍权,是儿童公民身份的法律确认,虽然这与生存权没有直接关系,但它是国家将儿童作为一般国民进行保护的法律前提,因此也是使其"生存"能够成为一种权利的前提。

医疗保健权方面,《公约》第 24 条和第 25 条确认儿童"享有可达到的最高标准的健康",并享有为维持健康、治疗和康复所需的医疗和保健服务。为保障儿童的医疗保健权,公约还规定了缔约国在这方面的若干义务。如缔约国应采取适当措施,以降低婴幼儿死亡率、消除疾病和营养不良现象、废除对儿童健康有害的传统习俗等等。

2. 发展权

发展权,指儿童拥有充分发展其全部体能和智能的权利。主要包括信息权、受教育权、娱乐权、思想和宗教自由、个性发展权等。其主旨是要保证儿童在身体、智力、精神、道德、个性和社会性等诸方面均得到充分的发展。①

公约中的儿童信息权,指的是儿童有权从多种的国家和国际来源获得信息和资料,尤其是旨在促进其社会、精神和道德福祉和身心健康的信息和资料。对此,公约规定了缔约国的一些义务,如鼓励大众传播媒介传播在社会和文化方面有益于儿童的信息和资料、保护儿童不受可能损害其福祉的信息和资料之侵害等等。

儿童受教育权,是儿童发展权的重要组成部分。《公约》第 28 条明确地规定"儿童有受教育的权利",同时规定了缔约国在保障儿童受教育权方面应采取的措施,包括:第一,实现全面的免费义务小学教育;第二,鼓励发展不同形式的中学教育、包括普通和职业教育,使所有儿童均能享有和接受这种教育,并采取适当措施,诸如实行免费教育和对有需要的人提供津贴;第三,根据能力以一切适当方式使所有人均有受高等教育的机会;第四,使所

---

① 卜卫:《儿童的权利——我们应该知道和遵守〈儿童保护公约〉》,载《少年儿童研究》1998年第 4 期。

有儿童均能得到教育和职业方面的资料和指导;第五,采取措施鼓励学生按时出勤和降低辍学率。同时,所有这些措施应该能够保证所有儿童能在机会均等的基础上受益。

娱乐权,是指儿童有"玩"的权利。《儿童权利公约》第 31 条规定,儿童有权享有休息和闲暇,从事与儿童年龄相宜的游戏和娱乐活动,以及自由参加文化生活艺术活动。为保护儿童的娱乐权,"缔约国应尊重并促进儿童充分参加文化和艺术生活的权利,并应鼓励提供从事文化、艺术、娱乐和休闲活动的适当和均等的机会"。

3. 受保护权

受保护权,是保障儿童获得国家、社会和家庭保护的权利。所有儿童,由于他们的年龄和发展的特征,都需要国家、社会、司法部门、学校和家庭予以特别保护。《公约》序言中指出"儿童有权享受特别照料和协助"。根据学者的概括,公约中儿童的受保护权包括三部分内容[①]:

第一部分是反对一切形式的儿童歧视,即每一个儿童将得到平等对待,并且"不受基于儿童父母、法定监护人或家庭成员的身份、活动、所表达的观点或信仰而加诸的一切形式的歧视或惩罚"。

第二是保护儿童一切人身权利。《儿童权利公约》规定每一个儿童将受到如下保护:家庭团聚保护(第 10 条)、儿童隐私权保护(第 16 条)、免受虐待和任何形式的摧残及照料不周(第 19 条)、收养保护(第 21 条)、禁止童工(第 32 条)、禁止滥用药物(第 33 条)、禁止性剥削(第 34 条)、禁止诱拐、买卖和贩运儿童(第 35 条)、任何儿童不受酷刑或其他形式的残忍、不人道或有辱人格的待遇或处罚(第 37 条)以及司法保护(第 40 条)等。

第三是对处于危机、紧急情况下儿童的保护。主要包括脱离家庭的儿童保护(第 10 条)、难民儿童保护(第 22 条)、对儿童的安置(第 25 条)、武装冲突中的儿童保护(第 38 条)以及帮助遭受虐待、剥削、战争、忽略的儿童身心复原,重返社会。其康复和重返社会应在能促进儿童的健康、自尊和尊严的环境中进行(第 39 条)。

---

① 卜卫:《儿童的权利——我们应该知道和遵守〈儿童保护公约〉》,载《少年儿童研究》1998年第 4 期。

4. 参与权

参与权指儿童参与家庭、文化和社会生活的权利。[①] 儿童参与权的主要条款是第12条和第13条。《儿童权利公约》第12条主要规定,应确保有主见能力的儿童有权对影响到其本人的一切事项自由发表自己的意见。第13条规定儿童也有自由发表言论的权利。

二、司法型未成年人国际法律规范

《儿童权利公约》除了规定儿童权利以及国家在保护儿童权利方面所应承担的义务外,还就未成年人刑事司法问题作出了比较细致的规定。在此公约制定之前,《公民权利与政治权利国际公约》已经对未成年人刑事司法问题做出了一些原则性的规定。除这两个公约外,联合国预防犯罪和犯罪待遇大会又以联合国大会决议的方式先后制定了有关少年司法制度的三个文件,即:《联合国少年司法最低限度标准规则》(以下简称《北京规则》)、《联合国保护被剥夺自由少年规则》以及《联合国预防少年犯罪准则》(以下简称《利雅得准则》)。

下文将结合上述几个国际法律文件从几个方面来对未成年人司法的国际法律体系进行综合性的讨论。

(一) 基本规则

上述法律文件在实体法和程序法方面都提出了一些基本规则。这些基本规则均体现了儿童最大利益原则。同时,一些条文本身也体现了这一原则的精神。如《儿童权利公约》第40条规定,缔约国应当"确保处理儿童的方式符合其福祉";《北京规则》第5条"少年司法的目的"中也规定,"少年司法制度应强调少年的幸福"。

除了儿童最大利益原则外,在实体法方面,上述国际法律文件还强调了以下基本规则:

第一,罪刑法定原则。罪刑法定原则是现代刑法的基本原则之一,《儿童权利公约》第40条第2款体现了这一原则的基本精神,该款规定:任何儿童不得以作为或不作为之时本国法律或国际法不禁止的作为或不作为之理

[①] 卜卫:《儿童的权利——我们应该知道和遵守〈儿童保护公约〉》,载《少年儿童研究》1998年第4期。

由被指称、指控或认为触犯刑法。

第二，罪刑相适应原则。《儿童权利公约》第40条规定，处理儿童的方式应当与其情况和违法行为相称；《北京规则》第5条也规定，国家对少年犯作出的任何反应都应该与其犯罪或违法行为情况相称。

第三，在刑事责任年龄上，国际法律文件中并没有就应负刑事责任的最低年龄作出明确规定，但《北京规则》对此做了原则性的规则，其第4条规定，"在承认少年负刑事责任的年龄这一概念的法律制度中，该年龄的起点不应规定得太低，应考虑到情绪和心智成热的实际情况"。虽然这个规则并没有提出精确的标准，但《北京规则》对第4条的"说明"中指出，应当考虑一个儿童是否能达到负刑事责任的精神和心理要求，即根据孩子本人的辨别和理解能力来决定其是否能对本质上反社会的行为负责。如果将刑事责任的年龄规定得太低或根本没有年龄限度的下限，那么责任概念就会失去意义。

第四，在刑罚上，《公民权利与政治权利国际公约》第6条规定，"对18岁以下的人所犯的罪，不得判处死刑"。《儿童权利公约》第37条进一步规定，任何儿童不受酷刑或其他形式的残忍、不人道或有辱人格的待遇或处罚。对未满18岁的人所犯罪行不得判以死刑或无释放可能的无期徒刑。

相对于实体法方面的规定，上述国际法律文件在程序法方面规定了更多的基本规则。主要包括：

第一，《北京规则》第7条规定，在诉讼的各个阶段，各国应保证基本程序方面的保障措施，诸如无罪推定、本人被告知所受指控的罪名、保持沉默的权利、请律师的权利、要求父亲或母亲或监护人在场的权利、与证人对质的权利和向上级机关上诉的权利。《儿童权利公约》第40条也作出了相似的规定，这些规定主要是规定了下述若干基本规则和儿童的权利：

（1）无罪推定，即"任何人在没有经过法定的司法程序最终确认为有罪之前，在法律上把他看作是无罪的人"。[①]《儿童权利公约》第40条规定，所有被指称或指控触犯刑法的儿童（以下简称"儿童被告人"）在依法判定有罪之前应视为无罪。

（2）被告知所受指控罪名。《儿童权利公约》第40条规定，儿童被告人

---

① 徐静村主编：《刑事诉讼法学上》（修订本），法律出版社2001年版，第126页。

应当迅速直接地被告知其被控罪名。

（3）沉默权。沉默权是指犯罪嫌疑人和被告人"在整个刑事诉讼过程中对于来自官方的提问拒绝回答或者完全保持沉默的权利,沉默以及对于具体问题的拒绝回答原则上不得作为不利于嫌疑人和被告人有罪的证据；以物理强制或者精神强制等方法侵害这一权利所获得的陈述,不得作为指控陈述人有罪的证据使用"。[①]《儿童权利公约》虽然没有明文规定沉默权,但规定儿童被告人不得被迫作口供或认罪。

（4）辩护权。《北京规则》规定了儿童被告人有请律师的权利和与证人对质的权利,这都体现了保障权的精神。同时,《儿童权利公约》规定,儿童被告人应当获得准备和提出辩护所需的法律或其他适当协助,也应当被允许盘问或要求盘问不利的证人,并在平等条件下要求证人为其出庭和接受盘问。

（5）父母在场权。《儿童权利公约》第40条也规定,审理时,须有其父母或法定监护人在场,除非认为这样做不符合儿童的最大利益。

（6）语言帮助权。《儿童权利公约》规定,若儿童不懂或不会说所用语言,有权免费得到口译人员的协助。

（7）上诉权。《儿童权利公约》规定,儿童有权要求高一级独立公正的主管当局或司法机构依法复查此一判决及由此对之采取的任何措施。

第二,保护儿童被告人的隐私。《儿童权利公约》规定,儿童的"隐私在诉讼的所有阶段均得到充分尊重"；《北京规则》第8条也规定："应在各个阶段尊重少年犯享有隐私的权利,以避免由于不适当的宣传或加以点名而对其造成伤害。原则上不应公布可能会导致使人认出某一少年犯的资料。"

（二）侦查与起诉规则

关于侦查与起诉等审前程序,《北京规则》主要就审前羁押、警察专业化以及司法转处这三个方面作出了规定。

1. 审前羁押

《北京规则》等国际法律文件对审前羁押未成年被告人均持消极态度,即认为关押未成年人是万不得已的手段。鉴于审前拘留期间"犯罪污染"对未成年人的危害性,《北京规则》第13条规定："审前拘留应仅作为万不得

---

① 孙长永:《沉默权制度研究》,法律出版社2001年版,第4页。

已的手段使用,而且时间应尽可能短。如有可能,应采取其他替代办法,诸如密切监视、加强看管或安置在一个家庭或一个教育机关或环境内。"

在有必要对未成年人进行审前羁押的情况下,《北京规则》作出了许多要求:第一,一旦逮捕就应立即将未成年人被捕之事通知其父母或监护人,如果无法立即通知的,应在随后尽快通知其父母或监护人。同时,法官或其他主管人员或主管机关应不加拖延地考虑释放问题。第二,审前拘留的未成年人有权享有联合国所通过的《囚犯待遇最低限度标准规则》内载的所有权利和保障。第三,审前拘留的未成年人应与成年人分开看管,应拘留在一个单独的监所或一个也拘留成年人的监所的单独部分。第四,看管期间,未成年人应接受按照他们的年龄、性别和个性所需要的照顾、保护和一切必要的社会、教育、职业、心理、医疗和物质方面的个人援助。

2. 警察专业化

警察专业化,是指由专门的警察来负责未成年人犯罪的案件。对此《北京规则》第12条规定,为了圆满地履行其职责,经常或专门同少年打交道的警官或主要从事防止少年犯罪的警官应接受专门指导和训练。在大城市里,应为此目的设立特种警察小组。此条规定不仅规定了警察机关内部要有"经常或专门同少年打交道的警官或主要从事防止少年犯罪的警官",而且这些警官要"接受专门指导和训练",以便他们能以恰当的方式处理未成年人犯罪案件并保证案件的处理符合未成年人的最大利益。

3. 司法转处

司法转处,是指将违反刑法的未成年人转出正式的司法程序,避免其接受正式的司法审判。《北京规则》第11条指出,各国应酌情考虑在处理少年犯时尽可能不提交给主管当局正式审判。为此,应授权处理少年犯案件的警察、检察机关或其他机构按照法定的标准以及北京规则所载的原则自行处置这些案件。同时,为便利警察或检察机关能够自行处置少年案件,《北京规则》也规定,各国应致力提供各种社会方案,诸如短期监督和指导、对受害者的赔偿和补偿等等。对未成年被告人作出司法转处的处理,是因为这种办法被认为能够防止正式司法程序对未成年人产生的一系列负面影响,正如犯罪学的标签理论所指出的那样,正式的司法程序会给未成年人带来犯罪人的标签,并使未成年人实施更严重的犯罪。因此,《北京规则》对第

11 条的"说明"中也指出,"许多时候不干预可能是最佳的对策"。

(三) 审判规则

关于未成年人被告人的审判程序,《北京规则》和《联合国保护被剥夺自由少年规则》既提出了一些基本规则,也提出了许多具体的要求。

就审判的基本规则而言,上述两个规则主要规定了以下内容:

第一,应当坚持公平合理审判的原则。《北京规则》的条文本身并没有给"公平合理审判"下定义,但在对此原则的"说明"中指出,"公平合理审判"是指"正当法律程序"中的最低限度的要求,具体包括:假定无罪、法律辩护、保持沉默的权利、在审讯时最后发言的权利、上诉的权利等。

第二,诉讼程序应按照最有利于少年的方式和在谅解的气氛下进行,应允许少年参与诉讼程序,并且自由地表达自己的意见(《北京规则》第 14 条第 2 款)。

第三,审判应当及时,即"每一案件从一开始就应迅速处理,不应有任何不必要的拖延(《北京规则》第 20 条)"。

就审判的具体制度方面,《北京规则》特别提到了以下内容:

第一,法律帮助,即在整个诉讼程序中,少年应有权由一名法律顾问代表,或申请国家提供的法律援助。

第二,父母或监护人原则上应当在场。《北京规则》规定,主管当局可以要求父母或监护人为了未成年人的利益参加诉讼;但是如果有理由认为,为了保护少年的利益必须排除他们参加诉讼,则主管当局可拒绝他们参加。

第三,社会调查报告制度。根据《北京规则》的要求,除涉及轻微违法行为的案件外,所有案件在主管当局作出最后处理之前,应对少年生活的背景和环境或犯罪的条件进行适当的调查。这种调查的目的在于使主管当局在了解未成年被告人的社会和家庭背景、学历、教育经历等有关事实的前提下对案件作出明智的判决。

第四,尽量避免限制或剥夺未成年人的自由。《北京规则》第 17 条第 1 款规定,主管当局只有经过认真考虑之后才能对少年的人身自由加以限制并应尽可能把限制保持在最低限度。同时,除非未成年犯有涉及对他人行使暴力的严重行为,或屡犯其他严重罪行,并且不能对其采取其他合适的对策,否则不得剥夺其人身自由。第 19 条也规定,把未成年犯投入监禁机关始终应是万不得已的处理办法,其期限应是尽可能最短的必要时间。《联合国保护被剥夺自由少年规则》在第1条就明确规定"监禁办法只应作为最后手段加以采用"。同时,为避免对未成年犯罪人进行监禁,《北京规则》第18条规定了各种非监禁措施,并要求各国应使主管当局可以采用各种的处理措施,并最大限度地避免监禁。

第五,档案保密。关于未成年犯罪人的档案,《北京规则》特别作出了规定,其第21条规定:"对少年罪犯的档案应严格保密,不得让第三方利用。应仅限于与处理手头上的案件直接有关的人员或其他经正式授权的人员才可以接触这些档案。少年罪犯的档案不得在其后的成人讼案中加以引用。"

第六,人员专业化。《北京规则》对处理未成年人案件的法官等人员提出来了专业化的要求,其第22条规定:"应利用专业教育、在职培训、进修课程以及其他各种适宜的授课方式,使所有处理少年案件的人员具备并保持必要的专业能力。少年司法工作人员的组成应反映出触犯少年司法制度的少年的多样成分。应努力确保少年司法机构中有合理的妇女和少数民族工作人员。"

(四)执行规则

有关刑事执行规则,《北京规则》分为"非监禁待遇"和"监禁待遇"两部分进行了规定。

1. 非监禁待遇

《北京规则》并没有就某一具体非监禁措施规定执行规则,这也许是因为并不是所有国家都采用了上述《北京规则》所列举的非监禁措施。但《北京规则》至少就以下三个方面向各国提出了要求:

第一,有必要时,应当随时变更对未成年犯罪人的裁决。

第二,向未成年犯罪人提供必要的援助。《北京规则》第24条规定,为推动未成年犯的改造过程,各国应当努力为未成年犯提供诸如住宿、教育或职业培训、就业或其他任何有帮助的实际援助。

第三,充分利用社区的作用。《北京规则》第25条规定,各国"应发动志愿人员、自愿组织、当地机构以及其他社区资源在社区范围内并且尽可能在家庭内为改造少年犯作出有效的贡献"。这条规定就改造未成年犯提出了两个要求:一是在社区内、尽可能家庭内进行矫正;二是应当充分利用非政府组织的力量,这些力量包括志愿人员、自愿组织等。

2. 监禁措施

针对未成年犯的监禁措施,《北京规则》规定了几个原则性的规则:

第一,监禁应当符合特定的目标,总的目标是:向未成年人提供照管、保护、教育和职业技能,以便帮助他们在社会上起到建设性和生产性的作用。为达此目标,《北京规则》具体列举了一些要求,包括:(1)被监禁的未成年人应获得由于其年龄、性别和个性并且为其健康成长所需要的社会、教育、职业、心理、医疗和身体的照顾、保护和一切必要的援助。(2)应将被监禁的未成年人与成年人分开,应将他们关押在一个独立的监所或在关押成年人的监所的一个单独部分。(3)对被监禁的未成年女性罪犯个人的需要和问题,应加以特别的关心。她们应得到的照管、保护、援助、待遇和培训决不低于未成年男性罪犯。应确保她们获得公正的待遇。(4)父母或监护人应有权探望未成年罪犯。(5)应鼓励各部会和部门之间的合作,给被监禁的未成年人提供适当的知识或在适当时提供职业培训,以便确保他们离开监禁机关时不致成为没有知识的人。

第二,应当遵守《联合国囚犯待遇最低限度标准规则》。根据《北京规则》第27条,《联合国囚犯待遇最低限度标准规则》和有关各项建议应适用于被监禁的未成年罪犯。各国也应尽最大的努力执行《囚犯待遇最低限度标准规则》所规定的有关原则,以便根据未成年罪犯的年龄、性别和个性满足他们不同的需要。

第三,鼓励假释的适用。《北京规则》第28条规定,对于未成年罪犯,各国有关当局应尽最大可能并尽早对其采用假释的办法。同时,有关当局应对从监禁机关假释的未成年罪犯给予帮助和监督,社区应予充分的支持。

第四,半监禁式的措施的采用。《北京规则》第29条规定,各国应努力提供帮助未成年罪犯重获社会新生的半监禁式办法,这些办法包括重返社会训练所、教养院以及日间训练中心等。

与《北京规则》相比,《联合国保护被剥夺自由少年规则》就监禁未成年罪犯方面提出了更多、更详细的要求。《联合国保护被剥夺自由少年规则》第五部分"少年设施的管理"中,从记录、入所、登记、迁移和转所、分类和安置、物质环境和食宿条件、教育、职业培训和工作、娱乐、宗教、医疗护理、生病、受伤和死亡通知、与外界的接触、身体束缚和使用武力的限制、纪律程序、视察和投诉以及重返社会等14个方面对未成年罪犯监禁规则提出了详细的要求。

第二节 我国未成年人法律规范体系及其完善

一、我国未成年人国内法律体系概览

根据《未成年人保护法》的规定,未成年人是指未满十八周岁的公民。我国关于未成年人权利保护及未成人犯罪问题的法律规范被规定于多部法律法规和司法解释等规范性文件当中。这些规范性文件构成了我国的未成年人国内法律规范体系,这一体系由以下几部分组成:

第一,《宪法》确立了未成年人法律体系的基本原则。我国《宪法》第46条第2款规定:"国家培养青年、少年、儿童在品德、智力、体质等方面全面发展。"第49条规定:"儿童受国家的保护、禁止虐待儿童。"

第二,《未成年人保护法》和《预防未成年人犯罪法》,是有关未成年人的专门法律。其中,前者是对未成年人的各项合法权益进行专门保护的法律,它具体规定了保护未成年人的指导思想、保护内容、保护工作的原则,对未成年人的合法权益进行家庭保护、学校保护、社会保护和司法保护的方法与内容,以及各种侵害未成年人合法权益行为的法律责任;后者则对未成年人权益进行了特别保护性规定,具体规定了如何通过各种教育措施预防未成年人犯罪,包括对未成年人不良行为的预防,对未成年人严重不良行为的矫治,未成年人犯罪的自我防范,未成年人重新犯罪的预防等内容,是保护未成年人不受社会不良因素影响的专门法,是对《未成年人保护法》的补充。

第三,全国人大通过的其他法律中也有很多涉及未成年人权益保护问题,包括《刑法》、《监狱法》、《民法通则》、《婚姻法》、《收养法》、《妇女权益保障法》、《教育法》、《义务教育法》、《教师法》、《劳动法》、《残疾人保障法》、《母婴保健法》、《传染病防治法》、《食品卫生法》、《继承法》、《刑事诉讼法》、《民事诉讼法》等。

第四,国务院及国务院各部委发布了大量内容涉及未成年人保护的行

政法规和部门规章,如《电影管理条例》、《音像制品管理条例》、《出版管理条例》、《广播电视管理条例》、《娱乐场所管理条例》、《营业性演出场所管理条例》、《中华人民共和国治安管理处罚条例》、《中华人民共和国劳动改造条例》、《互联网服务经营场所管理条例》、《幼儿园管理条例》、《学校卫生工作条例》、《中小学勤工俭学暂行工作条例》、《国家教委关于严格控制中小学生流失问题的若干意见》、《文化部、公安部关于加强台球、电子游戏机娱乐活动管理的通知》、《文化部、公安部关于严禁利用电子游戏机进行赌博活动的通知》等。

第五,为适应未成年人司法实践发展的需要,最高人民法院、最高人民检察院、公安部等还就未成年人的法律保护颁布了一些司法解释、通知、意见、规定等,主要有《最高人民法院关于审理未成年人刑事案件具体应用法律若干问题的解释》、《最高人民法院关于审理未成年人刑事案件的若干规定》、《最高人民检察院办理未成年人刑事案件的规定》、《公安机关办理未成年人违法犯罪案件的规定》和《公安机关办理刑事案件程序规定》等等。

第六,各省市还制定了有关妇女儿童保护条例、未成年人保护法实施细则、义务教育实施办法等地方性法规。

在上述众多规范性文件中,保护型法律规范主要规定于《未成年人保护法》和《预防未成年人犯罪法》这两部法律当中;而主要的司法型法律规范是《刑法》、《刑事诉讼法》以及司法解释中的有关未成年人犯罪问题的法律规范。

二、我国未成年人权利保护法律体系的不足及完善

(一) 未成年人权利内容体系的不足及完善

未成年人权利内容体系,虽然包括未成年人作为一个公民所享有的权利,但是本书在这里讨论的更多的是未成年人因为其"未成年"这一特点而享有的法律所特别规定的权利。这种意义上的未成年人权利的内容主要包括生存权、发展权、受保护权以及参与权。对此,《儿童权利公约》等国际法与我国《未成年人保护法》等国内法的规定是一致的。因此,就这一点上,我国国内法可以说是做到"与国际接轨"的。但是,对比权利本身的内容可以发现,我国现行法律中有以下不足之处:

第一，在发展权方面，我国法律及实践的一个重要的特点是十分重视儿童的教育问题。《未成年人保护法》、《预防未成年人犯罪法》等法律都强调对未成年人受教育权特别是义务教育的保护。但是，对于国际法中发展权的其他内容，包括信息权、娱乐权、思想与宗教自由权和个性发展权等内容规定很少甚至没有相关的规定。

在信息权方面，《儿童权利公约》第17条指出，缔约国"应确保儿童能够从多种的国家和国际来源获得信息和资料，尤其是旨在促进其社会、精神和道德福祉和身心健康的信息和资料，为此目的，缔约国应：（A）鼓励大众传播媒介……散播在社会和文化方面有益于儿童的信息和资料；（B）鼓励在编制、交流和散播来自不同文化、国家和国际来源的这类信息和资料方面进行国际合作；（C）鼓励儿童读物的著作和普及；（D）鼓励大众传播媒介特别注意属于少数群体或土著居民的儿童在语言方面的需要；（E）……制定适当的准则，保护儿童不受可能损害其福祉的信息和资料之害。"我国《未成年人保护法》规定："国家鼓励新闻、出版、信息产业、广播、电影、电视、文艺等单位和作家、艺术家、科学家以及其他公民，创作或者提供有利于未成年人健康成长的作品。出版、制作和传播专门以未成年人为对象的内容健康的图书、报刊、音像制品、电子出版物以及网络信息等，国家给予扶持。国家鼓励科研机构和科技团体对未成年人开展科学知识普及活动。"这个规定的不足在于：第一，并没有明确国家是怎样鼓励以及怎样扶持，或者说，这里的鼓励或扶持仅仅是在道德上的而不是政策上的鼓励或扶持；第二，对于儿童权利公约中有关儿童"从多种的国家和国际来源获得信息和资料"以及鼓励有关国际合作等要求，国内法并没有作出相关的规定。

在娱乐权方面，儿童权利公约中的娱乐包括休息与闲暇、游戏和娱乐活动以及文化生活艺术活动。在我国《未成年人保护法》中，第20条对娱乐权进行了原则性的规定，即"学校应当与未成年学生的父母或者其他监护人互相配合，保证未成年学生的睡眠、娱乐和体育锻炼时间，不得加重其学习负担"。与《儿童权利公约》相比，未成年人保护法这一规定有以下不足：（1）该规定主要是针对我国不少学生负担重这一问题而规定的；但是它只规定学校与监护人有义务保证学生的睡眠、娱乐和体育锻炼时间，而并没有明确地规定儿童具有娱乐权。"睡眠、娱乐和体育锻炼"也许仅仅是儿童得以正常发展的最基本要求。(2)"睡眠"仅仅是"休息"的最基本要求,"休息"还包括其他内容。(3)没有规定儿童的游戏权。此外,《未成年人保护法》第29、30、31条等条文就未成年人的活动场所进行了规定,这些规定主要是为了鼓励未成年人参加相关的文化生活和艺术活动。与此相对,《儿童权利公约》强调了参加的自由性。

关于思想和宗教自由权,相关法律并没有针对未成年人进行特别的保护性规定,但根据我国《宪法》第36条的规定,我国公民有宗教信仰自由,因此未成年人作为我国公民也有宗教自由权。

第二,受保护权方面,如前文所述,《儿童权利公约》中儿童的受保护权包括三部分内容,对于这三部分内容,我国《未成年人保护法》基本上都作出了相应的规定。但对于"处于危机、紧急情况下儿童的保护"中,《未成年人保护法》并没有规定难民儿童及武装冲突中的儿童保护。事实上有关难民、武装冲突中的公民保护,我国国内法都很少有规定,其主要原因是我国实践中这两类问题比较少见。但未成年人保护法没有规定如何帮助遭受虐待、剥削、战争、忽略的儿童身心复原,则可以说是该法的一个不足之处。换句话,该法注重在"事前"对侵害儿童的行为进行预防,而缺乏"事后"如何使未成年人复原的规定。

在与儿童权利公约接轨的同时,《未成年人保护法》也就我国实践中比较突出的问题进行了规定,主要是有关留守儿童(第16条)、沉迷网络(第33条)以及流浪乞讨等生活无着未成年人(第43条)的保护性法律规范。

第三,参与权方面,我国《未成年人保护法》的"总则"部分规定儿童有参与权,但没有就参与的范围即可以参与的事项作出规定;而该法的"分则"部分有关参与权的条文主要是第14条以及第52条。与《儿童权利公约》的规定相比,这两条规定的不足之处在于:

1. 未成年人有权参与的事项范围过窄。由于"总则"没有就参与权的定义作出规定,因此,实践中未成年人可以参与的事项的范围往往只能限于分则有关的两个规定:一是监护人应当根据未成年人的年龄和智力发展状况,在作出与未成年人权益有关的决定时告知其本人,并听取他们的意见;二是人民法院审理离婚案件,涉及未成年子女抚养问题的,应当听取有表达意愿能力的未成年子女的意见,根据保障子女权益的原则和双方具体情况依法处理。而根据《儿童权利公约》,有主见能力的儿童应该有权对影响到其本人的一切事项自由发表自己的意见。

2. 如何对待未成年人的意见,未成年人保护法并没有作出规定。父母或其他人对待未成年人意见的方式,是儿童参与权是否真实存在的一个重要参考指标。对此《儿童权利公约》规定,"对儿童的意见应按照其年龄和成熟程度给以适当的看待"。相较而言,我国《未成年人保护法》未就此做任何规定。

实践中,一些地方的做法实际上扩大了法定的儿童参与权的范围。如广东在制定《广东省预防未成年人犯罪条例》过程中专门聘请了11名未成年人参与立法起草过程。有证据表明,未成年人在参与这些立法的过程中,他们的意见得到了一定的尊重。尽管未成年人的立法能力有限,但是,听取法律利益相关者的意见,并给予与其年龄和成熟程度相适应的尊重,应当成为今后我国未成年人立法所采取的做法。①

针对未成年人权利内容体系的不足,本书提出以下建议:

第一,就发展权方面,(1)国家应当在税收等方面给予大众媒体政策上的支持,以鼓励那些传播有益于儿童健康成长信息的机构。(2)应当在法律上明确未成年人也有娱乐的权利,其目的在于彻底转变监护人和学校的观念并使之承担相应的法律义务,这也有利于减轻学生的负担以及真正落实素质教育政策。

第二,就受保护权方面,我国法律应当增加如何使受伤害的儿童恢复正常生活的规定,并使监护人、学校、政府、社区等多方主体在这方面履行各自的义务或职责。

第三,在参与权问题上,我国法律应当扩大未成年人参与事项的范围,尤其是学校在制定相关政策的时候,也应该听取未成年学生的意见。同时,法律也应当要求相关主体应当认真对待未成年人所提出的意见,不采取他们意见时应当向他们说明理由。

(二)未成年人权利保护体系的不足及完善

保护措施可以分为自我保护措施和外部保护措施,而外部保护措施则

---

① 姚建龙:《〈未成年人保护法〉的修订及其重大进展》,载《当代青年研究》2007年第5期。

又可细分为积极保护措施及消极保护措施(法律责任)。其中,自我保护措施旨在肯定未成年人的独立性及充分发挥其自我保护作用;积极保护措施旨在规定相关义务人在保护未成年人权利方面应当履行的义务;消极保护措施旨在处罚不履行保护未成年人的法律义务的不作为以及侵害未成年人权利的作为。但总体上来看,《未成年人保护法》等法律重视外部保护措施,包括家庭保护、学校保护、社会保护以及司法保护。对于自我保护措施,《未成年人保护法》只在"总则"部分作出了一个原则性的规定。

1. 自我保护措施

《未成年人保护法》第6条第3款规定,"国家、社会、学校和家庭应当教育和帮助未成年人维护自己的合法权益,增强自我保护的意识和能力,增强社会责任感。"因此,提高未成年人的自我保护能力,是国家、社会、学校和家庭的共同责任。但这些主体各自的责任是什么,未成年人保护法并没有明确的规定。不可否认的是,增强未成年人自我保护能力需要制定一些具体的有针对性的措施。这些措施并不适合法律来制定,但这也并不能是法律不做任何规定的借口。法律应当规定有关部门有义务组织或聘请专业人员就如何提高未成年人的自我保护能力制定并实施各种计划或项目,并定期对这些计划的实效作出评估以不断改善这些计划的有效性。

2. 积极的外部保护措施

对于未成年人保护法重点规定的积极措施,我国学者认为,这些措施组成了《未成年人保护法》的基本结构,即该法按照未成年人与该生存空间的紧密程度,由紧至松的顺序组织该法的基本结构:第一空间家庭——家庭保护(第二章),第二空间学校——学校保护(第三章),第三空间社会——社会保护(第四章),第四空间(特殊空间)司法——司法保护(第五章),并针对这些空间中的未成年人保护主体进行立法规范,这样的法典结构设计体现的是对未成年人进行全面保护的思路。[①] 但是全面保护的思路并不代表这些保护措施能够保证未成年人在这些空间能得到切实的保护。同时,虽然这一结构可以使未成年人在其主要的生活空间都得到相应的保护,但它却不能保证未成年人所有法定权利均能在这些空间得到切实的保护。

---

① 姚建龙:《〈未成年人保护法〉的修订及其重大进展》,载《当代青年研究》2007年第5期。

就家庭保护而言,未成年人保护法、婚姻法等法律比较重视家长或其他监护人在保护未成年人方面的义务。《儿童权利公约》的"序言"也指出,"为了充分而和谐地发展其个性,应让儿童在家庭环境里,在幸福、亲爱和谅解的气氛中成长"。监护人对此负有首要的责任,但是,《儿童权利公约》也同时指出,"家庭作为社会的基本单元,作为家庭所有成员、特别是儿童的成长和幸福的自然环境,应获得必要的保护和协助"。因此,家庭保护中至少应该包括两类义务,一是家庭对子女的义务,二是社会特别是政府对家庭的保护和协助义务。我国现行法律较重视第一类义务;而对第二类义务则重视不够。关于第二类义务的规定,主要是《未成年人保护法》第12条有关亲职教育的规定。

从理论上来说,亲职教育有三个不同层次:补救性的亲职教育、预防性的亲职教育以及发展性的亲职教育。这三个层次的亲职教育构成了较为完整的亲职教育体系。"补救性的亲职教育是指对已经出现问题的家庭采取的矫正措施。例如有一些国外法庭对施虐父母宣判时会包含要求他们去参加亲职教育课程。心理服务中心在进行儿童问题矫正时,可能会与父母结合开展家庭治疗计划以修复家庭功能。这些做法都是在家庭教育出现问题以后采取的补救性措施。预防性的亲职教育是针对某些可能发生问题的高风险家庭提供的家长指导,包括犯罪人员家庭、贫困家庭、离异家庭等各种处境不利儿童的家庭。例如某些国家的法庭会要求申请离婚的父母去参加亲职教育课程,预知离婚对孩子的可能影响,并学会预防措施。发展性的亲职教育通常以家长和学校为中心,辅导家长或准家长了解孩子身心发展规律、掌握教养技能,促进家长有效地培养孩子的积极品质,促进孩子健康成长。"[①]但从前文有关介绍我们可以知道,目前我国相关法律、政策比较重视的似乎是发展性的亲职教育,而对预防性及补救性的亲职教育重视程度不够。对于可能发生问题的高风险家庭以及已经出现问题的家庭,相关法律、政策一般更关注的是社会其他力量的介入而没有认识到,这些家庭的家长本身处理问题的能力也是解决这些问题的一个关键因素,而上述补救性及预防性的亲职教育就有助于提高这种解决问题的能力。因此,本书认为,现

---

① 盖笑松、王海英:《我国亲职教育的发展状况与推进策略》,《东北师范大学学报》(哲学社会科学版)2006年第6期。

行立法有关亲职教育的规定过于笼统,法律应当就不同的层次的亲职教育的不同特点做出相应的规定。

留守儿童问题,本是政府应当协助有关家庭解决的一个问题,但是,我国《未成年人保护法》却规定,"父母因外出务工或者其他原因不能履行对未成年人监护职责的,应当委托有监护能力的其他成年人代为监护"。可见,《未成年人保护法》将解决留守儿童问题的责任全部归于其父母,而政府则至少在立法层面,在此问题上"袖手旁观"。留守儿童问题是我国农民进城打工这一时代社会发展所导致的负面问题,但是并不是唯一的儿童问题;除留守儿童外,城市的"流动儿童"的权利保障也是一个值得关注的问题。这一问题由当今户口制度所致。该制度使城市中非本地户口的流动儿童权利特别是受教育权等发展权得不到有效的保护。农村留守儿童及城市的"流动儿童"问题,是目前我国比较普遍且值得关注的问题。未成年保护法在这一问题上重视程度不够,且法律规定由父母来寻找合适的成年人对留守儿童进行监护的做法并不能很好地解决实际问题。法律应当规定政府或者鼓励一些非政府组织(如一些教育机构)来负责对这些留守儿童进行监护。城市的"流动儿童"问题,体现了平等原则在我国事实上并没有得到完全的体现,解决这个问题,需要打破户口制度造成的障碍,对这些"流动儿童"进行平等的法律保护。

就学校保护而言,未成年人保护法就学校在保护未成年人的受教育权、休息与娱乐权、人格尊严、人身安全权等权利方面应该履行的法律义务,可以说是基本上涵盖了学校有关学生权利保护的问题。学校除了对学生有保护义务外,还有管理的职责。在管理的过程中,不可避免地涉及处罚等与未成年学生健康成长密切联系的事项。这些管理问题中涉及的权利保护问题,未成年人保护法只是原则性地规定"对品行有缺点、学习有困难的学生,应当耐心教育、帮助,不得歧视,不得违反法律和国家规定开除未成年学生"以及禁止"对未成年人实施体罚、变相体罚或者其他侮辱人格尊严的行为"。但对于学校中各种"处罚"学生的行为,未成年人保护法却没有作出规定。针对这一问题,本书的建议是:首先明确学校可以对未成年人采取的处罚措施,然后规定在采取这些措施过程中应当遵守的基本原则以及采取这些措施时所要遵守的正当程序。

3. 消极的外部保护措施

儿童进行的违法犯罪行为,不仅仅侵害了儿童的权利,而且在精神上对儿童造成了很大损伤,影响了儿童的健康成长和正常的社会化过程。因此,消极的保护措施的目的应当不仅仅在于追究违法者的责任,而且更在于恢复受害儿童的身心健康。但目前我国的未成年人保护法只重视前者,即以惩罚方式预防其他人的违法犯罪行为,而忽视了对受害儿童身心健康的复原。对违法者的惩处并不能自动地使受害儿童复原,因此,本书建议,对于消极的保护措施,立法上应当增加规定有关帮助受害儿童身心复原的各种措施。

三、我国未成年人犯罪预防法律体系的不足及完善

(一) 我国有关未成年人社会化规定的不足及完善

良好的社会化过程需要法律提供哪些保障,理论上研究的不多。同时,什么是良好的社会化过程也是个见仁见智的问题。《利雅得准则》提出的一些建议或要求,在为我国立法提供了一个最低标准的同时,也提供了一个可供参考的立法材料。

《利雅得准则》对家庭问题的规定,主要强调社会与政府应当努力维护家庭的完整与幸福。而我国法律有关家庭的规定,则强调是家庭对儿童权利保护及进行儿童教育特别是法律教育的义务。这些义务虽然重要,但是完整、幸福的家庭是正确履行这些义务的前提,也是儿童社会化得以正常发展所需要的最基本的外在环境。我国法律似乎忽视了这一点,也许是将其视为理所当然的事,又也许是认为维护家庭的完整是父母的责任。也就是说,我国目前的法律基本上忽视了社会和政府对家庭的责任。因此,当未成年人因为不良的家庭环境而走上犯罪道路时,我们不能仅仅责备父母,因为父母与家庭本身也是个需要协助的,但这种协助却被我国法律所忽视了。对此,本书建议立法上应当规定政府有关部门有努力维护家庭完整与幸福的义务,同时也应当鼓励一些非政府组织在这方面发挥自己独特的作用。

教育对于未成年人社会化起着重要的作用。《利雅得准则》就学校应当如何教育未成年人使之健康成长及预防犯罪方面作了一系列的要求。我国的预防未成年人犯罪法有关教育方面主要强调了要对未成年人进行预防未

成年人犯罪的法制教育。除了学校之外,司法行政部门、教育行政部门、少年宫、基层组织等主体也有义务对未成年人进行法制教育。可以说,从立法本身来看,我国的法制教育是比较完善的,但实践中存在不少问题。如在学校的法制教育方面,许多学校非常重视法律知识的课堂学习,并以考试的成绩作为评价教育效果的主要指标,客观上使教育走进了单纯追求分数的误区。不少未成年人学过法律,对有关的条文也非常熟悉,甚至能够背出来,但他们仍然会知法违法,或者遇到事情不知道如何依法保护自己。这其中的一个原因,就是法律意识不强。因此,我们不能满足于让未成年人在法律知识考核中取得的成绩,毕竟了解和熟知了法律知识,并不等于具备了法律意识,不等于就能够预防犯罪和防范受害。对未成年人的预防犯罪教育,更重要的是要培养一种内在的法律意识,要通过法律这面镜子来透视社会上形形色色的现象,在复杂的社会现象之中分清大是大非;通过法律来规范自身的日常行为,做一个遵纪守法的公民;通过法律来维护自己的合法权益,掌握与不法侵害行为作斗争的本领。[①] 换句话说,现在不少法制教育流于形式,并不能达到立法的目的。虽然这是法律实施的问题,但是这个问题的根源则存在于立法本身。因为立法本身缺少一个保障机制使学校等主体的法制教育能够达到良好的效果。建立这个机制的关键,就是使这些教育活动能真正地被未成年人所接受,并提高其法律意识,而不仅仅注重法律考试成绩。

《利雅得准则》重视社区在未成年人社会化过程中的作用,其第 6 条规定,"在防止少年违法犯罪中,应发展以社区为基础的服务和方案,特别是在还没有设立任何机构的地方。正规的社会管制机构只应作为最后的手段来利用。"相比之下,我国所规定的综合治理政策似乎官方色彩过浓,并没有重视社区在实施有关预防犯罪计划中的作用。当然这与我国社区建设的现状有关。社区是城市化的一个产物,我国城市化的程度并不高,而且城市社区的建设目前整体上仍处于"初级"阶段。在法律上承认"社区"这一概念并赋予其预防犯罪的义务会显得不切实际。因此,在预防未成年人犯罪法及未成年人保护法等法律中,我国仅仅可以看到与社区相似的概念,即城市居

---

① 肖建国:《预防未成年人犯罪教育探讨》,载《青少年犯罪问题》1999 年第 5 期。

民委员会和农村村民委员会。居委会与村委会事实上是社区的具体载体，发挥着社区的部分职能。但是居委会或村委会在预防未成年人犯罪中的法定义务，仅仅是有限的和辅助性的义务。《预防未成年人犯罪法》第13条规定，"城市居民委员会、农村村民委员会应当积极开展有针对性的预防未成年人犯罪的法制宣传活动"，《未成年人保护法》第48条规定，"居民委员会、村民委员会应当协助有关部门教育和挽救违法犯罪的未成年人，预防和制止侵害未成年人合法权益的违法犯罪行为"。社区在未成年人社会化过程中起着重要的作用，但从整体上来看，我国法律体系并没有重视社区（或者居委会、村委会）在未成年人社会化过程中的作用。由于各地的社区发展程度不一致，因此在立法上我们不建议对社区在预防未成年人犯罪方面规定一个统一的义务，但我们认为法律应当规定各级政府在制定预防犯罪措施时，应当充分发挥及促进社区（或居委会、村委会）的作用，并从财政上给予适当的支持。

（二）未成年人犯罪预防和矫治体系的特点、不足与完善

我国《未成年人犯罪预防法》的一个重要特点，就是依次规定了"对未成年人不良行为的预防"、"对未成年人严重不良行为的矫治"和"对未成年人重新犯罪的预防"。这种立法方式似乎隐藏了这样一种逻辑，即未成年人走上犯罪道路是一个逐渐由不良行为到严重不良行为再到犯罪的发展过程。这种犯罪类型学者将之称为"逐步升级型犯罪"，即指从轻微的不良行为逐步发展走向更大犯罪的一种少年犯罪的类型。[①] 与这种类型相对应的是"突然攻击型"，即未成年人实施犯罪之前一直表现良好而且没有实施过不良行为。因此，这种犯罪类型往往比较难以事前预防，对此，法律的对策也许只能是预防该未成年人重新犯罪。因此，在"对未成年人重新犯罪的预防"这一部分中，法律应当增加对这种"突然攻击型"犯罪的处理及预防政策的规定。

预防及矫治措施是我国预防及矫治未成年人犯罪体系的重要内容。针对未成年人实施的不良行为、不法行为或犯罪行为，我国法律所规定的预防及矫治措施包括严加管教、送工读学校、戒毒措施、收容教育、治安处罚和训

[①] 〔日〕藤本哲也：《日本预防青少年犯罪的新国策》，俞建平译，载《青少年犯罪问题》2006年第6期。

诫、劳动教养、收容教养以及刑罚。但整体上来说,戒毒措施、收容教育、劳动教养、收容教养以及刑罚都是针对特定未成年人所实施的,其对于一般的未成年人不良行为不具有普遍的适用性。因此,对于未成年人所实施的不良行为或严重的不良行为的预防及矫治措施,具有普遍适用性的就只有严加管教、送工读学校和治安处罚。相较于其他一些国家的做法,这些措施的数量显得较少。如在英国,针对未成年人的"反社会行为"的惩戒项目,就包括申斥和最后警告、赔偿令、行为计划令、养育令、强制滞留和接受训练令、儿童安全令等等。① 这种局面可能与我国没有保安处分措施及社区矫正制度不完善有关,但由于未成年人实施不良行为的原因多种多样,因此针对其实施的预防及矫治措施也应该具有多样性。基于这种考虑,本书建议,立法上应当参考国外的一些先进经验,联系我国实际适当增加预防及矫治措施的种类。

此外,我国体系的另一个特点就是司法化程度不高,除了刑罚之外,其他措施基本上并不由法院决定而由相关的行政机关作出决定。但不少矫治措施往往涉及未成年人人身自由的限制及家长监护权的剥夺,从法治与人权保障的角度来看,这些措施应当由法院来作出决定。在我国目前的司法体制下,法院或少年法庭只处理未成年人行为构成犯罪的案件,对于未成年人实施的不良行为或不法行为的案件,法院或少年法庭则不予以受理,这种做法与现代法治理念是不符合的,因此本书建议,应当将这些行为纳入未成年人司法的管辖范围之内,即通过司法程序来决定如何处置实施了不良行为或不法行为的未成年人。

四、我国未成年人司法型法律规范的不足及完善

未成年人司法型法律规范体系构成了一个国家的未成年人司法制度。有关我国司法型法律体系中的具体问题,本书第五章至第十一章将进行详细的论述。下文将要探讨的是我国司法型法律体系的宏观问题,即整个法律体系的完善问题。关于这一问题,下文将运用两种方法进行研究:第一是比较研究。我们将首先简要地介绍日本与德国的未成年人司法型法律体

---

① 刘桃荣:《英国青少年犯罪预防的经验》,载《青少年犯罪问题》2006 第 5 期。

系，然后在对比分析的基础上对我国未成年人司法型法律规范体系进行反思。第二是实证研究。我们将在调查问卷所得数据的基础上，就我国未成年人司法型法律体系的立法模式提出建议。

（一）日本司法型法律规范

日本少年司法制度的主要法律渊源是《少年法》，该法也是日本未成年人司法型法律体系的一部"基本法"。现行《少年法》（2008年修订）的基本结构及主要内容如下：

第一章"总则"，规定了立法目的以及少年、成年人和保护人的定义。根据该法第2条，少年是指未满20周岁的人，而成人则是指20周岁以上的人。

第二章"少年保护案件"是少年法的核心内容，规定了少年司法制度的主要内容，其中包括家庭法院的管辖范围、审前程序、家庭法院的调查和审判程序以及上诉程序等内容。这些内容构建出一套与刑事司法程序不同的少年司法程序，其中也规定了一些实体法内容，包括规定了三种少年不良行为，即14岁以上不满20岁的少年实施的犯罪行为、不满14周岁的少年的触法行为和虞犯行为，以及行为的法律后果——保护处分措施。

第三章"少年刑事案件"就犯罪少年适用普通刑事程序法及实体法作出了特别规定，其中有关少年刑事程序的特别规定比较少，而关于少年刑罚的规定相对较多。具体来说，少年刑罚与普通刑法规定的刑罚的区别有以下几个方面：(1)对于犯罪时不满18周岁的人，应当处以死刑的，判处无期刑；应当处以无期刑的，可以判处10年以上15年以下的有期徒刑或监禁刑。(2)如果少年应当被判处3年以上有期徒刑或者监禁刑时，在该刑期范围内规定长期和短期进行宣判，短期不能超过5年，长期不能超过10年。(3)禁止对不能交纳罚金的少年易科劳役。(4)少年受刑人可以获得假释的服刑期限，比成年人大幅度缩短。

第四章"杂则"，规定了报纸及其他刊物在报道有关案件时需要遵守的保密义务。

从上述的介绍可以看出，日本《少年法》主要规定了少年司法制度中的实体与程序法律规范而并没有对组织及执行法律规范进行规定，后两项内容由其他法律所单独规定。

(二) 德国司法型法律规范

德国少年司法制度的法律渊源主要是《少年法院法》,该法同时也是德国未成年人司法型法律体系中的"基本法",它包含了实体、组织、程序及执行法律规范。该法的主要结构及内容[①]如下：

第一编"适用范围",规定了少年法院法对人和案件的适用范围以及少年法院法与普通刑事法的关系。就对"人"的适用范围而言,德国少年法院法适用于少年和甫成年人。[②] 少年是行为时已满14岁不满18岁的人；甫成年人则是指行为时已满18岁不满21岁的人。就少年法院法与普通刑事法的关系而言,少年法院法规定"本法未作其他规定的,始于适用普通刑法"。

第二编"少年",规定了少年实体、组织、程序及执行法律规范等内容。其第一章"少年之违法行为及其后果"规定了少年的责任、少年不法行为的分类以及少年犯罪行为的法律后果。其中法律后果是本章的重点,其内容包括教育处分、惩戒处分、少年刑罚、少年刑罚之缓刑以及少年刑罚之缓科等。其中,教育处分以及惩戒处分是专门针对少年而设置的制裁方法；而"少年刑罚"则是通过对普通刑法中的刑罚进行修改而来,其主要特点在于少年刑罚只包括有期自由刑而没有罚金刑或无期徒刑。第二章"少年法院组织和少年刑事诉讼程序"规定了少年司法中的组织及程序法律规范,就少年法院的组成以及少年刑事诉讼程序做了较详细的规定。第三章"执行和行刑"规定了有关执行组织、执行程序等内容。第四章及第五章分别是"前科记录的消除"和"管辖普通刑事案件的法官受理少年犯罪案件"。

第三编是"甫成年人",规定了实施犯罪行为的甫成年人在何种情况下应当适用以及怎样适用第二编中有关的少年实体、组织、程序及组织法律规范。

---

① 徐久生、庄敬华译：《德国刑法典》,中国方正出版社2004年版,第177页以下。
② "甫成年人",德文为"heranwachsender"。我国一些学者将之译为"未成年青年"(参见《德国刑法典》,徐久生、庄敬华译,中国方正出版社2004年版,第177页)。我们认为,未成年在我国及德国均指不满18周岁的人,将其作为"青年"的定语,并不合适；同时"青年"本身也并不是一个明确的概念。"甫"在汉语中的一个意思为"刚刚"(参见中国社会科学院语言研究所词典编辑室编：《现代汉语词典(第五版)》,商务商务印书馆2008年版,第423页),因此我们采纳了沈银和先生的译法,将之译为"甫成年人"(参见沈银和：《中德少年刑法比较研究》,台湾五南图书出版股份有限公司1988年版)。

第四编是"关于联邦国防军士兵的特别规定",对服役的少年或甫成年人如何适用《少年法院法》进行了特别规定,因此这一编可以视为是德国军事刑法的"特别法"。

第五编是"终结和过渡规定",规定了本法的生效时间、时间效力、法院组织的筹建以及本法生效后的一些过渡性安排等内容。

从上述介绍可以看出,德国的少年法院法将少年司法中的实体、组织、程序及执行法律规范都统一制定于同一法典当中,与日本相比,这种立法模式相对较集中。

(三) 我国司法型法律规范的反思及完善

将我国未成年人司法型法律规范与日本和德国的相比较,我们可以发现其中一些明显的区别。从形式来看,我国未成年人司法型法律规范目前还是依附于普通(成人)的司法型法律规范当中,即缺乏形式上的独立性。而无论是日本相对较松散的立法模式,还是德国统一法典的立法模式,都体现出未成年人司法的形式独立性。

当然,这种形式独立性反映出未成年人司法制度与成人司法制度的实质区别——未成年人司法制度的主要目的在于保护未成年人。在成人司法制度中,日本与德国都强调对被告人权利的保护,但这种保护的目的在于确保国家正确、合理地使用刑罚权。而在未成年人司法制度中,对未成年人的保护则更多地意味着刑罚的不适用,如在日本的保护程序中,法官没有权力对实施犯罪行为的未成年人判处刑罚而只能判处保护处分措施;而德国,虽然没有这一保护程序,但法官有义务首先考虑对未成年犯罪人适用教育处分或惩戒处分。同时在实践中,《德国少年法院法》第45条与第47条发挥着重要作用,它们被认为是德国关于非正式教育及转处程序的法律基础;目前在德国依照少年刑法针对少年犯罪者的所有刑事程序中,约有70%按照少年法院法第45条或47条终结。[①] 适用第45条或第47条的结果,都使未成年人免受刑罚处罚,而只可能接受教育处分或惩戒措施。可见,日本与德国的未成年人司法制度,都从实体法及程序法两个方面着手,限制对未成年

---

① 〔德〕柯尔纳:《德国刑事追诉与制裁》,许泽天、薛智仁译,台湾元照出版社2008年版,第42页。需要说明的是,译者将"Diversion"译作"转向",但"转处"是我国内地理论界所普遍接受的译法,故在此我们采用"转处"这一概念。

人适用刑罚,从而实现未成年人司法的保护理念。

一直以来,我国对未成年人犯罪,都坚持"教育、感化、挽救方针"以及"教育为主、惩罚为辅的原则",上述方针与原则都在一定程度上体现了保护主义为主,兼顾责任的未成年人司法理念。应当说,这与目前国际主流的未成年人司法理念是比较接近的。但从制度安排的角度来看,我国并没有具体的刑事法律制度是专门为了"教育"、"感化"或"挽救"少年的;特别是在"少年刑法"中,由于基本上只有刑罚这种制裁方式,因此也无法体现"教育为主"。这里涉及一个问题,就是我们能不能在"刑罚"的领域内体现"教育"? 国外的经验告诉我们,刑罚是难以实现教育与保护少年这一目的。此外,从前述分析可知,未成年人司法制度所强调的"保护"是排斥刑罚的。同时,由于我国刑法中对未成年人的制裁方式基本上还是刑罚,我国程序法律规范因此只能从程序上保障对未成年人从轻处罚,而不能最大限度地限制刑罚的适用。

根据上述简要的对比分析与反思,本书认为,对我国未成年人司法型法律体系进行完善的一个关键就是要在未成年人法律中规定与刑罚不同的制裁方式——保护处分,同时未成年人刑罚应当仅仅包括有期徒刑、拘役及管制,普通刑法中的无期徒刑及附加刑均不适应于未成年人。而且,在未成年人法律中还要规定专门的未成年人司法机构的组织形态、未成年人案件的侦查、起诉、审判、矫正过程中要遵循的特殊程序等内容,这些具体制度的构建可见本书第五章至第十一章的有关内容。更为重要的是,我国未成年人司法型法律体系的完善,还应具有形式的独立性,即将其从普通司法型法律体系中独立出来,这就涉及下文将要讨论的立法模式问题。

(四)"未成年人法"的模式选择

对于未成年人司法型法律规范的立法模式,可以有两种选择,一是将刑法、刑事诉讼法、法院组织法、刑事执行法中有关未成年人犯罪问题的规定分别进行修改或新增加有关规定,即维持现有的分散的未成年人法立法模式。另外一种选择是通过制定一部统一的《未成年人法》,将所有未成年人实体、程序、组织及执行法律规范都制定在同一部法律当中,并在未成年人案件中优先适用《未成年人法》。分散式立法模式的优点在于,修改法律相对比较容易,但问题在于它难以彻底改变未成年人司法目前重惩罚轻保护的立法局面;通过分散式的立法,也难以构建一个体现以保护未成年人为主要目标的未成年人司法制度。

关于未成年人法立法模式的选择,课题组对403名法官、175名检察官、185名司法警察、24名律师和323名社会公众①进行了问卷调查。② 调查结果表明,赞成制定统一的未成年人法法典的人占多数。具体来说,如图4.1、4.2、4.3、4.4和4.5所示,50.25%的法官、47.31%的检察官、50%的司法警察和律师以及53.25%的社会公众都认为,应当制定一部集组织、实体、程序等法律规范于一身的《未成年人法》③;而主张维持现状的比例均不超过各个样本的26%。

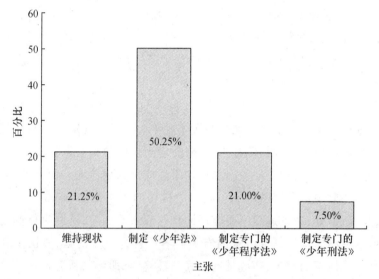

图4.1 法官对立法模式的看法

---

① 鉴于这些问卷调查的主要内容都是有关未成年人司法的具体制度,为了全书的协调性,我们将在第五章对社会公众、律师、检察官及法官的问卷调查的具体情况进行介绍,在第十章对司法警察的问卷调查的具体情况进行介绍。

② 在问卷中,具体的问题如下:"目前我国有关未成年人司法问题的规定散见于《刑法》、《未成年人保护法》、《预防未成年人犯罪法》等法律中,对此您认为:A. 维持现状就很好;B. 应制定集组织、实体、程序于一身的《少年法》;C. 应制定专门的《少年程序法》;D. 应制定专门的《少年刑法》;E. 其他(请说明)"。

③ 鉴于目前理论界与实务界较常用"少年法"这一概念,我们在问卷中没有使用"未成年人法"这一概念。

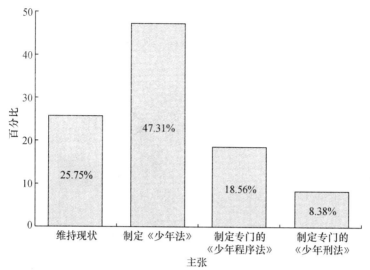

图 4.2 检察官对立法模式的看法

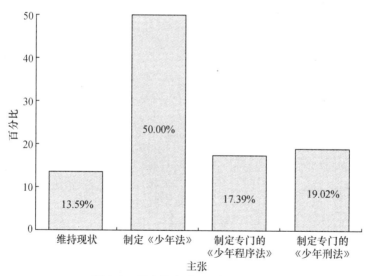

图 4.3 司法警察对立法模式的看法

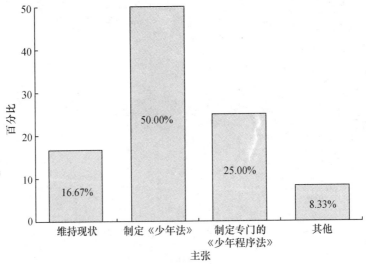

图 4.4 律师对立法模式的看法

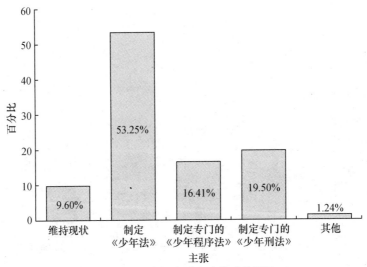

图 4.5 社会公众对立法模式的看法

与上述多数人的意见一样,本书也主张制定一部统一的《未成年人法》,其基本结构为:

第一章:总则。主要规定《未成年人法》的立法目的、基本原则和理念等整体性问题。

第二章：未成年人司法组织。主要规定未成年人司法机构的设置、基本职责、管辖范围等内容。

第三章：未成年人保护案件。主要规定触法未成年人和虞犯未成年人的具体范围、案件的调查、处理及其程序等。

第四章：未成年人刑事案件。主要规定未成年人犯罪的法律后果、对未成年人犯罪案件的侦查、起诉、审判、矫正及其具体程序以及前科消灭制度等。

第五章：未成年人民事、行政案件。主要规定涉及未成年人的民事、行政案件及其在司法程序上与成年人案件的不同之处等。

第六章：附则。包括解释权限、生效时间等内容。

当然，我们也没有忽视制定统一的未成年人法所面临的困难。首先是目前刑法典的立法模式所带来的改革障碍。目前我国立法机关一直坚持统一的刑法典模式，刑法典的修改只通过"刑法修正案"的方式来进行。因此，对于"刑法典"模式体现出来的单一法典形态的追求，也使将未成年人刑法从刑法典中独立出来变得困难重重。当然，这个问题也存在于未成年人司法的其他法律领域。其次是对未成年人犯罪问题，虽然我国几十年来都坚持"教育为主，惩罚为辅"的刑事政策，但这一政策并没有引起未成年人司法理念的根本转变。对未成年犯，我国仍然是在传统的、体现惩罚理念的司法中追求"教育为主"，这种制度追求看似自相矛盾，但多年来仍屹立不倒。而制定体现"保护为主，惩罚为辅"的未成年人法和未成年人司法制度，看似与传统的刑事政策很相似，但实际上却颠覆了我国多年来的司法习惯，因此会面临很大的现实阻力。

第五章 未成年人司法机构建制

未成年人司法机构对于整个未成年人司法制度具有重要的意义,它是未成年人司法制度静态结构中的重要组成部分,也是该制度动态运行中的主要组织形式。有德国学者指出,"在现代社会中,组织在所有的功能系统中都是不可或缺的。在几乎所有具有功能性差异的社会次系统中,组织是实现功能的主导性的有效形式"。[①] 本章主要结合本课题组在调查过程中发现的问题,对我国未成年人侦察机构、起诉机构、审判机构以及矫正机构在设置、人员配备、职能等方面的内容进行探讨。

第一节 侦查机构

未成年人刑事侦查机构,或未成年人侦查机构,一般也称为少年警察机构,是指侦查犯罪嫌疑人为未成年人的刑事案件的专门机构,它是未成年人刑事案件侦查制度的重要组成部分。

由于未成年人身心方面的特点和未成年人刑事案件处理目标的特殊性,在未成年人刑事案件的侦查主体方

---

① 〔德〕马赛尼斯·阿尔伯特等:《世界社会中的区域性组织:系统理论与新制度主义》,郝文杰、余卜军编译,载薛晓源、陈家刚主编:《全球化与新制度主义》,社会科学文献出版社2004年版,第56—58页。

面就有需要建立一支专业的少年警察队伍并设置专门的未成年人刑事案件侦查机构。少年警察是指专门负责处理未成年人案件的警察,包括设在警察部门内的专门处理少年事务的分支机构和一般警察机关中负责处理少年事务的警察人员。① 专业的少年警察对于预防未成年人违法犯罪、保护未成年人合法权益的重要作用已被多个国家和地区的司法实践所证实,也已被有关国际决议、公约所认可。但目前,我国并没有专门的未成年人侦查机构或专业的少年警察队伍,而且在学术研究及司法实践中,更多地关注于具体侦查程序的构建与完善,侦查主体这一问题并没有得到应有的重视。针对这一问题,本节将结合对207名公安警察、175名检察官、403名法官、323名社会公众进行问卷调查的结果,对未成年人侦查机构的相关问题,如专门侦查机构的设置、少年警察的职责和侦查机构的人员配置等问题进行深入的研究,并就如何构建我国的未成年人侦查机构提出一些对策性意见。

对警察的问卷调查,在三个省市的公安机关进行。具体来说,从2008年6月到2008年12月,课题组分别在我国的东、中、西部挑选北京市、安徽省和陕西省的有关区县公安机关进行了问卷调查,调查中总共向207名警察发放了调查问卷,在当地公安机关的大力配合下,发放的问卷被全部收回。接受问卷调查的警察均为办理刑事案件的一线刑事侦查民警和法制部门的民警。由于绝大部分未成年人刑事案件均由区县公安机关办理,因此所选取的样本具有较强的代表性。除未成年人刑事案件侦查机构外,问卷主要涉及的内容有:办案民警对我国未成年人刑事司法制度的整体认识;对未成年犯罪嫌疑人、被告人适用的强制措施;合适成年人参与未成年人刑事案件处理;未成年人刑事案件侦查制度改革的主要制约因素等问题。

对社会公众的调查,在北京、天津、安徽、甘肃、广东、贵州、河北、河南、内蒙古、江苏、江西、辽宁、宁夏、山东、山西、陕西、四川、新疆、浙江、重庆、广西、湖北、黑龙江、湖南、吉林、青海等26个省、自治区、直辖市进行,样本涵盖了社会各行各业以及无业人员和离退休人员等,调查后共收回有效问卷323份。对律师的调查在陕西省进行,接受问卷调查的律师皆有办理未成年人案件的经验,调查后共收回了有效问卷24份。除了有关未成年人刑事

---

① 杨春洗、康树华、杨殿升主编:《北京大学法学百科全书》,北京大学出版社2001版,第523页。

案件侦查机构设置外,问卷的内容还涉及社会公众和律师对未成年人犯罪情况、犯罪未成年人司法制度的现状以及未来改革方向的认识与态度。

对检察官与法官的调查,虽然也涉及侦查机关的有关内容,但主要还是有关起诉制度与审判制度的内容,因此,我们将于本章第二节与第三节对调查的主要情况进行介绍。

一、境外少年警察机构概况

(一)境外少年警察机构的设置

在英、美、德、日等许多国家和我国台湾等地区的未成人司法系统中,少年警察制度都已建立并发挥着举足轻重的作用。在日本,各都、道、府、县警察本部及警察署,都设置了"少年警察课"或者"少年警察股",配备包括少年案件主办人、少年辅导员等专职少年警察,专门处理少年案件,研究如何以少年为对象有效地开展警察活动。① 早在2001年4月,日本全国就有约8600名警察从事"少年警察活动",其中专职警察3800人。在8600名少年警察中,各都道府县警察本部共计约1300人,地区警察署约7300人。②此外,日本全国各都道府县警察本部还设置有少年援助中心,配置专门的少年帮教人员。截至2009年4月1日,全国共有197个少年援助中心。③

在美国,警察部门特别是市级警察机构都建立了专门的少年部门作为其组织结构的一部分。即使在偏远地区相对较小的机构也至少有一名少年官员专门处理少年事务。④ 德国凡是较大的警察局一般都设有一个分局或者分部,称为"少年署",专管少年案件的调查。在英国,警察部门也设有专门的"少年部"。⑤ 从20世纪90年代起,我国台湾地区为了应对青少年犯罪急剧严重的问题,有效预防少年犯罪,加强少年辅导,市县警察机关在刑

---

① 北京大学法律系国外法学研究室编:《国外保护青少年法规与资料选编》,群众出版社1981年版,第389页。
② 张荆:《日本警察在预防青少年犯罪方面的作为》,http://www.cycs.org,2009年10月20日访问。
③ 〔日〕中尾克彦:《警察查处和帮教非行少年的现状》,载《第三届中日犯罪学学术研讨会论文》,2009年9月7日—9日,日本东京。
④ Dean J. Champion: *The Juvenile Justice System*, London: Pretice-Hall International (UK) Limited, 2001, p.123.
⑤ 张中剑等:《少年法研究》,人民法院出版社2005年版,第353页。

警队少年组的基础上陆续成立了少年警察队。

（二）境外少年警察的职责

关于少年警察的职责范围,上述国家和地区的具体规定虽有所不同,但共同点都是将处理少年违法犯罪案件和预防少年违法犯罪并重,甚至将后者作为少年警察的工作重点。下面以日本、美国和我国台湾地区为例,分析少年警察的职责范围。

日本少年警察的职责主要有：就青少年事项进行日常工作;对有不法行为少年采取教育措施;消除对青少年的各种不良影响因素;创立有益青少年发展的社会环境;宣传动员社会各界关心青少年成长。① 具体而言,日本少年警察承担如下任务：根据有关法令查处和帮教非行少年;通过与学校等相关机关、团体、志愿者联合开展街头教育活动和防止犯罪讲习的措施,提高少年的规范性意识;通过持续性帮教落实改善非行少年的综合性对策,防止少年非行;保护儿童免受虐待,色情侵扰等的伤害。② 日本少年警察在预防和遏制青少年犯罪以及在对青少年教育中,发挥了良好的作用。2008 年,被日本警察帮教的不良少年人数为 1,361,769 人,其中深夜游荡（732,838 人）和吸烟（497,658 人）占了九成;2008 年,日本警察受理的少年咨询事件为 75,274 件。③

美国少年警察在少年犯罪防治方面的职责主要有以下七个方面：（1）预防与制止少年犯罪;（2）对少年犯罪人实施逮捕;（3）在法庭上为少年犯罪人的起诉作证;（4）协助家长和社区管理教育有问题的少年;（5）监视学校、娱乐场所、音乐会等少年聚集的地方;（6）掌握和提供少年犯罪,特别是青少年团伙犯罪的情报资料;（7）监督控制少年的"身份犯罪"（如逃学、离家出走、宵禁、饮酒等）。④

我国台湾地区少年警察的主要职责有：（1）少年虞犯或犯罪侦防措施的策划、督导及执行;（2）少年辅导活动的规划办理事项;（3）预防少年犯罪宣导、教育等事项;（4）执行或配合各项少年保护、福利措施;（5）少年犯

---

① 王国琦：《日本的少年警察制度》,载《人民公安》2007 年第 11 期。
② 〔日〕中尾克彦：《警察查处和帮教非行少年的现状》,载《第三届中日犯罪学学术研讨会论文》,2009 年 9 月 7 日—9 日,日本东京。
③ 同上。
④ 张中剑等著：《少年法研究》,人民法院出版社 2005 年版,第 354 页。

罪资料统计及分析;(6)行为偏差少年咨商、辅导等协办事项;(7)逃学、逃家或行踪不明少年之查(协)寻;(8)执行校园安全维护;(9)中途辍学学生的追踪、协(撤)寻等通报事项;(10)少辅会秘书业务(主要职责包括行为偏差少年实施留队辅导等工作、研讨年度辅导少年措施及活动执行计划、订定防制少年偏差行为之辅导流程);(11)其他上级交办有关少年保护事项。①

二、我国未成年人侦查机构的现状

(一)我国未成年人侦查机构的立法

我国关于未成年人侦查机构的最早立法规定于地方性规章中。在《北京规则》刚通过不久的1987年,上海市《青少年保护条例》规定:"公安机关要组织专门的预审组采取适合青少年特点的方法办理青少年违法犯罪案件。"关于少年警察制度的全国性规定主要存在于两个司法性文件中:一是1991年最高人民法院、最高人民检察院、公安部、司法部《关于办理少年刑事案件建立互相配套工作体系的通知》规定,"为了进一步贯彻违法犯罪少年教育、感化、挽救的方针,完善具有我国特色的少年司法制度,公安、检察、司法行政各部门应加强相互之间的联系,并逐步建立办理少年刑事案件的相应的机构,使各环节相互衔接起来,以加强对少年犯罪的治理和防范工作","对少年犯案件的侦查、预审工作,公安机关应确立专门或者侧重于办理少年人犯刑事案件的人员,有条件的地方,也可以设立专门机构"。二是1995年《公安机关办理未成年人违法犯罪案件的规定》第6条规定:"公安机关应当设置专门机构或者专职人员承办未成年人违法犯罪案件。办理未成年人违法犯罪案件的人员应当具有心理学、犯罪学、教育学等专业基本知识和有关法律知识,并具有一定的办案经验。"

(二)我国未成年人刑事侦查机构的司法实践

上海是我国较早探索建立少年警察制度的地区。1986年,长宁区公安分局建立了上海第一个少年嫌疑犯专门预审组,吸取少年法庭的审判经验,将那些适合于少年犯生理心理特点的办案原则和审理方式,运用到预审程

---

① 具体参见台湾地区宜兰县警察局,http://ilcpb.e-land.gov.tw/;台北警察局,www.tmpd.gov.tw,2008年6月16日访问。

序中来,1994年3月又成立了少年案件审理科。① 但是在刑事侦查制度由侦审分开改革为侦审合一制度后,就没有专门从事少年案件刑事侦查的警察了。② 在由英国救助儿童会与昆明市盘龙区人民政府合作开展的昆明市盘龙区未成年人司法分流试点项目中,2003年,盘龙区各派出所及刑侦大队、中队、治安大队也确定了专门办理未成年人案件的警察,盘龙公安分局也设置了未成年人案件复核办公室。③

从我国司法实践的整体情况来看,除了在一定时期个别地方设立了专门办理未成年人刑事案件的警察力量外,有关未成年人侦查机构的规定在我国并没有得到真正实施;我们的调查结果也显示,大部分地方仍然没有设置专门的未成年人侦查机构或指定专门人员办理未成年人案件。根据课题组对207名警察的调查,只有个别公安分局成立了专门审理少年违法犯罪案件的预审组,具体调查结果如下表5.1所示:

表5.1 未成年人侦查机构设置情况分布

	人数	百分比	累积百分比
设置专门的未成年人侦查机构	16	7.7	7.7
没有设置专门机构,但指定专人办理	74	35.7	43.5
没有设置专门组织,也没有指定专人办理	117	56.5	100.0
总计	207	100.0	

而根据课题组对175名检察官的调查,如表5.2所示,只有21.2%的检察官所在地区的公安机关有专门机构或人员负责办理未成年人案件;而55.4%的检察官所在地区的公安机关并没有办理未成年人案件的专门机构或人员。

---

① 张中剑等:《少年法研究》,人民法院出版社2005年版,第353—354页。
② 徐美君:《警察讯问和羁押期间未成年人待遇状况调查报告》,载《青少年犯罪问题》2004年第1期。
③ 全国科技信息服务网(云南节点),http://yunnan.stis.cn/html/kjdt/jctj/jypx/20041013/285500.html,2009年10月20日访问。

表 5.2　检察官所在地区有无设置专门机构或人员

		人数	百分比	有效百分比	累积百分比
有效值	都有	25	14.3	14.5	14.5
	都无	35	20.0	20.3	34.9
	法院有,公安无	62	35.4	36.0	70.9
	法院无,公安有	12	6.9	7.0	77.9
	不了解	38	21.7	22.1	100.0
	合计	172	98.3	100.0	
缺失值		3	1.7		
合计		175	100.0		

对 403 名法官的调查也表明,设置专门的侦查机构的做法在实践中并不普遍。如表 5.3 所示,仅有 16.4% 的法官所在地区的公安机关设置了专门机构或指定了专人办理未成年人案件,而高达 54.1% 的法官所在地区的公安机关则没有设置专门机构或指定专人办理。

表 5.3　法官所在地区有无设置专门机构或人员

	人数	百分比	有效百分比	累积百分比
皆有	39	9.7	9.7	9.7
皆无	179	44.4	44.4	54.1
公安机关有,检察机关无	27	6.7	6.7	60.8
检察机关有,公安机关无	39	9.7	9.7	70.5
不了解	119	29.5	29.5	100.0
合计	403	100.0	100.0	

对 323 名普通公民的调查表明,如表 5.4 所示,在接受调查的公众当中,只有 19.8% 的人所在地区的公安机关有专门机构或人员办理未成年人案件。

表 5.4　公众所在地区有无设置专门机构或人员

	人数	百分比	有效百分比	累积百分比
皆有	33	10.2	10.2	10.2
皆无	97	30.0	30.0	40.2
公安机关有,检察机关无	31	9.6	9.6	49.8
检察机关有,公安机关无	34	10.5	10.5	60.4
不了解	128	39.6	39.6	100.0
合计	323	100.0	100.0	

由此可以看出，与前述日本、美国等国家和我国台湾地区比较成熟的少年警察制度相比，我国的少年警察制度在立法和司法实践两个方面都处于较低的发展水平。在立法上，我国并没有强制要求设置专门机构或者指定专人办理未成年人违法犯罪案件，同时也没有将少年警察的职责扩展到少年违法犯罪的预防和少年保护方面；在实践中，真正建立专门机构或者专人负责办理未成年人违法犯罪案件的公安机关屈指可数。

虽然目前我国许多地方还没有建立起专门的未成年人侦查机构，但根据我们的调查，大部分人都觉得有必要设立专门的机构和人员负责未成年人案件。对 207 名警察、175 名检察官、403 名法官、323 名普通公民和 24 名律师的调查结果表明①，如图 5.1、5.2、5.3、5.4 和 5.5 所示，44.44% 的警察、74.86% 的检察官、67.74% 的法官、70.28% 的公众及 83.3% 的律师认为在公安机关中设立专门的机构和人员负责未成年人案件是必要且可行的；另外也有 22.22% 的警察、13.14% 的检察官、12.9% 的法官、18.58% 的公众

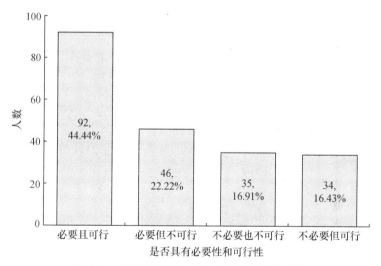

图 5.1　警察对设立未成年人侦查机构的看法

---

① 针对不同的调查对象的调查问卷中，都有这一问题："您认为，在公安机关中设立专门的机构和人员负责未成年人案件是否具有必要性和可行性？A. 必要且可行；B. 必要但不可行；C. 不必要也不可行；D. 不必要但可行"。在图 5.1、5.2、5.3 和 5.4 的标题中，为简便起见，我们只表述为"对设立未成年人侦查机构的必要性和可行性的看法"。

和 8.3% 的律师认为这种做法虽然有必要但却不可行。从调查结果来看,认为没有必要设立未成年人侦查机构的只占少数,但相对来说,警察对此问题的看法较为消极,大约 1/3 的警察认为没有必要建立专门的未成年人侦查机构。

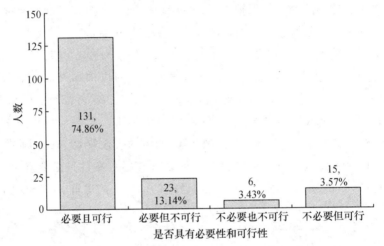

图 5.2 检察官对设立未成年人侦查机构的看法

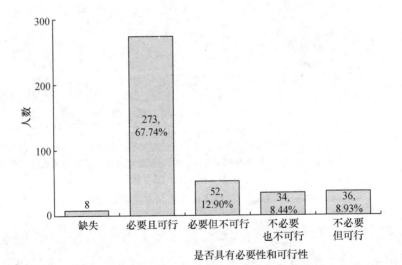

图 5.3 法官对设立未成年人侦查机构的看法

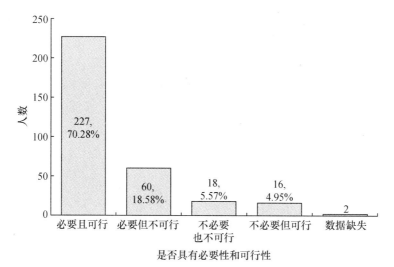

图 5.4 公众对设立未成年人侦查机构的看法

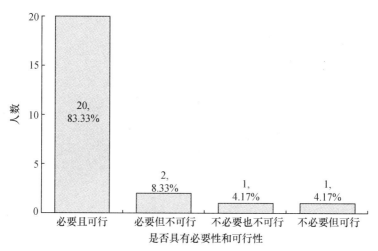

图 5.5 律师对设立未成年人侦查机构的看法

三、我国少年警察职责的确定

建立我国未成年人侦查机构的核心是少年警察职责的确定。办理未成年人违法犯罪案件无疑是少年警察职责的重要内容之一,但如果将少年警察的职责仅定位于此,并不能充分实现对未成年人的教育、保护与挽救,也不能实现设立少年警察制度的目的。从未成年人侦查机构设立的可行性来看,其职责范围也不能仅局限于办理未成年人刑事案件。尽管现在的未成年人犯罪案件逐年上升,但具体到县级公安局,如果设立专门的未成年人侦查机构或者工作小组来专门办理未成年人刑事案件,则面临着案件不足的问题,这反而会阻碍、影响未成年人侦查机构的设立。目前,全国绝大部分公安机关都面临着警力严重不足的问题,在这种背景之下,如果新设立的机构或者专门人员不能充分发挥作用,那么,其设立的可能性就值得质疑。在这方面,我国少年法庭曾经走过的发展道路和经验教训具有很强的借鉴意义。我国某些地方设立的少年法庭刚开始专门办理未成年人刑事案件时,案源不足的问题很快显现出来,结果直接导致某些地方撤销了少年法庭。在后来少年法庭的改革中,某些地方开始尝试少年法庭受案范围的综合性,即不但受理未成年人刑事案件,还受理与未成年人有关的民事案件。所以,少年警察的职责必须是综合性的,不能仅仅局限于刑事案件的办理。

职责的综合性直接决定了少年警察工作对象的多样性。少年警察的重点工作对象应包括:犯罪少年、触法少年和虞犯少年。对不同的未成年人,少年警察职责的重点不同。具体分析如下:

(一)办理未成年人犯罪案件中少年警察的职责

未成年人犯罪案件是指已达刑事责任年龄的未成年人实施的违反刑法的犯罪行为案件。根据我国现行法律的规定,少年警察在办理未成年人犯罪案件时,要比办理成年人违法犯罪案件承担更多的职责,如必须坚持教育为主、惩罚为辅的原则,坚持教育、感化、挽救的方针,采取不同于成年人的讯问方式等。少年警察在办理未成年人刑事案件的过程中,必须考虑到未成年人的特性,特别是要注意不要被外人所知,调查的时候也要注意言行温和并抱有理解的态度,努力做到不伤害未成年人的心情。另外,在传唤未成年人进行询问的时候,应该联系该未成年人的监护人或者其他合适的成年人;要尽量避免使用不必要的可能使其产生紧张或不安的言行;除非是在不得已的情况下,要尽量避免在夜间传唤询问、长时间的询问以及在可能被外人所知的场合进行的询问。另外,少年警察在办理未成年人犯罪案件时,还必须要履行全面调查职责。全面调查的具体内容将在本书第六章详细阐述。

（二）办理未成年人触法案件中少年警察的职责

未成年人触法案件是指未达刑事责任年龄的未成年人实施的违反刑法规定的案件。在未成年人法律体系比较发达的国家和地区，如日本、台湾地区，其《少年法》、《少年事件处理法》等法律中对未成年人触法案件的处理都有详细的规定。我国目前的法律只注重对犯罪少年的处理，对于触法少年的处分形式、处分程序，相关法律的规定都很简单，甚至没有规定。只有《刑法》第17条规定，因不满16周岁不予刑事处罚的，责令他的家长或者监护人加以管教；在必要时，也可以由政府收容教养。在司法实践中，未成年人触法案件的处理机关主要是公安机关，但由于法律规定的缺失，公安机关对此类案件应当如何处理，有哪些职责，都不明确。本书认为，我国有必要制定专门的《未成年人法》，其中应当对少年警察在办理未成年人触法案件中的职责作出明确规定，包括：对未达刑事责任年龄的未成年人实施的违反刑法的行为，少年警察在认为必要时可以对案件进行调查，并可以传唤未成年人、监护人或者他人进行询问，但是，调查的实施要充分考虑对未成年人的保护，在查明案件真相的基础上，以有助于未成年人的健康成长为目的而进行。

（三）办理虞犯少年工作中少年警察的职责

虞犯少年，是指其性格和生活环境决定将来可能犯罪和触犯法律的少年。如无正当理由逃避家庭，与有犯罪可能性的人和不道德的人交际，出入不良场所的少年等。我国现行法律制度中尚无虞犯少年的概念，我国《预防未成年人犯罪法》第14条规定的未成年人不良行为类型及内容中有部分属于虞犯少年的范围，如旷课、夜不归宿；进入法律、法规规定未成年人不适宜进入的营业性歌舞厅等场所等。对虞犯少年规定专门的处理程序是对有违法犯罪倾向的未成年人进行早期矫正教育和采取保护措施的制度保障，是预防未成年人犯罪的重要制度和措施。在我国，由于缺乏相关的法律制度和专门的警力，警察在虞犯少年的发现、保护和处理方面都没有发挥应有的作用，因此，在专门的《未成年人法》中也应明确规定虞犯少年案件的范围和少年警察处理此类案件的具体职责。其中，少年警察的职责应当包括：对虞犯少年进行教育或者提出建议以防止以后可能的犯罪行为，必要的时候可以联系监护人；与相关部门、团体和志愿者合作，对虞犯少年及时进行有效的辅导等。

四、我国未成年人侦查机构的构建

（一）机构设置

专门的未成年人侦查机构可以考虑只设在县级公安机关，这是因为县级公安机关是办理未成年人案件、保护未成年人合法权益的主要机关，而地市以上的公安机关对于未成年人案件的办理主要起指导作用，没有必要设立专门的未成年人侦查机构。至于公安派出所，可以根据辖区内少年案件的数量，指定一名以上的警察专门办理未成年人案件，履行预防与惩治未成年人违法犯罪、保护未成年人合法权益的职责。

（二）职责设置

如前文所述，未成年人侦查机构的职责应当是综合性的，不仅负责未成年人案件的侦查，还要执行保护少年合法权益的职能，将预防、惩治、保护紧密结合起来。

（三）人员配备

少年警察应当具有法学、心理学、犯罪学、教育学、社会学等专业知识，只有这样才能很好地完成其职责，这也是少年警察制度比较完善的国家和地区对少年警察的要求。如美国的少年警察往往是多面手，有文体特长，对未成年人有吸引力；有时是严厉的执法者，将未成年犯罪人及不良少年绳之以法；有时又是法律顾问和宣传员，向未成年人提供法律援助，讲授法律常识；有时是排忧解难的社会工作者，帮助有问题有困难的学生应付各种社会压力，减轻他们的负担；有时还是体育教练，组织在街上闲逛、四处惹是生非的年轻人一起打篮球、踢足球，开展有益健康、促进友谊的各项文体活动。[①] 在日本，少年警察需要掌握一定的心理学知识和技能以适应工作，因此，他们常常被称为"少年辅导员"。

根据少年警察的工作职责，有必要配备适量的女性警察和年龄较大、有丰富社会经验的警察。派出所的社区民警虽然不是专门的少年警察，但由于其与社区少年的联系紧密性，也有必要接受与办理少年事务有关的专业知识训练。

---

① 张中剑等：《少年法研究》，人民法院出版社2005年版，第353—354页。

第二节 起诉机构

起诉是办理未成年人刑事案件中的一个重要环节。目前我国学术界与实务界对具体起诉制度,如暂缓起诉、分案起诉等已经进行了许多的探讨与研究,但对于未成年人起诉机构的设置、职责等内容却重视不够。相关的研究也往往对有关地方性实践进行介绍与分析,或者是对未成年人起诉机构进行纯粹的理论分析。本节将在对175名检察官、403名法官、24名律师及323名社会公众的问卷调查①基础上,借鉴国外的经验,对起诉机构的现状及完善等问题进行探讨。

对检察官的调查,在北京、河南、山东、黑龙江、河北、湖南、甘肃等7个省市进行,共选取175名从事或曾从事未成年人案件起诉的检察官进行了问卷调查。调查的内容除了包括检察官所在检察院专门未成年人检察机构的设置情况外,还包括检察官对我国未成年人刑事司法制度的整体认识、检察官所在检察院办理未成年人案件的基本情况(包括分案办理制度、暂缓起诉制度等的适用情况)以及检察官对审判制度(如简易审判、圆桌审判等)、非监禁措施和前科消灭制度等问题的认知与态度等。

一、境外未成年人起诉机构概况

在不同的国家,未成年人起诉机关有不同的组织形式、职权内容,体现出各国未成年人司法体制的不同特色。

在日本,家庭裁判所(家庭法院)享有对案件的先议权,起诉机关在处理未成年人案件中的权力和作用受到了很大的限制。所谓先议权,是指案件在没有公诉之前由家庭裁判所先行评议后,认为有必要追究刑事责任的才"逆送"起诉机关,由起诉机关按照一般的刑事诉讼程序向普通刑事法庭提起公诉。只是在最近几年,日本的未成年人司法制度刑事主义加强,起诉机

---

① 有关律师及社会公众的问卷调查的基本情况,见本章第一节说明;有关法官的问卷调查的基本情况,见本章第三节的说明。

构的地位才有所提升。①

在德国的未成年人司法体制中,法院处于核心的地位。尽管检察机关自始至终参与案件的处理,但是检察机关的机构设置、案件受理范围、诉讼措施与进程的发展等都受到法官的制约。但这并不意味着,作为起诉机关的检察院在未成年人司法中是完全被动的。事实上,属于少年法院管辖的案件都需要有教育能力和经验的检察官参与,而且在诉讼中享有相当的自由裁量的权利。例如,根据《少年法院法》的规定:如果具备《刑事诉讼法》第153条规定的先决条件,检察官可不经过法官同意就免于起诉;如果已经执行教育处分,检察官认为法官已经没有必要再科处刑罚的,也可以免于追诉。可以对违法少年命令教育处分,比如与被害人和解;如果被告人对其违法行为供认不讳,且检察官认为没有起诉必要时,可以建议法官给予训诫或者指示,或者通过法官规定义务。少年法官接受建议的,则检察官免于追诉;在给与指示或规定义务时,只有当少年接受时,才可以免于追诉。也就是说,检察机关在行使自己审查起诉的职权时,从有利少年教育和诉讼经济的角度出发,可以终止未成年人司法程序,使未成年人免于刑罚惩罚;德国的刑罚理念向来不相信短期自由刑在犯罪特殊预防中所起的作用,这也为检察官在未成年人司法中运用起诉裁量权提供了另外一个依据。②

美国的未成年人起诉工作是由检察机关负责的。美国的检察机关与司法行政不分,检察官受司法部领导,配属于各级法院,因此美国的检察机关实际上是行政机关。其少年检察的主要机关设在县一级地方检察署,承担着绝对多数少年案件的起诉工作。以德克萨斯州登敦县为例,该县设有登敦县刑事地方检察署。该署设有上诉科、儿童虐待起诉科、民事科、家事科、重罪审判科、微罪科、收案科、调查科、特殊犯罪科、被害人援助等科室,其中家事科又分为家庭暴力民事组、家庭暴力刑事组以及少年组。③ 在美国,少年检察机关享有较大的权力。少年法庭的受理官在接受控告之后,首先要决定法庭对此案是否有管辖权,在管辖不明确时,一定要征求检察官的意见,然后进行询问和调查,确定案件是交警察机关调处、送社会机构通过非

---

① 参见黄荣康、邬耀广:《少年法研究》,人民法院出版社2005年版,第356页。
② 参见樊荣庆:《德国少年司法制度研究》,载《青少年犯罪问题》2007年第3期。
③ 张鸿巍:《少年司法通论》,人民法院出版社2008年版,第317页。

司法程序解决还是送交少年法庭进行审理。①有些州还规定,检察机关有权力决定将犯罪的少年交由成年人法庭审理还是由少年法庭审理。②

二、我国未成年人起诉机构的现状

由于各地未成年人起诉工作的实际情况各不相同,我国未成年人起诉机关的设置也不可避免地带有地方性和不均衡性的特征。

1. 地方性。为了贯彻设立未成年人起诉机关的法律规定,各地检察院结合本地的实际情况设立了颇有地方特色的起诉机构。例如,南京市检察机关的少年检察机构采取的是成立未成年人犯罪案件检察科(室)的模式。2001年,南京市政法委在案件的管辖上又进行调整,全市的少年检察机构的工作内容又有几种不同的形式:(1)鼓楼区检察院除办理本区的未成年人批捕、起诉刑事案件,还办理建邺区、下关区未成年人起诉的刑事案件;(2)秦淮区检察院除办理本区的未成年人批捕、起诉刑事案件,还办理白下、雨花区未成年人批捕、起诉刑事案件;(3)玄武、浦口区检察院办理本区的未成年人批捕、起诉刑事案件;(4)建邺区、下关区只办理本区的未成年人批捕刑事案件;(5)白下区、雨花区检察院就不办理未成年人案件。③在上海市,长宁区人民检察院在起诉科内率先成立了全市检察系统第一个未成年人刑事案件起诉组。1992年5月,上海市虹口区率先在上海市成立了独立建制的检察部门(集批捕、起诉、监所三大业务于一身),得到了上海市人大常委会的肯定,而且在修改《上海市青少年保护条例》时,把检察机关成立未成年人检察科作为一项内容规定下来。1993年、1994年浦东新区、南汇区等区县也陆续设立了未检科。④之后,上海市各基层检察院基本都设立了未检科,专门负责以未成年人为犯罪嫌疑人或者被告人的刑事案件的批捕、审查起诉、出庭支持公诉以及监所检察工作。上海市检察院第一分院

---

① 田向红:《美国少年司法制度介评》,载《人民检察》2007年第7期。
② 〔美〕詹姆斯·B.杰克布斯:《美国少年司法状况报告》,时延安译,载《法学家》2006年第6期。
③ 徐志森、孙利平:《完善少年检察机构和工作制度的实践和建议》,载《青少年犯罪问题》2004年第1期。
④ 成培:《未成年人刑事检察机构的设置》,载杨安定主编:《跨世纪的青少年保护》,上海教育出版社1997年版,第166页。

和第二分院也设立了专门的科室,负责未成年人刑事案件的上诉和抗诉工作;上海市人民检察院也相应设立了"少年刑检工作指导科",负责上海市少检工作的指导。① 这些未成年人起诉机构虽然具有地方特色,照顾了本地的实际情况,但也存在着机构模式和职能多样化,起诉工作无法规范地开展等不足之处。

2. 不均衡性。根据我国《刑事诉讼法》的规定,起诉工作是由检察机构负责的。目前的未成年人检察机构均属于检察机关的内部部门,其主要包括三种类别:一是独立建制的少年检察机构,包括科级、处级两个级别,名称不统一,有的称为少年检察科(处),有的称为少年刑事起诉科,有的称为少年刑事检察科(处),等等;二是依附于普通检察机构中,具有半独立性的少年检察组,其名称也不统一;三是少年检察员,即在不具备建立独立或半独立少年检察机构的地方,确定至少一两名少年检察员专门办理少年犯罪案件。②

课题组对上述三类未成年人检察机构在实践中的设置情况进行了调查,如表5.5所示,在175名检察官中,共有9.1%的检察官所在检察院设立了专门的少年检察机构;14.3%的检察官所在检察院设立了少年检察小组;而41.1%的检察官所在的检察院只指定专人办理未成年人案件。而对法官及公众的调查结果却如表5.3和表5.4所示,仅有19.4%的法官和20.7%的公众所在地区的检察院设置了专门的机构或指定专人办理未成年人案件。

表5.5 少年检察机构设置情况

		人数	百分比	有效百分比	累积百分比
有效值	设立了专门的少年检察机构	16	9.1	9.4	9.4
	设立了少年检察小组	25	14.3	14.7	24.1
	指定专人办理	72	41.1	42.4	66.5
	没有设立专门组织,也没有指定专门人员办理	57	32.6	33.5	100.0
	合计	170	97.1	100.0	
缺失值		5	2.9		
合计		175	100.0		

---

① 徐建主编:《青少年法学新视野》(下)中国人民公安大学出版社2005年版,第784页。
② 姚建龙:《长大成人:少年司法制度的构建》,中国人民公安大学出版社2003年版,第91页。

通过对数据的分析可以得知,各地未成年人起诉机关的发展水平很不平衡,而且整体的专业化水平不高,仍有占很大比例的地方检察院没有设立专门机构或指定专人负责未成年人的起诉工作,相关的法律规定并没有得到切实的实施。另外,起诉机构的设置与否很大程度上取决于个人因素和社会治安形势的变化,并不存在真正独立的机构,工作力量相对分散,阻碍了未成年人犯罪检察工作的进一步开展。未成年人起诉机构的专门化程度远远落后于审判机构,因此无法形成司法体制内的良性互动,不利于未成年人司法制度整体功能的发挥。

三、我国未成年人起诉机构的构建

虽然目前我国未成年人起诉机构的专门化程度较低,但是,通过对法官、社会公众及律师的问卷调查,我们发现,大部分人都认为应当在检察机关设立专门的机构和人员负责办理未成年人案件。如图 5.6 所示,67.74% 的法官认为设立专门的机构和人员来办理未成年人案件是有必要且可行的;而持相同观点的公众、律师分别占各自样本总数的 73.99% 和 66.67%(见图 5.7、5.8)。

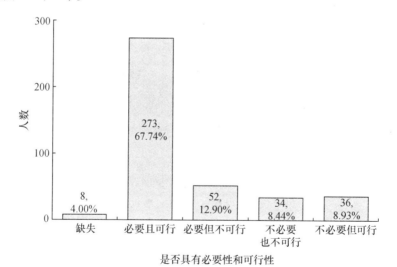

图 5.6 法官对设立未成年人检察机构的看法

从调查的情况来看,设立专门的起诉机构来办理未成年人案件,是有较

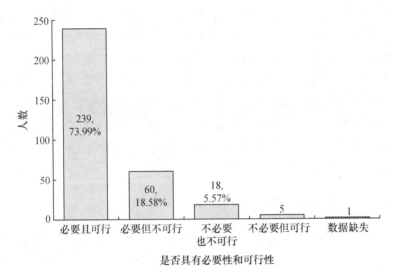

图 5.7 公众对设立未成年人检察机构的看法

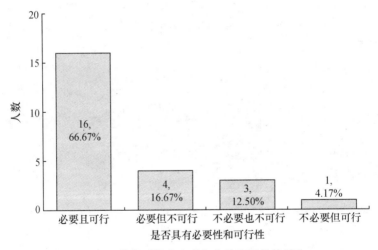

图 5.8 律师对设立未成年人检察机构的看法

广泛的社会支持的,问题的关键在于如何构建及完善未成年人起诉机构。本书认为,未成年人起诉机关的设置既要结合本地检察工作的实际情况,更要有一个明确的发展方向,未成年人起诉机关的构建与完善可以从以下几个方面着手:

1. 发展阶段化。有观点认为,未成年人起诉机构的发展一般经历以下三个阶段①:第一,在各个检察院内部指定专门负责办理未成年人案件的检察官。其设置方便、投入低,能起到未成年人起诉制度的初步作用。第二阶段可以设立专门的未成年人检察小组或者独立建制的未成年人检察机构,至于具体采取哪一种组织形式应该视该地区未成年人犯罪的案发数在全部刑事案件中所占的比重以及检察院的自身条件决定。第三,建立专门的未成年人检察院,负责一个市(含县)的所有的未成年人刑事案件的起诉工作。专门的未成年人检察院必然可以促使我国少年检察制度更加专业化,使之向高层次健康发展。

本书认为,由于目前我国未成年人起诉机关的发展水平很不平衡,机构形式也各有差别,因此,各地检察院可以在现有基础上,分阶段逐步完善起诉机构的组织形式。缺乏专门人员的检察院可以先指定一到两名检察人员专司未成年人案件的起诉工作,等条件成熟时再设立检察组;已经设立检察组的检察院可以完善本院的组织建制,设立独立建制的未成年人检察机构。至于独立的未成年人检察院,短期内还不具备现实的基础,但不妨碍各地总结经验进行探索。

2. 职能综合化。未成年人检察机构的职能范围在各地不是十分统一,有的专司少年犯罪案件起诉职能,有的还负责少年犯罪案件的审查批捕,有的集审查批捕、审查起诉、出庭公诉、检察预防、监所检察业务于一体。② 本书认为,起诉固然是检察机构的工作重心,但是审查批捕、监所检察甚至犯罪预防、综合治理等工作与起诉之间都有着密切的关联,它们共同构成了完整的少年检察工作。因此,实现未成年人检察机构职能的综合化,不仅可以避免重复劳动,提高诉讼效率,而且也突出了未成年人检察机构的特殊地位,实现了未成年人刑事案件处理的特殊化,以更好地维护未成年人的合法权益。

3. 人员专业化。无论是国际公约还是国内法律都对未成年人检察机构的工作人员提出了较为具体的素质要求。如《刑事司法系统中的儿童问题行动指南》第 24 条要求:"与刑事司法系统在押儿童发生联系或者负责的所有人员,都应该受到人权、公约各项原则和条款以及联合国其他少年司法

---

① 张晶、刘焱:《少年检察制度的阶段性构建与具体措施运用的探讨——结合暂缓起诉制度在少年检察中的试点》,载《安徽大学法律评论》2008 年第 1 期。

② 姚建龙:《长大成人:少年司法制度的构建》,中国人民公安大学出版社 2003 年版,第 91 页。

标准和规范的教育和培训,作为其培训方案的一个组成部分。"《人民检察院办理未成年人刑事案件的规定》第 5 条也规定:"……未成年人刑事案件一般应该有熟悉未成年人身心发展特点,善于做未成年人思想教育工作的检查人员办理。"未成年人检察机构的工作人员既需要法律专业的知识,更应该了解涉案少年的犯罪特点和其身心特征,掌握未成年人刑事检察工作的客观规律。这就需要建立未成年人刑事检察人员的专业资格制度,实现人员配置的专业化:一方面加强对未成年人检察人员的业务培训,使其全面掌握未成年人检察知识,培养一支未成年人检察专门人才;另一方面,试行未成年人刑事检察专业考核机制,使有志于从事未成年人刑事检察工作的人员在实践中深入地探索和研究,不断完善新形势下未成年人刑事检察工作,提高业务水平。① 另外,由于女性特有的温柔、细心、体贴及母爱的天性,再加上刚柔相济的女检察官气质,使得女检察官成为教育、感化、挽救失足少年的最佳人选。由女检察官承办未成年人刑事案件,可以使案件的审理和对未成年人的教育更有效地展开。

第三节 审判机构

审判机构是未成年人司法机构中的核心组成部分。未成年人审判机构在我国有着重要而特殊的意义,一直以来,我国未成年人司法制度改革的路径,是"以少年审判机构改革为先导,而后再促进我国少年司法制度的发展"。② 正因为其地位的重要性,我国学术界与实务界对未成年人审判机构已经有了大量的研究与探讨,与许多研究不同的是,本节将侧重于实证研究,即主要针对课题组对 403 名法官和 323 名社会公众的实证调查所获得的数据,具体分析我国未成年人审判机构的现状、问题及发展趋势。

对 323 名社会公众的调查的基本情况,本章第一节已有说明,本节涉及的内容主要是社会公众对审判机构改革的方向和态度。对于法官的问卷调

---

① 徐志森、孙利平:《完善少年检察机构和工作制度的实践和建议》,载《青少年犯罪问题》2004 年第 1 期。
② 姚建龙:《长大成人:少年司法制度的建构》,中国人民公安大学出版社 2003 年版,第 246 页。

查,主要在河北省、河南省、陕西省和四川省进行,课题组分别在这四个省份选取了一定数量的法院,将这些法院审理未成年人案件的全部法官作为对象进行问卷调查,共收回有效问卷403份。问卷中除了涉及法官的基本情况和法官对未成年人审判机构改革方向的态度外,还包括法官适用相关制度的基本情况以及法官对司法制度现状与改革方向的认识与态度。接受调查的法官的基本情况如下:

1. 性别。在接受调查的法官中,男性法官共233名(占总数的57.8%),女性法官共168名(占总数的41.7%),缺失数据有2份。

2. 法官的工作年限。在接受本项调查的403个法官中,约有半数法官从事审判工作的年限在1到5年之间,有35%的法官从事审判工作的年限在6年或者6年以上,只有12.9%的法官从事审判工作不足1年的时间。可见,本项调查中的法官工作年限的分布较为广泛,而且多数法官已经有多年的审判工作经验,对于少年司法的现状及改革有着深刻的认识,因此他们的观点具有代表性。

3. 法官审理案件类型。调查结果显示,只负责审理少年刑事案件的法官有203位,占样本总数的50.4%;负责审理少年刑事案件以及普通刑事案件的法官有121位,占样本总数的30.0%;负责审理少年刑事、少年民事案件以及少年行政案件的法官有62位,占样本总数的15.4%;另外还有2.7%的样本负责审理少年民事案件和普通民事案件,1.5%的样本只负责审理少年民事案件。这一结果一方面反映出我国目前少年审判机构多样化的现状,既有专门审理未成年人刑事案件的少年法庭,也有审理包括刑事、民事以及行政案件在内的所有涉少案件的综合审判庭;另一方面,也说明调查的样本具有广泛的代表性,调查的对象来自各种审判机构,同时又都具有少年案件的审判经验。

一、境外未成人审判机构概况

(一)德国少年法庭

1. 少年法庭的三种形态

根据德国有关法律,德国的法院组织,分为区法院、参审法院、地方法院、陪审法院、劳动法院、行政法院、高等法院、联邦法院与宪法法院等。而负责审理少年及未成年人的犯罪案件的少年法庭,并不是一个专门的独立的法院,但它独立于普通刑事法庭。根据少年法院法,德国的少年法庭有三种形态①:

(1) 在区法院由刑事法官充任少年法官,即由一名少年法官审理一些轻微案件。这类似于我国的"专人办理"模式。"轻微案件"主要指只判处教育处分、惩戒措施、少年法院法允许的附加刑或吊销驾驶执照的案件。此外,少年法官没有权力判处 1 年以上的少年刑罚,也没有权力命令将犯罪少年收容于精神病院。

(2) 在参审法院设少年参审法庭,其组成人员包括一名少年法官(该名法官同时也是审判长)与两名少年参审员(男女参审员各一名)。州政府可以规定在一个初级法院成立本区数个初级法院的共同的一个少年参审法庭,这类似于我国"指定管辖"的做法。少年参审法庭审理不属于少年法官管辖的少年犯罪案件。但是由于案件情况特殊,少年参审法院可以在评审程序开始之前,依职权裁定将案件移交给少年法庭审理。也就是说,少年法院和少年法庭一审不管辖的案件,由少年参审法庭管辖。

(3) 在地方法院设少年法庭。少年法庭是严重案件的一审审判机构;同时也作为少年法官和少年法庭审理的一审案件的上诉法院。少年法庭作为一审法院,管辖的案件包括:① 依一般规定,属于参审法庭管辖的案件;② 少年法庭接受由少年参审法庭移交的案件;③ 在少年和成年人共同实施的,并由少年法院合并审理的案件中,如果按照普通法律,成年人应当由在刑事法庭管辖的,该案件也应当由少年法庭管辖。少年法庭也有两种类型:一种为"大少年法庭",由三名法官(其中一名法院担任审判长)和两名少年参审员组成;另一种为"小少年法庭",由审判长和两名参审员组成。其中,小少年法庭仅存在于上诉程序当中。

2. 少年法官及少年参审员

(1) 少年法官的选拔及其职责

州政府可以聘任一名地方法院的法官为数个初级法院的少年法官,至于少年法官所具备的资格,少年法院法只规定其要"具有教育能力及对少年

---

① 刘作揖:《少年事件处理法》,台湾三民书局 1996 年版,第 50 页。

进行教育的经验"。

少年法官总体上有两项职责:一是承担初级法院法官的职责,即对少年犯罪案件进行一审;二是承担家庭和监护法院对少年的教育任务,包括:① 以适当的措施支持少年的父母、监护人和保护人;② 采取措施,防止危害少年的事情发生。少年法院在履行职责的过程中,可以得到由少年福利局和少年帮助协会(以下将这些机构称为"少年法院辅助机构",将其工作人员称为"少年法院辅助人")的帮助。少年法院辅助人应当研究被告少年的人格、发育状况及其生活环境,并提出应采取的措施以及向少年法院提供有关教育的、社会的有帮助的观点,供少年法院参考。

（2）少年参审员的选拔

少年法并没有具体地对少年参审员提出资质上的要求,但对其的选任程序作出了具体的规定,即少年参审员由少年福利委员会推荐,并由《法院组织法》第 40 条规定的委员会选拔。

（二）日本家庭法院

日本家庭法院是独立于普通法院而存在的"专门法院"。家庭法院的特殊性,主要体现在它的案件管辖范围及人员配置两个方面。

1. 家庭法院的案件管辖范围

根据少年法及其他相关法律的规定,家庭法院有权管辖少年保护案件、危害少年福利的成年人刑事案件及家事案件。在日本儿童福利法、学校教育法等一系列与少年的福利密切相关的法律中,将危害少年福利的某些特定行为规定为犯罪行为,这些犯罪也被称为"危害少年福利犯"或"福利犯"。根据《日本少年法》第 37 条的规定,触犯《未成年人吸烟禁止法》、《未成年人饮酒禁止法》、《劳动基准法》、《儿童福利法》及《学校教育法》中的一些罪名的案件,应当由家庭法院审理,以更好地保护被害少年的健康成长。①

2. 家庭法院的人员配置②

一般来说,少年审判机构的组成人员是少年法官,但在日本家庭法院,除了家庭法院法官外,还有家庭法院调查官。这主要是因为家庭法院不仅仅要审理案件,而且还要对少年非行案件进行全面调查。

---

① 尹琳:《日本少年法研究》,中国人民公安大学出版社 2005 年版,第 186 页以下。
② 同上书,第 100、101 页。

家庭法院的法官（以下简称为"少年法官"）包括法官及候补法官两种。除了移送检察官的决定只能由法官作出以外，其他情况下，法官及候补法官的职责并没有区别。少年法官往往不专属于家庭法院，在中等以下城市的家庭法院的法官是由地方法院的法官兼任的；而只有在东京、大阪等大城市的家庭法院才有专职的少年法官。

虽然家庭法院负责少年非行案件的调查，但是这一职责并不是由少年法官进行，而是由家庭法院的调查官完成。调查官资格的授予有一套比较严格的程序：首先，专攻社会学、心理学、教育学、医学等各种人类行动的相关科学者，在公务员考试合格后可以作为家庭法院的调查官候补使用；然后在实务工作中积累作为实务工作者的经验，由家庭法院调查官研修所①进行为期两年的有关少年案件与案件处理的训练，才能被授予家庭法院调查官的资格。

二、我国未成年人审判机构的现状

我国现行法律并没有具体规定未成年人审判机构的具体形态，而仅仅简单地规定"少年法庭"及"可以根据需要设立专门机构或者指定专人办理"。这种规定虽然非常粗略，但实际上却为实际部门进行自行改革提供了法律依据，也使最高司法机关进行全国性的改革或试点有了基本的法律依据。基于这种法律体制，我国目前实践中存在着多种形态的"未成年人审判机构"。本书第三章已经对我国未成年人审判机构的建立和发展历程进行了详细回顾，本章主要对不同模式的未成年人审判机构进行归纳，并分析其主要特点。

1. 专人办理

由专人办理未成年人刑事案件，并不存在未成年人审判机构的形态。这种模式是未成年人审判机构发展过程中的初级形态，但它在一定程度上表明了未成年人案件审判人员专业化的发展趋势，为向建立专门的审判机构过渡奠定了良好的基础。

---

① 1999年，日本最高法院将调查官研修所与书记官研修所合并为"法院职员研修所"。参见尹琳：《日本少年法研究》，中国人民公安大学出版社2005年版，第102页。

2. 未成年人刑事案件合议庭

未成年人刑事案件合议庭,是我国最早出现的未成年人审判机构形态,它由上海市长宁区人民法院率先创立,因此也通常被称为"长宁模式"。这种模式的主要特点在于,合议庭设于普通的刑庭之中,负责审理未成年人刑事案件,它一般是由刑庭中指定的一名或多名熟悉少年审判工作的审判人员组成,有的少年合议庭还邀请若干特邀陪审员。它是在不增加专门法庭建制的前提下,对未成年人案件审判活动的一种内部分工。[①] 这种形态的未成年人审判机构的稳定性不强,它与上述的"由专人负责办理"的模式并没有实质的差别,只是形式上具有相对的独立性,因此目前只有不具备建立未成年人刑事审判庭条件的地方才会存在。

3. 未成年人刑事审判庭

未成年人刑事审判庭的模式同样也产生于上海市长宁区人民法院。这种形态的未成年人审判机构仍然只审理未成年人刑事案件,但是在行政上是独立建制的,它与普通的刑事审判庭是"平等"的关系,这是未成年人刑事审判庭与未成年人刑事案件合议庭最关键的区别。较之未成年人刑事案件合议庭,这种模式的审判机构更具有独立性,基本上具备了专门的未成年人审判机构的模型。但是,在司法实践中,未成年人刑事审判庭也面临着一个严重问题,即案源不足,这主要是因为少年犯罪案件在犯罪问题中所占的比例并不高。[②]

4. 未成年人案件指定管辖审判庭

未成年人案件指定管辖审判庭的模式由江苏省连云港市的新浦、海州两区基层法院创立,因此也被称为"连云港模式"。该模式的主要特点是将某地的未成年人案件通过由上级法院指定管辖,集中给若干未成年人法庭管辖,其他未成年人法庭则被撤销。大部分未成年人案件指定管辖审判庭仅管辖未成年人刑事案件,但也有将所有涉及未成年人的案件都纳入管辖范围的。[③]

---

① 张利兆主编:《未成年人犯罪刑事政策研究》,中国检察出版社2006年版,第167页。
② 参见姚建龙:《长大成人:少年司法制度的建构》,中国人民公安大学出版社2003年版,第96页。
③ 同上书,第98页。

5. 青少年刑事犯罪案件审判庭

青少年刑事犯罪案件审判庭的模式由河南省兰考县人民法院创立,被称为"兰考模式"。这种模式的主要特点在于将被告人或被害人年龄在25岁以下的刑事案件均纳入青少年刑庭的管辖范围。但是这种模式似乎没有"追随者",而且也已被兰考法院放弃,目前兰考县人民法院选择的是未成年人案件综合审判庭这一未成年人审判机构形态。[①]

6. 未成年人案件综合审判庭

未成年人案件综合审判庭的模式由江苏省常州市天宁区人民法院首创,因此也被称为"天宁模式"。这种形态的未成年人审判机构的最大特点在于它把涉及未成年人的刑事、民事、行政案件甚至经济案件都纳入未成年人法庭的管辖范围。这一模式应该说是最近几年我国未成年人司法制度改革的主要方向,2006年最高人民法院下发通知,在全国选择了17个中级法院开展未成年人案件综合审判庭的试点工作,进一步推动了这种模式的发展。

上述各种未成年人审判机构的具体形态均是在普通法院内部设立的。目前,能否设置独立于普通法院的少年法院也已成为我国理论界与实践部门讨论的一个热点问题。2001年上海市高级人民法院第一次提出设立少年法院的试点设想,2003年全国人大内司委第一次明确提出:"在有条件的大中城市中,可以开展设立少年法院试点工作。"最高人民法院"二五"改革纲要中明确要求:"完善未成年人的刑事案件和涉及未成年人权益保护的民事、行政案件的组织机构;在具备条件的大城市开展设立少年法院的试点工作,以适应未成年人司法工作的特殊需要,推动建立和完善中国特色少年司法制度。"[②]2005年,最高人民法院已着手少年法院试点工作,而且拟选取上海、广州、南京、哈尔滨等4个城市为建立少年法院的首批试点城市,但随后一段时间关于少年法院的问题又沉寂下来。[③]

---

① 资料来源:兰考县人民法院的官方网站中的"机构设置",http://lkxfy.chinacourt.org/public/detail.php? id=5,2009年10月20日访问。

② 沈德咏:《为建立和完善中国特色少年司法制度而努力——在全国部分法院少年法庭工作座谈会上的讲话》,载《山东少年审判》第1期,第8页。

③ 吴坤:《最高人民法院工作报告文件解读》,http://www.legaldaily.com.cn/zt/2005-03/10/content_194710.htm,2009年10月20日访问。

三、问卷调查结果分析

由于实践中存在着多种不同的未成年人案件的审判组织形式,论证哪种形式更适合我国的情况便成为理论界一个不可回避的任务。目前理论界对这个问题进行了许多探讨,讨论的重点是各种形态的未成年人审判机构的优缺点。为了了解人们对各种未成年人审判机构形态的态度,课题组在调查中设计了一些问题。以下是对调查结果的分析:

(一)法官职业群体对未成年人审判机构形态的倾向性

这里的"法官倾向性",是指接受调查的法官认为哪种形态的未成年人审判机构更符合我国国情。[①] 总体来看,并没有一种审判组织形式得到大部分法官的认可。其中,33.7%的法官认为设立少年法院是合适的;而25.1%的法官则认为设立少年刑庭是合适的。在课题组的问卷设计中,少年综合庭与少年法院的职能基本是一样的,所以赞成未成年人刑事与民事案件等各类案件均由一个独立审判机构审理的法官超过一半,占总数的56.58%。但同时调查的结果也显示,少年法院比少年综合庭更加受法官的"欢迎"。具体情况可见图5.9:

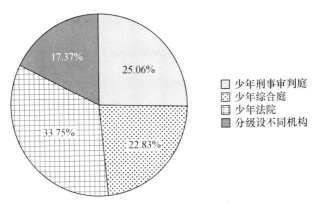

图5.9 法官对未成年人审判机构形态的倾向性

(二)社会公众对未成年人审判机构形态的倾向性

调查发现,公众对于我国应构建哪种形态的未成年人审判机构这个问题,

---

① 如无特别说明,本书的"法官倾向性"均是此意。

也存在着较大的分歧。超过 1/3(38.7%)的人认为我国应当"分级设立不同形态的少年审判机构";赞成构建"少年刑事审判庭"及"少年综合庭"的都超过了 20%;而倾向于"少年法院"的比例只有大约 17%(见图 5.10)。

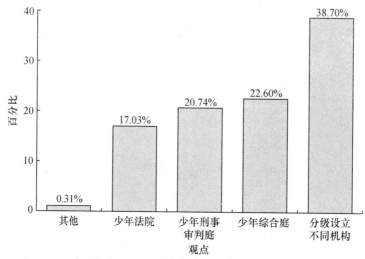

图 5.10　公众对未成年人审判机构形态的倾向性

(三)法官倾向性的相关因素分析

就调查所得数据,我们还将法官选择的未成年人审判组织形式作为"因变量",其他若干因素作为"自变量",进行了多个交互分析。通过这些分析,我们可以发现哪些因素与法官的倾向性存在关系。分析的主要结果如下:

1. 法院级别与法官倾向性的交互分析

大部分未成年人刑事案件在基层及中级法院进行审理,不同级别法院的法官,对未成年人审判机构形态的倾向性是否有不一样的特点,是我们关心的一个问题。通过交互分析发现,法官所在法院的级别与法官的倾向性有相关性(P 值为 0.025,见表 5.6)。在接受调查的基层法院法官中,有 35.9% 的法官选择了"少年法院",所占比例最高;而 26% 的法官则选择了"少年刑事审判庭",所占比例也比较高。在接受调查的中级法院法官中,有 30.3% 的法官选择了"分级设不同形态的少年审判机构"。

表5.6 法院级别与法官倾向性的交互分析[a]

			法院级别		合计
			基层法院	中级法院	
少年审判机构形态	少年刑事审判庭	人数	84	16	100
		百分比	26.0%	21.1%	25.1%
	少年综合庭	人数	75	17	92
		百分比	23.2%	22.4%	23.1%
	少年法院	人数	116	20	136
		百分比	35.9%	26.3%	34.1%
	分级设不同机构	人数	47	23	70
		百分比	14.6%	30.3%	17.5%
	其他	人数	1	0	1
		百分比	0.3%	0.0%	0.3%
合计		人数	323	76	399
		百分比	100.%	100.0%	100.0%

a. $P=0.025$；缺失数据占1%

2. 法官对未成年人司法制度现状的评价与法官倾向性的交互分析

法官对未成年人审判机构形态的倾向性，实际上是法官对未来未成年人司法制度改革的一个期待。我们认为这种期待应该与法官对未成年人司法制度现状的总体看法相关。在课题组的调查问卷中，就法官对未成年人司法制度的总体看法设计了一个题目："您认为现行未成年司法制度对未成年犯罪人的处理：A. 过于严厉，保护不足；B. 不够严厉，过于强调保护；C. 惩处与保护并重，大致平衡。"

我们以这一问题的答案为自变量，以法官对未成年人审判机构形态的倾向性为因变量，进行了交互分析。结果表明P值为"0.000"，因此二者确实具有相关性（见表5.7）。在认为现行司法制度"过于严厉，保护不足"的法官中，有42.9%认为"少年综合庭"是我国改革的方向；认为"不够严厉，过于强调保护"的法官中，有39.1%认为改革的方向应当是"少年刑事审判庭"；认为"惩处与保护并重，大致平衡"的法官中，有37.3%认为"少年法院"是改革的方向。

表 5.7　法官对现行未成年人司法制度的评价与法官倾向性的交互分析[a]

			法官对现行少年司法制度的评价			合计
			过于严厉，保护不足	不够严厉，过于强调保护	惩处与保护并重，大致平衡	
少年审判机构形态	少年刑事审判庭	人数	10	36	55	101
		百分比	17.9%	39.1%	21.8%	25.3%
	少年综合症	人数	24	18	50	92
		百分比	42.9%	19.6%	19.8%	23.0%
	少年法院	人数	15	27	94	136
		百分比	26.8%	29.3%	37.3%	34.0%
	分级设不同机构	人数	7	10	53	70
		百分比	12.5%	10.9%	21.0%	17.5%
	其他	人数	0	1	0	1
		百分比	0.0%	1.1%	0.0%	0.3%
合计		人数	56	92	252	400
		百分比	100.%	100.%	100.%	100.%

a. $P=0.000$，缺失数据占 0.7%

3. 法官对立法模式的倾向性与法官对未成年人审判机构倾向性的交互分析

法官对未成年人法律规范体系立法模式的倾向性，也是我们所关注的一个问题。课题组设计了这样一个问题："目前我国有关未成年人司法问题的规定散见于《刑法》、《未成年人保护法》、《预防未成年人犯罪法》等法律中，对此您认为：A. 维持现状就很好；B. 应制定集组织、实体、程序于一身的《少年法》；C. 应制定专门的《少年程序法》；D. 应制定专门的《少年刑法》；E. 其他。"

交互分析的结果表明，法官对立法模式的倾向性与法官对未成年人审判机构形态的倾向性之间具有相关性（P 值为 0.001；见表 5.8）。认为"维持现状就很好"的法官中，有 41.7% 选择了"少年刑事审判庭"；认为"应制定专门的《少年刑法》"的法官中，有 40% 和 30% 分别选择"少年刑事审判庭"和"少年法院"；认为"应制定专门的《少年程序法》"的法官中，选择"少年综合审判庭"和"少年法院"的均占 30.1%；而认为"应制定《少年法》"的法官中,有 40% 的选择了"少年法院"、有 24% 的选择了"少年综合庭"。

表 5.8 法官对立法模式的选择与法官倾向性的交互分析[a]

			立法模式				合计
			维持现状很好	应制定《少年法》	应制定专门的《少年程序法》	应制定专门的《少年刑法》	
少年审判机构形态	少年刑事审判庭	人数	35	32	21	12	100
		百分比	41.7%	16.0%	25.3%	40.0%	25.2%
	少年综合庭	人数	14	48	25	4	91
		百分比	16.7%	24.0%	30.1%	13.3%	22.9%
	少年法院	人数	22	80	25	9	136
		百分比	26.2%	40.0%	30.1%	30.0%	34.3%
	分级设不同机构	人数	12	40	12	5	69
		百分比	14.3%	20.0%	14.5%	16.7%	17.4%
	其他	人数	1	0	0	0	1
		百分比	1.2%	0.0%	0.0%	0.0%	0.3%
合计		人数	84	200	83	30	397
		百分比	100.0%	100.0%	100.0%	100.0%	100.0%

a. $P=0.001$,缺失数据占 1.5%。

4. 案源情况与法官倾向性的交互分析

未成年人法庭的案源情况,即受理案件的多或少,是影响未成年人审判机构改革的一个重要因素。案源情况与法官倾向性的交互分析结果也表明,二者之间存在着相关关系。如表 5.9 所示,案源很多的法院的法官中,有 33.3% 倾向于"少年刑事审判庭";所在法院的案源"一般"的法官,有 41.9% 倾向于"少年法院";而案源"很少"的法院的法官中,有 35.8% 倾向于"少年综合庭"。

表5.9 案源情况与法官倾向性的交互分析[a]

			案源情况			合计
			很多	一般	很少	
少年审判机构形态	少年刑事审判庭	人数	39	44	17	100
		百分比	33.3%	19.4%	32.1%	23.2%
	少年综合庭	人数	26	47	19	92
		百分比	22.2%	20.7%	35.8%	23.2%
	少年法院	人数	26	95	14	135
		百分比	22.2%	41.9%	26.4%	34.0%
	分级设不同机构	人数	26	40	3	69
		百分比	22.2%	17.6%	5.7%	17.4%
	其他	人数	0	1	0	1
		百分比	0.0%	0.4%	0.0%	0.3%
合计		人数	117	227	53	397
		百分比	100.0%	100.0%	100.0%	100.0%

a. $P=0.001$,缺失数据占1.5%

四、我国未成年人审判机构的完善

(一) 中外未成年人审判机构设置评析

对中外的未成年人审判机构进行比较分析的目的,不仅在于为我国改革提供一个参考模式,同时也在于揭示未成年人审判机构在不同国家为什么会有不同的形态。不同国家由于社会发展的不同,其未成年人司法机构所承担的功能并不完全一样,因此其形态也不完全相同。但无论是哪个国家,设置未成年人审判机构的一个核心原因都在于通过一个独立的机构来实现未成年人刑法(或未成年人司法)的教育目的。换句话说,未成年人刑法目的的独特性已经得到一致的认可并有了实体法的保障,但普通刑事审判机构是为了实现普遍刑法的目的而存在的,这就客观地要求有一种新型的审判机构来实现未成年人刑法的目的,未成年人审判机构就应运而生。具体来说,德国与日本的未成年人法都规定了与成人刑法中的刑罚或保安处分不一样的处分措施:在德国是教育处分、惩戒处分与少年刑罚;在日本是保护处分与少年刑罚。这些处分措施都体现了其"教育"目的而不是惩罚目的。与此同时,未成年人程序法的特别规定,也使其与普通刑事诉讼法之间存在巨大的差别。未成年人审判机构独立性、法官素质的特别要求等都是为了能够保障这些特别的处分措施、特别的程序能发挥教育的目的,从而保护少年的健康成长。也就是说,未成年人审判机构之所以独立于普通刑事审判机构,是未成年人刑法与未成年人刑事程序法从普通刑法及刑事诉讼法中独立出后的制度上的必然要求。这其实也是一个简单的逻辑要求:当未成年人刑法及未成年人程序法都从普通刑法及刑事诉讼法中独立出来时,就需要有一个不同的审判机构来适用未成年人刑法及未成年人程序法,否则就会使普通审判机构同时运行两个不同的司法制度,其职能就会变得非常混乱。

这也从另一个角度解释了中国目前未成年人审判机构改革特别是少年法院的设立为什么会面临着很大的问题。目前中国并没有独立的未成年人刑法与未成年人刑事诉讼法,有的只是成人刑法及刑事诉讼法的"减轻处罚",未成年人司法制度与成人司法制度基本上是一致的,因此从制度运行的角度来看,我国就没有办法设置另一个独立的审判机构。如果设立的话,反而可能会出现另一种混乱——两个不同的审判机构在运行"一套"司法制度。

(二)本书的主张

本书第四章已经述及,目前分散的未成年人立法模式不利于实现保护未成年人犯罪人的目标,因而主张制定一部统一的《未成年人法》。如果制定了《未成年人法》,两个不同的审判机构运行"一套"司法制度的难题就会迎刃而解,统一的未成年人法院的建立也就水到渠成。相对于其他类型的未成年人审判机构的组织形式,未成年人法院具有其独特的优势。

首先,设立未成年人法院,有利于在未成年人司法中实现司法公正,有效地保护未成年人的合法权益。目前,未成年人案件审判权由不同部门行使,容易导致执法尺度不统一,不同法院、不同法官对未成年人案件审理的程序和量刑都有所不同,在对未成年被告人教育、感化、挽救的具体做法上或者权利、义务的保护或承担上也有所不同,甚至差别很大,极易造成执法尺度的不统一。[①] 未成年人法院的建立可以使未成年人案件集中审理,在一定程度上统一了量刑标准,有利于实现司法公正,更好地保障未成年人的合法权益。

---

① 北京市高级人民法院课题组:《完善少年审判制度相关问题研究》,载《法律适用》2007年第8期。

其次，设立未成年人法院，有利于实现对不良行为未成年人的全面科学干预。在未成年人司法问题上，国家贯彻的是"国家亲权"观念，在这种观念指导之下，法院不再是一般审判中的那种"不告不理"、"居中裁判"的利益无涉者的角色，而是将对未成年人管理、监督、教育、惩治和矫正等方面的权利视为国家应尽的监护义务，因此，设立统一的未成年人法院可以将刑罚之外的民事、行政、保护处分等方面的措施和权限全面赋予其行使，更好地履行对未成年人教育、感化、挽救的职能。①

再次，设立未成年人法院，有利于未成年人审判队伍的稳定，提高未成年人案件的办案质量和执法水平。设立未成年人法院可以使审判人员更趋于集中，保障审判机构和审判人员的稳定，还可以更好地总结审判经验，及时发现和掌握一个时期、一个地区未成年人案件变化的特点和规律，从而及时、有效地采取相应措施。②

最后，设立未成年人法院，有利于我国统一、完善的未成年人司法制度的建立。建立统一的未成年人审判组织形式是统一的未成年人司法制度的应有之义。未成年人法院的建立涉及人员配备、机构建制、相关法律依据的完善等多方面的内容，不可能一蹴而就，而是要经过长时间的探索，不断积累经验，待我国未成年人司法中的其他相关配套制度已经较为完善时才能进行。可以说，未成年人法院的建立是我国未成年人司法改革中的高级阶段，也是我国完善的未成年人司法制度形成的初步标志。

因此，本书主张，在当前我国未成年人审判机构多元化发展的总体形势下，应积极探索在一些中心城市设立未成年人法院，不断积累经验，待条件成熟时在全国范围内推广。对我国未成年人法院模式的具体设想如下：

1. 未成年人法院的建制模式。未成年人法院的设置可以打破行政区划的界限，在一个地级市内，根据该地区的人口数量和分布状况，设置若干个未成年人法院。未成年人法院在级别上属于基层法院，未成年人案件的终审权归属于该地区的中级法院。在管辖上，该地区的未成年人案件由中级法院统一指定管辖。

2. 未成年人法院的受案范围。未成年人法院应受理所有涉及未成年

---

① 赵星：《设立未成年人法院的必要性、可行性及其方法》，载《法学论坛》2008 年第 5 期。
② 李璞荣：《论我国建立少年法院的必要性和可行性》，载《青少年犯罪问题》2001 年第 5 期。

人的案件,既包括刑事案件,也包括民事案件和行政案件。除此之外,还应包括未成年人实施不良行为的案件及不满14周岁的未成年人实施的触犯刑法但尚不构成犯罪的案件。

3. 未成年人法院内部应分设刑事案件审判庭、民事案件审判庭、行政案件审判庭、观护案件审判庭等,分别受理未成年人犯罪案件、涉及未成年人的民事案件、涉及未成年人的行政案件以及未成年人实施不良行为和尚不构成犯罪的违法行为案件。在审理程序上,也应在将来的《未成年人法》中规定适用不同的程序,并根据不同情况分别适用刑罚、民事制裁、行政处罚、保护处分等不同措施。

第四节 矫正机构

在世界上大多数国家,未成年人司法制度与成人司法制度的最初分离都始于收容矫正违法犯罪未成年人的专门机构的建立。[①] 我国也不例外,早在1954年9月,《中华人民共和国劳动改造条例》就规定了将成年人与未成年人分别关押、改造的制度。除了对未成年犯罪人进行矫正的专门机构外,我国也逐渐建立起对实施违法或不良行为的未成年人进行矫正的机构,如工读学校、少年教养院等。近年来,随着社区矫正的试点,学术界与实务界对社区矫正机构的研究也有了很大的进展。本节将在借鉴国外经验的基础上,分析我国目前有关矫正机构的状况,指出其中存在的问题,并提出相关的建议。

一、境外未成年人矫正机构概况

在美国,治理未成年人犯罪活动一般采取社区矫正和专门矫正机构相结合的办法。对一般的问题少年和犯罪少年,以社区帮教为主。而对有一定危险性的不适合在社区进行帮教的,则进入专门的矫正机构。其中,社区矫治是指将犯罪未成年人置于社区内进行教育改造的一种非监禁性刑罚执

---

① 姚建龙:《长大成人:少年司法制度的构建》,中国人民公安大学出版社2003年版,第104页。

行方式,是预防和控制未成年人犯罪的主要措施。美国大部分州均设有矫正局,负责各州的监狱和社区矫正的管理。社区矫正制度的基本内容有审前释放、缓刑和重归社会方案,并针对不同情况灵活运用各种方式。美国的专门矫正机构有多种形式,其中训练学校是一种主要形式,类似于我国的未成年犯管教所。训练学校以安全等级进行分类,一般分为最低、中等、最高三种类型。最低安全等级一般是在牧场、农场和森林营地建立的训练学校,主要接受犯罪情节轻微者,包括初犯、从犯、情形犯、过失犯以及精神和智力有缺陷者。中等和最高安全警戒训练学校的设计有所不同,有的设有单人监房,有的是集体宿舍,有的是类似家庭氛围的单幢住所。最低安全等级训练学校没有围墙或铁丝网等安全设施,而中等和最高安全警戒训练学校一般设有铁丝网篱笆,甚至是围墙,对个人有较严格的限制。[①]

在日本,未成年人矫正机构包括保护处分的执行机构及少年监狱。前者包括保护观察所、儿童自立支援设施和儿童养护设施、移送少年院三种。保护观察是指将少年置于家庭或工作场所,予以指导监督及辅导援助。保护观察所就是负责具体的监督及辅导工作的机构。其人员配置上主要是所长及保护观察官,还包括兼职的、不领薪水的保护司。在通常情况下,保护观察官作为主任官,而保护司则作为实际工作的承担者,负责少年的指导监督、辅导援助事务。儿童自立支援设施与养护设施是根据儿童福利法而设置的两个设施。其中自立支援设施属于开放性的收容设施,其收容对象包括有不良行为或者有可能实施不良行为的不满18周岁的儿童,其收容目的在于对儿童教养,改善其性格倾向,成为健全的一员回归社会,其矫正的基本方法是提供生活指导、课程指导及指导。儿童养护设施大多属于私立设施,负责收容没有保护人、被虐待及其他在环境上需要抚育的儿童。[②] 少年院是监禁性的收容设施,其目的是对少年实施矫正教育,而收容的对象包括部分被实施保护处分的少年及部分被判处刑罚的少年(《少年院法》第一条[③])。少年院分为初等少年院、中等少年院、特别少年院及医疗少年院。

[①] 参见〔美〕约翰·杰克逊:《美国犯罪青少年的矫治》,李志红译,载《青少年研究》2007年第3期。

[②] 尹琳:《日本少年法研究》,中国人民公安大学出版社2005年版,第104—171页。

[③] 《少年院法》的内容,均参见孙云晓、张美英主编:《当代未成年人法律译丛(日本卷)》,中国检察出版社2006年版,第196页以下。

初等少年院收容身心没有明显障碍、年满14周岁而不满16周岁的少年;中等少年院收容身心没有明显障碍、年满16周岁而不满20周岁的少年;特别少年院收容身心没有明显障碍、但犯罪倾向极强,年满16周岁而不满23周岁的青少年,但也可以收容不满16周岁但被判处刑罚的少年;医疗少年院则收容身心有明显障碍、年满14周岁而不满26周岁的青少年(《少年院法》第二条)。少年监狱则是专门执行少年刑罚,包括徒刑及监禁的机构。少年监狱原则上只收容不满20周岁的少年,但在收容过程中年满20周岁的,可以收容至26周岁,以免移送成人监狱后处遇效果被削减。①

二、我国未成年人矫正机构现状

以矫正对象为标准,可以将我国未成年人矫正机构分为两类:第一类是专门矫正未成年犯的机构,另一类则是专门矫正实施了严重不良行为的未成年人的机构。前者也包括两种类型:一种是监禁刑的矫正机构,另一种是非监禁刑的矫正机构。监禁刑的矫正机构是指未成年犯管教所;非监禁刑的矫正机构主要是指社区矫正机构。对实施了严重不良行为的未成年人进行矫治,是我国预防未成年人犯罪法的一个重要内容,涉及的矫正机构包括工读学校、收容教养机构及劳动教养机构等。在实践中,还有一些机构既是矫正未成年犯的机构,也是矫正实施严重不良行为未成年人的机构,典型的例子就是"社会帮教组织"。在下文我们将主要讨论这些机构本身的问题,而有关的矫正制度的问题则在本书的第九章与第十章等部分加以讨论。

(一)未成年犯管教所的现状及存在的问题

《监狱法》第74条规定:"对未成年犯应当在未成年犯管教所执行刑罚。"这是我国未成年犯管教所设立的法律依据。据此,司法部在《未成年犯管教所管理规定》第8条规定:"各省、自治区、直辖市根据需要设置未成年犯管教所,由司法部批准。"目前我国的未成年犯管教所基本上一个省(自治区、直辖市)设置一所。虽然未成年犯管教所最早在我国未成年人司法机构领域中实现了"独立化",但目前该机构的设置仍存在不少问题,最突出的问题是没有设置不同的内部机构(或"监区")来实现分类管理。虽然《监狱

---

① 尹琳:《日本少年法研究》,中国人民公安大学出版社2005年版,第184页。

法》第 39 条规定,"监狱根据罪犯的犯罪类型、刑罚种类、刑期、改造表现等情况,对罪犯实行分别关押,采取不同方式管理",但是《未成年犯管教所管理规定》并没有就未成年犯管教所内如何实现"分别关押"作出规定。同时,对于身心发展出现问题、犯罪倾向性较大以及在服刑过程中年满 18 周岁但仍然在未成年犯管教所服刑的受刑人,应当有特别的收容场所。

(二) 社区矫正机构的现状及存在的问题

2003 年,我国开始社区矫正的试点工作,目前已初步建立起一套社区矫正工作制度。社区矫正的顺利运行,固然有赖于一套科学、完整的规则体系,但"徒法不足以自行",法的运行需要有完善的组织机构、需要人力资源和物质资源的有机结合。令人遗憾的是,在我国当前的社区矫正试点中,支撑社区矫正法律运行的能量并不充足,而缺乏专门的社区矫正执行机构,更是成为影响社区矫正效果的直接因素。虽然为了确保社区矫正的顺利进行,各试点省市在社区矫正组织体系方面都进行了积极探索,初步形成了司法行政机关具体负责,公安、法院、检察院、民政、劳动和社会保障等相关部门协作配合的矫正工作格局,并在具体运行过程中,初步建立了专业矫正力量与社会矫正力量相结合的矫正工作队伍。但由于诸种原因,我国由司法行政、公安、劳动和社会保障、社区民间组织等构成的社区矫正组织网络运行效率低下,从而影响了社区矫正的效果。

在社区矫正实践中,司法行政机关具体承担着矫正对象监督管理、教育矫正的任务,但却没有相应的刑罚执行权,只是作为工作主体而存在。而从现行刑法和刑诉法的规定来看,在目前社区矫正对象的刑罚执行中,公安机关处于核心的地位。这种双主体的运作模式虽然维护了现行法律的权威,但却将司法行政机关处于极其尴尬的地位。其在实际工作中承担着大量具体的工作,在实施监管措施时,却缺乏有效的强制管理手段。有学者对北京市 962 名社区矫正干警的问卷调查显示,有 98.4% 的人表达了对社区矫正规范化、法律化、制度化的强烈愿望,其具体要求为:(1) 明确社区矫正的性质与定位;(2) 具体规范社区矫正各部门的权责及相互配合的关系;(3) 详细规定干警与矫正对象的权利与义务;(4) 对社区矫正的程序问题予以明确与规范。① 可见,社区矫正组织机构建设已成为社区矫正基层工作者最为迫切的要求。

《联合国少年司法最低限度标准规则》第2.3条规定:"应努力在每个国家司法管辖范围内制定一套适用于少年犯的法律、规则和规定,并建立授权实施少年司法的机构和机关。"可见,建立专门的未成年人社区矫正机构,已成为国际社会通行的要求。但由于我国社区矫正的"先天不足",从而导致未成年人社区矫正机构建设步履维艰。在当前的社区矫正中,虽然对未成年人予以了特殊保护,但并未配备专门的管理人员,而且由于当前社区矫正中"执行主体"与"工作主题"的二元分离状态,司法行政机关处于极其尴尬的地位,一些矫正措施很难实施,一定程度上影响了矫正效果。

(三) 未成年人教养机构

未成年人教养机构(以下为论述简便,简称为"少年教养所")收容的对象是被劳动教养以及被收容教养的未成年人,虽然它不属于刑罚的执行机构,但它却属于监禁性的收容措施。目前少年教养所设置的法律依据只是司法部劳教局于1999年12月公布的《少年教养工作管理办法(试行)》。这也是目前未成年人教养机构存在的一个重要问题,即合法性问题——作为一个剥夺未成年人人身自由的机构,其设置根据竟然只有一个试行的部门规章。此外,将未成年人教养机构设置为一个监禁性的机构,也存在问题。如对于由政府收容的未成年人,一般是由于家长无法管教才由政府收容的,因此,未成年人教养机构在此就相当于一个替代的监护人,对未成年人进行管教。家长对未成年人"严加管教"并不等于把未成年人"监禁"在家,同理,作为"替代监护人",未成年人教养机构也并不必然要对未成年人进行监禁式的教育。

(四) 工读学校

工读学校,是比较具有中国本土特色的矫正机构。最早对工读学校进行规范的法律文件是1987年的《国家教育委员会、公安部、共青团中央关于办好工读学校的几点意见》。而《未成年人保护法》和《预防未成年人犯罪法》对工读学校都有所涉及,但只是对工读教育制度本身做一些原则性的规

---

① 王顺安:《社区矫正理论研究》,中国政法大学2007年博士论文,第192页。

定,而并没有就工读学校这一机构本身的设置问题作出规定。

工读学校的招生对象主要是实施了《预防未成年人犯罪法》中"严重不良行为"的未成年人,其招生一般以家长自愿为主。工读学校虽然是一所"学校",但是它本身具有的矫正机构的性质使工读教育带有一定的"标签效应",即在其中学习的未成年人易被社会认为是"坏孩子"而受歧视。这种自愿性与标签效应的矛盾,使实践中不少工读学校面临招生不足的问题。如何解决这一问题,关系到工读学校是否继续存在以及如何存在。

（五）小结

相对于我国未成年人司法制度其他领域的组织机构,未成年人矫正机构建立的时间是最早的。但与国外一些国家相比,我国比较重视的矫正机构都是一些"监禁性"的机构。这里的监禁性,指的并不是"监禁刑",而是指对未成年人自由的剥夺。社区矫正机构以及其他非监禁性机构的建设,目前受到的重视并不够。另外,我国虽然已经成立了一些儿童福利机构,可以对权益受到侵害的未成年人进行教育、保护,但这些机构多属于民政系统,还没有纳入未成年人司法制度的体系。在此方面,日本的做法值得我们学习。日本的保护观察所、儿童自立支援机构和儿童养护机构以及少年院分别是非收容性的机构（类似于社区矫正机构）、开放性的收容机构和监禁性的收容机构。可见日本的少年矫正系统包括从开放到封闭、从宽到严的三个层次的机构,这就比较好地满足了矫正不同年龄、实施不同类型行为的未成年人的客观需求。在我国的未成年人矫正机构的建设过程中,就缺少这种多层次的理念与规划,因此本书认为,对我国未成年人矫正机构的完善,就是要在完善与改造现有矫正机构的基础上,逐步建设一个多层次的矫正机构系统,以满足对未成年犯以及实施严重不良行为等的未成年人进行矫正的需要。

三、我国未成年人矫正机构的完善

（一）未成年犯管教所的完善

目前我们未成年犯监狱矫正的主要问题存在于具体的矫正制度中,这些问题将在第九、十章详细阐述,但不可否认的是,未成年犯管教所本身也有需要改进之处。参照国外设置不同种类的少年矫正机构的做法,针对未成年犯管教所目前存在的问题,本书认为,应该从立法上对未成年犯管教所进行以下几方面的改善：

1. 设置医疗监区,收容身体或心理健康出现问题的罪犯。对于身体有疾病,特别是患有传染病或者比较严重疾病的未成年犯,自然需要有特别的照顾。而对于心理上有疾病的未成年犯,同样也需要给予特别的关照,否则其心理健康不会因为管教所的教育而得到改善,反而其人格缺陷会更加严重。而对于身体或心理疾病的治疗,均需要有特别的场所、设施以及专业医护人员,这客观上就要求有一个特别的医疗监区对这些未成年犯进行治疗。

2. 设置特别监区,收容危险性较大的罪犯。对于危险性较大的未成年犯,首先需要特别的措施,来消除其人身危险性；同时也需要将其与其他未成年犯隔离分来,以免发生"交叉感染"。因此,就需要设置特别监区对这些未成年犯进行单独的收容。当然,当这些未成年犯的危险性消除后,应当将其转移回普通监区,这就需要在矫正中确立累进处遇制度。

3. 设置成年人监区,收容已经年满18周岁,但仍然在未成年犯管教所接受矫正的罪犯。根据我国监狱法的规定,对于已经年满18周岁而余刑不足两年的"成年犯",也可以在未成年犯管教所中接受矫正。由于这些人已经成年,有必要将其单独关押,同时接受不同于未成年犯的教育。从制度上来说,本书主张扩大未成年犯管教所收容这些"成年犯"的范围,从而保证矫正的效果不会因为监狱的转移而减少,这就会增加未成年犯管教所关押成年人的数目,因此设置成年人监区,也是一种"客观"需要了。

（二）未成年人社区矫正机构的完善

1. 赋予司法行政机关社区矫正执行权

就未成年社区矫正机构而言,在国际上以下两种模式受人关注:（1）由法院负责。如在美国,与成年人刑事法庭不同,少年法庭在判决后继续享有管辖权,负有对它认定的违法少年实行广泛和继续监督的义务。（2）由具有非正式国家机关性质的组织负责。如在欧洲负责少年缓刑执行的机构主要由缓刑局负责,而缓刑局是介乎政府机关与民间团体之间的一个非政府组织,这个机构最重要的特点首先是为民众服务,其次才是为政府服务。[①]

---

① 转引自温小洁:《我国未成年犯非监禁刑执行机制构建刍议》,载《青少年犯罪问题》2006年第1期。

就我国的国情而言,适宜对包括未成年人社区矫正机构在内的所有社区矫正机构进行通盘考虑,并适当予以区别对待。基于社区矫正"执行主体"与"工作主体"二元分离的尴尬状态,学者们进行了多种制度设计。虽然不乏学者主张仍然由公安机关来担任社区矫正执行主体[①],但大多数人主张应当由法律明确规定,将社区矫正执法权转移到司法行政机关手中,对此,本书持赞同态度。首先,司法行政机关的工作面向群众、贴近基层,在动员社区力量、整合社区资源方面具有一定的基础;其次,我国的司法行政机关在监禁刑的执行方面,已经积累了丰富的经验,将社区矫正纳入其工作范围,可以充分利用其在矫正领域的经验优势及人力资源,促进我国社区矫正的发展;再次,由司法行政机关承担对社区矫正的执行工作,是在国际范围内被证明了的科学、有效的工作方式。

2. 建立社区矫正管理机构

对于社区矫正管理机构的完善,我国学术界已经提出了诸多方案。学者们普遍赞同在司法部设立社区矫正的最高管理机构,其争议在于与监狱管理的关系,第一种观点认为应当在司法部内设社区矫正局,与监狱管理局并列;第二种观点主张将社区刑罚的执行与监禁刑罚的执行有机结合起来,在司法部设立刑罚执行总局,在总局之下,设立监狱管理局和社区刑罚执行局。本书赞同第二种观点。原因在于监禁刑与非监禁刑在刑罚的目的、内容、方法方面有许多相似之处,将二者放在一个部门来管理,有利于彼此之间的资源共享、优势互补、互相衔接,从而节约行政资源、提高执法效率。对于省级以下社区矫正管理机构的设立,主要有两种思路,一是由省、直辖市、自治区一级对社区矫正实体工作机构实行垂直领导(以条为主,以块为辅),社区矫正工作者采取由省级刑事执法部门直接派出,而不必在市、县、区设置社区矫正行政管理机构,以加强对社区矫正的直接业务指导和专业培训,减少人际关系的负面影响;二是依照我国当前的行政管理格局,在省、地级市、县分别设立社区矫正管理机构,进行各级社区矫正的业务指导、部门协

---

① 刘东根:《公安机关与社区矫正——兼论社区矫正执行机构的构建》,载《中国人民公安大学学报》(社会科学版)2006年第3期。

调和组织必要培训。① 在这里,我们赞同取消在地级市建立一级社区矫正管理组织,其原因是,虽然自1982年以来我国事实上形成了省市县乡四级行政管理体制,多年来,市管县也发挥了积极的作用,但同时也暴露出了很多弊端,如机构臃肿、行政效率低下等,基于此,作为国民经济和社会发展蓝图,第十一个五年规划纲要中明确提出,要"理顺省级以下财政管理体制,有条件的地方可实行省级直接对县的管理体制"。② 事实上,早在1992年,我国有的省份已经开始了省管县的尝试,在这样一种背景之下,社区矫正管理体制如果因循守旧,无疑与我国行政体制改革的整体思路不符,另外与行刑效益的追求背道而驰。与此同时,我们对于取消县级社区矫正管理机构持谨慎态度,其原因在于,我国地域辽阔、人口众多,由省级社区矫正管理机关直接管理社区矫正具体工作唯恐鞭长莫及,很难发挥实际的作用。另外,在社区矫正具体执行过程中,地方组织的配合是不可或缺的,所以块的作用不可忽视,因此,我们认为适宜建立司法部——省——县三级社区矫正管理网络,以实现条块的合理结合,良性互动。在社区矫正整体组织网络齐全的基础上,出于对未成年人特殊保护和矫正的需要,在每一级管理机构中,可以建立相应的未成年人矫正分支机构。

3. 建设专业的未成年人社区矫正工作者队伍

社区矫正管理体系建立以后,需要工作人员对其进行具体操作,在我国当前的试点中,建立的是以乡、镇(街道)为基本操作单元、以司法助理员(监狱干警)、社区矫正社会工作者、社区矫正志愿者为主体的社区矫正工作者队伍。虽然这只队伍承载着社区矫正各项工作任务,保证了社区矫正工作的正常运转,但由于诸种原因,这支队伍缺乏从事社区矫正工作所必需的专业素质,以及必要的工作热情,从而影响了其在工作中主观能动性的发挥。基于此,建立一只以社区矫正官为核心的专业社区矫正工作人员队伍,并建立相应的激励机制,显得尤为必要。为了更好地利用现有的司法资源,社区矫正官的基本设置是每个乡、镇(街道)一名,如果乡、镇(街道)范围较

---

① 积极倡导第一种思路的是刘强教授,冯卫国博士、但未丽博士则对第二种思路进行了具体论述。
② 《"省管县"改革线路图浮现 已有20余省试行》,载:http://news.sohu.com/20080730/n258463051.shtml,2009年3月23日访问。

大,可以划分片区,每个片区设置一名社区矫正官,并赋予其执法主体的资格,并在此基础上开展对社区矫正社会工作者和社区矫正志愿者的招募与培训,以实现人力资源的合理配置。① 当然,为了确保社区矫正官职能的正常发挥,保障其应有的权利和义务,对于他们的选拔、任职、评估,直至考核、辞职、退休,都需要有一整套完善的配套措施。

《联合国保护被剥夺自由少年规则》第81条规定:"管理人员应具适当的条件并包括足够数量的专家,例如教育人员、职业教导员、辅导人员、社会工作者、精神病专家和心理学家。这些专家及其他的专门人员一般应长期聘用。"第82条规定:"管理当局应认真挑选和聘用各级和各类的工作人员,因为各拘留所是否管理得好,全靠他们的品德、人道、处理少年的能力和专业才能以及个人对工作的适应性。"第85条规定:"所有管理人员应受适当培训,以便能够有效地执行其责任,尤其包括关于儿童心理、儿童福利和国际人权和儿童权利标准和规范,包括本规则各项内容的培训。所有管理人员应通过参加在其任内定期举办的在职人员进修班,保持并提高其专业知识和业务能力。"可见,与一般的社区矫正工作人员相比,国际社会对于未成年人社区矫正工作者提出了更高的要求。基于此,我国在具体的矫正人员配备上,也要适当提高门槛,有严格的准入与考核制度。工作人员除了具有法学、社会学、心理学等专业知识以外,还要适合未成年人矫正工作,如性情温和、细致,擅长和未成年人进行交流,具有良好的个人道德修养等,在专门机构建立的基础上,要充分发挥社会力量的作用,尤其是家庭、学校、社区组织、社会志愿者的作用。

(三)未成年人教养机构的完善

本书主张,对未成年人教养机构的完善,一方面在于立法完善,即通过法律的形式对这类机构的设置、人员配置、经费保障机制以及具体运作方法等内容加以规定;另一方面,在废除少年劳动教养制度的基础上,将未成年人教养机构改造为一个半监禁式的矫正机构。这与国际惯例相符合,如《北京规则》第29条就规定,各国应努力提供帮助未成年罪犯重获社会新生的半监禁式办法。在将来的《未成年人法》中如果能够规定保护处分,它可以

---

① 我国学者陈和华在《论我国社区矫正的组织制度》(载《法学论坛》2006年第4期)中对这一制度进行了详细论述。

承担实施诸如保护管束等保护处分措施的功能。具体的做法可以包括:(1)假期让未成年人回家;(2)白天在一定时段内,可以让未成年人在社会上活动;(3)实行周末教养,即只在周末对未成年人进行必要的辅导及收容;在工作日,未成年人则正常地上学或工作。当然,具体对未成年人实施哪种处遇,可根据具体的情况作出调整,即在未成年人教养机构也实行累进处遇制度。另外,基于这种"半监禁"的特征,未成年人教养的成本也会有所下降,与此同时,目前少年教养所仅设立在省会市的做法也应该改变。本书建议,应当在各地级市设立未成年人教养所,当然,它们的规模可以适当缩小。

(四) 工读学校的完善①

虽然工读学校制度本身存在中不少有待解决的问题,但这不足以否定工读学校在预防未成年人犯罪中的重大作用。正确的做法是对工读学校制度进行完善,而这首先就要完善《预防未成年人犯罪法》的有关内容。通过工读学校的教育来矫治实施了严重不良行为的未成年人,是预防未成年人犯罪法的一项重要制度。但是,预防未成年人犯罪法中有关工读学校的规定过于简单与原则,并不能解决实践中工读学校存在的诸多问题。这些问题虽然在实践中有不少地方试图作出努力加以解决,但《预防未成年人犯罪法》本身不能回避这一制度建设问题,否则很可能成为一纸空文,不能起到预防未成年人犯罪的作用。本书认为,就工读学校这一机构本身,《预防未成年人犯罪法》应当至少增加以下几个方面的内容:一是明确工读学校的性质,即它只是一所学校,与未成年犯管教所、监狱等有着本质区别,这样规定的目的在于减少其"标签效应";二是明确工读学校的权限,由于工读学校带有矫治功能,因此不可避免地会对未成年人的自由进行某种程度的限制,而这需要法律的明确授权,否则就有违法治精神;三是明确政府在工读学校建设中的义务,特别是政府有义务在财政上保障工读学校的有效运作。具体有关工读学校及相关制度的改革,本书第九章将详细讨论。

除了上述几种未成年人矫正机构外,本书主张还应建立专门的儿童养护机构。目前,我国已经建立了儿童福利院、残疾儿童康复中心、SOS儿童村等一批儿童福利机构,这些机构为孤儿、弃婴、残疾儿童提供了良好的收

---

① 本书认为,"工读学校"的称谓应当成为历史,其原有的使命与制度应由"专门学校"来接替和传承。但基于表述的一致性,本文中仍沿用"工读学校"的称谓,详见第九章。

养、医疗、康复和教育服务。[①] 本书认为,建立统一的未成年人司法制度,可以对这些机构进行改造,将其更名为儿童养护机构,并扩大收养范围。对于因为家庭环境和其他环境上的原因需要生活指导的儿童、没有监护人的儿童、受虐待的儿童以及某些问题儿童等,可以由法院判决移送儿童养护机构。儿童养护机构中应建立专门处室,负责由法院移送的儿童的养护、教育工作。

(五)小结

对现有矫正机构进行改革的目标,如上文所述,就是建立多层次的矫正系统。这一系统中,对未成年犯处遇最严厉的是未成年犯管教所,其次是未成年人教养所。这两个机构收容的都应当是实施了触犯刑法行为的未成年人。但由于未成年人教养所收容的毕竟是不需要承担刑事责任的未成年人,因此,在处遇上应当比未成年犯管教所宽松。而工读学校收容的未成年人一般都没有实施触犯刑法的行为,因此,它只应当属于管理比较严格的学校而已。至于社区矫正机构,对未成年人的自由的限制较少,它并没有"收容"未成年人的职权,而只是对未成年人提供指导、教育以及履行法定的监管职能。儿童养护机构不属于一般意义上的矫正机构,它在职能上以对未成年人的教育、保护为主。

[①] 参见钟仁耀主编:《社会救助与社会福利》,上海财经大学出版社 2005 年版,第 294 页。

第六章　未成年人刑事案件侦查制度

立案侦查是刑事司法程序的开端,是涉案未成年人接触刑事司法的第一步,也往往是司法实践中未成年人案件办理时间最长的一个程序。同时,侦查制度也是未成年人司法制度的重要组成部分,未成年人司法制度的进一步发展需要形成相互协调、配套的公、检、法、司的工作机制。但长期以来,相比较法院、检察院,作为未成年人司法制度第一系统的未成年人刑事侦查制度没有得到公安机关应有的重视。近几年,许多地区的未成年人刑事案件检察制度、审判制度都进行了一定程度的改革和创新,相比较而言,侦查制度的改革力度最小,这直接影响了未成年人刑事司法制度的整体发展,阻碍了我国未成年人司法制度的进一步发展与完善。因此,构建完善的未成年人刑事案件侦查制度对于整个未成年人刑事司法制度的完善都具有十分重要的意义。

目前学术界对未成年人刑事案件的侦查程序,特别是侦查的基本原则及基本制度已经有了很多的研究,但这些研究中运用实证研究方法的并不多,有关的实证研究也较集中于关于取保候审的研究。因此对侦查制度,特别是除取保候审以外的制度进行实证研究,就具有较大的理论与实践意义。本章在对侦查制度进行实证调查的基础上,结合立法与司法实践,重点讨论社会调查制度、合适成年人参与制度与取保候审制度。这是目前未成年人刑事案件侦查制度存在问题较多的制度,也是今后需要重点完善的三个制度。需要说明的是,这些制度其实在未成年人起诉程序和审判程序中皆有涉及,为避免赘述,本章将一并讨论相关的内容,但这些制度在起诉程序和审判程序中的特殊问题,以及有关的调查结果,将在以下各章中进行介绍。

关于侦查制度的实证调查主要包括两项。第一项是对207名公安系统的警察进行的问卷调查,具体的情况参见第五章第一节的说明。本章涉及该项调查的内容主要是社会调查制度、合适成年人参与制度与取保候审制度在实践中的适用情况以及接受问卷调查的警察对这些制度的认知态度。第二项调查是对1180份判决书的实证分析。在这项调查中,课题组搜集了截至2009年11月15日北大法意网(www.lawyee.net)上所有的未成年人犯罪案件的判决书,共计1180份。在这1180个案件中,共涉及未成年犯罪人1336名。这项调查中涉及侦查程序的内容主要是取保候审制度。这些案件中未成年人及犯罪的基本情况如下:

1. 未成年犯罪人的基本情况

(1) 年龄:已满14周岁不满15周岁的占11.4%,已满15周岁不满16周岁的占23.67%,已满16周岁不满17周岁的占46.06%,已满17周岁不满18周岁的占18.78%,另外0.44%的未成年犯罪人的年龄在判决书上没有注明。

(2) 性别:男性未成年犯罪人占95.5%,女性仅占4.5%。

(3) 文化程度:初中文化程度者占64.05%,小学文化程度者占23.14%,高中文化程度者占11.53%,文盲及大学文化程度者分别占0.96%和0.32%。

(4) 居住地:居住在城镇的占20.05%,居住在农村的占79.95%。

2. 未成年人犯罪的基本情况

在1336名未成年犯罪人中,涉及最多的犯罪是抢劫、盗窃、故意伤害、强奸及寻衅滋事罪。其中,有627人(占总数的46.9%)触犯了抢劫罪;有309人(占总数的23.1%)触犯了盗窃罪;有191人(占总数的14.3%)触犯了故意伤害罪;有50人(占总数的3.7%)触犯了强奸罪;触犯寻衅滋事罪的则有44人(占总数的3.3%)。

第一节 社会调查制度

一、社会调查制度概况

现代未成年人司法制度已从以未成年人犯罪行为为本位,转到以未成年人犯罪行为和主体特征并重,围绕犯罪未成年人的生理、心理特点,家庭、社会环境,犯罪原因等,展开未成年人犯罪案件的诉讼工作。这就是我国学者通常所说的"全面调查"原则。①

全面调查原则,是未成年人司法程序中的一个重要原则。在我国学术界与司法实践中,也广泛使用"社会调查"这一概念。从制度层面上来说,"全面调查"与"社会调查"指的基本上是同一制度。如学者指出,全面调查是指司法机关在办理未成年人案件时,除了应查明案件事实本身的各种情况之外,还应就未成年人的特殊性格、生活环境、导致未成年人违法犯罪的主客观因素等进行全面、彻底的调查,必要时还可以进行医学、精神病学以及学方面的鉴定,并根据调查的结果选择最恰当的处理方法。② 与这一定义相似,学者给社会调查下的定义是:"办案机关在处理未成年人案件时,不仅要查明案件本身的情况,还应对未成年犯罪嫌疑人、被告人的家庭背景、生活环境、教育经历、个人性格、心理特征等与犯罪和案件处理有关的信息作全面、细致的调查;必要时还应进行医学、心理学、精神病学等方面的鉴定,并根据调查的结果选择最恰当的处理方法。"③ 由这两个定义可知,全面调查与社会调查实际上被作为相同的概念使用。但从字面上来看,二者还是有一定区别的。社会调查中的"社会",强调的是要调查未成年人犯罪事实以外的有关信息;而全面调查中的"全面",指的则是犯罪事实本身以及犯罪

---

① 廖明:《在打击与保护之间寻求平衡——略论我国未成年人犯罪的侦查制度》,http://www.criminallawbnu.cn/,2009 年 10 月 5 日访问。
② 温小洁:《我国未成年人刑事案件诉讼程序研究》,中国人民公安大学出版社 2003 年版,第 76 页。
③ 樊崇义:《刑事诉讼法实施问题与对策研究》,中国人民公安大学出版社 2001 年版,第 632 页。

事实以外的信息。从这种意义上来说,社会调查是全面调查的一部分,即全面调查包括犯罪事实的调查以及社会调查。本书也在这个意义上使用这两个概念。

（一）社会调查的基本内容

具体地说,社会调查是指要调查以下事实:(1) 个人基本情况;(2) 少年犯罪嫌疑人的经历,主要查明少年犯罪嫌疑人是否具有不良行为习惯和不良经历;(3) 少年犯罪嫌疑人的身心状况,主要查明少年犯罪嫌疑人生理发育是否有缺陷,是否有病史、特别是否有精神病史以及现在的健康状况等;(4) 少年犯罪嫌疑人的交往对象、交往范围等;(5) 少年犯罪嫌疑人的受教育状况;(6) 少年犯罪嫌疑人的职业状况;(7) 少年犯罪嫌疑人的生活环境;(8) 家庭环境,主要查明少年犯罪嫌疑人的家庭结构是否健全、家庭关系是否融洽、家庭教育是否全面、家庭管理是否科学以及家庭经济状况等;(9) 社区环境,主要查明少年犯罪嫌疑人在社区中与有关邻里的关系、交往、表现情况等。①

综合来说,本书认为,社会调查的内容应当包括未成年人的家庭构成以及未成年人与监护人的关系、未成年人的遭遇、经历、教育的程度以及目前的状况、不良行为的经过、性格和品行、与案件的关系、身心状况等必要的事项,并且要尽可能地调查其家庭成员以及有关人员的经历、教育程度、性格和品行等等。

（二）国外有关社会调查制度的立法概况

在未成年人犯罪案件的处理中,有关国际公约和许多国家的立法都规定了社会调查制度,如《北京规则》第 16 条明确规定了社会调查制度:"所有案件除涉及轻微违法行为的案件外,在主管当局作出判决前的最后处理之前,应对少年生活的背景和环境或者犯罪的条件进行适当的调查,以便主管当局对案件作出明智的判决。"《俄罗斯联邦刑事诉讼法典》第 392 条规定:"对于未成年人案件进行侦查和法庭审理时,必须特别注意查明以下情况:(1) 未成年人的年龄;(2) 生活和教育条件;(3) 促成未成年人犯罪的原因和条件;(4) 有无成年的教唆犯或者其他共犯。在具有说明未成年人

---

① 温小洁:《我国未成年人刑事案件诉讼程序研究》,中国人民公安大学出版社 2003 年版,第 151、152 页。

有与精神病无关的智力落后的情形时,也应当查明他是否能否完全了解自己行为的意义。"罗马尼亚《刑事诉讼法》第 482 条规定,在未成年人刑事犯罪的案件中,刑事侦查机关和审判法庭应进行社会调查,社会调查应收集未成年犯一般行为表现的材料、身体和智力发育状况、犯罪前的情况、成长的生活条件,其父母、代理人或者抚养人尽其职责的情况。[①] 日本《少年法》第 9 条规定,家事法院的调查官要充分利用医学、心理学、教育学、社会学以及其他专门知识特别是少年鉴定所的鉴定结果,对少年、保护人及相关人员的品行、经历、素质、环境等进行调查。[②] 德国《少年法院法》第 43 条规定:"诉讼程序开始后,为有助于判断被告人心理上、精神上和性格上的特点,应尽快调查其生活和家庭状况、成长过程、现在的行为及其他有关事项。"[③]

（三）我国侦查阶段的社会调查制度

就我国的立法和司法实践情况来看,未成年人犯罪案件处理中的社会调查制度尚处于初步发展阶段。尽管公安部、最高人民检察院、最高人民法院在各自制定的办理未成年人刑事案件的司法文件中都规定了社会调查制度,但在司法实践中,与侦查阶段相比,社会调查制度在审判和起诉阶段得到了更多的重视。目前,越来越多的法院、检察院已经将社会调查作为未成年人刑事案件审理的必需内容之一,有的法院还专门设立了社会调查员制度。但在侦查阶段,公安机关对未成年人刑事案件的侦查还主要是围绕着犯罪事实来展开,并没有贯彻社会调查制度。课题组在调查过程中发现,被访问的警察大部分都表示,对于犯罪未成年人的侦查,查清他实施犯罪行为背后的家庭、学校、社会和个体的原因,要比查清他究竟干了什么更重要,也更为复杂。如果只注重查清案件事实,而没有查清他这么干的原因,就依法予以刑罚惩罚,这只起到了打击的作用,而起不到真正预防的作用。另外,这也会导致将很多本应属于家庭、学校等的原因归责于犯罪的未成年人。

具体就侦查阶段是否进行社会调查以及警察就社会调查必要性的认识这两个问题,课题组对 207 名警察进行了调查,调查问卷中的具体问题是:

[①] 温小洁:《我国未成年人刑事案件诉讼程序研究》,中国人民公安大学出版社 2003 年版,第 76、77 页。

[②] 孙云晓、张美英主编:《当代未成年人法律译丛(日本卷)》,中国检察出版社 2006 年版,第 163 页。

[③] 《德国刑法典》,徐久生、庄敬华译,中国方正出版社 2004 年版,第 192 页。

"未成年人犯罪案件的侦查阶段,犯罪未成年人的家庭情况、在校表现、犯罪原因是否专门调查? 有无必要?"这一调查的结果可见表6.1:

表6.1 侦查阶段社会调查情况数据分析

	人数	百分比	累积百分比
一般进行专门调查,有必要	26	12.6	12.6
一般不进行专门调查,也无必要	93	44.9	57.5
一般不进行专门调查,但有必要	88	42.5	100.0
合计	207	100.0	

如表6.1所示,接受调查的民警认为有必要对未成年犯罪嫌疑人的家庭情况及犯罪原因等作专门调查的仅占12.6%;而既不进行调查也认为调查没有必要的民警占调查对象的44.9%;一般不进行专门调查但认为调查有必要的民警占调查对象的42.59%。这一调查结果表明,在办案过程中,民警较少将未成年犯罪嫌疑人的生活、学习环境、成长经历、性格特点、心理状态及社会交往等情况作为侦查的调查内容;但共计54.1%的调查对象认为这种调查是有必要的。这种现象表明,近半数的被调查对象认为社会调查没有必要,而那些认为社会调查有必要的调查对象,也基于各种原因一般并不进行了社会调查。

此外,从法律规范的规定来看,《公安机关办理未成年人违法犯罪案件的规定》第10条虽然规定了社会调查制度,但规定该制度的主要目的是为侦查讯问工作服务,是为了更有针对性地制作讯问提纲,而不是为了更好地分析未成年人犯罪原因、保护未成年人及预防未成年人犯罪,没有从制度方面将刑事办案与未成年人保护紧密结合起来。因此本书认为,在未成年人警察制度建立后,必须转变未成年人违法犯罪案件的办案指导思想,将未成年人保护作为办理未成年人违法犯罪案件的首要目标,将社会调查作为未成年人警察办理违法犯罪案件时的重要职责和内容之一。

(四)社会调查制度的必要性

从表6.1所示的调查结果可知,55%的受访警察认为社会调查具有必要性,但仍然有接近一半的警察认为社会调查并无必要。因此,论证社会调查的必要性,也成为学术界一个不可回避的任务。

综合各学者的意见,本书认为,社会调查制度之所以成为各国在未成年

人刑事诉讼程序的一项基本制度,是因为其具有深厚的理论基础,反映了一系列价值目标的选择[①]:

首先,未成年人犯罪的特殊性是社会调查制度存在的根本原因。未成年人处于特殊的年龄段,其知识结构、思想情感、身心发育尚未成熟,他们并不具备完全的辨别是非能力和自我控制能力,其行为带有较大的盲目性和突发性,也更容易受到社会不良环境的影响和侵蚀,难以对外界的客观信息作出正确的选择和评价。与成年人犯罪相比,未成年人最为突出的表现是在临时犯罪人格上。所谓临时犯罪人格,是指犯罪人人格结构尚不稳定,或者说尚在形成过程中,由于受外界条件的作用而临时地表现出犯罪性。未成年人在实施犯罪时,其人格结构和状态呈现出过渡性、动荡性和可塑性特征。因此,对未成年人人格特征形成和现状的调查就成为程序设计和实体处理不容回避的问题。

其次,社会调查制度是实现处遇个别化的必然要求。犯罪是行为社会危害性和行为人人身危险性的统一体。因此对犯罪嫌疑人、被告人处置种类和轻重的选择不仅仅要反映犯罪行为的严重程度,还要充分考虑犯罪人的人身危险性的大小。通过对犯罪嫌疑人、被告人的生活环境、成长经历、个人性格、心理特征等方面进行详细地调查,我们可以准确地掌握未成年行为人的犯罪原因及其背后的人格因素。在此基础上,司法机关才能够选取具有针对性的处遇措施,找准挽救的突破口。

再次,社会调查制度贯彻了国家对未成年人犯罪的"教育、感化、挽救"的方针。"教育、感化、挽救"方针是我国处理未成年人犯罪一项基本的刑事政策。司法机关在处理未成年人犯罪案件时,不能机械地追求罪刑均衡,而应该更注重处理结果与对未成年人的挽救、矫正的切实需要相适应。确定符合未成年人教育、矫正需要的处遇措施离不开以未成人人格为中心的社会调查工作。

最后,社会调查制度是探索、研究未成年人犯罪的有效途径。虽然社会调查措施是针对个案未成年人的,固然只反映了该涉案未成年人的背景情

---

① 参见奚玮:《未成年人刑事诉讼中的全面调查制度》,载《法学论坛》2008年第1期;邓君韬:《未成年人刑事案件社会调查制度论纲》,载《西南政法大学学报》2006年第4期;杨雄:《未成年人刑事案件中社会调查制度的运用》,载《法学论坛》2008年第1期。

况,但是,如果许许多多类似的社会调查材料综合起来,作全面的分析研究,就能反映出某一时期、某一地区未成年人犯罪的动态和其中带有普遍性的问题。在掌握了未成年人犯罪的规律之后,有关部门、社会机构才可以有的放矢地做好未成年犯罪人的教育、挽救工作。

(五)小结

社会调查制度是一项为国际法律规范及各国都广泛适用的制度。在我国,这项制度已经有了相关的规定,但在实践中,相关人员对其必要性的认识还不够;而且在实践中特别在侦查阶段,该制度的价值并没有很好地被体现出来。改变目前这一状况,除了要加强司法机关工作人员对这一制度的认识外,更重要的是要完善社会调查制度本身。随着这一制度的完善及其功能的体现,司法机关工作人员对其必要性的认知也会更加深刻。

社会调查制度的主要内容包括社会调查主体以及社会调查内容。下文将对这两个内容进行探讨。社会调查内容,如前文所述,主要包括成长环境的调查与身心健康调查,其中身心健康调查中的心理健康调查是比较特殊的调查,需要有具备专门知识的人员进行专门的测试——心理测试,其他内容的调查相对来说比较容易,因此,下文将主要地探讨有关心理测试的内容。

二、社会调查主体

社会调查主体,是指承担社会调查职责的机构或自然人。目前我国对社会调查主体并没有明确的法律规定。有关的部门规定或司法解释对这一问题也没有统一的规定。综合这些规定来看,社会调查的主体主要包括公安机关、检察机关以及社会团体等。由于社会调查主体的不统一,多个部门都可以进行社会调查,从而造成资源的浪费。当然这一问题在实践中并不突出,实践中比较突出的问题在于这些主体都没有法定的调查职权,即他们是否进行社会调查,有很大的随意性。因此,明确社会调查主体及其职责,是在法律上正式确立社会调查制度的关键。而谁应该成为社会调查的主体,实务界及学术界均存在不少争议。本书认为,我国对未成年犯罪人的社会调查主体应当是以侦查阶段的公安机关为主,检察院、法院等其他机关或者组织、人员为辅,主要理由如下:

1. 从上述社会调查的含义及多重目的来看,社会调查工作应起始于侦查阶段,并一直延续到起诉和审判阶段,每一个阶段的主导机关都有进行社会调查的职责,因此,公检法三个机关都应当是社会调查的主体。但是,同时必须确定调查的主辅机关。根据我国实行的公检法流水作业的纵向诉讼构造,确定以公安机关调查为主,其他机关、人员调查为辅的调查主体体系,可以有效地避免因重复调查而浪费司法资源或者因相互推诿而材料不全现象的发生。

2. 公安机关应当是社会调查的首要主体。因为:

(1) 社会调查起始于侦查阶段,公安机关如果要做到有针对性地讯问,找准感化、教育点,分析犯罪原因,就必须进行社会调查。同时公安机关的社会调查结果不仅为侦查阶段案件的处理提供参考,也为后面的审查起诉、法院审判阶段提供了重要依据。

(2) 在调查时间方面,如果将社会调查前移到侦查阶段就可以有效地解决目前司法实践中社会调查时间不足的问题。同时,与审查起诉、法院审判阶段相比,侦查阶段最为充分。公安机关在立案前的初查中可以在调查犯罪事实的同时进行社会调查,在立案后,如果犯罪嫌疑人被羁押的,侦查期限也要长于审查起诉和审判期限。

(3) 在调查能力方面,公安机关无疑是最强、最全面的。首先,公安机关对未成年人涉嫌的犯罪事实相比较于司法所、共青团等组织的人员,有更为清楚、直观的了解,通过侦查讯问,对涉案未成年人的犯罪经过、性格特征、犯罪原因等有更全面的认识,对未成年人犯罪后的表现也掌握得最及时、全面,这有利于更有针对、更全面地进行社会调查。其次,公安机关在社会资源利用方面也是其他机关、组织所不能相比的。公安工作的很多内容如收集掌握情报信息、人口管理、治安管理、犯罪预防、安全防范、服务群众等都与社会调查密切相关,公安机关还有丰富的社区资源和辅警资源可以利用,这些都为社会调查的顺利进行提供了坚实的基础。再次,公安机关在全国拥有庞大的组织系统,相互之间的警务协作已经发展得比较成熟,这能有效地解决目前社会调查对象有限的问题,对户籍所在地、经常居住地不在本司法辖区、流窜作案的犯罪未成年人都能进行有效的社会调查。可以说,如果要将社会调查的对象扩展到所有的未成年人犯罪案件,那么就必须将公安机关作为社会调查的首要主体。

（4）在调查成本方面，公安机关也具有相当的优势。因为，公安机关在对犯罪事实的调查过程中，必然会同时涉及许多社会调查的内容，如果在立法上明确公安机关负有社会调查的职责，那么公安机关就可以顺利地将犯罪事实调查与社会调查结合起来，从而降低调查成本，减少调查时间。

（5）在职责方面，公安机关也应当进行社会调查。我国的警察法、未成年人保护法等多部法律都明确规定，预防犯罪是公安机关的职责之一，而社会调查的目的之一就是为分析犯罪原因、预防未成年人犯罪提供参考，因此，公安机关必须承担起社会调查的职责。

（6）在社会调查结果的真实性、公正性方面，公安机关比社区矫正机构、共青团等机构、组织的人员更有保障。首先，如前所述，在调查时间、调查能力方面，公安机关更有优势；其次，公安机关组织比较严密，人员配备比较完整，调查的组织性、规范性更有保障；最后，公安机关执法的权威性、严肃性，工作人员的丰富经验，能有效地避免目前社会调查工作中存在的恐吓、蒙骗社会调查人员的现象。

3. 检察、法院机关是社会调查的补充主体

检察机关如果认为公安机关的社会调查不够详尽，可以补充调查。但由于起始时间晚，审查起诉时间短，所以在司法实践中由检察机关承担社会调查的主要任务不合适。法院更不适合成为社会调查的主体，因为法院庭前的审查是程序性审查而非实体性审查，而且人民法院介入刑事诉讼的时间更晚，当然，法院认为应该对未成年人的情况进行社会调查而公安、检察机关没有进行的，可以依职权进行社会调查或者直接委托有关社会机构进行调查。[①]

4. 公检法机关都可以委托医学、心理学、教育学、社会学等某一方面的专业机构或者专家，也可以委托社区矫正机构、共青团等机构的社会调查员进行部分社会调查工作。我国目前只注重对后一类机构及人员的委托，这与我国在社会调查中不注重对犯罪未成年人的生理、心理调查有关。实际上对前者的委托更为重要，因为，他们所具有的专业知识正是公检法机关所

---

① 廖明：《浅谈未成年人犯罪案件侦查的社会调查原则》，载《青少年犯罪问题》2004年第4期。

缺少的。

5. 辩护人可以成为社会调查的补充主体。很多人反对由辩护人进行社会调查,认为其提供的社会调查报告内容往往失之偏颇,总是片面强调对未成年被告人有利的事实和情节,却有意无意地忽略对该未成年被告人不利的一面,达不到法院原本所期望的那种客观全面而又真实公正的要求。① 本书认为,辩护人在社会调查中只收集提供对未成年被告人有利的事实,正是其职责的体现。从维护未成年被告人合法权益的角度出发,辩护人应当有权进行社会调查,但是,其只能是调查的补充主体,不能由辩护人完成全部的社会调查工作。辩护人对公检法机关社会调查报告中对被告人不利的事实,或者遗漏的对被告人有利的事实,可以进行社会调查,也可以委托有关的专业机构进行。

三、社会调查中的心理测试

心理测试是指用标准化方式,测定个人在智力、性格或者举动等方面的个别差异的方法,主要包括品格测试、兴趣测试、犯罪原因测试、能力测验和成就测验等。② 国外的司法实践很早就开始将心理测试引入未成年人犯罪诉讼程序中,借鉴相关测试结果对未成年犯罪人进行诉讼、定罪及矫治。心理测试已逐渐成为各国未成年人法中一项重要内容。③ 我国《刑事诉讼法》及相关法律没有对犯罪人员的心理测试问题进行规定,但在司法实践中,近年来,心理测试在我国未成年人犯罪诉讼程序中也开始得到运用并逐步发展。如从 1994 年起,上海市长宁区检察院与上海市青少年心理行为门诊部联合,开始对失足未成年人进行心理测试,测试的结果可以作为参考依据。上海市人民检察院在 1998 年的《未检工作量化管理考核实施细则》中首次将心理测试以工作规定的方式引入检察诉讼环节,该《细则》第 25 条规定:"在审查起诉时,对有明显心理偏差迹象的未成年犯罪嫌疑人能进行心理测试。"全国其他的一些大中城市的检察院、法院在审查起诉阶段和审判阶段

---

① 李璞荣、司明灯:《我国未成年被告个体情况社会调查制度运行模式比较研究》,载《青未成年人犯罪问题》2003 年第 1 期。
② 李伟民主编:《法学辞海》,北京蓝天出版社 1998 年版,第 608 页。
③ 史洪硕、刑瑜:《心理测试在教育、感化、挽救犯罪的未成年人工作中的效用》,载《青少年犯罪研究》2002 年第 2 期。

对有明显心理偏差的未成年犯罪嫌疑人或被告人都展开了心理测试的工作,并收到了良好的效果。

从目前的实践情况看,心理测试主要是在审查起诉、审判和执行阶段使用,在侦查阶段,心理测试的运用基本上还是空白。实际上,在侦查阶段应当引入心理测试更为重要。原因在于:(1)心理测试技术对侦查讯问的方法和效果有很大的影响。未成年犯罪嫌疑人在被讯问时,不同的心理特征与讯问结果存在着密切的关系,例如有心理缺陷的嫌疑人特别容易受技术的影响而供述,心理测试技术中运用暗示感受性量表,可以评价嫌疑人处理不确定讯问情境的应付策略,可以把虚假供认者和坚持否认犯罪的嫌疑犯区别开来。[①](2)在侦查阶段开展测试工作就可以在尽可能早的时间有针对性地开展教育感化挽救工作,为以后各阶段的感化教育打好基础。(3)为侦查阶段对未成年嫌疑人的处理,如是否取保候审、是否可以进行司法转处等提供重要的参考。(4)在未成年犯罪嫌疑人被采取拘留、逮捕等羁押性强制措施时,看守所等羁押场所可以运用心理测试的结果,对犯罪未成年人进行针对性的心理矫治和心理辅导。管教人员也可以利用心理测试结果有针对性地与未成年人进行心理交流,为他们聘请心理医生开展心理矫治,帮助他们恢复心理健康。

侦查阶段的心理测试结果应当随案移送,这样可以使检察、审判人员及时了解未成年犯罪嫌疑人、被告人的心理状况,采取针对性强的办案策略、方法,取得更好的办案效果,也便于采用恰当的帮教措施,作出合适的处理结果。检察院、法院对于公安机关移交的心理测试结果一般可以直接采用,当然,如果发现测试结果有不科学、不合理之处,也可以重新进行心理测试,或者补充进行心理测试,这样也可以节约司法资源。

关于在侦查阶段引入心理测试制度,还有另一个重要问题必须要解决,就是是否对所有的未成年人犯罪案件都要在侦查阶段进行心理测试。本书认为,从可行性和必要性出发,只需要对部分未成年人犯罪嫌疑人进行心理测试。对于开展心理测试的国家和地区来说,也并不是对所有的未成年犯罪嫌疑人都进行心理测试,如我国的台湾地区"少年事件处理法"规定,少年

---

① 〔英〕布莱克本:《犯罪行为心理学》,吴宗宪、刘邦惠等译,中国轻工业出版社2000年版,第264页。

法院专设心理测试员、心理辅导员及佐辅员,在少年调查官或者少年保护官的指挥和监督下,专司对被疑有精神缺陷的未成年人进行心理测验、分析与辅导,心理测验与分析的结论是少年调查官调查报告的重要内容。前述提到的上海市人民检察院制定的《未成年人刑事案件心理测试、矫治制度》规定,审查起诉环节心理测试程序的对象被确定为有下列情况的年满14周岁未满18周岁的犯罪嫌疑人:(1)犯罪动机不明、犯罪动因有违常理或者行为人有明显心理偏差的;(2)作案带有明显模仿性、报复性特征的;(3)犯罪次数多、作案频率高或者一人在案件中犯数罪的;(4)实施伤害性犯罪带有明显的冲动、亢奋或者恐惧心理的;(5)作案手段或者行为方式具有明显成人化犯罪特征的;(6)家庭教育存在严重缺陷的;(7)有必要进行心理测试的其他情形的。[①] 本书认为,可以借鉴上述规定,将目前的未成年人刑事案件的心理测试范围限定在这些案件之内,在适当的时候,可以进一步扩大测试的案件范围。

第二节 合适成年人参与制度

一、合适成年人参与制度的基本内容

合适成年人(appropriate adult)参与制度是目前世界上许多国家的刑事司法制度中维护未成年犯罪嫌疑人和有精神障碍犯罪嫌疑人权益的一项重要制度。其基本含义是指,警察在讯问未成年犯罪嫌疑人和有精神障碍犯罪嫌疑人时,必须有适当的成年人(如监护人或者专设的适当成年人)到场,他们的角色主要是通过他或她的讯问时在场,阻止警察的压迫行为并确保未成年人所作的陈述是自愿的。

合适成年人讯问时在场制度在西方国家被普遍确立,目前包括英国、澳大利亚、美国、新西兰在内的多个国家都有此项制度的相关立法。例如,澳大利亚1914年的《犯罪法案》(the Crimes Act)规定,在警察讯问之前,未成年人有权与朋友或亲戚和律师在不被监听的情况下交流。享有在讯问时有

---

① 张利兆主编:《未成年人犯罪刑事政策研究》,中国检察出版社2006年版,第201页。

一位成年讯问朋友(adult interview friend)在场的权利。①1984年英国《警察与刑事证据法》(PACE)正式确立了适当成年人介入制度,该法执行守则规定,当警察讯问17岁以下的未成年人或者年满17周岁但有精神障碍的成人时,必须有适当成年人到场。英国1998年修改的《犯罪和骚乱法》(Crime and Disorder Act 1998)确定适当成年人是一种法定性的要求,明确规定每一个地方当局必须提供适当成年人服务,并且由青少年犯罪工作小组(YOT)来协调。前苏联对未成年人的讯问也规定了类似合适成年人的制度。前苏联刑事法典规定警察在讯问前一般应通知未成年人的父母或者法定代理人,除辩护人外,教师也可以参加讯问并提出意见,侦查员必须向教师说明权利。②《俄罗斯联邦刑事诉讼法典》规定教师可以参加未成年人的讯问,并且还享有一定的权利。该《法典》第397条规定:"依照侦查员或者检察长的约定或者辩护人的申请,教师可以参加对未满16岁的未成年刑事被告人的讯问。在讯问16岁以上的未成年人时,如果他被认为智力低下,教师也可以参加。参加讯问后的教师有权经侦查员的准许向被告人提问。在讯问结束后,参加讯问的教师有权了解讯问笔录,并对笔录中所记载内容正确性和完整性提出书面意见。在开始讯问未成年人之前,侦查员必须向教师说明他所享有的权利,并在讯问笔录中加以注明。"在美国,按照一般规定,侦查员除必须在讯问少年之前通知其家长外,还必须将其所犯罪行的情况,详细告诉其家长。而在讯问少年的过程中,要求父母双方或一方出席讯问庭。③奥地利把适当成年人称为"可信赖之人"。《奥地利联邦共和国少年法院法》第37条规定,国家安全机关就案件对少年的询问,安全机关或法庭对少年的正式审讯,经少年要求,应当将其可信赖之人请来。应当及时告知少年享有此项权利,使其可以行使该项权利,至迟在开始询问或审讯前告知,如果少年被拘留的,在拘留时告知或在拘留后立即告知。必要时,只要与询问或审讯的目的相吻合,询问或审讯可推迟至可信赖之人到场时进行,但由此而导致不适当地延长拘传时间的,不在此限。我国香港地区也确立了适当

---

① 徐美君:《侦查讯问程序正当行研究》,中国人民公安大学出版社2003年版,第252—254页。
② 王以真:《外国刑事诉讼法学》,北京大学出版社1994年版,第133页。
③ 陈卫东、张弢:《刑事特别程序的实践与探讨》,人民法院出版社1992年版,第299页。

的成年人介入制度。香港法律规定:被警方拘捕的青少年,只有在父母、监护人或与该名青少年的性别相同的人士(例如其兄或姊)在场的情况下接受接见。若青少年的口供是在没有该等人士在场的情况下录取,该口供可被视作以欺压手段获得,法庭可以此作为足够理由,不把口供列为证据。①

二、我国关于合适成年人参与制度的立法和司法实践

(一)我国关于合适成年人参与制度的立法规定

目前在我国,合适成年人参与制度对于大多数人而言还是一个陌生的词语,但是分析我国现行立法规定,也有关于合适成年人参与制度的初步规定。我国《刑事诉讼法》第14条第1.2款规定,人民法院、人民检察院和公安机关应当保障诉讼参与人依法享有的诉讼权利。对于不满18岁的未成年人犯罪的案件,在讯问和审判时,可以通知犯罪嫌疑人、被告人的法定代理人到场。我国《未成年人保护法》第56条规定,公安机关、人民检察院讯问未成年犯罪嫌疑人,询问未成年证人、被害人,应当通知监护人到场。

公安部、最高人民检察院、最高人民法院在各自制定的司法性文件、司法解释中也都规定了合适成年人参与制度。《公安机关办理未成年人违法犯罪案件的规定》第11条规定,讯问违法犯罪的未成年人时,根据调查案件的需要,除有碍侦查或者无法通知的情形外,应当通知其家长或者监护人或者教师到场。《公安机关办理刑事案件程序规定》第182条第1款规定:"讯问未成年的犯罪嫌疑人,应当针对未成年人的身心特点,采取不同于成年人的方式;除有碍侦查或者无法通知的情形外,应当通知其家长、监护人或者教师到场。"《人民检察院办理未成年人刑事案件的规定》第10条第1.4款规定,人民检察院审查批准逮捕未成年人犯罪案件,应当讯问未成年犯罪嫌疑人。讯问未成年犯罪嫌疑人,应当通知法定代理人到场,告知法定代理人依法享有的诉讼权利和应当履行的义务。《最高人民法院关于审理未成年人刑事案件的若干规定》第19条规定,开庭审理前,应当通知未成年被告人的法定代理人出庭。法定代理人无法出庭或者确实不适宜出庭的,应另行

---

① 余肇中:《选定海外地区少年法庭的运作》,香港立法会秘书处资料研究及图书馆服务部提供,2003年5月20日。转引自:姚建龙:《英国适当成年人介入制度及其在中国的引入》,载《中国刑事法杂志》2004年第4期。

通知其他监护人或者其他成年近亲属出庭。经通知,其他监护人或者成年近亲属不到庭的,人民法院应当记录在卷。在司法文书方面,2002年12月公安部发布了新的《公安机关刑事法律文书格式》,其中包括《法定代理人到场通知书》,要求各地公安机关在讯问未成年犯罪嫌疑人时,如果需要通知其法定代理人到场,应制作这一法律文书。《法定代理人到场通知书》主要内容包括:公安机关讯问的时间、地点,犯罪嫌疑人的姓名、性别、年龄,法定代理人姓名、单位、住址、应到时间、应到地点等。

(二)我国关于合适成年人参与制度的司法实践

虽然我国的合适成年人参与制度在上述一系列法律、司法解释中有明确规定,但是具体到司法实践,合适成年人参与制度才刚刚起步,只是在某些试点地方适用,其中最有影响的当属我国云南昆明市盘龙区开展的试点项目。2002年5月,由盘龙区政府与英国救助儿童会合作,在昆明市盘龙区开展"未成年人司法试点项目",属国内第一个保护未成年人合法权益的开创性试点项目。该项目由英国救助儿童会在荷兰筹备资金用于项目的运行,而盘龙区则开展以社区为基础,公、检、法、司积极配合,政府协调多部门合作的未成年人司法分流试点项目。这使盘龙区多部门合作保护未成年人合法权益的试点项目成为国内首创的未成年人保护模式。该模式即是在法律原则指导下,创造条件,最大限度为触法未成年人争取非监禁的诉讼和处置。通过在司法程序的各个阶段,即从公安侦破至检察起诉到法院判决对触法未成年人进行司法分流,避免他们进入监狱,提供机会让他们留在社区接受家庭、学校等的帮助、教育及挽救,让其改正自我,从而达到积极预防和减少触法未成年人再犯罪的目的。实施司法分流的一个重要条件是"合适成年人"的参与制度。从2004年7月开始,"项目"在盘龙区推行"'合适成年人'参与"制度。① 2005月3月,"项目"组织培训了32名兼职"合适成年人"参与了"司法分流"工作。自2005年5月,为了适应工作的要求,经过考试和筛选,招聘了10名全职的"合适成年人",并开展了滚动式的培训学习。自从开展司法分流试点项目以来,盘龙区公安分局的民警在工作中都遵循着一个原则:在对涉法未成年人的第一次讯问、询问时,都会通知"合适成年

---

① 周思佑:《昆明创出"盘龙模式"(上篇)》,载《云南法制报焦点周刊》2009年3月5日。

人"到场,在不干预和影响警方办案的前提下,"合适成年人"将在派出所亲历问讯的全过程,以维护未成年人的合法权益。当触法未成年人进入公安侦查阶段,有可能受到治安处罚或刑事处罚时,派出所通知"合适成年人"参与对该未成年人的讯问;如果该案件在公安侦查阶段不能结案,"合适成年人"要继续对该未成年违法犯罪嫌疑人、被告人进行社会背景调查,协调和促进相关司法部门的合作,有效维护未成年人的合法权益,积极为其争取"司法分流";并配合家庭、学校、社区、司法部门做好教育、感化、挽救的跟踪帮教和矫正工作。①

另一个试点地区是上海市的浦东新区。2004年4月,浦东新区检察院与共青团浦东新区委员会签订协议,首次引入"合适成年人"制度进行探索,并在个案中予以运用。2007年6月,浦东新区检察院与对口审理浦东新区涉及未成年人案件的长宁区法院,以及浦东公安分局、浦东新区团委联合签订《关于合适成年人参与未成年人刑事案件诉讼活动的工作协议》(下称《工作协议》)。《工作协议》将"合适成年人"参与未成年人刑事案件的侦查、批捕、起诉、审判全过程作了明确具体的规定,实现了"合适成年人"参与刑事诉讼活动全程化。②

(三)我国合适成年人参与制度在立法和司法方面存在的主要问题

1. 在立法方面存在的主要问题

我国合适成年人参与制度在立法方面主要存在以下四个方面的问题:

(1)不同的法律、司法解释之间存在冲突和矛盾。根据前述内容,对于不满18岁的未成年人犯罪的案件,在讯问和审判时,《刑事诉讼法》第14条第2款规定的是"可以通知犯罪嫌疑人、被告人的法定代理人到场"。而《未成年人保护法》《公安机关办理未成年人违法犯罪案件的规定》等都规定是"应当通知犯罪嫌疑人、被告人的家长、监护人等到场"。立法内容之间的冲突给司法实践造成了一定程度的混乱,也是造成司法实践中很少通知法定代理人等到场的原因之一。课题组在调研过程中,很多被访问的公安机关表示,他们的执法依据就是《刑事诉讼法》,《未成年人保护法》不是刑

---

① 安克明:《阴影不再,阳光重来》,载《人民法院报》2006年9月18日。
② 张立等:《上海出台新举措:"合适成年人"全程参与未成年人刑事诉讼》,载《检察日报》2007年10月11日。

事诉讼方面的专门法律，在后者与前者规定不一致时，他们执行的是前者。至于《公安机关办理未成年人违法犯罪案件的规定》等都只是司法性文件和司法解释，其法律效力没有刑事诉讼法高，所以，在二者冲突时，他们执行刑事诉讼法。所以，刑事诉讼法的"可以"规定在实际上导致其他法律、司法解释、司法性文件中的"应当"规定形同虚设。

（2）不同的法律、司法解释之间在具体被通知对象方面也不一致。《刑事诉讼法》第14条第2款规定的被通知对象是"未成年犯罪嫌疑人、被告人的法定代理人"；《未成年人保护法》第56条规定的是"监护人"；《公安机关办理未成年人违法犯罪案件的规定》第11条规定的是"家长或者监护人或者教师"；《最高人民法院关于审理未成年人刑事案件的若干规定》第19条规定的是"法定代理人、其他监护人或者其他成年近亲属"。合适成年人参与制度的一个重要内容是合适成年人的范围，在这个重要问题上，不同的立法也是各不相同，这在一定程度上反映了我国合适成年人参与制度的不成熟。

（3）法律、司法解释具体内容的灵活性导致合适成年人参与制度在司法实践中尚处于个别试点阶段。刑事诉讼法规定是可以通知，这就意味着也可以不通知。尽管立法中的"可以"一般都表明了法律的基本倾向，即在没有特殊情况下，一般都应通知，但在现阶段的司法实践中，公安机关一般都以此规定为由不通知。《公安机关办理刑事案件程序规定》第182条第1款虽然规定应当通知其家长、监护人或者教师到场，但同时又规定"除有碍侦查或者无法通知的情形外"，这实际上又将是否通知家长等到场的权利交由侦查机关掌握，因为，有碍侦查的具体情形没有任何细化的规定，完全由办案机关掌握，这也是导致司法实践中公安机关几乎不通知家长、监护人到场的主要原因之一。这样的规定在本质上与刑事诉讼法中的"可以"规定没有任何区别。

（4）无论是刑事诉讼法还是其他法律、司法解释，对通知法定代理人等到场的规定都极其简单，没有规定法定代理人等到场的作用到底是什么，可以行使哪些权利；也没有规定当未成年人没有法定代理人、近亲属也没有教师时，其相应的替代措施是什么；更没有规定当公安机关不履行通知义务时，相应的法律后果是什么。缺乏法律责任的制度，使其执行力大打折扣。

2. 在司法实践中存在的问题

根据课题组对全国部分公安机关的调查,目前,我国除了前述提到的昆明盘龙区、上海市浦东区等正在进行合适成年人参与制度的试点外,在其他地方,公安机关在讯问时一般不通知未成年人的法定代理人、监护人或者教师到场。本课题组对三省 207 名警察的相关调查结果如下图所示。

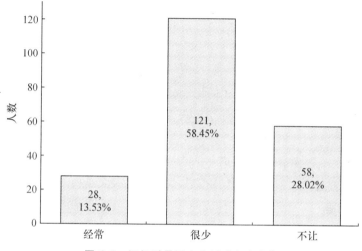

图 6.1 讯问时是否有合适成年人参与

如图 6.1 所示,经常让犯罪未成年人的父母、老师等参与案件处理的仅占 13.53%,而很少让相关人员参与案件处理的占 58.45%。其他的调查也证实了这一情况。如上海市少年犯管教所曾于 2003 年 10 月对在押的未成年犯进行过关于合适成年人参与首次讯问的问卷调查,其中参加问卷调查的未成年犯共计 103 人,年龄在 14—16 岁的 27 人,占 26.2%,年龄在 17—18 岁的 76 人,占 73.8%。调查显示因犯罪行为而受到首次讯问时,被通知前来指认的家长有 20 人,青少年保护干部 3 人,共青团干部 3 人,社区或者街道干部 2 人,律师 9 人,合计 37 人,占 39.2%。但除了承办人员以外,没有人参与首次讯问的 103 人,占 100%。①

---

① 胡骞骜:《试论推进未成年人取保候审工作》,载徐建主编:《英国保释制度与中国少年司法制度改革》,中国方正出版社 2005 年版,第 157 页。

（四）公安机关不通知未成年犯罪嫌疑人法定代理人等在讯问时到场的原因分析

公安机关不通知未成年犯罪嫌疑人法定代理人等在讯问时到场的原因是多方面的，根据课题组的调查，除了前述的立法方面存在的问题之外，还有以下几方面的原因：

1. 很多办案民警没有意识到合适成年人参与制度对于保障未成年犯罪嫌疑人合法权利、促进诉讼顺利进行的重要意义，认为这种制度与中国国情不符，没有必要。

2. 一部分民警存在严重的重打击、轻保护和口供之上的观念，认为办理刑事案件最重要的是在第一时间获取犯罪嫌疑人的口供。如果要通知未成年人的法定代理人等到场，会花费很多时间，从而担心贻误办案时机，影响办案效率。

3. 一些民警担心在合适成年人参与后，会影响讯问效果。司法实践中，有些办案人往往利用未成年犯罪嫌疑人孤立无援的心理弱势状态和紧张感来获取口供。他们担心，有成年人在场，这种状态和气氛就会受到影响。更有人甚至认为，在成年人在场，办案机关的一些非法取证手段如诱供、逼供、长时间讯问等，就无法使用。

4. 办案人员担心，法定代理人等到场后，对他们的行为不好控制。法定代理人出于袒护未成年犯罪嫌疑人的需要，可能会有意破坏讯问秩序的顺利进行，如提示、暗示未成年犯罪嫌疑人拒绝配合办案机关的侦查工作，指使他们作虚假的供述。

5. 办案人员担心，法定代理人等参与讯问后，会泄露案件的侦查秘密，会由此导致其他同案犯的潜逃、串供等违法犯罪行为的发生。

6. 存在现实的困难。合适成年人参与制度能够得以实施的一个重要因素是办案机关能随时联系到合适成年人，让其尽快到达讯问现场。但是，根据现在的法律规定，合适成年人只包括法定代理人、监护人、教师。司法实践中，有相当一部分的未成年犯罪嫌疑人为外地人，他们的法定代理人等不在案发地，他们无法及时赶到办案机关所在地。有的未成年犯罪嫌疑人没有法定代理人、监护人、教师，其他的人又不能参与，导致办案机关无法通知。有的犯罪嫌疑人拒绝提供真实、姓名、住址，办案机关更是无法通知。

所以,要想让合适成年人参与制度在未成年人犯罪案件中真正发挥广泛的作用,必须要扩大合适成年人的范围。

三、我国构建合适成年人参与制度需要解决的主要问题

我国合适成年人参与制度的具体构建涉及的内容比较多,本书仅就其中三个比较重要的问题进行分析,这些问题明确后,合适成年人参与制度的其他内容也基本上能得以明确。

(一)我国合适成年人参与制度构建的意义和必要性

如前所述,合适成年人参与制度在某些国家和地区已成为保护涉罪未成年人合法权益的一种重要制度,并已经发挥了积极作用。但是,在我国,根据课题组对三省公安机关207名警察的调查,发现对建立合适成年人参与制度必要性和可行性的认识还有待提高,具体调查结果如表6.2所示:

表6.2 对合适成年人参与制度的认知分析

	人数	百分比	累积百分比
必要且可行	113	54.6	54.6
必要但不可行	28	13.5	68.1
不必要也不可行	37	17.9	86.0
不必要但可行	29	14.0	100.0
总计	207	100.0	

实际上,对于我国来说,构建系统、完善的合适成年人参与制度十分必要,并具有重要的理论和现实意义。

1. 对于涉罪未成年人,合适成年人参与制度是与其身心发育特点相符合、保护其合法权益,保障其健康成长的重要制度。一般来说,未成年人身心发育尚未成熟,往往又多是初犯、偶犯,在进入与正常生活环境反差很大的刑事诉讼程序时,他们很可能会出现害怕、紧张、孤单等心理问题;同时,他们也很可能不能很好地认识自己言语及行为的后果,不能正确地表达自己的真实意思,不能正确地理解警察讯问等司法程序、措施的含义和内容。因此,合适成年人对其的在场及时帮助就很有必要。另外,在我国目前的司法实践中,公安机关等办案机关违法办案的现象还时有发生,作为具有一定自我保护能力的成年人都容易受到刑讯逼供、诱供等非法手段的侵害,更何

况自我保护能力极为弱小的未成年人,因此,他们也需要相对独立的适当成年人的介入以帮助维护其合法权益。

前文已经分析,合适成年人的作用不仅仅局限于在讯问现场的帮助,还延伸到社会调查、取保候审、司法分流、社会帮教等方方面面,这些对于未成年人合法权益的保护和顺利回归社会都具有重要的积极意义。

2. 对于公安机关等办案机关来说,合适成年人参与制度同样具有积极的作用和意义:一是可以使警方不滥用权力,使被讯问的人不受凌辱;二是保护嫌疑人,同时也保护警察自己;三是使警察更加专业化;四是提高证据的可靠性、证据力。① 有学者认为,适当成年人参与可以为警察的取证提供保护,大大提高警察取证效率与成功率。在适当成年人参与下取得的证据更具有说服力,证据的采信度提高了。另外,由于有独立于警察机关的适当成年人在场,犯罪嫌疑人的家人一般来说也将更乐意接受公安机关的工作,判决的结果也容易被接受。因而公安机关的办案效率将会提高,诉讼成本将会降低,而并不是影响办案效率。②

3. 建立合适成年人参与制度是实践有关国际公约的要求。联合国《儿童权利公约》第 3 条规定:"关于儿童的一切行动,不论是由公私社会福利机构、法院、行政当局或立法机构执行,均应以儿童的最大利益为一种首要考虑"。该《公约》第 37 条规定:"所有被剥夺自由的儿童应受到人道待遇,其人格固有尊严应受尊重,并应考虑到他们这个年龄的人的需要的方式加以对待","所有被剥夺自由的儿童均有权迅速获得法律及其他适当援助"。联合国《少年司法最低限度标准规则》更是明确规定了涉案未成年人有要求合适成年人在场的权利。该《公约》第 7.1 条规定:"在诉讼的各个阶段,应保证基本程序方面的保障措施,诸如假定无罪指控罪状通知本人的权利、保持沉默的权利、请律师的权利、要求父母或母亲或监护人在场的权利、与证人对质的权利和向上级机关上诉的权利"。15.2 条规定:"父母或监护人应有权参加诉讼,主管当局可以要求他们为了少年的利益参加诉讼。"第 15 条

---

① 刘芹:《"中欧少年司法制度——合适成年人参与制度研讨会"会议综述》,载《青少年犯罪问题》2003 年第 3 期。
② 姚建龙:《英国适当成年人介入制度及其在中国的引入》,载《中国刑事法杂志》2004 年第 4 期。

的"说明"进一步阐释:"规则 15.2 中所述的父母或监护人参加的权利则应被视为是对少年一般的心理和感情上的援助,在整个程序过程中都是如此。"根据前面的分析,合适成年人参与制度充分体现了对涉罪未成年人合法权益的保护,是对被剥夺自由的未成年人给予及时帮助的重要措施。所以,从实践《儿童权利公约》和《少年司法最低限度标准规则》的角度,我国也应当确立合适成年人参与制度。我国的刑事诉讼法在修订时应当明确规定,公安机关、人民检察院、人民法院在讯问未成年人犯罪嫌疑人、被告人时必须要有合适成年人在场,并就合适成年人的范围、法律地位、作用、具体参与方式等通过司法解释等方式作出明确具体的规定。

(二)合适成年人的范围

合适成年人的范围究竟包括哪些人,各国的法律规定并不相同,这其中对于未成年犯罪嫌疑人的父母和律师这两类人能否担任合适成年人,争议最大。

(1)父母能否担任合适成年人的争议

有学者认为,未成年人的父母应当是合适成年人的首要人选。因为,未成年人的父母更了解未成年人,更容易与未成年人沟通,同时也容易获得未成年人的信赖[1],他们能够用最容易为未成年人所接受的教育方式对未成年人进行教育,从而有助于强化教育的效果。另外,父母亲在参与的过程中,可以了解子女或被监护人是怎样走上犯罪道路的,可以了解子女或被监护人走上犯罪道路与家庭或监护人有何关系,使他们认识到教育子女或被监护人的重要性,增强他们教育子女或者被监护人的责任感和自觉性。同时,也使他们知道什么是教育子女和被监护人的正确方法,反省或总结过去自己在教育子女或被监护人问题上有哪些经验教训等等,这样,也能起到预防犯罪和减少犯罪的作用。[2]

但也有学者认为,由于未成年人父母一般带有感情色彩并且与案件具

---

[1] 徐美君:《未成年人刑事诉讼特别程序研究——基于实证和比较的分析》,法律出版社 2007 年版,第 123 页。

[2] 廖明:《在打击与保护之间寻求平衡——略论我国未成年人犯罪的侦查制度》,http://www.criminallawbnu.cn/。2009 年 5 月 6 日访问。

有利害关系,如果让他们作为合适成年人,会不利于案件的正常开展。① 在我国昆明盘龙区开展的试点活动中,"合适成年人"也不包括触法未成年人的合法监护人。②

　　本书认为,上文所讨论的父母能否作为合适成年人,正是父母作为合适成年人确实存在的优缺点。综合起来看,父母可以作为合适成年人,但根据客观情况也应受到一定的限制。父母作为合适成年人参与讯问,存在的最主要问题是出于袒护子女的本能,可能会实施一些妨碍侦查的行为,如在讯问的现场提示、暗示未成年犯罪嫌疑人作虚假供述;泄露侦查秘密;串供或者阻止证人作证等。对此问题必须要正视,如果前述这种问题经常发生,甚至只要在某地发生几例,就会导致父母参与讯问制度实施的极度困难。因此,在制度设计方面,有必要对父母担任合适成年人参与讯问作出一定的限制。如苏联学者卡涅夫斯基认为在以下情况下不能通知未成年犯罪人的父母到场参与讯问:(1)家庭成员之一是教唆犯;(2)在未成年人与父母或近亲一起居住的住所发现了被盗财物、犯罪工具,因而家庭成员害怕承担责任,可能会故意隐瞒犯罪情节和在住所内隐藏赃物的原因;(3)在家庭中存在不良影响(父母酗酒、争吵、打架等),因而父母或代理人也想隐瞒促成未成年人犯罪的原因及其个性形成的条件;(4)父母或其他对未成年人负有教育责任的人对于未成年人的教育问题漠不关心,无人照管;(5)由于其他原因,父母或代理人企图干扰查明案件真相;(6)必须立即讯问未成年犯罪嫌疑人。③ 本书认为,除了上述这些限制性规定外,还可以通过具体程序来降低父母担任成年人可能会的司法风险,如规定父母只能在讯问前与未成年犯罪嫌疑人见面,然后可以在现场,但可以采用玻璃隔离等方式,让父母无法知晓讯问内容;父母在讯问现场有不当、违法行为时,侦查人员可以中止父母的在场权等。

　　(2)律师能否担任合适成年人的争议

　　学术界在此问题上争议较大,如 2003 年,在华东政法学院所举行的关

---

① 林志强:《"第二次中欧少年司法制度——合适成年人参与制度"研讨会会议综述》,载《青少年犯罪问题》2004 年第 6 期。
② 安克明:《阴影不再,阳光重来》,载《人民法院报》2006 年 9 月 18 日。
③ 〔苏〕JI. JI. 卡涅夫斯基著:《未成年人犯罪的侦查和预防》,冯树樑译,群众出版社 1988 年版,第 30 页。

于适当成年人介入制度的研讨会上,对于律师是否可以代替适当成年人曾经发生过较为激烈的争论。英国法律认为适当成年人与律师应当明确区别开来,并且两者不能互相替代。一般认为适当成年人与律师具有以下区别:(1)律师到场是代表未成年人,他们根据未成年人的通知而到场。在警察提问时,他们在这种通知的基础上,为未成年人提供说什么的建议;(2)律师具有法律资格,能在法律事务方面提供建议;(3)适当成年人是用以协助未成年人和警察沟通;(4)适当成年人没有法律资格,但是经过相关的培训。① 有学者认为,律师可以作为合适成年人,但案件的承办律师则不能作为本案的合适成年人。② 我国的昆明市盘龙区和上海市浦东新区的试点,也都规定律师不能作为合适成年人。

本书认为,承办案件的律师不能代替合适成年人。如果某些律师在经过培训后,同时又成为合适成年人的一员;此时如果该律师不是以律师的身份出现,而是以合适成年人的身份出现,则应当允许。承办案件的律师之所以不能代替合适成年人,主要是因为合适成年人参与诉讼与律师参与诉讼,二者所处的法律地位、所履行的法律职责和所起的作用都有很多方面的区别。律师参与诉讼,主要是为未成年人提供法律帮助,是未成年人合法利益的专门维护者,这一角色决定了律师在与侦查机关的配合方面存在制度性障碍。合适成年人参与诉讼是给生理、心理发育都不成熟的未成年人提供的一种特殊保护,其主要作用是监督警察讯问、协助未成年人与警察沟通。所以,合适成年人的作用不同于律师。合适成年人从警方的讯问介入,协助沟通和确保侦查审讯的依法公正进行,对未成年人犯罪前的社会背景情况进行调查,提出处置建议,供司法办案部门作处理决定时的参考。同时不干预警方对犯罪事实和犯罪情节的认定,具有真实的中立性和公正性。对共犯成员,一个合适成年人可以同时维护几个当事人的权利,目的是排斥口供证据收集时不恰当性和讯问中违法情况的发生。合适成年人参与制度是以完善、健全程序公正,进而促进实体处置的公正,确保对未成年人司法公正

---

① 姚建龙:《英国适当成年人介入制度及其在中国的引入》,载《中国刑事法杂志》2004 年第 4 期。
② 徐美君:《未成年人刑事诉讼特别程序研究——基于实证和比较的分析》,法律出版社 2007 年版,第 124 页。

的真实性。① 由此可见,合适成年人在保护未成年人合法权益的同时,也在客观上对侦查机关的办案工作起到一定程度的协助作用。其地位和立场相对于律师来说,更容易保持中立和客观。所以,本书认为,侦查机关可能对合适成年人参与制度要比律师在场制度更容易接受,我国可以先试行合适成年人讯问在场制度,然后再进一步推进律师在场制度。

律师不能代替合适成年人,合适成年人也不能代替律师的作用。本书认为,二者在保护未成年犯罪嫌疑人权益这一目标上是共同的,所不同的只是保护和帮助的侧重点不同,所以,二者可以一定程度上相互配合,如律师应当参与对合适成年人法律知识的培训,合适成年人在对未成年人犯罪前的社会背景情况等进行调查时,可以吸收律师的一些调查材料。只有二者的配合才能更好、更全面地保护未成年人的合法权益。

结合国外的相关规定和我国试点地区的司法实践,本书认为,在我国,合适成年人应当包括:未成年人的法定代理人、监护人、近亲属、学校老师、经过相关专业培训的社会工作者、共青团、老龄委、关心下一代协会等与青少年教育保护相关的机构组织的工作人员、非承办该案的律师。这其中,应该以专业的社会工作者为主要的合适成年人,主要原因有两点:一是他们具有比其他人更全面、更有针对性的专业知识,能更好地帮助未成年人;二是他们比父母、监护人等未成年人的亲属更容易保持客观、中立的立场,从而更容易被涉案未成年人、公安机关等双方所接纳。将专业的社会工作者作为合适成年人的主要力量,必然还会涉及费用保障的问题。本书认为,合适成年人参与制度是国家司法制度运行的一个必要部分,对于保护诉讼参与各方的合法权益、保证诉讼程序的有效进行、预防和减少犯罪都具有积极的意义,那么,对于此制度运行而必须要支出的费用就应当由国家承担。国家可以通过政府购买服务的方式,聘请专业的社会工作者作为合适成年人参与诉讼。

(三)合适成年人的具体作用、权利与义务

1. 国外的有关规定

根据英国《警察及刑事证据法执行守则》规定,适当成年人到场的主要作用有两点:首先是为被讯问的未成年人提供意见并观察面谈是否进行得

---

① 周树廉、祁涛:《合适成年人参与制度——昆明市盘龙区未成年人司法试点项目主线的思考》,载《社会工作》2008年第11期。

公平合理;其次是协助该未成年人与警察人员沟通。为被拘留的未成年人提供法律建议不是适当成年人的职责。具体来说,适当成年人的最重要作用主要包括:(1)支持、建议和帮助被拘留的人,特别是在他们被讯问的时候;(2)观察警察的行为是否适当、公正和尊重被拘留人员的权利,如果警察没有做到这一点,则提醒他们;(3)帮助被拘留人与警察交流;(4)使被拘留的人理解自己的权利和适当成年人的职责是保护他们的权利。①

2. 我国试点地区的有关规定

在昆明市盘龙区未成年人司法试点项目中,合适成年人参与制度有三项职能:出席旁听警方的讯问活动;见证警方的执法;维护触法未成年人的合法权益。② 具体地说,"合适成年人"在工作中享有六项基本权利,主要包括:在不干扰公安机关侦查工作的前提下,参与警方对触法未成年人的首次及其后的讯问活动;采用适当方式及时制止警方有损于触法未成年人合法权益的言行;向办案部门提出对触法未成年人的处理意见,等等。相应的,"合适成年人"必须履行六项义务,其中包括及时迅速地对触法未成年人的违法犯罪动机、目的、原因和家庭情况、当事人态度及相关社会背景进行了解、记录并形成综合报告,为办案部门作出处理决定提高可靠的依据;尊重和保护触法未成年人的隐私权;严守工作纪律,等等。③ 在盘龙区的试点项目中,合适成年人的作用贯穿于未成年人犯罪案件的全程处理过程中,而不仅仅局限于侦查阶段。如果案件在公安阶段不能办结,被移送至检察院和法院阶段,合适成年人要对涉法的未成年人进行社会背景的调查,并向检察院和法院提出对涉法未成年人能否采取分流的意见和建议。合适成年人还有权根据了解到的有关触法未成年人情况,向项目办公室提交建议司法分流的报告,项目办公室组织评估小组进行评估研究后,做出同意司法分流与否的决定。如果合适成年人收到同意争取司法分流的批示后,就有权利和义务对被批准人实行个案跟进。个案跟进中,合适成年人要尽快将对触法未成年人的背景调查报告按正式收发文程序送达办案单位,供其做处理决

---

① 姚建龙:《英国适当成年人介入制度及其在中国的引入》,载《中国刑事法杂志》2004年第4期。
② 周树廉、祁涛:《合适成年人参与制度——昆明市盘龙区未成年人司法试点项目主线的思考》,载《社会工作》2008年第11期。
③ 安克明:《阴影不再,阳光重来》,载《人民法院报》2006年9月18日。

定时参考;在与办案方沟通联系的同时,对当事人做更深入全面的补充调查,并对其进行思想教育工作,促其改过自新;要在办案单位同意和支持下,促成未成年受害方与未成年加害方交流沟通,使加害方主动认错、赔礼道歉,取得受害方的谅解,在条件成熟后,在办案单位牵头参与下,让加害方主动公开向受害方认错道歉、赔偿损失,为对未成年加害方实现司法分流和争取从轻处置创造条件。另外,从公安、检察机关办案程序中分流出来,虽有违法犯罪事实但未受刑法处罚的触法未成年人,一律纳入社区帮教,按照开展社区帮教的程序尽快落实帮教工作;从法院审判程序中分流出来的未成年人,按照"两高一部"规定,转由司法机关进行社区矫正。合适成年人应将个案跟进中收集和撰写的材料按正式收发文程序转给所属街道办事处、乡司法所。①

在上海市浦东新区试点中,《工作协议》规定,未成年人在接受讯问时,合适成年人有权记录未成年人的表现以及讯问人员是否有违法或损害未成年人权利的行为;在审理未成年人案件时,法院认为必要并征得未成年被告人同意,可以通知合适成年人到场,合适成年人可以对未成年被告人的犯罪原因、家庭情况、成长经历、社会交往等情况作调查。在审判过程中,经法庭许可,合适成年人可以提交庭前有关社会调查报告和材料,并参与对未成年被告人的庭审教育。②

3. 本书的观点

结合国外的相关规定和我国试点地区的司法实践,本书认为:(1) 我国的合适成年人参与制度应当贯穿于侦查、审查起诉、审判和刑罚执行(尤其是社区矫正和社会帮教)的全过程。(2) 合适成年人的主要权利应当包括:在讯问现场保护未成年人合法权益、监督警察讯问行为的合法性、帮助未成年人与警察之间的沟通;在办案机关指导下进行未成年人的社会调查,提交调查报告,向办案机关提出处理意见,供办案机关参考;协助有关机关、组织对被取保候审、社区矫正的未成年人进行跟进帮教。昆明市盘龙区试点中确立的合适成年人的权利可以作为我国合适成年人权利的主要参考。

---

① 安克明:《阴影不再,阳光重来》,载《人民法院报》2006 年 9 月 18 日。
② 张立等:《上海出台新举措:"合适成年人"全程参与未成年人刑事诉讼》,载《检察日报》2007 年 10 月 11 日。

（3）合适成年人的义务主要包括：按要求到达讯问现场；保守案件秘密和办案机关的工作秘密；保护未成年人个人隐私；及时迅速地进行社会调查并提出客观、全面的调查报告等。

第三节 取保候审制度

一、我国未成年人刑事案件取保候审制度存在的主要问题

我国未成年人刑事案件取保候审制度存在一系列的问题，但其中有三个问题最为主要：一是整体取保候审率过低；二是外地未成年犯罪嫌疑人取保候审难；三是符合取保候审条件的没有被取保候审。

（一）我国未成年人刑事案件取保候审率整体过低

根据课题组对1180个案件的实证分析，我们发现，在1336位被告人中，仅有135位被告人在侦查阶段适用了取保候审，占总数的10.1%（如图6.2所示）。

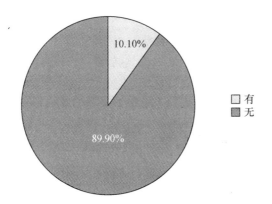

图6.2 取保候审适用情况

上述实证分析以及其他一系列的调查资料显示，由于受多种因素的影响和制约，我国的未成年犯罪嫌疑人的取保候审率虽然高于成年犯罪嫌疑人，但整体上仍然处于一个很低的水平，逮捕是适用最多的一种刑事强制措施。可以说，我国对未成年人犯罪嫌疑人和成年嫌疑人一样都遵循以羁押为常态，取保候审为例外的原则。全国各地的具体情况可能会有一定区别，但基本上都是如此。

如据某省检察院的统计,2001年以来,全省检察机关每年批准逮捕的犯罪嫌疑人占受审查逮捕总人数的比例基本维持在90.7%左右。① 福建省三明市司法机关自2001年至2003年共对139名未成年人取保候审,平均适用率为16.37%,每年的具体适用情况如下表②:

表6.3 福建省三明市取保候审适用情况

年份	取保阶段			保证方式		被取保(人)	占同期少年犯总数的比例(%)
	侦查(人)	审查起诉(人)	审判(人)	人保(人)	财保(人)		
2001	27	27	38	9	29	38	13.48
2002	46	46	55	17	38	55	19.37
2003	42	41	46	11	35	46	16.31

浙江省永康市2004年上半年,被取保候审的未成年人为23人,被逮捕的未成年人为74人,取保总数与逮捕总数的比值为0.31;2004年下半年,被取保候审的未成年人数为14人,被逮捕的未成年人数为77人,取保总数与逮捕总数的比值为0.18。综合全年来看,被取保候审的未成年人约占被采取强制措施的未成年人总人数的19.68%。③

在经济、文化发达,未成年人司法制度相对完善的北京、上海等地区,未成年人刑事案件的取保候审率也同样维持在一个较低的水平上,与全国差异不大。如2005年到2007年,海淀区检察院共受理各类刑事案件12599件17804人,其中逮捕14244人,占80%。共受理未成年人犯罪案件936件1298人,其中,逮捕923人,3年平均逮捕率71.1%。未成年犯罪嫌疑人审前羁押的比例虽然低于犯罪嫌疑人审前羁押的平均比例,然而由于未成年人犯罪案件80%属于轻罪案件,因此对未成年人犯罪嫌疑人高达70%的审前羁押率,和世界其他国家相比,这个比例仍然过高。④ 就上海市而言,从全

---

① 刘福谦:《试论侦查阶段对未成年犯罪嫌疑人的非监禁化》,载《青少年犯罪问题》2004年第8期。

② 韩晶晶:《扩大对涉嫌犯罪的未成年人非羁押强制措施的适用》,http://www.chinachild.org/default.asp,2009年10月10日访问。

③ 同上。

④ 程晓璐:《对未成年犯罪嫌疑人减少审前羁押之必要性、可行性分析及对策》,载《青少年犯罪研究》2008年第3期。

市的情况来看,2001年适用取保候审的未成年人有303人,占未成年人刑事案件总数的20%左右;2002年适用取保候审的未成年有324人,占未成年人刑事案件总数的31%;2003年适用取保候审的未成年人有347人,占未成年人刑事案件总数的33%。① 某些区的羁押率要更高。如上海市静安区人民检察院2005年至2006年共受理起诉未成年犯罪嫌疑人83人,其中74名是逮捕羁押,只有9名犯罪嫌疑人是取保候审,羁押率达到89.2%,非羁押率仅占10.8%。② 上海市杨浦区2000年至2004年3月,公安机关提请批准逮捕未成年犯罪嫌疑人268人,检察机关批准逮捕的未成年犯255名,高达95.1%。③

在对207名警察的问卷调查中,课题组就犯罪嫌疑人的"未成年"这一年龄因素对适用强制措施是否有影响和对未成年犯罪嫌疑人适用强制措施的情况这两个问题进行了调查。如图6.3所示,67.63%的警察表示"未成年"是具体适用强制措施时的一个考虑因素。

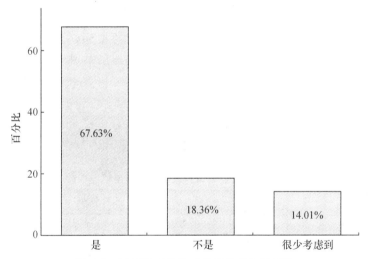

图6.3 适用强制措施时是否考虑年龄因素

---

① 韩晶晶:《扩大对涉嫌犯罪的未成年人非羁押强制措施的适用》,http://www.chinachild.org/default.asp,2009年10月10日访问。
② 乐安定:《对未成年人逮捕措施的限制适用与适度适用》,载《中国检察官》2008年第10期。
③ 葛海英、刘蓓蓓:《未成年犯罪嫌疑人在检察环节适用取保候审规定的实践与思考》,载徐建主编:《英国保释制度与中国少年司法制度改革》,中国方正出版社2005年版,第127页。

调查结果虽然显示,在具体适用强制措施时,犯罪嫌疑人未成年是重要的考虑因素,但目前对未成年犯罪嫌疑人适用的强制措施仍然主要是逮捕和拘留,如表6.4所示,对未成年犯罪人采取取保候审、监视居住的仅占有19.3%。

表6.4　对未成年犯罪嫌疑人适用强制措施的情况

强制措施	人数	百分比	累积百分比
逮捕	89	43.0	43.0
拘留	78	37.7	80.7
取保候审	31	15.0	95.7
监视居住	9	4.3	100
合计	207	100	

(二)对外地未成年犯罪嫌疑人取保候审难

相对于我国取保候审率整体偏低的情况,外地未成年犯罪嫌疑人的取保候审率更是处在一个极低的水平,本地犯罪居民的取保候审率远远高于外来犯罪人员的取保候审率。下面一系列的调查数据,都证实了此问题的存在。如:根据上海市杨浦区检察院统计,2000年以来,共有59名未成年外来人员犯罪,但在他们中间仅有2人被取保候审,只占总数0.4%,而这59人中被判处拘役六个月以下刑罚的就占33.8%。[①] 根据北京市海淀区人民检察院的统计,如表6.5所示,外地犯罪嫌疑人的羁押率显著高于本地人。

表6.5　北京市海淀区人民检察院取保候审适用情况(2005—2007年)

年份	户籍	收案人数	羁押人数	羁押比例	取保候审比例
2005	北京	142	70	49.3%	50.7%
	外地	388	301	77.6%	22.4%
2006	北京	107	44	41.1%	58.9%
	外地	298	248	83.2%	16.8%
2007	北京	89	37	41.6%	58.4%
	外地	274	223	81.4%	18.6%

---

① 葛海英、刘蓓蓓:《未成年犯罪嫌疑人在检察环节适用取保候审规定的实践与思考》,载徐建主编:《英国保释制度与中国少年司法制度改革》,中国方正出版社2005年版,第127页。

由此看出,05 年到 07 年外地未成年嫌疑人被羁押的平均比例为 80.7%,而北京籍未成年嫌疑人审前羁押率平均为 44%。① 浙江省永康市 2004 年上半年对本市户籍的未成年人取保候审的比例占所有被取保候审的未成年人人数的 91.30%,被取保的外地户籍的未成年人只占 8.7%;2004 年下半年,该市具有本市户籍的未成年人占所有被取保候审的未成年人人数的 92.86%,外地户籍的未成年只占 7.14%。②

对外地未成年犯罪嫌疑人很少适用取保候审措施,这一方面违反了法律面前人人平等的基本法律原则,侵犯了他们要求平等适用司法的权利;同时也是造成我国目前审前羁押率过高的主要原因之一。有学者指出,在北京、上海,流动人口作案达到 70%,深圳更是高达 90%。中国目前的羁押率为 90% 以上,而外地人在大中城市又往往是被羁押人群的主体,如果提高外地人取保比例,羁押率自然就能降下来。③ 所以,未成年犯罪嫌疑人取保候审的扩大适用,必须要重点研究外地未成年犯罪嫌疑人的取保候审问题。

(三) 大量符合取保候审条件的没有被取保候审

根据我国《刑事诉讼法》第 60 条的规定,逮捕的条件是有证据证明有犯罪事实,可能判处徒刑以上刑罚的犯罪嫌疑人、被告人,采取取保候审、监视居住等方法,尚不足以防止发生社会危险性,而有逮捕必要。由此可以看出,逮捕主要是适用于罪行比较严重,可能被判处徒刑以上刑罚的犯罪嫌疑人、被告人。但长期以来,审查批准逮捕的司法人员对逮捕的正当性要求认识不足,认为只有实际控制了犯罪分子才能实现追究犯罪、判处刑罚的目的,因此,普遍存在以捕代侦的错误做法和有罪逮捕即不错的错误认识,只关注了逮捕的证据要件"有证据证明有犯罪事实",忽视了逮捕的刑罚要件(可能判处徒刑以上)和有逮捕必要的条件,因此,导致大量被判处拘役、缓

---

① 程晓璐:《对未成年犯罪嫌疑人减少审前羁押之必要性、可行性分析及对策》,载《青少年犯罪研究》2008 年第 3 期。
② 韩晶晶:《扩大对涉嫌犯罪的未成年人非羁押强制措施的适用》,http://www.chinachild.org/default.asp,2009 年 10 月 10 日访问。
③ 林世钰:《取保候审不该为难外地人》,载《检察日报》2007 年 10 月 10 日。

刑的犯罪嫌疑人被逮捕。[①]

根据课题组对1180个案件的调查,我们发现,除去3.6%的缺失数据,在1288名被告人中,最后被免除处罚的共44人,而其中仅有29.5%的人在办案过程中被取保候审;被判处管制的共17人,其中有52.9%的人在办案过程中被取保候审;而被判处拘役的69人中,仅有24.6%的人被取保候审。具体可见下表6.6:

表6.6 1180份判决书中取保候审的适用情况(1)[a]

			取保候审		合计
			有	无	
主型类型	管制	人数	9	8	17
		横向百分比	52.9%	47.1%	100.0%
		纵向百分比	6.8%	0.7%	1.3%
	拘役	人数	17	52	69
		横向百分比	24.6%	75.4%	100.0%
		纵向百分比	12.9%	4.5%	5.4%
	有期徒刑	人数	92	1065	1157
		横向百分比	8.0%	92.0%	100.0%
		纵向百分比	69.7%	92.1%	89.8%
	无期徒刑	人数	1	0	1
		横向百分比	100.0%	0.0%	100.0%
		纵向百分比	0.8%	0.0%	0.1%
	免除处罚	人数	13	31	44
		横向百分比	29.5%	70.5%	100.0%
		纵向百分比	9.8%	2.7%	3.4%
合计		人数	132	1156	1288
		横向百分比	10.2%	89.8%	100.0%
		纵向百分比	100.0%	100.0%	100.0%

a. $P=0.000$,缺失数据占3.6%

同时,课题组对1180个案件的调查发现,在1336名被告人中,共有742名被告人被判处三年以下有期徒刑。其中共有207名被告人被宣告缓刑,但在这207名被告人中,只有27.5%的人被取保候审(具体情况可以下表

[①] 程晓璐:《对未成年犯罪嫌疑人减少审前羁押之必要性、可行性分析及对策》,载《青少年犯罪研究》2008年第3期。

6.7)。在655名没有取保候审的被告人中,有24人的实际执行的刑期不到一个月或者是负数。之所以是"负数",是因为判前羁押的时间已经超过了有期徒刑的刑期。对于这部分未成年人来说,不是不具备适用缓刑的条件,而仅仅是没有缓刑的"必要"而已。此外,共有145人(不含前述的24人)的实际执行刑期不超过6个月。

表6.7 1180份判决书中取保候审的适用情况(2)[a]

			取保候审		合计
			有	无	
缓刑	是	人数	57	150	207
		横向百分比	27.5%	72.5%	100.0%
		纵向百分比	65.5%	22.9%	27.9%
	否	人数	30	505	535
		横向百分比	5.6%	94.4%	100.0%
		纵向百分比	34.5%	77.1%	72.1%
合计		人数	87	655	742
		横向百分比	11.7%	88.3%	100.0%
		纵向百分比	100.0%	100.0%	100.0%

a. $P = 0.000$

除了我们的调查外,一系列的调查结果也显示,我国目前对未成年犯罪嫌疑人的审前高羁押率与未成年人犯罪严重情况并不相符。例如,从全国的统计数据来看,1992年至2004年4月,全国法院审结的未成年人作案人员为292000余人,其中判5年以下、拘役、管制的224000余人,占76.5%,缓刑6000余人,免予刑事处分5100余名,宣告无罪的320名。由此可以看出,在进入到法院审理的未成年人中,有78.5%受到了比较轻的刑罚处理。而涉嫌犯罪的未成年人一般只有20%左右才能被取保候审。通过比较这两个数字我们就能发现,未成年人被取保候审的情况与其犯罪的严重情况是不相适应的。[①] 全国某些地区的调查也同样印证了此问题的存在。如根据北京市海淀区人民检察院的调查,至少23%的未成年嫌疑人被不当批捕。未成年犯罪嫌疑人、被告人捕后审结或者判决情况如表6.8所示:

---

① 韩晶晶:《扩大对涉嫌犯罪的未成年人非羁押强制措施的适用》,http://www.chinachild.org/default.asp,2009年10月10日访问。

表 6.8　未成年被告人的判决情况

年份	不满三年徒刑	三年以上徒刑	三年以下缓刑	拘役	不起诉、退处人数	罚金、管制	免于刑事处罚	缓、徒刑以下刑罚人数
2005	224	26	12	72	4	1	6	91
2006	127	19	20	46	17	0	21	97

这就意味着,根据2005、2006年的数据显示,按照刑事诉讼法规定的逮捕条件,至少有209名约占23%的未成年犯罪嫌疑人不应当被羁押而予以羁押。至于那些捕后被判处3年以下有期徒刑的未成年犯罪嫌疑人中,大部分都没有社会危险性而无逮捕必要。① 又如,2003年某省检察机关捕后作不起诉、起诉后法院判处徒刑以下刑罚的,占已结案批捕人数的12%,捕后判处3年以下有期徒刑等适用缓刑的占已结案批捕人数的12.1%,上述两类人员合计占已结案批捕人数的24.1%。这就意味着有24%的未成年犯罪嫌疑人不应当被羁押。②

二、上述问题的主要原因分析

上述问题的存在与一系列的因素密切相关。主要原因分析如下:

(一) 没有树立权利观念

从观念上来看,我国取保候审等强制措施制度是以国家为本位加以设定的,在一定程度上忽视了对个人权利的保障,尚未形成权利保障和无罪推定的理念。在英国等一些英美法系国家,保释制度是基于犯罪嫌疑人的人权保障观念与无罪推定观念而设定的。我国的取保候审制度虽然在一定程度上具有保障犯罪嫌疑人合法权益的内容和作用,但其出发点不在于无罪推定和保护嫌疑人的自由权,主要目的是保证犯罪嫌疑人在侦查、起诉、审判时及时到案,同时也防止诉讼中干扰证人或者串供,从而减少诉讼过程中可能会出现的风险和麻烦。所以,司法机关在决定是否对未成年犯罪嫌疑人、被告人适用取保候审时,考虑的往往是侦查的需要和保障刑事诉讼的顺利进行,而不是考虑未成年人合法权益的保护问题。办案人员普遍存在"以

---

① 程晓璐:《对未成年犯罪嫌疑人减少审前羁押之必要性、可行性分析及对策》,载《青少年犯罪研究》2008年第3期。
② 刘福谦:《试论侦查阶段对未成年犯罪嫌疑人的非监禁化》,载《青少年犯罪问题》2004年第8期。

捕代侦"、"通过羁押获取口供"的主观意愿,导致在主观上不愿意对犯罪嫌疑人、被告人适用取保候审措施。所以,司法实践中,取保候审多是公安机关被动采取的,即案件报到检察院提请批捕,而检察院决定不予批捕的,公安机关依据法律规定被迫采取取保候审措施。也就是说在对未成年人取保候审之前,该未成年人已在看守所羁押过,而这一羁押措施对未成年人性格、心理负面影响已经产生,可能因而增加了对未成年犯罪人的教育、挽救、感化难度。[1]

(二)风险评估机制的缺失

依据我国《刑事诉讼法》的规定,对未成年犯罪嫌疑人、被告人适用取保候审的通常情况是:(1)认为其可能被判处管制、拘役或者独立适用附加刑的;(2)认为其可能被判处有期徒刑以上刑罚,采取取保候审、监视居住不致发生社会危险性的。这里存在的一个主要问题就是条件中的"社会危险性"没有明确具体的标准,非常概括和模糊。如何判断未成年人是否具有社会危险性从而能否适用取保候审,主要依靠司法人员的认定。社会危险性没有具体的判断标准,实际上就是取保候审制度中风险评估机制的缺失。取保候审风险评估机制,是指在决定适用取保候审时,通过对犯罪嫌疑人、被告人再犯、威胁证人、不出庭等取保后可能存在的风险进行考量和评估,按照风险的高低决定是否适用取保候审及采取何种保证条件的机制。[2] 该项制度在保释的发源地英国已经比较成熟,但在我国法律中,取保候审的风险评估机制仍然是一个空白,目前仅仅在少数地区进行试点。

风险评估机制的缺失直接导致司法机关较少对未成年人适用取保候审。因为在这种情况下,司法人员要承担相当大的责任。公安、检察机关现有的考核机制中,"脱保"是指标之一,犯罪嫌疑人逃跑或再危害社会等情况一般都被列为扣分因素,从而对办案部门的考评和工作人员的收入产生直接影响。并且,一旦被取保的人脱逃或者重新犯罪,作出决定的机关和承办人员可能会面临追究责任的风险。因此对于可以采取取保候审的犯罪嫌疑

---

[1] 徐建主编:《英国保释制度与中国少年司法制度改革》,中国方正出版社2005年版,第192—193页。
[2] 徐美君:《未成年人刑事诉讼特别程序研究——基于实证和比较的分析》,法律出版社2007年版,第110页。

人,他们也会更倾向于逮捕。对司法人员来说,将未成年犯罪嫌疑人羁押在看守所是最保险的一种措施。所以,出于避免承担风险和责任的角度,司法机关也会大量适用逮捕等羁押性强制措施。面对这种情况,我们不能苛求司法人员不顾自身的风险,对未成年犯罪嫌疑人大量适用取保候审制度,只有制定系统、完善的风险评估机制,减轻司法人员可能承担的风险,卸下指标考核、责任追究等包袱,才有可能要求从保障未成年犯罪嫌疑人权利的角度出发,进一步扩大取保候审的适用。

(三) 缺乏相应的取保候审保障机制

取保候审保障机制就是对被取保候审人的监督、管理机制。实践中对犯罪嫌疑人、被告人"保而不管"的现象非常普遍和严重。现行法律规定取保候审由公安机关执行,但实际上公安机关的警力十分有限,很难有足够的时间和精力去执行,一般都是在办理完取保候审手续后便不再监管。有些地方将被取保候审人的监督管理纳入了社区矫正的范围,这在一定程度上可以加强对被取保候审人的监管。但从整体上看,我国的取保候审保障机制,无论是在立法还是在司法方面,都还处在一个很低的发展水平,尤其是对外地未成年犯罪嫌疑人如何在取保候审后进行监管,某些地方虽然进行了试点,但至今尚无有效的制度措施,这直接导致了外地未成年犯罪嫌疑人取保候审率低于本地人。因为,与本地未成年人相比,外地未成年人即使犯同样的轻罪,但由于无稳定经济收入、无成年亲友监护、无固定监管场所的"三无"现状,使得外来未成年人受羁押率长期居高不下。从表面上看,这是因为他们不具备适格的保证条件和有效帮教条件,但从更深层次看,保证方式过于严格单一、缺乏足够的社会保障机制才是更主要的原因。①

另外,我国法律对被取保候审人在取保候审期间义务的规定也不够细致和有针对性。在取保候审监管机制尚未健全的情况下,过度、片面地强调取保候审,并盲目追求取保候审的数量,对于维护社会秩序,保障社会利益和被害人利益,存在相当风险,同时对司法资源的投入也提出了很高的要

---

① 《平等保护涉罪外来未成年人刑事诉讼权益(江阴)研讨会》,载《方圆法治》,江苏省无锡市检察院主办,http://live.jcrb.com/html/2008/284.htm,2009年10月10日访问。

求。① 在取保候审保障机制尚不健全的情况下,我们也很难期待公安机关在未成年犯罪嫌疑人取保候审方面做出更大、更快的改革。

三、改革、完善我国未成年犯罪嫌疑人、被告人取保候审制度的对策

(一) 树立权利保障观念,充分认识取保候审对于教育、感化、挽救未成年犯罪嫌疑人、被告人的重要性

目前,很多国际公约的具体规定都体现了将涉嫌犯罪的未成年人不予羁押作为未成年人一项权利的精神,要求对未成年犯罪嫌疑人、被告人不到万不得已,不得采用拘留或逮捕的羁押性强制措施。如联合国《保护被剥夺自由少年规则》指出,被逮捕扣押的少年或者等待审讯的少年应假定是无罪的,应尽可能避免审前拘留的状况,在不得已拘留的情况下,少年法院和调查机构应最优先给予最快捷方式处理此种案件,以保证尽可能缩短拘留时间。《儿童权利公约》第37条(b)也规定,对于儿童的逮捕、拘留或者监禁应符合法律规定并仅应作为最后手段,期限应为最短的适当的时间。《公民权利和政治权利国际公约》第9条第3款规定:"等候审判的人受监禁不应作为一般规则。但可规定释放时应保证在司法程序的任何其他阶段出席审判,并在必要时报到听候执行判决。"人权委员会在它的第八总评论中再一次确认:"审前羁押应是一种例外,并尽可能的短暂。"《保护所有遭受任何形式拘留或监禁的人的原则》第39条规定:"除了在法律规定的特殊案件中,由司法或其他机关由于司法利益而决定,被告人应有权被释放等待审判。"《第十七届国际刑法大会关于"国内法与国际法下的未成年人刑事责任"的决议》第12条规定:"只有在例外的情况下才能对未成年人实行审前羁押。审前羁押的决定应由司法机关作出,必须具有法定的理由,并且作出审前羁押决定之前必须经过审理。审前羁押过程应尽可能辅以教育措施。对不满16周岁的未成年人应尽可能不实行羁押。"这些公约和决议都要求将对涉嫌犯罪的人羁押当作例外,而将非羁押当成原则,对涉罪的未成年人,更应当贯彻执行这些原则和规定。

我国未成年犯罪嫌疑人、被告人的取保候审适用要想获得突破性进展,

---

① 韩晶晶:《扩大对涉嫌犯罪的未成年人非羁押强制措施的适用》,http://www.chinachild.org/default.asp,2009年10月10日访问。

改变逮捕是原则、取保候审是例外的现状,首先就必须要在观念上树立权利意识,将取保候审视为是涉案未成年人应当获得的权利,而不仅仅是作为保障诉讼顺利进行的一种强制措施。公安机关在对涉罪未成年人适用强制措施时应当坚持"避重就轻"的原则,尽量不采用或者少采用强制措施。适用强制措施时,一般应采用取保候审或监视居住等对人身自由影响较小的强制措施,只有当采取其他方法不能奏效时,才能使用拘留或者逮捕等剥夺人身自由的强制措施,并且拘留和逮捕的期限应当尽量短,当没有必要继续拘留或逮捕时,应当尽快解除强制措施或者变更为取保候审或监视居住等对人身自由影响较小的强制措施。另外,在未来我国统一的《未成年人法》中也应当规定,对于未成年犯罪嫌疑人,应尽可能的不逮捕,以此作为未成年人取保候审权利的法律保障。

(二)建立取保候审前的风险评估机制

未成年犯罪嫌疑人、被告人取保候审的扩大适用,观念上的转变自然十分重要,但如果相配套的措施没有建立起来,公安司法机关甚至社会都会承担相当大的风险,取保候审制度最终又会回归现状。因此,未成年人取保候审制度要想完全发挥其诉讼效益和社会效益,必须重构一套行之有效的保障机制,只有这样才能实现取保候审程序和实体的公正和效率。①

1. 英国和美国取保候审前风险评估的基本内容

英国少年保释制度得以积极发挥作用的一个关键因素就是具有比较健全的风险评估机制。英国的青少年帮助小组和社工积极搜集少年犯罪嫌疑人的信息,对其存在的危险因素进行评估,针对不同危险情况制定不同的保释计划并向拘留警官、治安法官进行提交请求保释。首先,英国的少年保释制度中,对未成年犯罪嫌疑人进行风险评估时有三条主要标准:(1)是否会出庭、到庭、准时到达警察机关;(2)如果回归社会是否会重新犯罪;(3)是否会在整个犯罪调查中对证人有不好的影响。对这三条标准参与评估的人员会作一个综合全面平衡的分析。其次是在评估过程中,对于影响风险评估的一些决定性的风险因素要进行充分的考虑和分析,例如:犯罪的形式、犯罪的周期、犯罪的背景、犯罪的类型、以前的犯罪记录、有否固定居所和生

---

① 樊荣庆:《扩大未成年人适用取保候审问题的若干思考》,载徐建主编:《英国保释制度与中国少年司法制度改革》,方正出版社2005年版,第187—188页。

活来源、教育和就业情况、酒精和毒品的使用情况、家庭情况、对其他未成年人的风险以及对公众的风险等等。在评估时要使评估各方能尽可能地达成共识。在限定的时间内做完风险评估后就可以确定是否给予保释。①

在美国,著名的维拉司法学会(Vera Institute of Justice)保释改革计划显示,被告逃匿的风险,可以通过某些易于查明的信息合理、充分地预见到。Vera 的研究者设计了可以用于每个审判前羁押者的风险评估计分,利用该风险评估计分,Vera 的人员向法官提出有关释放或者羁押的建议。全美国的大城市几乎都实行了保释的风险评估程序,出现了进行风险评估并提供审前释放建议的审前服务机构。② 机构的工作人员在犯罪嫌疑人被逮捕后不久就会见被逮捕者以获得有关他们的背景、经济状况和社会关系等信息资料,然后,保释工作者通过与被捕者家属、雇主、房东和其他人通电话或者其他方式证实这些信息。③

2. 取保候审前风险评估制度在我国的试点情况

我国现有的法律和司法解释虽然没有规定取保候审前的风险评估制度,但为了促进取保候审的扩大适用,早在 2003 年,上海市检察机关未成年人刑事犯罪检察部门就着手进行未成年人取保候审风险评估机制理论研究,该市闵行区检察院最早"破茧而出"。上海市闵行区检察院自 2004 年 8 月试行取保候审风险评估制度,为规范和保障非羁押措施可行性评估制度的运行,闵行区检察院未检科先后制定了《未成年犯罪嫌疑人非羁押措施可行性评估操作规程》、《未成年犯罪嫌疑人非羁押措施可行性评估办法》等。在操作程序方面,从 2005 年起,闵行区检察院正式对公安机关提请逮捕的未成年人刑事案件试行取保候审风险评估制度。要求承办人提出是否批捕的处理意见,填写《未成年犯罪嫌疑人非羁押措施可行性评估表》后,连同案卷材料、《审查逮捕案件意见书》等一并交科负责人审核,最后报分管检察长审批。经综合考量评估后,对低风险对象不予批捕,建议公安机关采取非羁押措施;对中风险对象给予重点关注,视情进行进一步考察、论证,考虑能否

---

① 陈瑜:《第三次中英少年司法制度——保释问题研讨会综述》,载《青少年犯罪问题》2004 年第 3 期。
② 宋冰:《美国与德国的司法制度及司法程序》,中国政法大学出版社 1998 年版,第 340 页。
③ 〔美〕爱伦·豪切斯泰勒·斯黛丽著:《美国刑事法院诉讼程序》,陈卫东等译,中国人民大学出版社 2002 年版,第 351 页。

采取相关支持措施如帮教措施等来降低、控制风险,然后再作决定,以提高未成年人取保候审的适用率;对高风险对象一般则予以批准逮捕。① 上海市检察机关侦查监督部门从 2006 年起开始推行未成年人取保候审风险评估制度。2007 年至今年 9 月,该市公安机关向检察机关提请批捕的 3937 名涉罪未成年人中,有 2270 人接受了检察机关的风险评估。检察机关评估后对其中 341 人作出不批捕决定。两年来,共有 1207 名涉罪未成年人被作不起诉、判处缓刑等非监禁处置。②

3. 我国取保候审风险评估制度的构建

结合国外的相关规定和我国试点地区的成功经验,本书认为,我国取保候审风险评估制度的构建必须要包括以下几个方面:

(1) 风险评估的内容

取保候审风险评估的内容主要包括三个方面:一是取保候审的风险究竟有哪些?二是根据哪些因素来衡量取保候审的风险高低?三是对于不同风险程度的未成年犯罪嫌疑人、被告人应该如何处理?

对未成年犯罪嫌疑人、被告人采取取保候审措施的具体风险主要有两类:第一类风险是被取保候审人重新犯罪,再次危害社会的风险,所以,我国《刑事诉讼法》第 51 条第 1 款规定,对于可能判处管制、拘役或者独立适用附加刑的和可能判处有期徒刑以上刑罚,采取取保候审、监视居住不致发生社会危险性的这两类犯罪嫌疑人、被告人才可以取保候审或者监视居住。因为这两类人再次犯罪的风险较小。

第二类风险是被取保候审人为案件的继续顺利审理设置障碍。我国《刑事诉讼法》第 56 条第 1 款规定,被取保候审的犯罪嫌疑人、被告人应当遵守以下规定:未经执行机关批准不得离开所居住的市、县;在传讯的时候及时到案;不得以任何形式干扰证人作证;不得毁灭、伪造证据或者串供。这些义务的核心都是为了保障诉讼的顺利进行。被取保候审人违反这些义务,就是取保候审的第二类风险。

---

① 陆勤俭:《上海闵行检察院探索建立未成年人非羁押可行性评估》,http://www.chinapeace.org.cn/zhzl/2008-08/06/content_52306.htm,2008 年 08 月 06 日访问。

② 《给犯错的孩子一个机会》,http://news.sina.com.cn/o/2008-10-13/092114566113s.shtml,2008 年 10 月 13 日访问。

上海闵行区人民检察院在风险评估内容方面，将未成年犯罪嫌疑人的犯罪行为、个人情况、家庭概况、保障支持条件作为主要的评估项目，又将四项内容细分为若干小项，每项设置高、中、低三种风险度，并对应设定考量分值。承办人根据案件具体情况按照设定的评估内容逐项进行分析、评判，测算每项评估内容的风险值，最后综合评估对犯罪嫌疑人实行非羁押措施的风险度。具体来说，上海市闵行区检察院的评估内容主要围绕以下四个方面进行：

Ⅰ 对犯罪行为的评估，具体包括：

① 犯罪的类型：危害国家安全的犯罪；严重危害人身安全的八类刑事犯罪；一般暴力性犯罪；其他犯罪；

② 犯罪的性质：故意犯罪（一般故意犯罪/防卫过当/避险过当）；过失犯罪（后果严重/后果特别严重）；

③ 犯罪行为状态：犯罪预备；犯罪未遂（实行终了/未实行终了）；犯罪中止（损害后果严重/较轻）；犯罪既遂；

④ 犯罪的情节：单独犯罪/一般共同犯罪/团伙犯罪；作用地位（主犯/从犯/胁从犯/被教唆犯）；法定情节（累犯/自首/立功）；

⑤ 量刑幅度：三年以下有期徒刑、管制、拘役或者独立适用附加刑；三年以上十年以下有期徒刑；十年以上有期徒刑。

针对上述各项，依照具体的栏目设置相应的分值，综合评分后得出犯罪行为危险性的量化测评结论。

Ⅱ 对行为人本身情况的评估，具体内容包括：

① 年龄：14—16周岁、16—18周岁；

② 身体状况：健康/患有一般病症/患有严重疾病；

③ 文化程度：小学以下文化/初中/高中以上；

④ 一贯表现：有前科劣迹/初犯偶犯；

⑤ 当前表现：认罪悔罪态度好/一般/拒不认罪；在校学习/闲散在外；

⑥ 个人品行：无不良习惯、嗜好/有吸毒、酗酒等恶习。

对上述内容设置相应的分值，得出行为人本身危险性的量化测评结论。

Ⅲ 家庭、社会环境影响因素的评估，具体内容包括：

① 家庭结构：完整/缺失；

② 家庭成员状况:无违法犯罪记录/有违法犯罪现象;

③ 家庭教育:良好/一般/较差;

④ 社 区:有组织管理功能,环境较好/环境一般/无管理作用,环境较差;

⑤ 学校:等级较高,教育得力/教育环境一般/环境较差,教育无力;

⑥ 往来人员:素质良好/不良人员。

上述内容同样以评分的方式测算风险度的量值,但因多项内容均含有主观评价的因素,故在具体评议时应以全面充分的社会调查为基础,力求测评的客观、科学。

Ⅳ 取保候审保障支持条件的评估,具体包括:

① 保证因素:有合适的保证人/缺乏合适保证人;有能力提供合适保证金/无力支付保证金;

② 帮教因素:具备帮教条件(有帮教小组或者相关组织、部门)/无帮教条件;

③ 监督因素:司法机关信息畅通、监管到位/监管能力一般/监管能力较弱。

对以上因素的考察也以评定分值的形式使之量化,连同前三项评估的内容一并计量,综合评判。通过量化考察将取保候审的适用对象划分为基本无风险或者低风险对象、中等风险对象、高风险对象。对属于基本无风险和低风险的未成年人迅速作出取保候审决定,对属于中等以上风险的则视情况与相关人员作进一步联系,考虑能否采取相关支持措施如帮教措施等来降低、控制风险,然后再作是否取保候审决定。对高风险的未成年人,则被拒绝取保候审,作出逮捕的决定。①

本书认为,上海闵行区人民检察院的取保候审风险评估内容比较系统、完善,可以作为重要参考。

(2) 风险评估的主体

从我国目前试点地区的情况来看,风险评估主要是人民检察院在审查批准逮捕和的过程中进行,个别地方的人民法院也进行取保候审的风险评

---

① 徐美君:《成年人刑事诉讼特别程序研究——基于实证和比较的分析》,法律出版社 2007 年版,第 113—114 页。

估工作。有些地方的人民检察院在试点一段时间后,经与公安机关协商,将风险评估工作延伸到公安机关的侦查阶段。如上海市闵行区检察院积极与公安机关沟通协调,通过建立相关工作制度,逐步将评估机制前置到公安侦查阶段。闵行区检察院与区公安分局会签了《关于对未成年犯罪嫌疑人慎用羁押性强制措施的若干规定》,不仅明确了未成年人适用非羁押措施的具体条件,还将未成年犯罪嫌疑人非羁押强制措施的可行性评估前置到公安侦查阶段。① 本书认为,公安机关、人民检察院、人民法院在各自的办案阶段都有权决定是否取保候审,都涉及取保候审的风险评估问题,并且,取保候审的风险也是一个动态变化的过程,不是一成不变的,所以,取保候审风险评估的主体应当是以公安机关为主,人民检察院和人民法院为辅。原因主要有以下几点:

第一,公安机关是刑事案件的侦查机关,侦查程序是刑事司法程序的第一阶段。有关的国际公约都一致要求把少年投入监禁机关始终作为万不得已的处置办法,其期限应是尽可能最短的必要时间。所以说,对于涉案的未成年人,应当是只要一进入刑事诉讼程序,就应当在最快的时间内决定是否可以取保候审,而不应等到人民检察院不批准逮捕后,甚至是等到审查起诉阶段和审判阶段,只有这样才能最大限度地保护涉案未成年人的合法权益。如果在对未成年人取保候审之前,该未成年人已在看守所羁押过较长的时间,而这一羁押措施对未成年人性格、心理负面影响可能已经产生,因而增加了对未成年犯罪人的教育、挽救、感化难度。取保候审的时间越延后,被羁押的时间越长,对涉案未成年人的不良影响就越明显,这是不争的客观事实。

第二,从司法实践的现实情况看,公安机关基本上决定了取保候审适用的整体情况。根据调查,我国的取保候审有两个明显特点,一是因不批准逮捕取保候审的占相当比例,也可以说是被动地采取取保候审的较为多见,只是因为采取刚性强制措施之路走不通才改走软性强制措施之路。② 这样必

---

① 陆勤俭:《上海闵行检察院探索建立未成年人非羁押可行性评估》,http://www.chinapeace.org.cn/zhzl/2008-08/06/content_52306.htm,2008 年 08 月 06 日访问。
② 周长康、张应立、钟绿芳:《提高未成年人刑事案件取保候审适用率初探》,徐建主编:《英国保释制度与中国少年司法制度改革》,中国方正出版社 2005 年版,第 192—193 页。

然会影响到取保候审的扩大适用。因为,如果公安机关不主动取保,而是提请人民检察院审查批准逮捕,人民检察院不批捕的,公安机关才决定取保候审,那么人民检察院在决定是否批准逮捕时,必然要考虑到多种现实因素,会导致对逮捕标准掌握得过于宽松。因为,公安机关内部一般都有报捕案件不被批捕率的指标考核,人民检察院在逮捕标准掌握时必然会考虑到公安机关与检察院业务关系。另外,如果因为人民检察院不批准逮捕而后来发生了犯罪嫌疑人脱保的案件,人民检察院可能也会因此背上打击不力之名。二是在侦查阶段的强制措施多会延续到审查起诉和审判阶段,也就是,如果在侦查机关适用取保候审,那么在后面的审查起诉和审判阶段,一般也都会适用取保候审。反之,在侦查阶段适用逮捕的羁押性强制措施,在审查起诉和审判阶段一般也会延续适用逮捕的强制措施。有调查显示,根据对北京市某区历年取保候审决定情况的调查了解,公安机关决定取保候审的占到绝对多数,检察机关决定取保候审的比例较小,而法院决定取保候审的则极少。在案件的审查起诉阶段或者审判阶段,检察院或者法院一般都不会主动变更强制措施,除非是由于案件无法在法定期限内办结,需要继续侦查或者是由于犯罪嫌疑人的近亲属或者辩护人申请且确有必要的才会考虑变更。但这样的变更在司法实践中也是很少发生的,主要是因为检法机关为了保证刑事诉讼的顺利进行,防止犯罪嫌疑人脱逃,不愿意冒险为在押的犯罪嫌疑人办理取保候审。[①] 所以,要提高我国未成年人犯罪案件取保候审率的整体水平,必然要提高侦查阶段公安机关主动采取取保候审措施的水平,而这就需要在侦查阶段由公安机关进行取保候审的风险评估。

第三,从时间方面看,公安机关要比检察院和法院更具有优势。根据我国刑事诉讼法的规定,人民检察院批准逮捕的时间只有七天,审查起诉和审判的期间也都只有一个月到一个半月,而侦查阶段的拘留期间最长可以是三十天,逮捕之后的羁押期间最长可以是七个月。取保候审的风险评估需要调查一系列的事实和材料,然后才能评价风险程度高低,这需要一定的时间。现在我国很多试点地区的取保候审风险评估是由人民检察院在审查批准逮捕的期间内进行,短短的七天时间,必然会限制检察院调查事实的范围

---

① 刘中发等:《取保候审制度运行现状调查》,载《国家检察官学院学报》2008年第2期。

和深度,所以,某些试点如上海市检察院将取保候审的风险评估延伸到公安机关的侦查阶段。

第四,从评估能力方面,公安机关也具有一定的优势。风险评估所涉及的事实和因素,公安机关在侦查工作中一般也会涉及。如果根据本书前面的建议,公安机关在侦查过程中,调查未成年犯罪嫌疑人个人情况、家庭情况等事实,那么,公安机关就完全可以依据社会调查的事实对未成年犯罪嫌疑人作出风险评估,这比人民检察院、人民法院重新调查搜集有关取保候审风险的事实材料要更加节约司法资源。

第五,人民检察院在审查批准逮捕阶段、审查起诉阶段,人民法院在审判阶段,决定是否取保候审时要进行风险评估。人民检察院在对公安机关提请逮捕进行审查时,可以要求公安机关同时提供有关风险评估的材料,认为材料不全或者内容不真实的,可以自行调查有关事实,从而作出风险评估,根据风险评估的结果作出是否批准逮捕的决定。这也需要改造完善检察机关的审查逮捕意见书。目前,检察机关的审查逮捕意见书往往注重通过对于构罪的证据和定性的分析,而对于采取取保候审、监视居住是否具备社会危险性往往不分析或者一句话带过,那就是"可能判处有期徒刑以上刑罚,不具备取保候审、监视居住的条件",对于涉及未成年嫌疑人的批准逮捕同样如此。而对于未成年嫌疑人是否有社会危险性、取保后是否有脱逃的可能、是否具备有效监护条件等风险评估并没有详细阐述,认为只要构罪就捕,能诉就捕,无形中大量增加了不必要的羁押。因此,在确立羁押为例外原则的前提下,应该改革对未成年嫌疑人审查逮捕意见书的制作方式,在最后的处理意见中应当详细阐述风险评估的结果和需要逮捕的理由。①

在审查起诉阶段和审判阶段,人民检察院和人民法院可以根据取保候审风险某些具体因素的变化,有针对性调查事实,然后作出具体的风险评估。

(3)取保候审风险免责机制

在现行法律规定不完善的情况下,未成年犯罪嫌疑人的社会危险性判断缺乏明确、具体的标准,办案人员和办案单位对取保候审也承担了相当多的风险,这迫使他们采取最为保险的羁押性措施。因此,如果要让办案人敢

---

① 参见程晓璐:《对未成年犯罪嫌疑人减少审前羁押之必要性、可行性分析及对策》,载《青少年犯罪研究》2008年第3期。

于依法适用取保候审,就必须要在建立取保候审风险评估制度的同时,建立风险免责机制,为办案人员创造积极采用取保候审的宽松环境。风险免责机制就是指只要取保候审是依照法定程序和内容进行了风险评估,并依法提出和审批的,即使是在被取保候审后,犯罪嫌疑人实施了重新危害社会的违法犯罪行为,或者有逃跑、串供、威胁、毁灭证据等行为,办案机关和办案人员也不应当对出现的取保候审风险承担法律责任。当然,如果办案人员在取保候审的风险评估以及具体办理过程中,有滥用职权、贪赃枉法、玩忽职守等违法犯罪行为的,则应追究其法律责任。

(三) 完善取保候审的保障机制

取保候审保障机制的建立与完善对于取保候审的扩大适用具有非常重要的意义,因为其可以有效地降低未成年犯罪嫌疑人、被告人在取保候审期间重新犯罪、脱保、串供等风险的发生,取保候审风险评估的重要内容之一就是取保后对取保对象的监管情况。目前,我国各地公安司法机关对外地未成年犯罪嫌疑人、被告人不敢适用取保候审,最重要的原因就是取保候审后的监管问题得不到解决。可以说,只有有效地解决了取保候审的监管问题,我国的涉罪未成年人尤其是涉罪外地未成年人的取保候审才有进一步扩大适用的可能。

未成年犯罪嫌疑人、被告人取保候审保障制度的核心问题是由谁来监管、如何监管。下面结合国外和我国试点地区的有关规定及实践,就我国未成年犯罪嫌疑人、被告人取保候审保障制度的建立进行探讨。

1. 国外的保释保障制度

英国保释制度得以发挥积极的作用得益于保释支持机构的工作以及完善的保释保障机制。[①] 其中最有效的是未成年人保释支持小组,它由警察、教育监管和医疗部门组成,有社会工作者、警察、教师等协作,街道还有专门的工作者。经费也由这些组成部门支付,也有中央部门拨款。这一机构须负责被保释未成年人受教育的权利不被中断,因此,未成年人很少被羁押。即使被羁押,也与成年人分开,有时也可以将被保释者放在社区志愿者家里看管。对于获保释的无家可归者,或者殴打家庭成员,或者法官不相信家庭

[①] 陈卫东、刘计划:《英国保释制度及其对我国的借鉴意义》,载陈卫东主编:《保释制度与取保候审》,中国检察出版社2003年版,第123页。

能防止其重新犯罪者,则建立了保释寄宿旅馆。白天可以出去工作,会见亲友,但要事先告知,晚上 11 点以前必须回来。此外,还有一种家里保释的做法,即可以通过一种电子转换装置进行监视,被保释人离开 200 米即自动报警,执行的对象一般为比较严重的犯罪、重新犯罪和暴力犯罪者。保释支持小组特别关心 10—17 岁的未成年人。他们主张未成年人获得一个合适的成年人的帮助,并与拘留警官、治安法官争取保释。保释支持小组参与申请保释,法庭往往听取保释支持小组的意见。①

在法国,根据 1945 年 2 月 2 日的法令第 10 条规定,在侦查过程中,法官可以对少年犯罪人实行先行监管,可以将未成年人委托给他的家长、监护人、已经负责看管的人或者值得信任的人进行看管,也可以将他们安置进"接待中心"(或者安置在有资格的公立或者私立"接待处")、"治疗中心"、"教育机构"、"管教机构"或者培训机构、公共管理机构或者"观察中心",也可以将他们交给"救助儿童部门"。② 法国的这一制度虽然不是取保候审后的监管,而是根据案件由法官直接实行监管,但二者在本质上有相似之处。都是在不羁押未成年犯罪嫌疑人的情况,如何对其进行有效管教。

2. 我国试点地区的取保候审保障制度

在我国《刑事诉讼法》和司法解释没有就取保候审保障制度进行具体规定的情况下,我国一些地区的司法机关对此进行了积极的探索,并取得了良好的社会效果和法律效果。

上海市长宁区检察院在民工子弟学校集中的新泾镇建立了外来成年人教育基地,对这些学校中的老师、学生和家长开展道德和法制宣传。同时,与企业合作,特别是外地来沪投资的企业,建立外来成年人帮教基地,将被取保候审的外来未成年人放到帮教基地中,由基地提供一定的生活和劳动条件,使外来未成年人能够与本地未成年人一样获得取保候审。为了提高帮教的质量,上海市徐汇区人民检察院与设立在团区委的青少年事务办公室建立了日常联系制度,并由专人对口联系,及时提供未成年人的心理测试情况、社会调查材料、简要案情等信息,使青少年社工人员的专门帮教工作

---

① 陈卫东、刘计划:《保释制度国际研讨会论文集》,2003 年,第 109、110 页。
② 〔法〕卡斯东·斯特法尼等著:《法国刑事诉讼法精义》,罗结珍译,中国政法大学出版社 1999 年版,第 591 页。

能及时跟上,并通过信息共享,提高社工的帮教效率,及时参与帮教工作。①

苏州市金阊区检察院推出了社区托管合作机制,对符合社区托管条件的涉罪未成年人一般不提请批捕,而是直接托管到合作社区进行心理矫正、思想教育和公益劳动等。其重点在于落实取保候审期间的社会帮教措施。张家港市检察院尝试对涉罪外来未成年人实行异地监管,即在涉罪外来未成年人取保后,允许其回到户籍地居住,同时与其户籍地公安机关取得联系,由被取保人定期向户籍地公安机关报告行踪、接受监督。其重点在于解决监护、监管的困难。②

3. 我国未成年人取保候审保障制度的建立

（1）我国未成年人取保候审保障制度的基本内容

对被取保候审的未成年人监管的过程并不仅仅只是监督看管,更应该是一种教育的过程,所以,未成年人取保候审保障制度的基本内容应当包括监管和帮教两个方面：一是对被取保候审的未成年人的行为进行有效监督和管理,最大限度地降低取保候审的风险,即避免他们重新犯罪、串供、干扰证人作证等,保证他们随时到案接受讯问和审判。这是取保候审保障制度最基本的要求。二是在取保候审期间对未成年人进行帮教。教育、感化、挽救是办理未成年人刑事案件的基本原则之一,也应当贯彻于取保候审期间。帮教的内容可以包括：对被取保候审的未成年人进行道德、文化和法制教育、心理矫正,组织公益劳动,培训劳动技能,为未成年人顺利回归社会提供全面的帮助,只有这样才能真正起到预防未成年人再次犯罪的作用。在这方面,我国前述的一些试点地区都进行了有益的探索。

（2）我国未成年人取保候审保障的主体

所谓保障主体,就是由哪些单位或者个人负责对取保候审未成年人进行监管和帮教,这是整个未成年人取保候审保障制度的核心。我国现有的法律规定是由被取保候审人居住地的公安机关进行监管,根据长期以来司法实践的实际效果,这一规定基本上遭到了一致反对,所以,现在有必要重

---

① 徐美君：《未成年人刑事诉讼特别程序研究——基于实证和比较的分析》,法律出版社2007年版,第109页。

② 《方圆法治》杂志社、江苏省无锡市检察院主办,《平等保护涉罪外来未成年人刑事诉讼权益（江阴）研讨会》,http://live.jcrb.com/html/2008/284.htm,2008年11月13日访问。

新确定取保候审的保障主体。

Ⅰ 目前关于取保候审保障主体的不同观点

有学者认为,我国应该合理吸收英国未成年人保释制度中的保释支持小组的成功经验,充分运用构建预防犯罪体系中建立的社区社工队伍,成立由拟作出决定的机关中的警官、检察官、法官、社工、教师、妇联、共青团、青保干部等考察帮教小组,建立风险评估、取保考察、跟踪帮教、法律服务等综合性的取保候审保障措施。要争取家庭、学校和居民(村民)委员会的配合,可以充分依托街道(镇)青少年活动中心这一机构,开展教育帮助工作。[①] 另有学者建议,要为外来犯罪人员及一些家庭缺乏监管条件的少年提供取保候审救助基地,让他们在基地里从事一些力所能及的劳动,并请大学生志愿者为他们补习文化知识和法律常识,让他们在一个污染少、较自由的环境中等待司法机关的处理。要设立专门的取保候审考察官制度,并设立专门的违法青少年矫治机构。应按照"四包",即家长包子女、学校包学生、街道包社会青年、企事业单位包职工的原则予以加强,并依靠社会力量帮助和挽救青少年重新做人。[②] 还有学者认为,可以试建工读学校与社区社工接受未成年犯罪嫌疑人取保候审管教与职业培训基地,成为支持未成年犯罪嫌疑人取保候审的机构、物质保障。[③] 建立专门的监督和矫治机构也是建议之一。该建议认为,目前北京一些区如朝阳、大兴和通州等的司法局都设有社区矫正中心。各社区街道办事处和乡镇都设有司法所,可以在此基础上整合资源,在司法行政部门下设立专门针对未成年人监督和矫治的机构,其中被取保候审、监视居住的未成年人也应当成为监督和矫治对象之一。如果以后我国建立专门的社区矫正机构,应当将被取保候审和监视居住的未成年人纳入监督对象。[④]

---

① 徐美君:《未成年人刑事诉讼特别程序研究——基于实证和比较的分析》,法律出版社2007年版,第110页。

② 葛海英、刘蓓蓓:《未成年犯罪嫌疑人在检察环节适用取保候审规定的实践与思考》,载徐建主编:《英国保释制度与中国少年司法制度改革》,中国方正出版社2005年版,第132页。

③ 徐建:《提高未成年取保候审适用率的实践研究与具体构想》,载徐建主编:《英国保释制度与中国少年司法制度改革》,中国方正出版社2005年版,第181页。

④ 韩晶晶:《扩大对涉嫌犯罪的未成年人非羁押强制措施的适用》,http://www.chinachild.org/default.asp,2009年10月10日访问。

Ⅱ 本书的观点

本书认为,我国未成年人取保候审的监管和帮教主体的确立应当坚持以下两个原则:

一是专门机关与社会力量相结合的原则。专门机关主要包括公安、检察院、法院等办案机关,专门负责社区矫正的司法行政机关,专门执行未成年人保护职责的团委、未保办等机构。专门机关应当在未成年人取保候审监管和帮教中发挥主导和组织作用。但是,与此同时还必须要发挥社会力量的作用。社会力量主要包括学校、当地的村民委员会、居民委员会、企事业单位、社会志愿者等。如前所述,取保候审保障制度的基本内容包括监管和帮教两方面,专门机关只能完成其中的一部分工作,必须要得到社会力量的帮助与配合,双方的工作各有侧重,相互配合,才能全面实现取保候审保障制度的内容和目标。前述几个试点地区也都是按此原则建立了各自的未成年人取保候审监管和帮教机构。

二是因地制宜,坚持多样化的原则。根据前文对我国试点地区取保候审保障制度的介绍,我们可以看出,几乎每一个试点的取保候审监管和帮教主体都不相同。本书认为,各地的社会、经济、司法发展水平各不相同,并且具有当地特色。如北京、上海、浙江、江苏等地,经济发达,专门的未成年人保护机构比较健全,民间机构和社会力量发展得较为充分,这些地区的取保候审未成年人监管和帮教就可以更多地发挥未保办、社会力量的作用。我国的中西部地区,经济发展相对滞后,民间机构和社会力量还处于初步的发展阶段,这些地区的取保候审未成年人监管和帮教可能就得更多地依赖于政府、司法机关等专门机关。总之,在确立未成年人取保候审监管和帮教主体时,一定要结合当地的社会、经济和司法发展水平,符合当地的实际情况,如果单纯地强调主体的全国统一性,可能难以实现取保候审保障的内容和目标。

第七章　未成年人刑事案件起诉制度

　　未成年人起诉制度是未成年人司法制度的重要组成部分。起诉,是指检察机关或被害人以及其他依法拥有请求法院确认刑事责任是否存在和适用刑罚权对犯罪进行惩罚的团体或者个人,以书面或口头方式对犯罪人提出指控,要求法院对犯罪事实进行确认并追究犯罪人刑事责任的行为。[①] 刑事起诉可分为两种,即自诉和公诉。其中,未成年人司法中自诉制度并没有特殊之处,而且绝大多数未成年人案件均涉及的是公诉程序,因此,本章所讨论的起诉制度,是指公诉制度。

　　起诉制度包括审查起诉程序与决定程序两个程序。在决定程序中,首先涉及的是决定是否起诉。检察机关根据具体情况,可作出起诉或不起诉的决定。不起诉可以分为法定不起诉、酌定不起诉与存疑不起诉,在实践中还发展出介于起诉与不起诉之间的"暂缓起诉"制度。当检察机关决定起诉时,如果是未成年人与成年人共同犯罪的案件,检察机关还要决定是否分案起诉。本章将在对175名检察官、403名法官及323名社会公众进行问卷调查的基础上,对审查起诉程序中的有关制度以及酌定不起诉制度、暂缓起诉制度和分案起诉制度的基本理论和实践问题进行探讨。

---

① 徐静村主编:《刑事诉讼法学(上)》(修订本),法律出版社2001年版,第248页。

有关问卷调查的基本情况,本书第五章已作出说明,在此不再赘述。本章涉及的对检察官问卷调查的内容主要包括社会调查、心理测试、法律援助、告知未成年嫌疑人家属案件进展情况、合适成年人参与讯问、刑事和解、诉前考察、酌定不起诉、暂缓起诉以及分案起诉等制度在实践中的适用情况等,涉及对法官和社会公众问卷调查的内容主要是他们对暂缓起诉制度的评价。

第一节　审查起诉

审查起诉,是指检察机关在公诉阶段,为了正确确定经侦查终结的刑事案件是否应当提起公诉,而对侦查机关确认的犯罪事实和证据进行全面审查核实,并作出处理决定的一项具有诉讼意义的活动。根据有关的法律及司法解释,未成年人刑事案件的审查起诉程序与一般的审查起诉程序相比,主要的区别在于:

第一,未成年人法律援助。根据《人民检察院办理未成年人刑事案件的规定》第16条的规定,人民检察院审查起诉未成年人刑事案件,自收到移送审查起诉的案件材料之日起三日以内,应当告知该未成年犯罪嫌疑人及其法定代理人有权委托辩护人,告知被害人及其法定代理人有权委托诉讼代理人,告知附带民事诉讼的当事人及其法定代理人有权委托诉讼代理人。对未成年犯罪嫌疑人、未成年被害人或者其法定代理人提出聘请律师意向,但因经济困难或者其他原因没有委托辩护人、诉讼代理人的,应当帮助其申请法律援助。

第二,对羁押的再审查。如果未成年犯罪嫌疑人被羁押的,人民检察院应当审查是否有必要继续羁押。

第三,审查起诉中的全面调查。审查起诉未成年犯罪嫌疑人,应当听取其父母或者其他法定代理人、辩护人、未成年被害人及其法定代理人的意见。可以结合社会调查,通过学校、社区、家庭等有关组织和人员,了解未成年犯罪嫌疑人的成长经历、家庭环境、个性特点、社会活动等情况,为办案提供参考。

第四,被羁押的未成年犯罪嫌疑人与其他人的会见、通话。移送审查起诉的案件具备以下条件的,检察人员可以安排在押的未成年犯罪嫌疑人与其法定代理人、近亲属等进行会见、通话:(1)案件事实已基本查清,主要证据确实、充分,安排会见、通话不会影响诉讼活动正常进行;(2)未成年犯罪嫌疑人有认罪、悔罪表现,或者虽尚未认罪、悔罪,但通过会见、通话有可能促使其转化,或者通过会见、通话有利于社会、家庭稳定;(3)未成年犯罪嫌疑人的法定代理人、近亲属对其犯罪原因、社会危害性以及后果有一定的认识,并能配合公安司法机关进行教育。在押的未成年犯罪嫌疑人同其法定代理人、近亲属等进行会见、通话时,检察人员应当告知其会见、通话不得有串供或者其他妨碍诉讼的内容。会见、通话时检察人员可以在场。会见、通话结束后,检察人员应当将有关内容及时整理并记录在案。

本节主要结合课题组的调查结果,对起诉程序中的社会调查、法律援助以及合适成年人参与制度进行分析。

一、社会调查制度

在一般的刑事案件中,检察机关审查的内容仅仅涉及案件事件本身,但在未成年人刑事案件中,由于办案机关有对未成年人进行教育和保护的法定义务(《未成年人保护法》第54、55条),检察机关必须对未成年人本人有更多的了解。在理论上来说,这也是使未成年人司法的保护理念得以实现的保障。对于未成年犯罪嫌疑人的了解,目前主要是通过社会调查制度实现的。社会调查除了让检察机关了解未成年人的情况从而履行教育及保护的职责外,其结果也是检察机关决定是否作出起诉决定的重要依据。

在本书第六章中,已经对社会调查制度做了详细介绍并就如何完善社会调查制度提出了具体意见。根据本书所提出的改革思路,检察机关仅是社会调查的辅助主体,它的职责主要在于履行法律监督责任,即在公安机关没有进行社会调查时,应当依职权退回案件,让侦查机关补充侦查。同时,检察机关应当根据社会调查的结果作出适当的决定。

由于目前实践中不少检察机关也实行了社会调查制度,因此课题组也就检察机关的社会调查制度进行了调查。在问卷中,我们并没有要求检察官直接回答"其所在检察机关是否实行了社会调查制度",而是设计了相关问题,来考察检察机关在办理未成年人案件中,是否会具体地了解未成年人本身的具体情况。其中一问题是:"您所在检察院在办理未成年人案件中,都了解未成年犯罪嫌疑人的哪些情况(可多选)? A. 犯罪事实;B. 性格特点;C. 家庭情况;D. 成长经历;E. 社会交往;F. 有无帮教条件;G. 其他。"

调查结果表明,只有三名检察官所在的检察院在办理未成年人案件中,仅仅了解犯罪事实,而不去了解未成年人本身的情况。具体来说,在175名检察官中,共有158名检察官(占总数的90.3%)所在检察院会了解未成年嫌疑人的家庭情况;141名检察官(占总数的80.6%)所在检察院会了解未成年嫌疑人的成长经历。这两项是最多检察院会了解的内容。而所在检察院会了解未成年嫌疑人的社会交往情况、有无帮教条件的检察官也很多,占总数的69.1%与65.1%。相对来说,所在检察院会了解未成年人嫌疑人的性格特点的检察官人数最少,但也占总数的64.6%。

在实践中,一些地方如上海市检察院在审查起诉中就增设了心理测试的特殊程序。在调查中,课题组也对心理测试制度的普及性进行了考察。调查结果表明,只有10名检察官所在的检察院设立了心理测试制度。可见,在审查起诉阶段增设心理测试程序这种做法,在实践中并不普遍。

二、法律援助制度

如前所述,检察机关在特定情况下应当帮助未成年犯罪嫌疑人申请法律援助。对检察官的问卷调查结果①如图7.1所示,大约66%的检察官所在的检察机关会帮助申请法律援助。

从调查结果可见,虽然超过一半的检察官所在检察机关会帮助未成年人申请法律援助,但这项制度仍然没有得到全面落实。造成这一局面的最重要的制度原因在于我国的法定指定辩护制度只存在于审判阶段(《刑事诉讼法》第34条)。因此,没有律师参与的审查起诉程序是合法的。但本书认为,指定辩护制度应当至少扩展适用于审查起诉阶段,因为律师在审查起诉阶段能发挥重要的作用。如律师可以帮助未成年嫌疑人申请变更强制措施,这有利于减少审前羁押率;在是否起诉这个问题上,特别是在检察机关

---

① 问卷中该问题具体是:"对因经济困难等原因没有聘请律师的未成年犯罪嫌疑人及其法定代理人,您院是否帮助其申请法律援助? A. 是 B. 否 C. 不一定。"

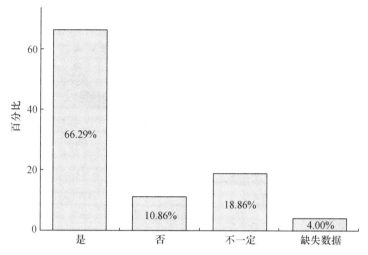

图 7.1 检察机关是否帮助未成年人申请法律援助

决定是否暂缓起诉或不起诉时,律师的参与可以使未成年人的利益得到更大的保障。

三、合适成年人参与制度

合适成年人参与讯问,对于保护未成年人的利益有着重要作用,这一点在本书第六章已经有所论述。《人民检察院办理未成年人刑事案件的规定》规定,人民检察院审查起诉未成年人刑事案件,应当讯问未成年犯罪嫌疑人;讯问未成年犯罪嫌疑人,应当通知法定代理人到场,告知法定代理人依法享有的诉讼权利和应当履行的义务。但在调查中我们却发现,共有60%的检察官所在检察机关并没有实施合适成年人参与讯问制度(具体见下表7.1)。

表 7.1 检察机关是否实施合适成年人参与讯问制度

		人数	百分比	有效百分比	累积百分比
有效数据	有	55	31.4	34.4	34.4
	没有	105	60.0	65.6	100.0
	合计	160	91.4	100.0	
缺失数据		15	8.6		
合计		175	100.0		

与合适成年人参与制度相关的一个问题是,检察机关是否告知未成年

人亲属审查起诉的进展情况。调查结果[①]显示(具体见表7.2),68%的检察官所在检察院会告知未成年人亲属的相关进展情况,但也有25.7%的检察官表示会视不同案件的具体情况来决定是否告知家属有关案件的进展情况。

表7.2 检察机关是否会告知家属相关情况

		人数	百分比	有效百分比	累积百分比
有效数据	是	119	68.0	68.4	68.4
	否	10	5.7	5.7	74.1
	不一定,视不同案件而定	45	25.7	25.9	100.0
	合计	174	99.4	100.0	
缺失数据		1	0.6		
合计		175	100.0		

第二节 酌定不起诉制度

根据《刑事诉讼法》的规定,我国的刑事不起诉制度由法定不起诉、存疑不起诉和酌定不起诉制度构成。法定不起诉,又称绝对不起诉或应当不起诉,是指凡具备《刑法》第15条所规定情形之一的,人民检察院应当作出不起诉决定,终结刑事诉讼。存疑不起诉,又称证据不足不起诉,是指对于补充侦查的案件,如果人民检察院仍然认为证据不足,不符合起诉条件的,应当作出不起诉决定。酌定不起诉,是指犯罪嫌疑人的行为已经构成犯罪,但由于犯罪情节轻微,根据刑法规定不需要判处刑罚或可免除刑罚的,人民检察院可以作出不起诉决定。当证据不足以证明犯罪成立时,检察机关应该作出不起诉的决定,这也是疑罪从无的刑法原则在起诉制度上的体现,因此存疑不起诉和法定不起诉一样排斥检察官起诉自由裁量权的行使,是起诉法定主义的基本实现形式。与其他两种不起诉制度不同,酌定不起诉赋予了检察官起诉与否的决定权,对于案件是否进入审判程序起到了过滤与分流的作用。在不起诉制度中,酌定不起诉是需要研究的核心问题。

---

① 问卷中设计的问题是:"您是否认为人民检察院在办理未成年人刑事案件中,应当告知犯罪嫌疑人家属其审查逮捕、审查起诉的进展情况? A. 是;B. 否;C. 不一定,视不同案件而定。"

一、未成年人案件适用酌定不起诉的意义

酌定不起诉制度及时地将诉讼终结在审查起诉阶段,不仅可以起到诉讼分流、节约并合理配置司法资源的作用,而且也符合保护当事人合法权益的诉讼目的。针对未成年犯罪嫌疑人可塑性强、易受感染的特点,酌定不起诉制度的积极作用更为明显。

第一,对未成年犯罪嫌疑人进行酌定不起诉处理有利于未成年人的教育改造。被不起诉的未成年人可以在家庭、学校、社区的良好环境中接受帮教、改造,不仅可以避免刑罚执行中的交叉感染,而且还可以使未成年人及时从诉讼程序中撤出,避免"犯罪标签"对其日后生活的不良影响。

第二,对未成年犯罪嫌疑人进行酌定不起诉处理符合诉讼经济原则。任何案件的处理都需要司法资源的投入。而相对于社会需求而言,司法资源总是稀缺的,因此如何以最少的司法成本换取最佳的社会效果是任何一项制度设计不得不考虑的问题。换言之,诉讼效益是衡量法律程序的重要价值标准。对符合条件的未成年人进行不起诉处理,实现了诉讼分流,减轻了审判和监禁压力,同时又可以将有限的司法资源投到大案、要案的处理中,从而实现法律和社会效果的有机统一。

第三,对未成年犯罪嫌疑人进行酌定不起诉处理符合我国法律和国际条约的基本精神,有利于对未成年人的保护。我国《预防未成年人犯罪法》第44条规定:"对违法犯罪的未成年人,实行教育、感化、挽救的方针。坚持教育为主,惩罚为辅的原则。"我国于1985年参与制定并签署的《联合国少年司法最低限度标准规则》(简称《北京规则》))中规定:"应酌情考虑在处理少年犯时尽可能不提交主管当局正式审判,"以"防止少年司法中进一步采取的诉讼程序的消极作用"。如果检察机关对可以适用酌定不起诉的未成年人提起公诉,人民法院很可能作出有罪判决。在我国刑法还没有规定前科消灭制度的情形下,有罪宣告必然会对未成年人日后的社会生活产生消极影响,成为其社会化过程中的巨大障碍。而即使法院最终作出了无罪宣告,漫长的审判过程也会给心智尚未成熟的未成年人造成心理阴影,不利于其健康成长。不起诉决定可以使诉讼程序终结在审查起诉阶段,这样就避免了法庭审判可能给未成年人带来的有罪认定,及时充分地保护了未

成年人的合法权益。

二、未成年人案件适用酌定不起诉的现状

未成年人适用酌定不起诉的现状可以从立法和司法两个层面来观察：

首先，从立法方面来说，酌定不起诉在我国《刑事诉讼法》和最高人民检察院颁布的司法解释中已经有较为明确的规定。我国《刑事诉讼法》第142条第2款规定："对于犯罪情节轻微，依照刑法规定不需要判处刑罚或者免除刑罚的，人民检察院可以作出不起诉决定。"2006年12月28号生效的《人民检察院办理未成年人刑事案件的规定》第20条规定："对于犯罪情节轻微，并具有下列情形之一，依照刑法规定不需要判处刑罚或者免除刑罚的未成年犯罪嫌疑人，一般应当依法作出不起诉决定：（一）被胁迫参与犯罪的；（二）犯罪预备、中止的；（三）在共同犯罪中起次要或者辅助作用的；（四）是又聋又哑的人或者盲人的；（五）因防卫过当或者紧急避险过当构成犯罪的；（六）有自首或者重大立功表现的；（七）其他依照刑法规定不需要判处刑罚或者免除刑罚的情形。"第21条规定："对于未成年人实施的轻伤害案件、初次犯罪、过失犯罪、犯罪未遂的案件以及被诱骗或者被教唆实施的犯罪案件等，情节轻微，犯罪嫌疑人确有悔罪表现，当事人双方自愿就民事赔偿达成协议并切实履行，符合刑法第37条规定的，人民检察院可以依照《刑事诉讼法》第142条第2款的规定作出不起诉的决定，并可以根据案件的不同情况，予以训诫或者责令具结悔过、赔礼道歉。"通过法律的前后对照，我们可以看出未成年人适用酌定不起诉的案件范围在明显扩大。最高检的司法解释不仅细化了《刑事诉讼法》第142条"不需要判处刑罚或者免除刑罚"的原则化规定，而且将"可以作出不起诉决定"改为"应当作出不起诉决定"，严格限制了检察官对未成年犯罪嫌疑人"可诉可不诉"问题上的自由裁量权，在一定程度上扩大了对未成年人适用酌定不起诉的案件范围。除此之外，最高检司法解释第21条突破了酌定不起诉"不需要判处刑罚或者免除刑罚"的硬性条件，将酌定不起诉的适案范围扩大到几种有限的犯罪类型，突出了在酌定不起诉适用范围上未成年人与成年人的不同之处，体现了国家法律对未成年人的特殊关怀和保护。

其次，在司法层面上，酌定不起诉制度在教育改造未成年人工作上确实

起到了很到的社会效果。例如,天津市西河区检察院未成年检察科对一起抢劫案的三名未成年人在作出相对不起诉的基础上进行帮教,取得了良好的社会效果。在帮教过程中,检察官对三名临近高考的未成年学生进行了谆谆教导,希望他们改掉自身的缺点,坚决杜绝今后的犯罪行为,为自己和家庭的前途多加考虑,做一个对社会有用的人,并与其签订了帮教协议,以加强检察机关、学生、家长三者之间的沟通、交流和指导。被帮教的学生表示一定会痛改前非,以优异的高考成绩来回报检察机关和社会的关心,不辜负家长和检察官的希望。学生家长对检察机关的挽救表示真心的感谢,并表示对孩子能够参加高考的机会,他们一定会倍加珍惜,今后一定加强对孩子的教育,让他们尽早回归社会。[①]

在调查中,课题组让检察官回答其所在检察院的未成年人案件的起诉率。结果显示,在88份有效数据中,9.1%的检察官估计起诉率为"不到10%";而18.2%的检察官则估计为"90%以上";起诉率50%以上的比例高达63.6%(详见表7.3)。

表7.3 未成年人案件起诉率分布

	起诉率	人数	百分比	有效百分比	累积百分比
有效数据	不到10%	8	4.6	9.1	9.1
	10%—30%	10	5.7	11.4	20.5
	31%—50%	14	8.0	15.9	36.4
	51%—70%	20	11.4	22.7	59.1
	71%—90%	20	11.4	22.7	81.8
	90%以上	16	9.1	18.2	100.0
	合计	88	50.3	100.0	
缺失数据		87	49.7		
合计		175	100.0		

从调查结果来看,总的说来,我国未成年人犯罪案件的起诉率还是偏高的。除去法定不起诉、存疑不起诉比较固定的部分外,不起诉率还存在很大的提升幅度,而扩大酌定不起诉的适用范围是降低未成年人犯罪案件起诉率合法且可行的途径。

---

① 《未检科对三名相对不起诉未成年人帮教取得良好效果》,http://www.hxjcy.gov.cn/ReadNews.asp?NewsID=671,2009年4月20日访问。

三、未成年人犯罪酌定不起诉适用率偏低的原因分析

未成年人案件适用酌定不起诉率明显偏低，不必要地耗费了司法资源，有违诉讼经济原则，而且也违反了旨在保护未成年人的"教育为主，惩罚为辅"的方针，不利于宽严相济刑事政策的贯彻执行。未成年人适用酌定不起诉率偏低既有法律制度层面的原因又有社会条件方面的原因，还有办案人员执法理念方面的原因。

（一）法律制度层面

1. 酌定不起诉适用的法定案件范围过窄

与《刑事诉讼法》第142条的规定相比，2006年生效的《人民检察院办理未成年人刑事案件的规定》已经扩大了酌定不起诉案件的适用范围，但仍然设置了过于严格的适用条件。根据其第20条的规定，对未成年犯罪嫌疑人适用酌定不起诉必须同时具备"犯罪情节轻微"和"不需要判处刑罚或者免除刑罚"这两个条件，缺一不可。如此一来，仅仅符合一种条件的案件就必须被起诉到法院，这就大大限制了酌定不起诉的适用。而在这样的案件中，有许多通过适用酌定不起诉能更好地达到改造未成年人的目的。再者，第21条将酌定不起诉案件的适用范围严格限定在"轻伤害案件、初次犯罪、过失犯罪、犯罪未遂的案件以及被诱骗或者被教唆实施的犯罪案件"几种类型，这也大大压制了司法实践中酌定不起诉的适用空间。

2. 检察系统中不合理的考绩制度

在检察工作的考核中，上级检察机关、地方党委、政法委往往人为设定刑事案件的不起诉率，甚至有的地区将不起诉率作为评定公诉办案质量的重要标准，使得某些"可诉可不诉"的案件因为不起诉"指标"有限不得不进入审判程序。控制不起诉率容易束缚办案人员的手脚而使法律得不到切实的实施，如对于符合不起诉条件且条件等同者来说，仅仅因为指标有限而得不到同等处理，这与公平正义理念中的平等对待原则相矛盾，造成公正的偏失。[①] 这既侵犯了未成年人的合法权益，又造成了公诉权的滥用，损害了检察机关的威信。

[①] 浙江省温州市人民检察院课题组：《宽严相济刑事政策视野中不起诉裁量权的行使》，载《法学杂志》2007年第5期。

3. 适用酌定不起诉的工作流程过于繁琐①

按照规定,检察机关在作出不起诉拟定时,应在案件承办人员、公诉部门负责人、主管起诉工作检察长、检察长均认为犯罪嫌疑人符合相对不起诉条件时,才由检察长提请检察委员会讨论决定,最后还要将不起诉决定报上级人民检察院备案。层层把关的审批程序虽然在减少起诉权滥用、确保不起诉决定合法化方面起到了积极的作用,但由于这种工作机制本身过于复杂、繁琐,缺乏科学性与合理性,使得酌定不起诉的适用因此受到限制。

(二) 社会条件层面

1. 司法腐败现象

检察机关对案件进行酌定不起诉处理的实质是在犯罪嫌疑人有犯罪事实的情况下不以犯罪论处,因此酌定不起诉权是法律赋予检察机关的一项十分重要的实质性权力。② 这项权力的行使过程以及最后的处理结果均是上级机关、新闻媒体和社会公众的关注焦点。在司法腐败还比较严重的社会背景下,为了不致引起社会各方的猜忌,办案人员在适用不起诉时难免不瞻前顾后,形成了"可诉可不诉的就诉"的心理和偏好,这同样严重影响了不起诉制度在司法实践中的贯彻执行。

2. 社会配套措施的匮乏

酌定不起诉并非对未成年人简单地放任不管,而是让其融入社会之中接受帮教、改造,因此酌定不起诉必须以相关社会配套措施为必要条件。我们的调查结果(见表7.4)显示,这种社会配套措施在实践中并没有得到广泛地适用。在162份有效数据中,59.3%的检察官表示,对于因犯罪情节轻微决定不起诉的未成年人,其所在检察院会落实帮教措施;但也有31.5%的表示,如果没有具体帮教条件的话,就不会落实帮教措施;表示所在检察院不会落实帮教措施的则有9.3%。

---

① 宋英辉:《酌定不起诉适用中面临的问题与对策——基于未成年人案件的实证研究》,载《当代法学》2007年第1期。
② 浙江省温州市人民检察院课题组:《宽严相济刑事政策视野中不起诉裁量权的行使》,载《法学杂志》2007年第5期。

表 7.4　检察机关是否落实帮教措施

		人数	百分比	有效百分比	累积百分比
有效数据	是	96	54.9	59.3	59.3
	否	15	8.6	9.3	68.5
	不一定,条件不允许的便不落实	51	29.1	31.5	100.0
	合计	162	92.6	100.0	
缺失值		13	7.4		
合计		175	100.0		

在缺乏相应的帮教措施作为必备的后续补充的情况下,被不起诉处理的未成年人很难再次融入社会,甚至会在某些不良因素的诱导下再踏上犯罪之途。检察机关简单地作出不起诉的决定,是对未成年人酌定不起诉这项制度本身的不负责任。因此,某些检察院在作出酌定不起诉的决定时,应该慎重考虑相关社会措施能否落实,切不可以一放了之。一些检察机关视实际条件而决定起诉与否,本地配套帮教措施的匮乏会进一步加深其作出酌定不起诉决定时的顾虑,从而成为扩大适用酌定不起诉的现实障碍。

(三)办案人员执法思想层面

受我国传统法律文化影响,报应观念在司法人员的执法理念中占有重要的位置。而且在刑事政策方面,数次"严打"的指导方针使得这种有罪必究的办案思路不断被强化,检察人员很难认识到酌定不起诉这一体现宽严相济刑事政策基本理念的制度在预防犯罪方面的积极作用。再者,目前未成年人犯罪情势较为严峻,以往的办案思路和模式不可避免地得到正强化。传统的执法思路和办案理念反映到未成年犯罪嫌疑人酌定不起诉问题上就形成了"可诉可不诉必诉"的心理和偏好,这大大压缩了酌定不起诉的适用空间。

四、提高酌定不起诉适用率的对策

酌定不起诉适用率的提高,一方面要在法律层面扩大酌定不起诉适用案件的范围,完善配套制度,另一方面还要建立相关的社会帮教配套措施,切实地转换检察人员的执法理念。

(一)法律及相关制度的完善

1. 放宽酌定不起诉的条件规定

适用酌定不起诉必须同时具备犯罪情节轻微和不需要判处刑罚或者免

除刑罚这两个条件。法律对于酌定不起诉的适用前提规定地过于严格,这大大限制了酌定不起诉的适用率。本书认为,检察机关在审查起诉时,对未成年人,依照《刑法》规定不需要判处刑罚或者免除刑罚的;或者虽然可能被判处三年以下有期徒刑、拘役、管制、独立适用的附加刑或缓刑的,但犯罪后积极认罪、主动赔偿损失的,都应该优先考虑适用酌定不起诉的规定。

2. 完善和解不起诉制度

刑事和解是指在刑事诉讼程序运行过程中,被害人和加害人(即被告人或犯罪嫌疑人)以认罪、赔偿、道歉等方式达成谅解以后,国家专门机关不再追究加害人刑事责任或者对其从轻处罚的一种案件处理方式,即被害人和加害人达成一种协议和谅解,促使国家机关不再追究刑事责任或者从轻处罚的诉讼制度。① 在实践中,已经有一些地方的检察机关实施了刑事和解制度。根据课题组的调查,如表7.5所示,在160份有效数据中,60%的检察官所在检察机关正在实施或曾经实施过刑事和解制度。

表7.5 检察机关是否实施或曾经实施刑事和解制度

		人数	百分比	有效百分比	累积百分比
有效数据	是	96	54.9	60.0	60.0
	不是	64	36.6	40.0	100.0
	合计	160	91.4	100.0	
缺失值		15	8.6		
合计		175	100.0		

刑事和解目前只是一种地方性的"改革",并没有明确的法律依据。本书认为,在未成年人司法中,应当尽快制定有关规定,完善刑事和解制度。对于可能判处三年以下有期徒刑的案件,只要是仅仅关涉双方当事人的利益、没有违反公共利益原则的,都可以通过适当的方式达成刑事和解。刑事和解应该遵守犯罪人悔罪、被害人谅解和不违反公共利益这三项基本的原则。双方在自愿协商的基础上可达成如下一些协议:向被害人道歉、向被害人补偿因其犯罪行为所遭受的损失和由未成年罪犯提供社区服务等等。检察机关对双方当事人所达成的和解协议进行审查,如果协议确属真实、合法、自愿的且可以切实得到履行的,检察机关应当作出不起诉的决定。

---

① 陈光中:《刑事和解的理论基础与司法适用》,载《人民检察》2006年第5期(下)。

3. 改革检察系统的考绩制度

检察机关起诉与否的依据是案件的客观事实,而不是上级规定的"不起诉指标"。因此有关部门应该结合检察工作的客观实际,设计科学、合理的考评标准,废弃规定"不起诉指标"的做法。

4. 增设酌定不起诉听证程序

检察机关对未成年犯罪嫌疑人拟作出不起诉决定之前,可以召集公安机关有关人员、法律学者、心理专家、犯罪嫌疑人及其法定代理人、辩护人、被害人及其法定代理人、诉讼代理人等参加听证会,充分听取各方对检察机关拟作不起诉决定的意见。这样不仅可以集思广益积极稳妥地处理案件,而且增大了不起诉决定作出的透明性,消解了社会各界对检察权滥用的顾虑。某些检察院已经进行了听证制度的试点工作[①],保护了未成年犯罪嫌疑人的辩护权和被害人的知情权,确保检察权在阳光下运行。

5. 简化工作程序

对于未成年案件,办案人员可以直接作出酌定不起诉决定。当办案人员对于是否作出酌定不起诉决定不能确定时,才需要报检察长审批。而只有当拟作酌定不起诉处理的是重大、疑难案件时,办案人员才应该报检察委员会讨论决定。

(二) 建立、完善社会帮教措施

完善的社会帮教制度对于提高酌定不起诉率具有重要意义。适用酌定不起诉之后,检察机关应当与特定的帮教机构保持紧密联系,定期回访以了解被不起诉人的生活、学习情况,及时巩固已有的改造效果,帮助未成年人重拾尊严、树立信心。为了使回访工作规范化,检察机关可以在总结回访经验的基础上适时地制定相关工作细则,指导回访工作。如广东省江门市江海区检察院制定了《对被不起诉未成年人回访教育工作细则》,进一步规范了对被不起诉未成年人回访教育的对象及帮教方式,使回访教育工作更加有序,针对性更强,效果更好。该细则在全国、全省检察机关尚属首创,起到

---

① 《天津市检察机关尝试不起诉案件听证会制度背后的和谐理念》,http://www.radiotj.com/xinwen/system/2008/04/30/000104165.shtml;《银川检察院首次对未成年人拟不起诉案公开听证》,http://www.chinalawedu.com/news/2006/1/li44381620211522160027904.html,2009年4月21日访问。

了"先行者"的作用。[①] 社会帮教机构和人员的设置及其具体职责、帮教方式的完善等内容将在本书第九章进行详细探讨。

（三）加强检察队伍素质建设，转变执法理念

办案人员应转变传统"严打"刑事政策影响下形成的重视"防"、"控"的思维定势，积极学习领悟新时期"宽严相济"刑事政策背景下起诉工作的规律和特点。此外，办案人员还应认清未成年人案件的特殊性，淡化其追诉犯罪的"国家公诉人"身份，在起诉工作中切实地贯彻执行国家对未成年人的"教育、感化、挽救"的政策方针。

第三节 暂缓起诉制度

暂缓起诉，又称"附条件不起诉"、"诉前取保候审"，其作为起诉便宜主义的一种重要表现形式在世界各主要发达国家均以建立。在我国，暂缓起诉并没有为法律明确规定，但是其作为一项制度实验在检察机关的司法实践中，尤其是未成年人刑事司法中产生了良好的社会效果。对未成年人适用暂缓起诉符合我国宽严相济的刑事政策和预防犯罪、复归社会的刑罚目的，贯彻了国家对未成年人的"教育、感化、挽救"的政策方针，是一项符合未成年犯罪嫌疑人身心特点的合理诉讼制度。

一、暂缓起诉制度概述

暂缓起诉起源于德国、日本，在德国称为"起诉保留"（或者"附条件不起诉"），在日本通称为"起诉犹豫"，它是指检察机关对于具备起诉条件的犯罪嫌疑人暂时不予起诉，在规定的期限内视犯罪嫌疑人的现实表现决定是否起诉的制度。在规定的期限内，若犯罪嫌疑人表现良好，检察机关就不再对其起诉，诉讼程序即随之终止；反之，若犯罪嫌疑人表现不好，检察机关

[①] 《江海区检察院研讨未成年人回访教育》，http://www.jmnews.com.cn/c/2009/01/02/15/c_1010937.shtml，2009年4月24日访问。

就对其进行起诉,请求法院追究其刑事责任。① 结合当前我国具体的法律规定和办案实际,可以将未成年人暂缓起诉制度进一步表述为:人民检察院审查公安机关侦查终结移送起诉及检察机关自行侦查终结的未成年人犯罪案件,对罪该起诉但犯罪情节较轻(一般规定为3年以下有期徒刑),以暂不起诉更为适宜的被告人,采用取保候审的方式,设定一定的考察期(一般在3个月以上12个月以下的幅度内),进行考察帮教。考察期限届满,检察机关认为其确有悔改表现并不致再危害社会,即对未成年犯罪嫌疑人作出不起诉处理;如在考察期限内不思悔改,又违法犯罪(有的规定为犯新罪,有的规定为违法或犯罪),则撤消取保候审,与前罪一并起诉。②

如前所述,我国刑事诉讼法规定了三种不起诉类型,即绝对不起诉、存疑不起诉和酌定不起诉。绝对不起诉和存疑不起诉排斥检察官自由裁量权的参与,其与体现起诉便宜主义的暂缓起诉泾渭分明。而酌定不起诉的作出需要检察官对犯罪案情充分考察、酌情而定,这与同样需要检察人员行使自由裁量权的暂缓起诉制度容易混淆。因此有必要明晰两者的区别,以此彰显暂缓起诉制度的自身特点。本书认为暂缓起诉制度具有如下特征:

第一,暂缓起诉是附条件的不起诉,这是暂缓起诉的本质特征。暂缓起诉必须附有条件和期限,否则就不是暂缓起诉而是不起诉。被暂缓起诉人如果拒绝履行相关义务,检察机关就会对其提起公诉。而酌定不起诉是无条件的,犯罪嫌疑人不需要承担任何附加义务。

第二,暂缓起诉的效力具有不确定性和非终局性的特征,而酌定不起诉的效力具有终局性、确定性。检察机关作出暂缓起诉仅仅是中止诉讼程序。在考察帮教期间,如果犯罪嫌疑人认真遵守相关法律、没有再犯新罪或者发现漏罪,待期间届满时检察机关将对犯罪嫌疑人作出不起诉的决定;而如果犯罪嫌疑人拒绝履行相关义务,再犯新罪或者被发现有遗漏罪行,检察机关将撤销暂缓起诉的决定,对其提起公诉。而根据"一事不再理"的原则,酌定不起诉的作出将导致诉讼程序的终结。

第三,暂缓起诉的作出主要侧重于行为人主观面的考察,如未成年人的

---

① 段学明:《理性对待暂缓起诉制度》,http://www.chinaweblaw.com/html/c27/2005-09/28265.html,2009年3月27日访问。
② 姚建龙:《暂缓起诉制度研究》,载《青少年犯罪研究》2003年第4期。

生活史、犯罪后的态度等方面;而根据我国《刑事诉讼法》第142条第2款的规定,检察机关作出酌定不起诉时主要的考量因素是犯罪情节严重与否,即侧重犯罪行为客观面的考察。

第四,暂缓起诉作为介于不起诉和起诉之间的一个"中间地带",其对犯罪嫌疑人的严厉程度重于不起诉。随着酌定不起诉(或者其他不起诉类型)的作出,诉讼程序也告终结,犯罪嫌疑人从此退出刑事诉讼流程不会有任何心理负担。而被暂缓起诉的对象仍然停留在刑事诉讼程序中,接受考察、帮教,一般都还要受到非刑罚处分,如无偿从事社会服务等。此外,被暂缓起诉人还要承担可能移交法庭定罪量刑的忧惧。

二、地方检察院暂缓起诉试点情况

虽然对于我国是否应该实行暂缓起诉还存在不同的观点,但是近年来不少地方检察院对暂缓起诉制度进行了试点。课题组的调查结果表明,在160份有效问卷中,有44.4%的检察官所在的检察院正在实施或者曾经实施过暂缓起诉制度。具体的结果可见下表7.6:

表7.6 检察机关是否实施或曾经实施暂缓起诉制度

		人数	百分比	有效百分比	累积百分比
有效数据	有	71	40.6	44.4	44.4
	没有	89	50.9	55.6	100.0
	合计	160	91.4	100.0	
缺失数据		15	8.6		
合计		175	100.0		

从试点结果来看,暂缓起诉制度取得了良好的社会效果。例如,2003年12月8日,江苏省徐州女中学生林雪(化名),因满足一时的虚荣欲,一念之差从老师放在办公桌上的一叠装有学费的信封中取走了4100元钱,因此走上了犯罪道路。鉴于其平常表现很好、成绩优异以及初犯偶犯,徐州市云龙区检察院起诉科的检察官们决定对她暂缓起诉,既捍卫了法律的尊严,又挽救了一个未成年少女的似锦前程。如今,她终于以优异的成绩圆了大学

梦。① 实践中的很多案例都充分说明，暂缓起诉对未成年人复归社会起到了很好的作用。可以想象，这些未成年人，如果没有暂缓起诉制度，一旦被检察机构提起诉讼，经法院的审判一般就会被定罪量刑。他们从此就会背上"罪犯"的标签，对以后的学习、就业产生极其严重的障碍。而因为暂缓起诉，他们可以和常人一样学习、工作，对以后进入社会不会产生任何不利的影响。

部分地方检察院还制定了一些规范，具体规定了暂缓起诉的适用条件、程序、考察期限和监督措施等等。② 这些暂行制度和措施主要包括以下几个方面：

第一，暂缓起诉的适用对象的规定。关于暂缓起诉的适用对象一般为未成年犯罪嫌疑人，也有个别地方检察院将适用对象扩大到已经成年的在校学生犯罪以及一般的成年人犯罪。如北京市海淀区人民检察院《实施暂缓起诉制度细则》第3条明确规定，暂缓起诉的适用对象为涉嫌犯罪的未成年人。而《无锡市检察机关暂缓起诉办法（试行）》则把暂缓起诉的适用对象扩大到未成年人犯罪、在校学生犯罪、或者涉嫌职务犯罪、经济犯罪和其他普通刑事犯罪，情节轻微、社会危害不大的犯罪嫌疑人（单位）。

第二，暂缓起诉的适用条件。一般包括三个方面的内容：一是在客观方面，行为人的行为已经构成犯罪并且应当负刑事责任，但是罪刑较轻，如《无锡市检察机关暂缓起诉办法（试行）》规定：凡涉及严重危害国家安全犯罪，严重危害公共安全犯罪，严重暴力性犯罪、毒品犯罪、黑恶势力犯罪等社会危害性大的犯罪嫌疑人，则不适用暂缓起诉；二是在主观方面，一般都要求行为人必须具有悔改表现，如南京市人民检察院《检察机关暂缓不起诉试行办法》明确将犯罪嫌疑人无前科劣迹，能如实供述自己的罪行，积极退赔或者协助挽回损失作为适用暂缓起诉的硬性条件；三是在帮教条件方面，各地方一般都把较好的帮教条件，具备家庭监护能力作为适用暂缓起诉的前提。

第三，暂缓起诉的考察期限。通常是采取取保候审的方式并设定一定

---

① 《暂缓起诉为失足少女圆了大学梦》，http://www.snsfw.org/XXLR1.ASP? ID=1457,2009年3月25日访问。

② 关于暂缓起诉的试行措施主要有：北京市海淀区人民检察院制定的《实施暂缓起诉制度细则》；南京市人民检察院制定的《检察机关暂缓不起诉试行办法》；无锡市人民检察院制定的《无锡市检察机关暂缓起诉办法（试行）》，石家庄市长安区的《关于实施"社会服务令"暂行规定》等等。

的考察期,进行考察帮教。关于考察帮教期间各地规定也不统一,但是一般是在 3 个月以上 12 个月以下的幅度内。如抚顺市人民检察院制定的《关于对青少年犯罪嫌疑人暂缓起诉的规定》即规定暂缓起诉考验期最少不能低于 3 个月,最长不得超过 12 个月。

第四,暂缓起诉的操作程序。一般都是由承办人员对案件进行审查后,认为符合暂缓起诉条件的提出意见报部门研究,部门负责人签署意见后,报主管检察长审批。也有的地方规定,暂缓起诉的适用程序包括先告知行为人有申请暂缓起诉的权利,由其提出申请后再由承办人提出意见,经部门负责人审查后报检察长审批。还有的地方规定,作出暂缓起诉决定的应当制作暂缓起诉决定书,并公开宣布、及时送达被害人、被暂缓起诉人及其所在单位。[①]

第五,有关考察帮教的规定。一般来说考察帮教小组由案件承办人员,其工作、学习或劳动所在单位以及居住地的居委会、社区等基层组织、公安机关的有关人员以及未成年犯罪嫌疑人的担保人或者法定监护人组成。考察帮教的内容主要包括:提供公益劳动、接受考察小组的思想及心理辅导、每月向考察小组书面汇报思想状况、向被害人赔礼道歉或赔偿损失,检察机关定期或不定期回访考察和进行帮教并且在考察终结时提出考察报告等几个方面的内容。从对 175 名检察官的调查结果来看,如表 7.7 所示,在 160 份

表 7.7 是否有诉前考察制度·是否有暂缓起诉制度交互分析[a]

			是否有暂缓起诉制度		合计
			有	没有	
是否有诉前考察制度	有	计数	65	0	65
		是否有诉前考察制度中的%	100.0%	0.0%	100.0%
		是否有暂缓起诉制度中的%	91.5%	0.0%	40.6%
	没有	计数	6	89	95
		是否有诉前考察制度中的%	6.3%	93.7%	100.0%
		是否有暂缓起诉制度中的%	8.5%	100.0%	59.4%
合计		计数	71	89	160
		是否有诉前考察制度中的%	44.4%	55.6%	100.0%
		是否有暂缓起诉制度中的%	100.0%	100.0%	100.0%

a. $p=0.000$;缺失数据占 8.6%

---

① 张寒玉:《构建我国暂缓起诉制度的思考》,载《人民检察》2006 年第 4 期。

有效问卷中,一共有 40.6% 的检察官所在的检察机关正在实施或曾经实施过诉前考察制度,而从交互分析的结果来看,在实施或曾经实施过暂缓起诉制度的检察机关中,大部分都实施了诉前考察制度。

暂缓起诉制度在挽救未成年人、预防和控制犯罪方面确实起到了很好的社会效果,其司法价值无容置疑。但是在各地的探索中,暂缓起诉这项制度实验还是暴露出一些问题,这些问题的存在,会影响人们对该制度的信心。

课题组对 403 名法官、323 名社会公众的调查发现,如表 7.8 所示,法官对推行暂缓起诉持较较消极的态度,63.3% 的法官认为暂缓起诉制度不应当在实践中推广。而相对地,如表 7.9 所示,社会公众对这一制度的态度较为积极,56% 的社会公众认为应当在未成年人司法中推广暂缓起诉制度。

表 7.8 法官对暂缓起诉制度的评价

		人数	百分比	有效百分比	累积百分比
有效值	应当推广	147	36.5	36.6	36.6
	不应当推广	255	63.3	63.4	100.0
	合计	402	99.8	100.0	
缺失值		1	0.2		
合计		403	100.0		

表 7.9 社会公众对暂缓起诉制度的评价

		人数	百分比	有效百分比	累积百分比
有效值	应当推广	181	56.0	56.2	56.2
	不应当推广	141	43.7	43.8	100.0
	合计	322	99.7	100.0	
缺失值		1	0.3		
合计		323	100.0		

概括起来,暂缓起诉制度在实践中存在的问题主要集中在两个方面:第一,暂缓起诉制度是各地自发兴起的制度实验,因此必然带有一定的随意性,各地做法也自行其事;第二,暂缓起诉自身的制约监督措施不足。公诉

权包括积极公诉权和消极公诉权。① 相对于我国《刑事诉讼法》有关不起诉范围的规定,暂缓起诉制度的施行扩大了检察官起诉的自由裁量权,实际上是消极公诉权的扩张。权力的扩张就存在滥用的危险,因此如何设计暂缓起诉的制约、救济措施,以期更好地维护犯罪嫌疑人和被害人的利益就成为暂缓起诉能否顺利推行、取得预期效果的关键。

三、建立暂缓起诉制度的初步设想

无论是暂行规定的不统一,还是监督措施的不到位,都可以通过立法予以解决。总结各地检察院施行暂缓起诉的成功经验,适时将其上升为法律,不仅因其实践根基深厚便于推行,而且还可以改变各个试点检察院各自为政的局面,取得一体遵行的效果。对于暂缓起诉的监督制约机制,不少检察院已经进行了有益的探索并且制定了具体规则,这些实践经验和制度设计都可以作为立法的重要参考,吸纳到法律中来。更为重要的是,制定法律改变暂缓起诉无法可依的尴尬地位,也是化解"违法实验"指责,深化少年司法制度改革的必经之途。结合试点检察院已有的暂行措施,针对暂缓起诉实施中遇到的现实问题,本书拟提出初步的制度设想:

第一,暂缓起诉制度的适用对象。作为一种制度设计,暂缓起诉的适用范围不应该有严格的限制,否则就会违反平等的基本原则。但考虑到我国目前的刑事立法和司法现状,本书认为,其适用对象目前以未成年犯罪嫌疑人为宜。首先目前犯罪态势较为严峻,使得公众对社会生活安全的呼声更高,对犯罪的报应思想更为强烈,扩大暂缓起诉的适用对象会引起社会对司法的不满,甚至可能会使已经取得的成绩化为泡影。而将暂缓起诉的适用对象限于未成年犯罪嫌疑人,不仅仅符合我国自古以来的"恤幼"传统,而且鉴于其已经取得的良好社会效果容易获得公众认同。其次,为暂缓起诉制度的适用对象规定一个统一的年龄上限,有利于司法操作。

第二,从暂缓起诉的适用条件来看,既要有程序法方面的条件又要有实

---

① 在审查起诉过程中,检察官必然要对案件的事实和证据及是否起诉和在何种情形下起诉到法院作出合理的判断,即存在着自由裁量的决定过程,这也意味着对某些相对于国家利益、社会公共利益威胁不大的案件可以作出不移送审判的决定,这也即"消极的公诉权"。参见宋英辉、吴宏耀:《刑事审前程序研究》,中国政法大学出版社2002年版,第163页。

体法方面的条件。程序法方面的条件有:案件事实清楚,证据确实充分;不具有不起诉的法定情形等等。实体法方面的要件可以分为主、客观两个方面:从主观方面来说,涉嫌犯罪的未成年人人身危险性较小,有改造的可能性,例如:未成年犯罪嫌疑人系初犯,偶犯或者是共同犯罪中的从犯,胁从犯;犯罪后有悔改表现,不致再继续危害社会等等。从客观方面来说,未成年人所犯之罪必须是轻微刑事案件,即所犯罪行需要适用的量刑幅度(包括在共同犯罪中其所应承担的刑事责任)在3年以下有期徒刑、拘役、管制或者可以单处附加刑的。各试点检察院都将"较好的帮教条件,家庭具有较好的监护能力"作为适用暂缓起诉的前提。无疑这一条件是未成年人不再犯新罪和促进改正的重要保证,但是它却强制地排斥了外地的未成年人适用暂缓起诉。① 这些未成年人因为父母不在本地,缺乏"较好的帮教条件",而被拒绝适用暂缓起诉。专门针对未成年人的诉讼制度应该为所有可被适用的未成年人享有,否则不仅违背了"法律面前人人平等"的基本法治原则,而且也使得制度本身的效用和正当性大打折扣。帮教主要来自帮教小组,而非父母的监护。父母的帮教仅仅是起到一种辅助的作用。因此,凡是符合暂缓起诉程序和实体条件的未成年人应该无一例外地适用暂缓起诉,父母是否身在外地不应该成为适用这项制度的考虑因素。

第三,关于暂缓起诉的考察帮教。为实现暂缓起诉的功能,必须设定适当的考察期限和考察内容,因此考察机制的建立是暂缓起诉制度的重要内容。从考查期限来看,地方试点检察院规定的考察期限一般在3个月到12个月之间。这一期间既可以对未成年人进行充分考察以确定其悔改与否,又不会造成"以爱的名义"对未成年犯罪嫌疑人的变相惩罚,是比较适中的期间规定。从考察内容上来说,除了犯罪嫌疑人向被害人道歉,进行经济补偿,立悔过书,遵守各项相关的规章制度等通常的做法外,法律也可以预留空间以便各地检察院适应本地实际对帮教措施进行有益的探索。因为最终起诉与否的决定是由检察院作出的,所以考察主体也应该由相应的办案人员担任。当然在进行具体的考察时,检察人员可以通过未成年人的法定代理人、近亲属、居住地所在的居民委员会或者其工作或学习所在单位了解被

---

① 徐美君:《未成年人刑事诉讼特别程序研究——基于实证和比较的分析》,法律出版社2007年版,第165页。

暂缓起诉人的生活、学习、工作情况,作为作出最终决定的依据。

第四,暂缓起诉的制约措施。暂缓起诉权用之不当,不仅达不到改造未成年犯罪嫌疑人的目的,而且还会损害社会公共利益,因此确立适当的制约机制毋宁是暂缓起诉制度完善自身的必然要求。其一,犯罪嫌疑人的同意是适用暂缓起诉的必要条件。犯罪嫌疑人如果不服暂缓起诉决定,可以要求人民检察院复查,检察院应及时地将复查结果告知犯罪嫌疑人。如果犯罪嫌疑人坚持要提起公诉,检察院应该将案件起诉到人民法院。其二,被害人的制约。如果未成年人所犯之罪是有被害人的犯罪,被害人不同意暂缓起诉决定的可以申请上一级检察院复查,对复查结果仍然不服的,可以向人民法院提起自诉。被害人也可以不经申诉直接向人民法院提起自诉。其三,上级检察院的制约。检察院作出暂缓起诉决定后,应该向上级检察院备案。如果上级检察院认为决定不当的,应及时纠正。其四,公安机关的制约。对于公安机关移送审查起诉的案件,检察院作出暂缓起诉决定的,用该书面通知公安机关。公安机关对决定不服的,可以申请作出决定的检察院复查。对复查结果仍然不服的,可以向上级检察院提起复核。其五,司法听证制度的制约。司法听证是司法机关为了合理有效地作出司法裁决,公开举行的由全部利害关系人参加的听证会。在作出暂缓起诉决定之前,检察院可以邀请人民监督员、公安人员、被害人亲属以及其法定代理人、近亲属以及其诉讼代理人、犯罪嫌疑人的辩护人等等参加听证会,暂缓起诉的决定过程得以公开公正,容易获得社会的理解,这也是对起诉自由裁量权程序法上强有力的制约。

第四节 分案起诉制度

未成年人与成年人具有不同的生理、心理特征,而且未成年人作为社会、国家重点保护群体,应该得到更多的关爱和帮助,因此应该采取与成年人不同的方式审理未成年人。分案审理必然的前提条件就是检察机关在审查起诉阶段对共同犯罪中的未成年人实行分案起诉。

一、分案起诉制度概述

所谓分案起诉制度是指人民检察院对于提起公诉的少年与成年人共同犯罪的案件，在不妨碍整个案件审理的情况下，应该分开审理，将少年与成年人共同犯罪的案件分案，分别以独立案件提起诉讼，法院分别受理的制度。①

对于未成年人与成年人共同犯罪案件而言，严格意义上的分别处理包括四个环节：侦查阶段的分案侦查、起诉阶段的分案起诉、审判阶段的分案审判和执行阶段的分押分管。从各国的法律来看，有些国家规定在侦查阶段就应该尽量分案。例如，俄罗斯《联邦刑事诉讼法典》第396条第1款规定："如果未成年人与成年人一起参与实施犯罪，则在侦查阶段就应该分案处理。"虽然从理论上说，越早分案越有利于对少年的保护，但是在案件侦查阶段就把少年与成年人共同犯罪的案件分案侦查，从可操作性的角度看是不大可行的，从侦查效率和有利于全面查清案件真相的角度考虑也是不适宜的。进入起诉阶段之后，将少年与成年人分案办理的原则是基本上能够实现的。② 从世界各国的立法例来看，分案起诉制度的运作模式分为两种基本类型——绝对分案起诉主义和相对分案起诉主义。所谓绝对分案起诉，是指不管案件的具体情况和分案起诉是否会影响案件的审理，只要共同犯罪中有未成年人参与，就一律将成年被告人和未成年被告人分别起诉。采取这一做法的典型国家是意大利。《意大利刑事诉讼法典》第14条第1款明确规定："针对在行为时尚未成年的被告人的诉讼，与针对成年被告人的诉讼不发生牵连关系"。印度采取的也是绝对分案起诉注主义。印度《中央少年法》第24条规定："不问刑事诉讼法典及现行有效的其他任何法律规定，不得将少年与非少年作为共犯告诉或者审理……即使少年与非少年共同犯罪被告发而被审理时，法律也必须命令将该少年与其他人员分离进行审判。"而相对分案起诉是指针对案件的具体情况，只有当分案起诉有碍案件的查明时，才对未成年人参与的共同犯罪案件实行一案起诉，否则即应分别起诉。如《日本少年法》第49条规定："少年被告案件即使与其他被告案

---

① 姚建龙：《长大成人少年司法制度的建构》，中国人民公安大学出版社2003年版，第198页。
② 黄荣康、邬耀广：《少年法研究》，人民法院出版社2005年版，第276页。

件有牵连的时候,只要不妨碍审理,就必须将他们在程序上加以分离。"①

我国的刑事诉讼法并没有未成年人参与共同犯罪分案起诉的明确规定。但最高人民检察院2002年发布、2006年修改的《人民检察院办理未成年人刑事案件的规定》第23条规定:"人民检察院审查未成年人与成年人共同犯罪案件,一般应当将未成年人与成年人分案起诉。但是具有下列情形之一的,可以不分案起诉:(一)未成年人系犯罪集团的组织者或者其他共同犯罪中的主犯的;(二)案件重大、疑难、复杂,分案起诉可能妨碍案件审理的;(三)涉及刑事附带民事诉讼,分案起诉妨碍附带民事诉讼部分审理的;(四)具有其他不宜分案起诉情形的。"由此得知,在分案起诉问题上,我国采纳的是相对主义原则。具有特殊情形时,检察机关可以不分案起诉。这一制度的实施,既可以确保案件事实的查清和责任的正确认定,又可以适时地将未成年人从共同犯罪中抽离出来,对其适用有别于成年人的特殊的司法保护程序,更好地维护未成年人的利益。

二、分案起诉制度的价值

公正和效率都是刑事诉讼的价值追求,刑事诉讼也始终处于公正和效率的深沉张力之中。分案起诉不可避免地牺牲了一案起诉具有的效率优势,但这也是为了保护未成年人不得不付出的代价,应该说分案起诉制度更注重对诉讼公正的追求。具体来说,分案起诉制度的价值主要体现在以下几个方面:

第一,能够充分发挥对未成年犯罪嫌疑人的司法保护功能。较单独犯罪案件,共同犯罪更为复杂。犯罪参与人数众多,案件事实纠结缠绕,这些使得办案人员在查清事实、检验证据、确定起诉罪名等方面花费了大量的时间,以至于没有足够的精力对未成年犯罪嫌疑人进行教育与感化。而实行分案起诉可以避免这一弊端,检察人员可以把工作重点放到未成年人身上,切实地贯彻"教育、感化、挽救"的方针。实行未成年人分案起诉还可以最大限度地避免将对成年人适用的司法制度和审判方式机械地套进少年司法领域,更好地对未成年人进行教育、感化工作,完全符合对未成年人采取预防

---

① 周小萍、曾宁:《略论未成年人刑事诉讼中的分案起诉制度》,载《青少年犯罪问题》2000年第5期。

和保护的司法原则。①

第二，有利于维护未成年和成年被告人双方的诉讼权利。我国《刑事诉讼法》第 152 条规定："14 岁以上 16 岁以下未成年人犯罪的案件，一律不公开审理。16 岁以上不满 18 岁未成年人犯罪的案件，一般也不公开审理。"在实行一案起诉的情况下，法院对共同犯罪案件均不公开审理。但是某些共同犯罪案件成年被告人人数多、辩护人多、出庭作证的证人多。将未成年人与成年人共同审判，这种不公开审理实际只是名义上的，实质上是很多人参与了这个庭审，了解了接受审判的未成年被告人及其所涉嫌的犯罪，从而使得对未成年被告人不公开审判的保护丧失。② 而分别起诉则可以避免此类情况的发生，最大限度地适用对未成年人倾斜的法律规定，维护其诉讼利益。反过来，对未成年人与成年人共同审判的案件采取不公开审理，对成年被告人来说也是不利的。《最高人民法院关于执行〈中华人民共和国刑事诉讼法〉若干问题的解释》第 122 条规定："依法不公开审理的案件，任何公民包括与案件审理无关的法院工作人员和被告人的近亲属都不得旁听。"成年被告人本应适用普通程序审理，却由于一案起诉而被强行纳入未成年人特有的诉讼程序，公开审理的诉讼权利被剥夺，并被强行适用未成年人诉讼程序中特有的教育程序，而且家属也不得到庭旁听，这在客观上也侵害了成年被告人的诉讼权利。实行分案起诉制度，可以避免这种情况的发生，同时兼顾未成年和成年被告人双方的诉讼权利。

第三，能够有效地避免未成年人在庭审过程中受到误导和感染。在共同犯罪中，成年人大都处于支配地位，其对未成年人起到某种"示范"作用。如果未成年人和成年人同台受审，有些成年人凭借社会阅历或者作案经验，为了逃避严惩、避重就轻、推卸责任、无理狡辩，很容易对未成年人产生暗示，加大审理难度。实践中，在未成年人与成年人共同犯罪案件的庭审中，有的未成年人因为忌惮同案成年人，即使在庭审中也不敢指证成年人及其罪行，这种现象在未成年人与成年人均为取保候审的案件庭审中尤为

---

① 曹运伟、刘义辉：《未成年被告人分案起诉架构及其完善》，载《湖南省犯罪学研究会第八次学术研讨会优秀论文集》。

② 徐美君：《未成年人刑事诉讼特别程序研究——实证和比较的分析》，法律出版社 2007 年版，第 169 页。

突出。①

第四,有利于罪刑均衡原则的实现。一案起诉的情形下,法官在作出量刑决定时要考虑全案被告人之间量刑平衡问题。在这种思维定势的影响下,对成年被告人的刑罚量会因为对未成年被告人的从轻或减轻处罚而相应得到减轻;或者由于对成年被告人判处较重的刑罚忽视了对未成年人从轻、减轻情节的运用。这既不利于执行对成年人犯罪进行有效打击的政策,也有害于对未成年人犯罪"教育为主,惩罚为辅"原则的贯彻。而分案起诉制度使得成年人与未成年人可以分开审理、分别判决,有效地避免了一案起诉中的罪刑失衡问题。②

三、分案起诉的具体适用标准

《人民检察院办理未成年人刑事案件的规定》第 23 条中规定:"人民检察院审查未成年人与成年人共同犯罪案件,一般应当将未成年人与成年人分案起诉。但是具有下列情形之一的,可以不分案起诉:(一)未成年人系犯罪集团的组织者或者其他共同犯罪中的主犯的;(二)案件重大、疑难、复杂,分案起诉可能妨碍案件审理的;(三)涉及刑事附带民事诉讼,分案起诉妨碍附带民事诉讼部分审理的;(四)具有其他不宜分案起诉情形的。"分案起诉是处理未成年人和成年人共同犯罪案件的基本原则,一案起诉只是例外情况。结合法律规定和司法实践,我们认为,以下几类共同犯罪妨碍案件审理,不宜分案起诉③:第一,未成年人属于组织、领导犯罪集团进行犯罪活动或起主要作用的主犯或组织、领导犯罪集团的首要分子。因其在共同犯罪中所牵连的事实较多,而且在处罚时"要按照所参与、组织、指挥的全部犯罪进行处罚"和"按照集团所犯的全部罪行处罚",如果实行分别起诉不利于全面审查的实现,遗漏犯罪事实,甚至造成某些犯罪事实未审先判,有碍责任的正确认定。第二,重大、疑难、复杂案件。这类案件事实较为复杂,需要对未成年人的询问、质证等环节,分案起诉难以查清案情,徒增诉讼难度。

---

① 姜冰:《对未成年被告人分案起诉体现特殊保护》,载《检察日报》2004 年 5 月 31 日。
② 周小萍、曾宁:《略论未成年人刑事诉讼中的分案起诉制度》,载《青少年犯罪问题》2000 年第 5 期。
③ 程功:《共同犯罪中未成年人分案起诉的原则与标准探析》,载《人民检察》2007 年第 4 期;蔡煜:《试论分案处理原则的完善》,载《青少年犯罪问题》1997 年第 4 期。

第三,分案起诉影响附带民事诉讼的案件。刑事案件的被害人、其近亲属或者法定代理人对包括未成年人在内的共同犯罪人提起附带民事诉讼的,分案起诉会造成共同犯罪人之间责任分割的困难,有碍诉讼的顺利进行。第四,未成年人被指控的罪名属必要共同犯罪。所谓必要共同犯罪是指以多人共同参与为构成要件的犯罪类型。实行分案起诉有可能造成犯罪事实难以全部查清。第五,被告人被指控的罪名法定刑在10年以上的。10年以上的法定刑属于重罪,本着对未成年人负责的精神、确保定罪量刑的准确性,此类犯罪也不宜分案起诉。第六,未成年被告人与成年被告人具有亲属关系的案件。例如,未成年被告人与成年被告人之间存在父子、母子、兄弟姐妹关系时可以不实行分案起诉。因为合并起诉不会影响对未成年人司法保护,同时还可通过对亲属的教育工作间接地对未成年人进行更为全面的帮教。

四、分案起诉制度的试点工作及出现的问题

上海市虹口区检察院是全国最早提出分案起诉的单位,该院于1996年底正式提出此一制度并予以试点。此后,上海市高级人民法院、上海市人民检察院根据我国《刑事诉讼法》及有关司法解释,于2006年2月14日出台了《关于对未成年人与成年人共同犯罪的案件实行分案起诉、分庭审理的意见》,专门对分案起诉制度作了明确规定并予以细化,并于规定下发之日起,在上海的长宁、普陀、闸北、闵行、虹口、黄浦区的检察院和法院试行一年。具体在做法上,对分案起诉的适用标准适用《人民检察院办理未成年人刑事案件的规定》第23条以及《意见》的有关规定,即采用相对的分案起诉。同时根据我国《刑事诉讼法》的管辖规定及上海对四个少年法庭的指定管辖规定,对未成年被告人起诉至少年法庭审理,成年被告人由对应管辖法院的刑庭审理。① 山东省胶南市人民检察院联合市法院、公安局共同制定出台了《关于对涉未成年人刑事案件实行分案起诉、审判的暂行意见》,对未成年人犯罪案件分案起诉,以更好地教育、感化和挽救未成年犯罪嫌疑人。该意见规定,对涉及未成年人与成年人共同犯罪案件,实行分案移送审查起诉、提

---

① 胡巧绒:《完善分案起诉制度》,载《中国检察官》2008年第9期。

起公诉。对于分案处理的未成年人和成年人共同犯罪案件,公安机关在向检察机关移送审查起诉时和检察机关在向法院提起公诉时,一般应当同时移送和提起公诉。对于需要补充侦查的,如果补充侦查事项不涉及未成年犯罪嫌疑人所参与的犯罪事实,不影响对未成年犯罪嫌疑人提起公诉的,应当对未成年犯罪嫌疑人先予移送和提起公诉。胶南市检察院已经分案起诉未成年人犯罪案件8件9人,收到良好的法律效果和社会效果。① 除此之外,北京、重庆、汕头、广州、贵阳等地都进行了分案起诉的试点工作,并且取得了良好的社会效果。②

虽然最高检颁布的分案起诉的司法解释已有时日,也有许多检察院进行了试点工作,但是这项旨在为未成年人提供特殊保护的诉讼制度在司法实践中远远没有得到推广,其应有效用也没有充分发挥。课题组的调查结果(见表7.10)表明,在160份有效数据中,只有24.9%检察官表示,其所在的检察院会对成年人与未成年人共同犯罪的案件实行分案处理,而37.3%及37.9%的检察官则表示其所在的检察院不会或者不一定会分案处理。

表7.10 检察机关对共同犯罪案件是否分案处理

		人数	百分比	有效百分比	累积百分比
有效数据	是	42	24.0	24.9	24.9
	否	63	36.0	37.3	62.1
	不一定	64	36.6	37.9	100.0
	合计	169	96.6	100.0	
缺失数据		6	3.4		
合计		175	100.0		

本书认为,分案起诉制度在司法实践中践行不力主要有这样几方面

---

① 《胶南市检察院对未成年人犯罪案件分案起诉》,http://www.sd.xinhuanet.com/qdzfw/2009-05/18/content_16559505.htm,2009年5月20日访问。

② 关于分案起诉试点的报道见:《西城检察院启动分案起诉制 未成年人犯罪单独公诉》,http://m.lawyers.org.cn/info/fce4e2b63f07430a9b9ad49baec649d8;《泰山区法院举办分案起诉、分案审理观摩庭》,http://www.tacourt.gov.cn/html/jcxl/2007-5/jcxl74508529.shtml;《小河区对未成年人进行司法保护 尝试分案起诉》,http://www.geta.gov.cn/Article_Show.asp?ArticleID=3946;《我院分案起诉未成年人犯罪案件特点、措施及建议》,http://www.hp.gov.cn/hpjcy/xxml/t20071102_53229.htm;《重庆:改革未成年人起诉方式》,http://www.zjhn.jcy.gov.cn/newsdisp.asp?id=448,2009年5月24日访问。

原因：

第一，司法解释规定过于原则，缺乏具体的可操作性。最高检的司法解释虽然对未成年人与成年人共同犯罪应该进行分案起诉作了规定，但是该规定过于原则，远不能满足诉讼实践的规范需求。例如对分案起诉的具体流程就缺乏具体明确的规定。在可供操作的规范不足而司法实践又处于摸索阶段时，适用沿用已久的"一案起诉"既有规范和实践惯例上的依据，又有利于案件事实的核实澄清，分案起诉的适用率自然会大打折扣。

第二，检察人员在处理未成年人刑事案件时，有意或者无意地忽略针对未成年人特殊的司法程序保护。虽然我国《刑法》、《刑事诉讼法》等法律中有关于未成年人特殊保护的若干规定，但是不可否认的是整个刑事法律体系仍是以成年人为基点建构的，对未成年人生理、心理的特殊性有所忽视。立法偏差无可避免地会延伸至司法实践之中。在审查起诉中，检察人员把主要的精力放在证据的复核、事实的查明以及罪名的确定等方面，不自觉地会忽视对未成年人审查起诉阶段的矫治和特有司法保护程序的适用。更有甚者，以"提高办案效率"为名，人为地不适用分案起诉制度，导致对未成年人诉讼权利的侵犯。

第三，分案起诉制度在运行中出现的实际困难也是其适用率不高的重要原因。例如，分案起诉案件的分庭分院审理有可能出现事实认定不一致，量刑不平衡问题。分案起诉后不同的审判庭或者法院审理同一案件，很可能出现对同一指控，不同的法庭（法院）作出完全不同的认定。量刑问题也是如此，各个法院不同法官在量刑幅度的掌握上各有差异，对同一案件具有相同或类似情节的被告人很可能作出失衡的宣告刑，甚至会出现同一案件中未成年人刑罚反而重于成年人的"倒挂"现象。另外，对同一案件实行分案起诉，由不同的法庭审理势必造成案卷卷宗等文件的复制，增加诉讼成本，影响诉讼效率。再者，由于案件分案后，对同一犯罪事实可能进行两次甚或数次庭审，同一证人因此不可避免地要面对两次或者多次询问。由于具体情况的改变，同一证人关于同一事实的证言不一致的情况怎么处理？分案起诉判决后，如果检察机关对一案提起抗诉，或者一案的被告人提起上诉，上级法院该如何受理？这些细节问题不解决，分案起诉制度就很难推行下去。

五、分案起诉制度的完善

分案起诉的适用率低并不意味着分案起诉制度本身的弊端。作为一项特殊的诉讼制度,分案起诉充分贯彻了"教育、感化、挽救"原则,突出了对未成年人的特殊保护。其适用率不高是由检察人员传统的办案思想以及目前的操作规程不完善造成的。针对这些问题,本书认为,首先要加强办案人员业务素质和思想素质培养,使其认识到未成年人案件的特殊性及其承担角色的特殊性。未成年人检察机构和检察官应当淡化其追诉犯罪的"国家公诉人"身份,而应突出其"国家监护人"的身份,突出其作为触法未成年人以及其他风险未成年人的保护者、教育者的角色。角色意识的转换是主动适用分案制度的思想基础。其次,加紧制定未成年人参与共同犯罪案件中对未成年人分案起诉的制度,完善刑事程序立法使之具有可操作性。可以在分案起诉适用率较高的地区开展调研,总结各地司法实践经验,互通有无、取长补短,使地方经验适时上升为司法解释甚或法律。根植于各地办案经验的司法解释或者法律有着深厚的实践基础,在日后的推广适用中也便于展开。规则的制定不能回避制度细节问题的解决。本书认为可从以下几方面完善分案起诉制度:第一,规定只要是分案起诉的案件均应由统一审判机构即少年法庭审理。这不仅可以避免重复劳动,提高诉讼效率,同时也解决案件事实认定不一致或量刑不均衡的问题,维护了未成年人的合法权益;第二,分案起诉制度不可避免地增加了检察院和法院的工作量,应该在维护未成年人利益的前提下尽量减少不必要的环节,提高诉讼效率。例如,检察院向法院移送的证据目录和主要证据复印件只需要一份,不必多次复印、送交。少年法庭对全案的审理工作也应该尽量在同一天进行,这样一方面可以使证人免于来回往返法院,另外也方便庭审时需要分案的被告人出庭作证,免除押解被告人之劳。同时,法官对于先前审理的案件事实记忆仍很清楚,不必要无谓地增加审判时间[①];第三,由于案件分案后,对于同一犯罪事实需要进行两次甚至数次庭审,同样将经历各自独立的举证、质证等阶段。如果对一犯罪事实需要经证人当庭提供证言的,可能出现证人对同一犯罪

---

① 徐美君:《未成年人刑事诉讼特别程序研究——实证和比较的分析》,法律出版社 2007 年版,第 174—175 页。

事实在分庭审理中因具体情况不同而提供了彼此有差别或有出入的证言。对于证人数次出庭所提供的证言互有出入的情况,公诉机关可以对证人当庭询问、宣读其过去证言或指出差别之处让证人予以说明,从而核实证言使法庭审理顺利进行。对确实影响法庭审理的,检察机关应及时提出延期审理,将已起诉的分案案件一并撤回,并在将有关证据完全查清的前提下,重新合并起诉由法院重新审理。① 第四,对于分案起诉后,检察官对一案提起抗诉或者只有一案的被告人提出上诉,案件应该合并审理。分案起诉的案件原本就是一个案件,而且我国刑事诉讼法对于上诉、抗诉规定了全面审查的原则,因此检察官对一案提起抗诉或者一案被告人提出上诉,上级法院应该对全案进行审查,同时中止执行没有提出上诉或者抗诉的案件。②

除了本章上述内容提到的几种制度外,在我国的司法实践中,一些地方检察院还实行了缓刑建议制度和暂缓羁押制度。所谓缓刑建议制度,是检察机关在审查起诉过程中,认为对未成年犯罪嫌疑人可以适用缓刑的,在起诉时一并提出适用缓刑的建议,法官经过庭审后对是否适用缓刑拥有最终决定权。暂缓羁押制度则是指在审查起诉阶段,检察机关经过对未成年犯罪嫌疑人的审查,认为其犯罪行为轻微,认罪态度较好,变更强制措施不至于发生危险、妨碍诉讼正常进行的,可以将强制措施变更为取保候审。对于这两种制度,由于篇幅限制,本书不再展开讨论。

---

① 曾宁:《未成年人刑事诉讼中分案起诉制度的试行》,载《上海市政法管理干部学院学报》2001年第4期。

② 徐美君:《未成年人刑事诉讼特别程序研究——实证和比较的分析》,法律出版社2007年版,第175—176页;曾宁:《未成年人刑事诉讼中分案起诉制度的试行》,载《上海市政法管理干部学院学报》,2001年第4期。

第八章 未成年人案件审判制度

　　未成年人案件的审判是未成年人司法制度中的核心程序。目前学术界已经就未成年人刑事案件的审判程序进行了许多有益的探讨,特别是对庭前审查程序、审判的原则、社会调查、庭审模式、简易程序、法庭教育、暂缓判决以及判后回访等内容进行了深入的研究。本章将在实证调查的基础上,分析其中的一些制度及其存在的问题,并进一步提出有关的完善建议。同时,鉴于目前未成年人综合审判庭的改革涉及到非刑事案件,本章最后一节将对未成年人民事审判制度进行分析。

　　本章涉及的实证调查包括对1180份判决书的实证分析和对403名法官、175名检察官、323名社会公众、24名律师以及1799名未成年犯的问卷调查。其中有关法官、检察官、律师及社会公众的问卷调查的基本情况,本书第五章已经说明;而关于1180份判决书的基本情况,本书第六章也已经作出说明,在此不再赘述。本章有关这些调查的内容主要包括审前调查、简易程序、圆桌审判、庭审教育、暂缓判决以及缓刑等制度。

　　对1799名未成年犯的问卷调查,包括两部分:第一部分调查在北京、上海、河南三地的未成年犯管教所进行。选择这三所未成年犯管教所的原因在于:北京和上海地处发达的东部地区,在多年的矫正工作中进行了积极的探索,其经验具有一定的典型性与示范性;而河南作为人口众多、地域广阔的中部大省,一定程度上能够反应我国中部地区未成年犯监狱矫正方面的水平。这部分调查共收回 399 份问卷,具体组成为:北京未管所 119 份,上海未管所 160 份,河南未管所 120 份。第二部分调查在山东省未成年犯管教所进行。课题组委托山东省高级人民法院少年审判指导小组对山东省未成年犯管教所关押的全体男性在押人员进行了问卷调查,调查后收回问卷 1400 份。

第一节 庭前调查

一、我国法律有关庭前调查的规定

庭审前的社会调查是未成年人刑事案件审判程序中的一项特有制度。2006 年《最高人民法院关于审理未成年人刑事案件具体应用法律若干问题的解释》第 11 条对庭前社会调查制度作了规定:"对未成年罪犯适用刑罚,应当充分考虑是否有利于未成年罪犯的教育和矫正。对未成年罪犯量刑应当依照刑法第 61 条的规定,并充分考虑未成年人实施犯罪行为的动机和目的、犯罪时的年龄、是否初次犯罪、犯罪后的悔罪表现、个人成长经历和一贯表现等因素。对符合管制、缓刑、单处罚金或者免予刑事处罚适用条件的未成年罪犯,应当依法适用管制、缓刑、单处罚金或者免予刑事处罚。"

对于庭前社会调查的具体程序,随着刑事诉讼法的修改,相关的规定也有所变化。根据 1979 年《刑事诉讼法》的规定,法院在庭前程序中对案件进行实体性的审查。根据这一精神,1991 年《最高人民法院关于办理少年刑事案件的若干规定(试行)》第 12 条规定由审判人员进行庭前社会调查工作:"开庭审判前,审判人员应当认真阅卷,进行必要的调查和家访,了解少年被告人的出生日期、生活环境、成长过程、社会交往以及被指控犯罪前后的表现等情况,审查被指控的犯罪事实和动机。"1996 年《刑事诉讼法》施行后,庭前程序发生了重大变化,根据新法的规定,在庭前程序中,法院的审查以程序性审查为主,即只审查"起诉书中是否有明确的指控犯罪事实并且是否附有证据目录、评价名单和主要证据复印件或照片"。① 刑事诉讼法这一修改的精神在于,避免法院在庭前审查程序中形成预断,从而保证法官在审判中保持客观、中立。根据这一立法精神,由法官在庭前主动、积极地进行社会调查这一做法也面临了合法性危机。因此,最高法院在2001年的《关于审理未成年人刑事案件的若干规定》中就对社会调查主体进行了修改,调查的主体原则上是控辩双方,控辩双方调查后可向法院提交社会调查报告。但在必要时,法院也可以委托社会团体或者自行进行社会调查。可见,法院进行社会调查只是一种例外情况,而且实践中,即使是法院进行社会调查,也不会由本案的审判人员进行调查。这一制度安排虽然在保障法院中立性的同时保留了社会调查制度,但社会调查制度本身仍然存在不少问题。本书第六章已对社会调查制度进行了详细讨论,下文仅对调查报告的法律属性及我国庭前调查的情况进行简单分析。

二、调查报告在审判中的作用

未成年人刑事案件中的社会调查不同于一般意义上的社会调查,主要反映的是未成年犯罪嫌疑人或被告人的成长经历等背景情况及接受帮教的条件等。许多学者将社会调查报告视为证据或品格证据,认为报告与《刑事诉讼法》第42条规定的"鉴定结论"相似,且该报告作为反映未成年被告人性格特点、社会交往、家庭背景以及实施犯罪前后的表现等情况的文字材料,可以看作是"特殊的"证人证言,应该具备证据效力,否则将不被质证,会产生使被告人和其他诉讼参与者不信服的后果。②

本书认为,从严格意义上讲,调查报告不能称之为刑事证据。首先,根据我国刑事诉讼法的规定,证明案件真实情况的事实才是证据,即与客观案情相关联的才具有证据的属性,而调查报告的内容只涉及犯罪嫌疑人在案发前的生活学习状况等非涉案情况,于案情本身没有证明意义;其次,品格证据是英美法系证据法中的术语,在我国刑事诉讼法并没有相应规定,不应该生搬硬套,虽然社会调查是个较新的事物,但却不能因此就有悖于现有的

---

① 在简易程序及普通程序简化审程序中,法官在庭前仍然进行实体性审查。
② 参见唐震:《未成年被告人个体情况调查报告的法律性质及其运用》,载《法治论丛》2007年第6期。

刑法原则和法律规定。由此，调查报告既不能反映犯罪事实，又不是司法人员依照法定程序取得的刑事证据，而是案情之外的调查和分析，在没有法律明确规定的情况下，不宜作为证据使用。但这并不代表不可以将其于法庭之上进行质证，反而应通过此程序保证调查报告的客观公正、真实准确，以更好地发挥作为法庭量刑及后期的帮教措施参考依据的作用。

三、我国未成年人审判中庭前调查概况

课题组对法官问卷调查的结果显示，有185名法官在其审判实践中适用了社会调查制度，占样本总数的45.9%。对399名未成年犯进行的问卷调查也显示（表8.1所示），48.9%的未成年犯表示，在其案件审理中，法官对未成年犯的家庭、学业情况进行了调查，但也有14.3%和36.8%的未成年犯表示法官没有或不知道法官是否有调查过这些情况。但在对1180份判决书的分析中，仅有130份判决书中体现了社会调查的情况，占样本总数的9.73%。这两组数据之间存在着较大的差异，原因可能有两个：第一是不同地区对于社会调查制度的适用情况不同，第二是法官虽然进行了社会调查，但没有将社会调查的内容反映在判决书中。但是，对判决书分析的数据至少说明，法官在案件审判特别是量刑过程中，对社会调查结论的重视程度还不够。

表8.1 法官是否调查未成年犯的家庭、学业情况

	人数	百分比	有效百分比	累积百分比
是	195	48.9	48.9	48.9
否	57	14.3	14.3	63.2
不知道	147	36.8	36.8	100.0
合计	399	100.0	100.0	

本书认为，在我国的未成年人司法制度改革过程中，还要加强法官对庭前调查制度的重视程度，将庭审前的社会调查与侦查、起诉阶段的社会调查衔接起来，以便法官能更全面地了解案件及涉案未成年人的状况，从而更好地发挥调查报告在审判阶段特别是量刑中的作用。

第二节 庭审程序

一、庭审原则

未成年人案件的庭审原则是指在未成年人案件审理过程中应遵守的基本原则。总的来说,我国未成年人刑事案件的庭审原则可以概括为以下几个方面:

(一)不公开原则

不公开原则,即未成年人刑事案件的审判不公开进行。不公开原则是我国法律所规定的一项原则。我国《刑事诉讼法》第152条第2款规定,14岁以上不满16岁未成年人犯罪的案件,一律不公开审理。16岁以上不满18岁未成年人犯罪的案件,一般也不公开审理。不公开审理的目的在于保护未成年人的隐私权,为其顺利复归社会创造良好的条件。我国《刑事诉讼法》虽然明文规定了不公开审理原则,但对于16岁以上不满18岁未成年人刑事案件不公开审理的规定具有一定的弹性,表述为"一般也不公开审理"。这种弹性立法容易导致司法实践当中一般不公开审理变成一般都公开审理的畸形现象,是有违立法初衷的。① 本书主张,在未来统一的《未成年人法》中应统一规定,对于未成年人犯罪的案件,一律不公开审理。

(二)寓教于审原则

寓教于审原则,即人民法院在审理未成年人刑事案件过程中,应当将教育寓于整个审判过程中,矫正治理犯罪未成年人的犯罪心理和犯罪行为,使其改邪归正,走上健康的成长道路。这一原则要求,在审判过程中,应创造出良好的环境和气氛,减少被告人的精神压力,采取对话式,消除对立、抵触情绪,进行启发、疏导、晓之以理、动之以情,使被告人真诚悔悟,切实感受到发展下去的危险性和危害性,自觉约束自己的行为。同时,寓教于审原则还要求审判人员在审判之后继续延伸教育,帮助刑满释放的未成年人转化思

---

① 康均心:《未成年人刑事审判:中国的实践》,载《法学评论》1995年第1期。

想,摆脱心理负担,树立生活信心,尽快地复归社会。①

(三) 及时处理原则

及时处理原则,即人民法院在审理未成年人案件时,应及时作出处理,以尽可能减少诉讼程序对未成年人带来的种种不利影响。及时处理原则是一项考虑到未成年人被告人的身心特点,从保护未成年被告人权益及其健康成长的角度所应该确立的未成年人刑事审判的基本原则。它可以缩短审前羁押时间,减少诉讼对少年所造成的伤害,是对未成年人实施司法保护的需要,也是减少司法干预原则在未成年人审判阶段的体现。② 对这一原则的法律依据和在我国的适用情况,将在下文"简易程序与普通程序简化审"一部分详细论述。

(四) 处罚宽宥原则

处罚宽宥原则,即对未成年犯罪人的处罚,应以矫治为原则,使刑罚措施真正成为教育、挽救的手段,以达到预防和减少未成年人犯罪的目的。③ 我国《刑法》第 17 条第 3 款规定,已满 14 周岁不满 18 周岁的人犯罪,应当从轻或者减轻处罚;第 49 条规定,犯罪的时候不满 18 周岁的人和审判的时候怀孕的妇女,不适用死刑。可见,处罚宽宥原则也是我国法律所规定的一项原则。人民法院在处理未成年人案件时,应牢牢把握这一原则,对于未成年犯罪人应绝对排除死刑的适用,在适用其他类型的刑罚时,也应依照刑法规定从轻或减轻处罚。

二、庭审模式

对现代各国的刑事诉讼庭审模式④,学者一般概括为两种:一种是以英美法系为代表的当事人主义即对抗制的模式;另一种是以大陆法系为代表的职权主义,即审问制模式。对抗制模式强调控辩双方"在诉讼中的主体地

---

① 康均心:《未成年人刑事审判:中国的实践》,载《法学评论》1995 年第 1 期。
② 姚建龙:《长大成人:少年司法制度的建构》,中国人民公安大学出版社 2003 年版,第 222 页。
③ 甲继霞、徐海斌:《试论对未成年人刑事案件的审判原则及刑罚的适用》,载《法律适用》1994 年第 1 期。
④ 学界一般在同一意义上使用审判模式与审判方式这两个概念,如学者指出,"对抗式审判模式是英美国家采用的审判方式",参见甄贞、汪建成主编:《中国刑事诉讼第一审程序改革研究》,法律出版社 2007 年版,第 14 页。

位和诉讼作用,审判活动依据控诉方和被告方的主张和举证进行,而审判机关则处于居中公断的地位"。① 审问制模式则强调"法官在审判中积极查明案件事实的作用,而对控辩双方在审判活动中的作用,较英美法系的当事人主义,显出一种压抑倾向"。②

由于各国的未成年人司法程序一般与普通刑事程序有所不同,所以对于未成年人刑事案件的庭审模式不能完全套用上述理论。目前学术界对未成年人刑事案件的庭审模式的研究较少,而且由于我国未成年人司法程序的不独立,相关研究对于未成年人案件的庭审模式的讨论,一般也只是在上述两种模式的框架内探讨,只不过大多数学者都认为这两种模式都不能满足未成年人司法的特殊要求。如有学者认为,目前我国庭审模式不适合未成年人犯罪的案件,主要表现是:(1)"控辩式"庭审方式③的法庭氛围与未成年被告人的心理承受能力不符,很可能增加未成年被告人的心理压力,使其不能客观地陈述事实真相和表达真实思想,这不仅会影响庭审的顺利进行,还可能会在幼小的心灵上形成很深的烙印,不利于失足未成年被告人复归社会;(2)庭审语言与未成年被告人的实际理解能力不符,未成年人常常很难理解控辩双方纷争之实际内容和意义,甚至有时候会因为自己的错误理解而产生答非所问、似是而非的情况,给案件的审理带来难度;(3)辩护现状不利于未成年被告人诉讼权利的保障;(4)庭审时间与未成年被告人注意力集中的程度不符,较长时间的庭审,客观上会使得未成年被告人心理上不耐烦,注意力无法集中,对案件审理质量可能产生消极作用。因此,论者指出,要针对未成年人刑事诉讼的特点对现阶段刑事诉讼法规定的庭审模式进行改革,优化"控辩式"庭审方式,提高未成年人刑事审判质量,最终促使具有中国特色的未成年人刑事审判制度的完善。④ 也有学者在指出两种庭审模式在未成年人司法领域的缺陷的同时,提出在未成年人刑事案件

---

① 龙宗智:《刑事庭审制度研究》,中国政法大学出版社2001年版,第96页。
② 参见甄贞、汪建成主编:《中国刑事诉讼第一审程序改革研究》,法律出版社2007年版,第100页。
③ 严格来说,目前我国庭审的模式是具有中国特色的混合式的庭审模式,这种模式是对中国传统和固有的制度因素、现代职权主义以及当事人主义三大要素的糅合。参见龙宗智:《刑事庭审制度研究》,中国政法大学出版社2001年版,第120页。
④ 参见史清:《"控辩式"庭审方式与未成年人刑事诉讼》,载《青少年犯罪问题》1997年第6期。

中适用第三种庭审模式——"家庭模式"。根据论者的界定,这种模式有四个基本特征:第一,其基本理论认为,社会利益与少年犯罪人的利益并非不可调和、不可统一的。在审判过程中侧重保护未成年被告人。第二,在诉讼结构上,控辩审三方之间并非一种三角对抗或线形关系,而是一种圆形关系。第三,庭审程序的动作,甚至包括法庭的设计,都强调充分照顾未成年被告人的身心特点,强调气氛的和缓性。第四,庭审模式向家庭内部纠纷处理方式,尤其是管教犯了错的子女的方式趋同。① 这一观点正确地指出了未成年人刑事案件庭审方式的独特性,但其中仍然有许多没有解决的问题。

对于未成年人刑事案件庭审模式的研究,有必要与普通刑事案件的庭审模式的研究区分开来,因为各国的未成年人司法程序普遍独立于普通刑事司法程序。从本书第三章及第四章等章节对国外的未成年人司法制度的介绍可知,无论是大陆法系还是英美法系国家,其未成年人刑事案件的庭审程序除了具有职权性的特征外,都还体现出非标准司法性的特点。所谓非标准司法性,主要体现在两个方面:第一,未成年人刑事案件审判中判渗透着儿童福利理念,表现出浓厚的儿童福利性特点;第二,在形式上,未成年人刑事案件庭审程序体现出非正式性的特点。② 由于在未成年人审判中,不仅仅要查明案件事实,而且要保护未成年人的福利或"最大利益",法官被成为了庭审中保护未成年人利益的主体,因此法官就不能消极裁判,而是必须主动地主导诉讼程序,以保证庭审程序是符合未成年人利益。这一特点与普通程序的对抗模式相似,但由于未成年人庭审程序的非标准司法性特点,理论上就不能将未成年人庭审模式的对抗式与普通程序的对抗模式相提并论了。

我国目前未成年人刑事案件庭审方式,可以概括为两种模式:第一种可称为"职权式非标准司法模式",具体来说,目前我国未成年人审判程序中的简易程序以及适用普通程序审理"被告人认罪案件"的审判方式("普通程序简化审")均属于这种模式。在这两种程序中,审判方式同时兼具职权性

---

① 姚建龙:《长大成人:少年司法制度的构建》,人民公安大学出版社2003年版,第230、231页。
② 曾康:《未成年人刑事审判程序研究》,西南政法大学2007年博士论文,第124页。

与非标准司法性:一方面,法院处于积极主动的地位,依职权掌控程序的运作;但另一方面,法官不应当仅仅担当裁判者的角色,而且应当保证整个审判程序能坚持教育为主、惩罚为辅的原则以及能贯穿对"教育、感化、挽救"的方针(即"非标准司法性")。① 第二种可称为"混合式非标准司法模式",目前我国未成年人刑事案件的普通程序就属于这种模式,这种模式就是在我国普通刑事程序的混合式庭审方式基础上增加了未成年人司法程序的非标准司法特征。

本书认为,基于未成年人司法的独特性,未成年人刑事案件庭审模式的改革,应当是在"职权式非标准司法模式"的基础上进行。具体来说,就是在完善"非标准司法性"的基础上,坚持法官的积极主动性。这里的非标准司法性,体现在理念与制度两个方面。从理念上,就是在庭审中坚持保护未成年人的最大利益;在制度上,在设计出符合未成年人最大利益的程序。目前来说,简易程序、圆桌审判、庭审教育等程序都应当在坚持未成年人保护理念的基础上进一步地完善。

三、简易程序与普通程序简化审

对法官进行的问卷调查结果(见图 8.1)显示,对于"未成年人案件审判程序与成年人案件审判程序相比是否应当简化"这一问题,只有 17.12% 的法官认为不应当简化,而分别有 35.24% 和 47.39% 的法官认为可以简化审判程序和可以简化某些案件审判程序。而在 24 份律师调查问卷中,分别有 29.2% 和 70.8% 认为可以简化审判程序和可以简化某些案件审判程序,没有一名律师认为"未成年人案件审判程序应当与成年人案件的相同"。检察官与法官看法差别较大,在 175 名检察官中,如图 8.2 所示,接近一半的检察官认为,可以简化未成年人案件的审判程序,认为未成年人案件审判程序应当与成年人案件相同的仅有 6.86%。至于接受调查的社会公众,只有大约 30% 的人赞同可以简化未成年人案件的审判程序,具体结果可见图 8.3。

---

① 曾康:《未成年人刑事审判程序研究》,西南政法大学 2007 年博士论文,第 137 页。

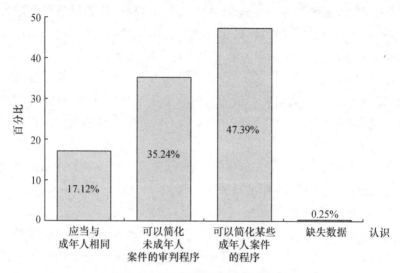

图 8.1　法官对能否简化审判认识

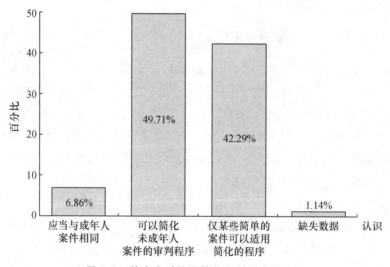

图 8.2　检察官对能否简化审判程序的认识

上述结果表明,大部分法官与检察官都赞同,至少对于某些案件可以简化审判程序。至于哪些案件可以简化,以及应当如何简化,则首先要对目前我国的简易程序及普通程序简化审程序进行讨论。

刑事简易程序,是指基层人民法院审理某些事实清楚、情节简单、犯罪

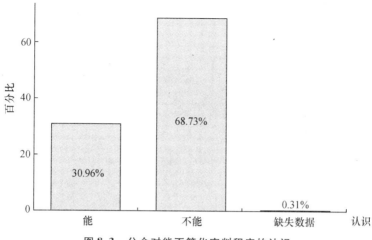

图 8.3 公众对能否简化审判程序的认识

轻微的刑事案件时所适用的比普通程序相对简化的程序。① 简易程序适用于三类案件:一是依法可能判处三年以下在有期徒刑、拘役、管制、单处罚金的公诉案件;二是告诉才处理的案件;三是被害人有证据证明的轻微刑事案件。简易程序有以下几个特点:(1)审判组织实行独任制,即由审判员 1 人独任审判;(2)检察院可以不派员出庭。根据《最高人民法院、最高人民检察院、司法部关于适用简易程序审理公诉案件的若干意见》第 6 条的规定,检察院一般不派员出庭,但检察院监督公安机关立案侦查的案件,以及其他检察院认为有必要派员出庭的案件,检察院应当派员出庭。在检察院不出庭的情况下,法官的主动性更加明显,庭审的职权性特征也更为突出;(3)审理程序简便、灵活,可以不受普通程序中关于讯问被告人、询问证人、鉴定人、出示证据、法庭辩论程序规定的限制;(4)快速审结,审理期限较短。

简易程序是 1996 年《刑事诉讼法》新增的程序,其目的在于提高诉讼效率,合理利用司法资源。但实践中,简易程序的适用率并不高,不能达到预期的立法目的。针对这一问题,最高人民法院、最高人民检察院和司法部在 2003 年联合发布了《关于适用普通程序审理"被告人认罪案件"的若干意见(试行)》,其中规定了"普通程序简化审"程序(以下简称为"简化审程

---

① 陈卫东主编:《刑事诉讼法学研究》,中国人民大学出版社 2008 年版,第 560 页。

序"),适用于被告人对指控的基本犯罪事实无异议,并自愿认罪的第一审公诉案件。在简化审程序中,人民法院在开庭前可以阅卷。在庭审过程中,合议庭在公诉人宣读起诉书后,询问被告人对被指控的犯罪事实及罪名的意见,核实其是否自愿认罪和同意适用本意见进行审理,是否知悉认罪可能导致的法律后果。对于被告人自愿认罪并同意适用简化审程序的,可以对具体审理方式作如下简化:(1)被告人可以不再就起诉书指控的犯罪事实进行供述;(2)公诉人、辩护人、审判人员对被告人的讯问、发问可以简化或者省略;(3)控辩双方对无异议的证据,可以仅就证据的名称及所证明的事项作出说明。合议庭经确认公诉人、被告人、辩护人无异议的,可以当庭予以认证。对于合议庭认为有必要调查核实的证据,控辩双方有异议的证据,或者控方、辩方要求出示、宣读的证据,应当出示、宣读,并进行质证。(4)控辩双方主要围绕确定罪名、量刑及其他有争议的问题进行辩论。由此可见,在简化审程序中,法官处于积极主动的地位,在庭前可以阅卷,在庭审中可以在辩论前直接询问被告人,最能体现对抗性的控辩双方辩论也被弱化。

由于大部分未成年人被告人在实践中均认罪,所以大部分未成年人刑事案件可以适用简易程序或简化审程序。所以这种职权式的非标准司法模式下,法庭可以更加方便地进行庭审教育以及集中讨论未成年被告人的处遇问题(即量刑问题)。但在未成年人被告人不认罪或者不愿意适用简化审程序的情况下,庭审模式也要按照普通刑事程序进行。但由于普通刑事程序中的混合式模式中的对抗性所追求的控辩双方激烈对抗的效果与紧张气氛不利于未成年被告人的身心发育特点,同时也不利于开展庭审教育工作[①],故有必要对简化审程序的适用范围进行扩大。本书认为,对于未成年人被告人认罪的案件,即使被告人不愿意,也可以适用简化审程序;对于未成年人被告人不认罪但情节轻微的案件,庭审程序也可以进行某些简化。从长远的角度来看,应当构建一种符合未成年人身心健康的庭审模式。圆桌审判就是实践中对于未成年人庭审模式的一种有益探索。

---

① 姚建龙:《长大成人:少年司法制度的构建》,人民公安大学出版社2003年版,第228页。

四、法庭布局

法庭布局是庭审结构的直观体现。在我国未成年人司法制度改革过程中,不少法院都采取了圆桌审判的布局方式。所谓圆桌审判,即将审理未成年人的方台坐阵式的审判区改为圆缓的圆桌设置,所有的庭审参与人员,包括法官、未成年被告人均围坐在一张圆桌上相向而坐审理。[①] 圆桌审判体现出来的审判的缓和气氛,符合《北京规则》第 14 条的精神。该条规定:"诉讼程序应按照最有利于少年的方式和在谅解的气氛下进行。"这种缓和的气氛使圆桌审判不仅仅是一种新的法庭布局,而且同时是一种新的庭审模式,这种模式与职权主义或当事人主义的模式均不同。无论是职权主义还是当事人主义模式,都追求国家刑罚权的正确使用。而在未成年人审判程序中,法官以及其他审判参与人所追求的,应当是在庭审中对未成年人进行教育,并寻找一个符合未成年人最大利益的解决方案。为达到这一庭审目的,庭审模式必须体现出非标准司法性,而圆桌审判就符合这一要求。

(一)圆桌审判方式的适用情况

根据对对山东省未成年犯管教所 1400 名未成年犯的问卷调查结果发现,如表 8.2 所示,在 878 个有效数据中,54.9% 的未成年犯在其案件的法庭审理中适用了圆桌审判方式。而从"是否圆桌审判"与未成年犯的"刑期"[②]的交互分析结果来看,如表 8.3 所示,在 854 个有效数据中,一共有 538 名(占 63%)未成年犯的刑期在 3 年以下,而其中有 54.1% 的未成年犯适用了圆桌审判制度;而刑期在 3 年以上 7 年以下、7 年以上 10 年以下以及 10 年以上的未成年犯群体中,该比例分别为 51%、64% 和 58.1%。可见,圆桌审判制度在不同刑期的未成年犯群体中的适用率相差不大。同时,交互分析的结果显示,P 值为 0.221,证明刑期与圆桌审判之间没有相关性。刑期与未成年人实施的犯罪行为的严重性有着紧密关系,因此,交互分析的结果也间接说明了,未成年人犯罪行为的严重程度,在实践中并不影响圆桌审判方式的适用。

---

① 徐美君:《未成年人刑事诉讼特别程序研究——基于实证和比较的分析》,法律出版社 2007 年版,第 214 页。
② 我们将未成年犯根据其有期徒刑的刑期分为四个群体,其相应的刑期分别为:3 年以下、3 年以上 7 年以下、7 年以上 10 年以下和 10 年以上。

表8.2 庭审中是否适用圆桌审判(1)

		人数	百分比	有效百分比	累积百分比
有效数据	是	482	34.4	54.9	54.9
	否	396	28.3	45.1	100.0
	合计	878	62.7	100.0	
缺失数据		522	37.3		
合计		1400	100.0		

表8.3 是否实行圆桌审判与未成年犯刑期交互分析[a]

			刑期				合计
			3年以下	3年以上,7年以下	7年以上,10年以下	10年以上	
圆桌审判	是	计数	291	78	57	43	469
		是否圆桌审判中的%	62.0%	16.6%	12.2%	9.2%	100.0%
		刑期中的%	54.1%	51.0%	64.0%	58.1%	54.9%
	否	计数	247	75	32	31	385
		是否圆桌审判中的%	64.2%	19.5%	8.3%	8.1%	100.0%
		刑期中的%	45.9%	49.0%	36.0%	41.9%	45.1%
合计		计数	538	153	89	74	854
		是否圆桌审判中的%	63.0%	17.9%	10.4%	8.7%	100.0%
		刑期中的%	100.0%	100.0%	100.0%	100.0%	100.0%

a. $p = 0.221 > 0.05$,缺失数据占39%

而根据课题组对北京、上海、河南三地399名未成年犯的调查,如表8.4所示,仅有13.8%的未成年犯在其案件的庭审过程中适用了圆桌审判方式。高达50.4%的未成年犯不知道是否适用了圆桌审判方式,原因可能是庭审时没有适用圆桌审判,也可能是虽然适用了但未成年犯不知道,但前者的可能性也许更大一些。

表8.4 庭审中是否适用圆桌审判(2)

		人数	百分比	有效百分比	累积百分比
有效	是	55	13.8	13.8	13.8
	否	142	35.6	35.7	49.5
	不知道	201	50.4	50.5	100.0
	合计	398	99.7	100.0	
缺失	系统	1	0.3		
合计		399	100.0		

从以上两个问卷调查的情况来看,目前圆桌审判方式的适用情况并不十分普遍,而且地方性差异较大。在决定是否适用圆桌审判方式时,法院会综合考虑各方面的因素,而并不仅仅考虑犯罪行为的严重性。

(二)圆桌审判的效果分析

圆桌审判的一个重要目的,在于使审判程序能处于一种"缓和的气氛"当中。至于"缓和的气氛",可以作客观和主观的理解。所谓客观的理解,是指一般人认为庭审的气氛是缓和的;而主观的理解,则是指未成年被告人认为庭审的气氛是缓和的。从圆桌审判制度的原意来看,强调更多的是未成年被告人主观上的缓和。根据课题组对1400名未成年犯罪人的调查,在870份有效数据中,如表8.5所示,无论是否采用圆桌审判,大部分未成年人都觉得法庭气氛是紧张、压抑或严肃的。其中,在适用了圆桌审判方式的479名未成年人当中,依然有89.4%的人认为法庭的气氛是紧张、压抑或严肃的。可见,虽然圆桌审判方式是一项被认为有利于实现法庭气氛缓和化的一项制度,但是实际上,它并没有使未成年人的感觉产生很大的变化。

表8.5 法庭气氛*是否圆桌审判交互分析[a]

			是否圆桌审判		合计
			是	否	
法庭气氛	紧张、压抑、严肃	计数	428	340	768
		法庭气氛中的%	55.7%	44.3%	100.0%
		是否圆桌审判中的%	89.4%	87.0%	88.3%
	轻松	计数	7	14	21
		法庭气氛中的%	33.3%	66.7%	100.0%
		是否圆桌审判中的%	1.5%	3.6%	2.4%
	没什么感觉	计数	44	37	81
		法庭气氛中的%	54.3%	45.7%	100.0%
		是否圆桌审判中的%	9.2%	9.5%	9.3%
合计		计数	479	391	870
		法庭气氛中的%	55.1%	44.9%	100.0%
		是否圆桌审判中的%	100.0%	100.0%	100.0%

a. $p=0.125>0.05$

(三)圆桌审判必要性的调查

针对圆桌审判是否有必要这一问题,课题组对法官、检察官、律师、公众及未成年犯进行了问卷调查。对403名法官的问卷调查结果(见表8.6)显示,17.1%的法官认为所有未成年人案件均应当采用圆桌审判的方式;而46.2%的法官则认为仅对可能判处被告人5年以下有期徒刑刑罚的案件,才适用圆桌审判;也有24.8%的法官认为,圆桌审判仅仅是一种形式,并对是否采用持"无所谓"的态度;而明确反对圆桌审判的法官仅占样本总数的11.9%。

表 8.6　法官对圆桌审判的看法

	人数	百分比	有效百分比	累积百分比
仅仅是一种形式,无所谓	100	24.8	24.8	24.8
不应采用圆桌审判	48	11.9	11.9	36.7
所有未成年人案件均应采用	69	17.1	17.1	53.8
一般应采用,可能判5年以上刑罚的不适用	186	46.2	46.2	100.0
合计	403	100.0	100.0	

接受问卷调查的检察官对圆桌审判的看法,整体上要比法官稍微消极,18.9%的检察官认为不应采用圆桌审判,认为所有未成年人案件都应采用圆桌审判的只有9.1%,而超过一半的检察官则认为对不严重的案件可以采用圆桌审判。具体结果可见表8.7。

表 8.7　检察官对圆桌审判的看法

		人数	百分比	有效百分比	累积百分比
有效数据	仅仅是一种形式而已,无所谓	35	20.0	20.2	20.2
	不应采用	33	18.9	19.1	39.3
	所有未成年人案件均应采用	16	9.1	9.2	48.6
	一般均应采用,但情节较为严重的案件不宜适用圆桌审判	89	50.9	51.4	100.0
	合计	173	98.9	100.0	
缺失数据		2	1.1		
合计		175	100.0		

对24名律师的调查结果(表8.8)表明,大部分律师对圆桌审判持积极态度,45.8%的律师认为对于不严重的案件可以采用圆桌审判;而认为所有未成年人案件都适用圆桌审判的也占12.5%。

表 8.8 律师对圆桌审判的看法

	人数	百分比	有效百分比	累积百分比
仅仅是一种形式,无所谓	7	29.2	29.2	29.2
不应采用	3	12.5	12.5	41.7
所有未成年人案件均应采用	3	12.5	12.5	54.2
一般应采用,但可能判处 5 年以上的不适用	11	45.8	45.8	100.0
合计	24	100.0	100.0	

接受调查的公众,对于圆桌审判制度,则大多持否定态度,如表 8.9 所示,只有 39.9% 的人认为应当采用圆桌审判制度。

表 8.9 公众对圆桌审判的看法

		人数	百分比	有效百分比	累积百分比
有效数据	应当采用	129	39.9	40.1	40.1
	不应当采用	193	59.8	59.9	100.0
	合计	322	99.7	100.0	
缺失数据		1	0.3		
合计		323	100.0		

对山东省未成年犯管教所 1400 名未成年犯的问卷调查结果发现,如表 8.10 所示,在 1282 个有效数据中,41.9% 的未成年犯对是否适用圆桌审判持一种无所谓的态度,而仅有 38.6% 的人希望适用圆桌审判制度。将"是否圆桌审判"与"是否希望圆桌审判"进行交互分析,如表 8.11 所示,P 值为 0.000,可见,在庭审中是否适用了圆桌审判方式,会影响未成年犯对这个制度的看法。具体来说,在已经适用了圆桌审判方式的 446 名未成年犯当中,

表 8.10 未成年犯是否希望圆桌审判

		人数	百分比	有效百分比	累积百分比
有效数据	希望	495	35.4	38.6	38.6
	不希望	250	17.9	19.5	58.1
	无所谓	537	38.4	41.9	100.0
	合计	1282	91.6	100.0	
缺失数据		118	8.4		
合计		1400	100.0		

表 8.11 是否希望圆桌审判与是否圆桌审判交互分析[a]

			是否圆桌审判		合计
			是	否	
是否希望圆桌审判	希望	计数	249	106	355
		是否希望圆桌审判中的%	70.1%	29.9%	100.0%
		是否圆桌审判中的%	55.8%	28.5%	43.4%
	不希望	计数	45	94	139
		是否希望圆桌审判中的%	32.4%	67.6%	100.0%
		是否圆桌审判中的%	10.1%	25.3%	17.0%
	无所谓	计数	152	172	324
		是否希望圆桌审判中的%	46.9%	53.1%	100.0%
		是否圆桌审判中的%	34.1%	46.2%	39.6%
合计		计数	446	372	818
		是否希望圆桌审判中的%	54.5%	45.5%	100.0%
		是否圆桌审判中的%	100.0%	100.0%	100.0%

a. $p = 0.000$,缺失数据占 41.6%

55.8%是希望庭审采用圆桌审判方式的。虽然这个比例超过了一半,但同时也表明了圆桌审判的适用并没有使 44.2%的未成年人对其有积极的看法。

以上各个调查结果表明,实践中圆桌审判方式仍然存在不少问题,社会各界对其看法并不统一。因此,有必要对这项制度进行完善,其中一个需要改进的地方是要加强圆桌审判的缓和性,让未成年被告人在庭审过程中真正能够在一种缓和的气氛中接受教育。也只有在这种缓和的气氛下,才能实现未成年人保护的司法理念。此外,目前圆桌审判在实践中的适用范围比较窄,根据学者的考察,各地的圆桌审判方式,多只适用于以下几类案件:一是事实清楚、证据充分、被告人供认所犯罪行的案件;二是适用简易程序的案件;三是犯罪性质较为严重,但平时一贯表现较好且确有悔罪表现的案件。[①] 如河北石家庄市长安区法院将圆桌审判限于"适用简易程序、十六周岁以下未成年人犯罪、犯罪情节较轻、事实清楚、证据充分或被告人属初犯、偶犯、主观恶意不深的案件"。[②] 出现这种局面的原因在于,简易程序的有关规定可以为圆桌审判提供某种法律根据,而在其他非简易程序的案件中,适用

[①] 姚建龙:《长大成人:少年司法制度的构建》,人民公安大学出版社 2003 年版,第 234 页。
[②] 转引自徐美君:《未成年人刑事诉讼特别程序研究——基于实证和比较的分析》,法律出版社 2007 年版,第 215 页。

圆桌审判的法律根据就比较欠缺。本书认为,圆桌审判方式应当成为未成年人刑事案件的基本庭审方式,这也是未成年人司法改革的一个目标。在实现这个目标之前,可以逐步地扩大圆桌审判的适用范围:首先,将圆桌审判这一模式推广适用至所有适用简易程序审理的未成年人刑事案件;其次,在总结经验的同时,将圆桌审判再推广至被告人认罪的案件,即适用普通程序简化审程序的案件;最后,在"时机成熟"时,应当通过立法来确立圆桌审判方式。

五、庭审教育

庭审教育是我国未成年人刑事案件审判实践过程中的一个重要环节,一般而言,庭审教育是在对未成年被告人的审理过程中,在主审法官的主导下,以教育、感化、挽救为原则,由庭审相关参与人员对未成年被告人进行思想、法制、亲情教育,以帮助其悔过自新,重新融入社会的一个法庭审理环节。该制度以《最高人民法院关于审理未成年人刑事案件的若干规定》为法律依据,在全国各地方人民法院被广泛采用,并取得良好的社会效果,但相关的学术研究却并不丰富。下文在结合我国目前庭审教育实践状况的基础上,对庭审教育的主体范围及资格、发生时段、教育内容等基本问题进行初步分析。

(一) 目前我国庭审教育的实践概况

在实践中,各地中级及基层人民法院高度重视庭审教育的作用,针对未成年人犯罪案件总结摸索了诸多建设性理念和实用性经验。例如,山东省泰安市泰山区法院少年审判庭以教育、感化、挽救作为少年审判工作的基本方针,把握住庭审这个对未成年被告人进行集中法制教育和感化挽救的最佳时机,总结出"三见面、三了解"的工作经验,即在庭审前,应做到同被告人也就是涉嫌犯罪的青少年见面,了解其家庭情况和思想状况;与其监护人见面,了解其性格特点和成长经历;与其所在学校、单位、村街等有关领导见面,了解其社会交往、工作学习情况,这就为法庭教育的深入展开创造了条件。同时,为使未成年被告人进一步感受到来自家庭和社会的关爱,该庭还把未成年被告人的家长、亲友、老师以及妇联、教委的有关同志请进法庭,共同参与教育,使法庭教育真正做到了有法有理有情。[①]

---

① 传勇:《用爱挽回失足少年的心——记山东省泰安市泰山区法院少年审判庭庭长范红艳》,载《中国监察》2006年第15期。

(二)关于庭审教育的实证调查结果

对 399 名未成年犯进行的问卷调查结果表明,如图 8.4 所示,60.65% 未成年犯表示,在法庭审查中,法官除了审理案件外,还对他们进行了教育。从教育效果来看,如表 8.12 所示,在 236 名在法庭中接受过法官教育的未成年犯中,59.7% 的人表示教育是"非常中肯,让人深受感动"的,而表示"有一点作用"和"没有什么意义的"分别仅占 22% 和 18.2%。

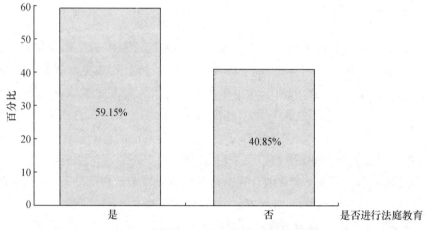

图 8.4 法官是否对未成年犯进行法庭教育

表 8.12 教育效果 * 是否进行法庭教育交互分析[a]

			法庭教育		合计
			是	否	
教育效果	非常中肯,让人深受感动	计数	141	0	141
		法庭教育中的%	59.7%	0.0%	35.3%
	水平一般,有一点作用	计数	52	0	52
		法庭教育中的%	22.0%	0.0%	13.0%
	形式而已,没什么意义	计数	43	0	43
		法庭教育中的%	18.2%	0.0%	10.8%
	没进行教育	计数	0	163	163
		法庭教育中的%	0.0%	100.0%	40.9%
合计		计数	236	163	399
		法庭教育中的%	100.0%	100.0%	100.0%

a. $p = 0.000$

在1180份判决书中,体现了庭审教育内容的仅有87份,占总数的7.37%。这一比例过低的原因可能在于法官在庭审过程中进行了庭审教育,但没有在判决书中再加入对未成年人犯罪人进行教育的内容。本书以为,庭审教育的方式是多样的,在未成年人刑事案件的审判中,将庭审教育的内容写入判决书,更有利于未成年犯罪人对自己犯罪行为的认识。另外,这也使得判决书不再局限于犯罪事实、证据、定罪量刑等严肃内容,有利于未成年犯罪人的接受。

(三)庭审教育中存在的主要问题及解决方案

1. 庭审教育的主体

《最高人民法院关于审理未成年人刑事案件的若干规定》的第33条规定:"人民法院判决未成年被告人有罪的,宣判后,由合议庭组织到庭的诉讼参与人对未成年被告人进行教育。如果未成年被告人的法定代理人以外的其他成年近亲属或者教师、公诉人等参加有利于教育、感化未成年被告人的,合议庭可以邀请其参加宣判后的教育。"可见,我国目前立法对庭审教育的主体范围的规定是分层次的,首先合议庭(包括法官和人民陪审员)是庭审教育的必要主体,在合议庭的主导下其他诉讼参与人可以参加到庭审教育的过程中来,对于未成年被告人法定代理人以外的其他成年近亲属或者教师、公诉人,合议庭可以自由裁量是否邀请他们加入到庭审教育中来。

很多学者对于庭审教育主体的资格提出了不同观点。有学者特别强调主审法官应该是女性,认为女性法官善于发挥女性特有的缜密、细致、耐心的长处及敏锐的观察力,易发现被忽视的细微枝节问题或事实,并以此作为突破口而消除法官与未成年被告人之间的隔阂,并且女法官的母性本质更富有教育感化能力,其丰富的感情、温和的言谈更易博得未成年被告人的信任和敬爱,从而使他们能向女法官主动倾诉真言。还有学者认为主导庭审教育的法官应当具有心理学、犯罪学、教育学等专业基本知识和有关法律知识,并具有一定的办案经验;应怀着一片爱心教育、感化、挽救那些失足未成年人,使他们走向新生;应该是经验丰富、态度和蔼、工作耐心的法官;应当熟悉未成年人特点、善于做未成年人思想教育工作,并且应当保持其工作的相对稳定性。另外,在庭审教育中发挥重要作用的人民陪审员应当由具有丰富社会经验并热心于未成年人保护工作的人员中选任。[①] 本书认为,学者

---

① 陈碧红:《试论少年审判制度与女法官在其中的作用》,载《湖湘论坛》2008年第4期。

们提出的上述建议都有其合理性,在我国以后的立法中,应当适当吸取这些建议,对庭审教育的主体作出更为具体细致的规定。

2. 庭审教育的时段

庭审教育应当在审判的哪个阶段进行?能否在尚未判定有罪的场合进行庭审教育?在辩护人作无罪辩护的场合可否进行庭审教育?依《最高人民法院关于审理未成年人刑事案件的若干规定》中的相关规定,庭审教育只能发生在确认有罪的宣判之后。在实践中,有的地方法院将法庭教育阶段作为审理未成年人案件的必经程序,当庭宣判的,法庭教育阶段设置在宣判前,定期宣判的,设置在法庭辩论终结后,被告人陈述前。在学界,有很多不同意见,有观点认为庭审教育应当贯穿于整个刑事审判过程始终,即开庭前的社会调查、法庭调查时、法庭辩论后被告人最后陈述前的法制教育都是庭审教育的有机组成部分。也有学者认为在法庭辩论结束、被告人最后陈述之前,由审判长主持,集中进行法庭教育,可以趁热打铁,达到良好的教育效果,但如果被告人、法定代理人、辩护人作无罪辩护的,庭审中不宜设法庭教育阶段。因为此时若进行法庭教育,是不会有作用的。但对那些起诉书指控的事实确实存在或法院作无罪判决是因为证据不足的,审判人员也可视情节组织有关人员进行教育,教育的内容主要是针对被告人的违法行为。[①]本书认为,后一种观点既符合现行立法的规定,又能解决现实审判实践中庭审教育适用面过窄的问题。

3. 庭审教育的内容

庭审教育应当以"帮助未成年犯罪人认清自己犯罪行为发生的主客观原因及犯罪行为的严重性,唤醒他们的悔罪意识,帮助他们总结应当吸取的教训,使他们能正确对待人民法院的裁判,重燃对美好生活的渴望,从而走向新生"为目的,围绕这一目的,庭审教育应采取容易被未成年犯罪人接受的方式,有的放矢地进行思想和法制教育。《最高人民法院关于审理未成年人刑事案件的若干规定》中对庭审教育的内容和方式作了一般性规定,该《规定》的第33条第2款规定,"对未成年被告人的教育可以围绕下列内容进行:(一)犯罪行为对社会的危害和应当受刑罚处罚的必要性;(二)导致犯罪行为发生的主观、客观原因及应当吸取的教训";第27条要求"法庭审理

[①] 孙箫:《略论未成年人犯罪的处理原则》,载《安徽警官职业学院学报》2005年第4期。

时,审判人员应当注意未成年被告人的智力发育程度和心理状态,要态度严肃、和蔼,用语准确、通俗易懂";第9条要求"审判未成年人刑事案件,应当注意掌握未成年被告人的生理和心理特点,依法准确、及时地查明起诉指控的案件事实;对于构成犯罪的未成年人,应当帮助其认识犯罪原因和犯罪行为的社会危害性,做到寓教于审,惩教结合"。

第三节 刑罚裁量

目前世界各国在定罪与量刑程序的关系上存在着两种模式,第一种是英美法系国家的定罪与量刑程序分离模式,第二种是大陆法系国家中的定罪与量刑程序一体化模式。在前一模式中,刑事审判分为"定罪裁断"与"量刑听证"两个相对分离的阶段;而在大陆法的一体化模式中,刑事法庭经过完整的法庭审判,既要解决被告人是否构成犯罪的问题,又要对有罪被告人的量刑问题作出裁决。① 我国刑事诉讼庭审程序目前属于一体化的模式。

一体化的模式下的庭审制度,以规范法官的定罪活动为其主要目的,对规范法官在量刑方面的裁量权的作用不大,即不能有效防止法官滥用自由裁量权。在我国目前的司法实践中,大部分被告人都作出有罪供述,因此,刑事审判所要解决的主要问题其实是量刑问题,在这种情况下,旨在规范法官的定罪权的庭审制度的实际意义在这些案件中就并不大了。因此,如何规范法官在量刑中的裁量权,成为实践及刑事审判程序改革中一个急需解决的问题。针对这个问题,学者建议构建独立的量刑程序。②

在未成年人刑事案件庭审程序中设置独立的量刑程序,除了可以规范法官的裁量权外,还有更加重要的意义,就是保证法官所决定的未成年被告人的处遇能够体现未成年人司法理念,特别是未成年人保护理念。具体来说,法官在在量刑程序中,首先由控辩双方就社会调查报告的内容进行讨论,在此基础上提出各自的量刑建议并展开辩论。量刑建议及控辩双方辩

---

① 陈瑞华:《定罪与量刑的程序分离——中国刑事审判制度改革的另一种思路》,载《法学》2008年第6期,第40页。
② 陈瑞华:《论量刑程序的独立性———一种以量刑控制为足以的程序理论》,载《中国法学》2009年第1期。

论的内容包括是否免予刑事处罚、是否暂缓判决、是否处以保护处分、是否适用非监禁刑或监禁刑等。法官在量刑时,要坚持"教育为主,惩罚为辅",首先考虑免予刑事处罚,然后考虑是否可以暂缓判决。如果法官认为有必要马上宣告制裁措施时,也首先应当考虑是否可以适用保护处分或非监禁刑,特别是缓刑。对未成年人判处监禁刑,应当作为法官最后考虑的选项,并且要坚持对未成年人从轻或减轻处罚的原则。鉴于缓刑是目前我国未成年人司法制度存在问题较多的一项制度,有必要对其进行完善;而暂缓判决及保护处分目前在我国法律中并没有明文规定,需要在未来的未成年人司法制度改革中加以确定,因此本节主要讨论暂缓判决、缓刑与保护处分的相关内容。

一、暂缓判决

(一)暂缓判决的概念和适用概况

暂缓判决是指为了教育和挽救犯罪情节较轻的未成年人,在对其进行法庭审理的过程中先宣告其触犯的罪名,暂不确定和宣布对其判处的具体刑罚,并给予其一定期限的考验期,待考验期限届满再决定是否对其施加刑罚或者施加何种刑罚的制度。

在国外,有的国家对暂缓判决有明确的规定。例如,德国《少年法院法》第27条规定:"虽经调查,但仍无把握确定少年的违法行为所表明的倾向程度,而判处其刑罚又属必要的,法官可先确定该少年的罪责,对少年予以缓科,并规定一定的考验期限。"①现行《德国刑法典》第59条规定:"在符合有关条件的情况下,如果某人被判处低于180日额的罚金刑,法院宣告他应当承担刑事责任并警告他,同时确定一个罚金数额并保留对该刑罚的宣判。"《法国刑法典》第132-60条也对暂缓判决做了专门的规定,即"如表明罪犯正获重返社会,所造成的损害正在赔偿之中,由犯罪所造成之危害即将停止,法院得推迟刑罚宣告。在此场合,法院在其决定中确定将作出判刑决定的日期"。②

近年来,我国法院在未成年人审判中尝试适用暂缓判决的司法实践也日益增多,许多地方开始将暂缓判决作为可以选择适用的一种重要的应对未成年人犯罪的方法。例如,自1993年12月20日上海长宁区人民法院少

---

① 孙云晓、张美英主编:《当代未成年人法律译丛(德国卷)》,中国检察出版社2005年版,第176页。

② 罗结珍:《法国刑法典》,中国法制出版社1995年版,第131页。

年法庭对第一例未成年被告人宣布暂缓判决以来截止到 2002 年近 10 年间,已有 21 件未成年人案件计 29 人被暂缓判决,而且据参与该地审判的法官介绍,效果还算良好,除一人正常死亡外,在这 29 人当中重新就业或就学的有 25 人,只有 3 人由于不同原因未找到职业。上海的做法纷纷为北京①、广东②、重庆③、江西④等地的法院仿效,目前,我国许多地方的基层法院对情节较轻微,社会危害性不明显,民愤不大的案件尝试适用此种方法,以减轻刑事司法程序给未成年人带来的不利影响和负面作用。

对法官的问卷调查结果(图 8.5)显示,共有 98 名法官所在法院实施暂缓判决制度,占样本总数的 24.3%。这一比例虽然不高,但也说明我国相当

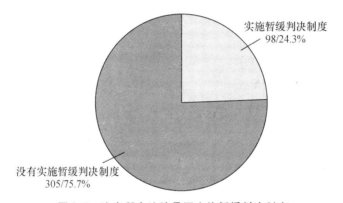

图 8.5　法官所在法院是否实施暂缓判决制度

---

① 2003 年 9 月,北京市丰台区法院对一名涉案高中生适用了暂缓判决,这在北京还是第一次,在全国也引起了广泛的关注。艾文波:《北京首启暂缓判决制体现对青少年的关爱》,载南方新闻网,http://www.southcn.com/news/china/gdspcn/200306130610.htm,2009 年 6 月 10 日访问。

② 2004 年 9 月 2 日,广州市番禺区人民法院对盗窃同学 5000 多元财物的 17 岁被告作出了暂缓判决的决定,这是广东省第一例对未成年人判处暂缓判决的案件,在广东产生了深远的影响。参阅:《广东首次启用未成年人犯罪暂缓判决制度》,http://news.21cn.com/dushi/zsj/2004/09/03/1744856.shtml,2009 年 6 月 10 日访问。

③ 2004 年 12 月 16 日,重庆市沙坪坝区人民法院少年刑事审判庭对 4 名已满 14 周岁但未满 16 周岁的未成年刑事被告人送达了《暂缓判决决定书》,标志着暂缓判决在重庆开始正式的试验。参见:《重庆尝试对少年犯暂缓判决　表现好可定罪免刑》,http://www.people.com.cn/GB/shehui/1060/3063523.html,2009 年 6 月 10 日访问。

④ 2004 年 12 月 1 日,南昌市西湖区人民法院对伙同他人抢劫财物的未满 16 周岁初犯无前科劣迹少年刘某,一审判处刘某暂缓判决,这在江西产生了深远影响,因为实行暂缓判决在江西省尚属首次,参见:《江西省首次对未成年人实施暂缓判决》,http://news.sina.com.cn/o/2004-12-01/08364398371s.shtml,2009 年 6 月 10 日访问。

一部分法院在审理未成年刑事案件中已采取了暂缓判决制度。

（二）暂缓判决的正当性基础

虽然暂缓判决制度在实践中并不普遍，但是从对公众的调查结果（图8.6）来看，约有62%的受调查的公众认为应当推广暂缓判决制度。可见这一制度的合理性是为大部分社会公众所承认的。

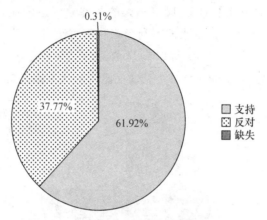

图 8.6 公众是否支持推广暂缓判决制度

而从理论上来分析，暂缓判决制度的产生和存在具有其自身的正当性基础。现代意义上的暂缓判决可以说是在传统的应对未成年人犯罪的方法表现不尽令人满意的背景之下产生的一种探索性的司法创新方法。

从刑罚理念根据的角度看，暂缓判决具有对传统的国家报应刑理论的不足进行反思和修正的作用。国家报应刑主义作为一种主张以犯罪的危害作为国家对犯罪反应基础的刑罚理论，它不重视对于犯罪人的教育与预防，而是强调处罚手段与犯罪行为的社会危害之间的相对应性，因此从总体上说这是一种向后看的理论。在这种理论框架之下，犯罪首先和主要地被视为是行为对国家和社会公共利益的一种严重危害，其对自然人个体和社区利益的损害则被视为是下一层次要考量的问题。国家在对犯罪的追究中处于中心和支配地位，而作为犯罪的被害人或者利益相关者的利益却被边缘化了，被害人甚至被剥夺了诉讼主体的地位而沦为实现国家报应目的一个配角。① 国家报应刑主义的这种对刑事处理权力的垄断直接导致了犯罪被害人往往不能得到实现其利益最大化的诉讼结果。对犯罪的未成年人作出暂缓判决的决定既可以在一定程度上实现报应刑主义所追求的理想并获得一定的预防效果,更重要的是可以向未成年犯罪人提供一个改过自新向前看的机会。一般情况下,在暂缓判决之后,犯罪人可以有更好的机会努力实现对于被害利益的恢复和补偿,这对于社会秩序的恢复和合法利益的维护都是大有裨益的。

尽量让未成年犯罪人避免传统刑罚处遇方法所带来的消极影响和不受到第二次伤害,是暂缓判决可取性的另一个重要体现。以监禁刑为例,尽管我国目前对未成年人设置了未成年犯管教所等专门监禁未成年人的机构和场所,但是,未成年犯罪人的集中关押仍然会带来交叉感染等问题,很难从根本上克服监禁场所可能给未成年人带来的不良影响;另一方面,监禁刑本身所存在的悖论也使得它始终存在着致命的逻辑缺陷,也就是说,监禁刑的目的在于让被监禁者早日通过强制劳作、学习而改造成为一个对社会有用的新人,但在司法实践中,监狱这种高度封闭性的场所又迫使他们与社会隔离,监狱的特殊环境也会强化他们是犯罪人的形象,这些因素都直接导致了他们有一天重新走上社会时的不适应或者被歧视,从而增加了他们重新违法犯罪的可能性。从实证角度看,现在也很难能够找到确切证明监狱改造对于降低未成年人再犯罪率有良好的拟制效果的资料。② 因此,尽量不让未成年人涉足监禁场所而代之以在社会正常生活中进行改造是个不错的替代性选择。

尽量不用刑罚手段给未成年被告人贴上难以摆脱的耻辱性罪犯标签是未成年人司法界设计和尝试对未成年人适用暂缓判决的直接动力。美国学者贝克尔的"标签理论"认为,自然人个体之所以最终成为罪犯的主要原因,不是犯罪人本身就是所谓的"罪犯",而是社会给其贴上了"越轨者"的标签

---

① 例如,在我国,被害人一直就处于司法机关配角的地位,1996 年修订刑事诉讼法才正式确立了被害人规定刑事诉讼主体之一的地位,但由于法律只规定了泛泛的原则,较少有具体的具有操作性的规定,缺乏具体的制度保障。因此,被害人在司法实践中的主体地位并没有得到充分的保证。

② Robert Martinson, "What Works? Questions and Answers about Prison Reform," *Public Interest*, 35(1974), p.22.

所致,当社会一次次地将按一定标准将某些行为规定为"犯罪"时,实施这种行为的人就会被视为是犯罪人,所实施的这种行为就会被视为是"犯罪"。也就是说,所谓的犯罪,并非犯罪本身的性质使然,也非"罪犯"个体原因所致,而是一种社会评价的结果,犯罪从根本上讲是社会反应与行为人自我形象之间的一种相互作用的结果。而且,一个人一旦被贴上罪犯的标签,会产生以下结果,即"形成难以改变的烙记,而且造成自我形象的修正"。① 依据标签理论,一旦通过判决未成年人有罪这种"身份贬低仪式",这些未成年人是社会摒弃者的形象就会正式形成,而且在此之前他们所具有的一切其他正面形象就会被犯罪人的形象所取代。这种犯罪人的形象往往会成为被判刑未成年人几乎终身无法改变的主要社会特征,这对于未成年人回归社会、成为正常的社会成员无疑具有巨大的阻碍。

暂缓判决体现着刑事法律谦抑主义的价值追求,是社会民主文明进步的一种体现。依公认的刑法谦抑精神,凡是适用其他法律足以处理某种违法犯罪行为和保护某种合法权益时,就不应该运用刑事程序来加以处理;凡是能适用民事的、行政或者其他非刑罚处理方法就足以抑制某种不良行为的,就不宜适用刑事制裁手段来对其加以规制。谦抑思想既体现着刑罚经济的原则,也凝聚着民主与人道的智慧结晶。理由很简单,由于刑事手段是社会控制手段中成本最高、风险最大的一种举措,因此,在社会司法资源有限或者成本高昂的前提下,用最少的投入取得最大的社会效果无疑是极具吸引力的一种司法举措。刑罚种类本身的严肃性和刑罚手段的严重性都决定了社会成员对于参与刑事程序有着严格的条件和限制,这对于承受刑罚处遇的人来说无疑是一种最沉重的法律负担,因此,像暂缓判决这样能够避开刑事程序而最终实现刑事处遇的司法目的无疑是一个非常有意义的尝试。

暂缓判决也是体现司法社会化重要原则的方法。司法社会化作为现代司法发展的必然趋势,客观上要求在教育改造未成年犯罪人的过程中除了充分发挥司法机构的积极作用之外,还应当广泛动员社会力量,调动一切积极因素,以实现未成年司法目标的最好最快实现。在司法社会化原则的指

---

① 王一平:《标签理论——一个犯罪学的介绍》,载《河南公安高等公安专科学校学报》1995年第1期。

导之下,对未成年人违法犯罪行为进行遏制和防范以及使已经实施犯罪行为的未成年人复归社会都离不开各种社会力量的广泛参与,以提高他们与社会的联系和适应能力,保证和提高对他们的改造效果。当前,西方国家大量推行诸如中间监狱制度、累进处遇制度、开放式处遇制度、监外作业等等,都是行刑社会化的体现与反映。

(三) 目前我国暂缓判决适用存在的问题

尽管许多地方法院对于暂缓判决的实践有着极大的热情和积极性,但是,当前在我国的法制系统中推行暂缓判决还是存在着许多问题的。

1. 暂缓判决的适用与《立法法》、《刑法》的有关规定相抵触

根据《立法法》第 8 条的规定,犯罪和刑罚的规定权限是法律特有的。法院作为法律的执行机关,只能以法律的规定作为司法的根据。一般情况下,只有在法律规定不明确、不具有操作性或者根本没有规定时,司法机关才能以司法解释的形式对法律执行中的问题做出具体的解释性规定。从理论上讲,暂缓判决作为一种刑事执行制度,也只有在法律有明确规定的前提下,才符合法治的要求。但是,我国现行刑法只规定了缓刑而没有规定暂缓判决,暂缓判决也不能以缓刑的规定来加以变通后类推适用,因为暂缓判决和缓刑从根本上讲是不同的:暂缓判决是只先确定罪名而不同时确定要加处的具体处罚方式,待未成年被告人在考验期内的表现被评估之后再最后确定是否对其判决某种刑罚的制度,而缓刑则是在同时宣告具体的罪名和所判处的徒刑(3 年以下有期徒刑或拘役)之后采取的一种刑罚执行措施。

2. 暂缓判决有违背无罪推定原则的嫌疑

暂缓判决只是确定了未成年被告人的罪名,但并没有给出相应的处罚手段,而法律规定审判的终结只能是以定罪量刑的法律文书为标志的。因此,从严格意义上说,暂缓判决的做法显示着法院并没有给出正式的判决,而在没有最后的判决之前就判定被告人构成某种犯罪并据此限制其自由,强迫他们承担一定时间的考验期是没有法律依据的。

3. 暂缓判决违反了《刑事诉讼法》关于审判期限的规定

根据《刑事诉讼法》第 168 条第 1 款中的规定,人民法院审理公诉案件,应在受理后 1 个月内宣判,至迟不得超过 1 个半月。即便对于交通十分不便的边远地区的重大复杂案件,犯罪涉及面广、取证困难的重大复杂案件,

重大的犯罪集团案件,或者流窜作案的重大复杂案件,经省、自治区、直辖市高级人民法院批准或者决定,也只能再延长1个月。由此可见,现实中的暂缓判决的考验期动辄一年半载,同刑事诉讼法的规定显然是不协调的。

(四)我国暂缓判决制度的完善

对于暂缓判决制度的完善,本书认为可以主要从以下几个方面着手:

第一,在法律中明确规定对未成年被告人可以实施暂缓判决,并且详细规定暂缓判决的适用条件、适用程序、法律补救及法律责任等内容,以有效地解决当前暂缓判决无法可依的问题,从根本上满足法制的要求。具体来说,可以先修改刑事诉讼法,增加有关暂缓判决的规定,然后在制定《未成年人法》时再将这些规定纳入其中。

第二,从严把握暂缓判决的对象。暂缓判决的性质决定着暂缓判决只适用于已经构成较轻犯罪的且有悔罪表现的未成年被告人。本书认为,具体操作暂缓判决的时候应当注意下列问题:

(1)对于依法可直接免予刑事处分的未成年被告人,不应作为暂缓判决的对象。暂缓判决通过给被告人设定一定的考验期,在期满时如果表现良好,将不再判决其承担刑事责任的性质决定着对那些可以直接免予刑事处分的人没有必要再多余地增加一道考验环节,完全可以直接判决其免予刑事处分;而对于原来符合判决缓刑的未成年被告人,则可以尽量不判缓刑而代之以暂缓判决更符合未成年人的利益,也更有利于对他们的教育改造。

(2)未成年人是共同犯罪案件的共犯被告人时,应当在共同犯罪案件其他同案人案件审理完毕时再作出暂缓判决的决定。这主要是因为在共同犯罪中,如果有成年同案犯上诉或者检察机关抗诉,全案原则上都要进行全面审查,如果在一审中就对未成年被告人决定适用暂缓判决而释放,在二审庭审中就可能因为找不到释放的未成年人而很难对全案的事实加以查明,从而给刑事诉讼过程带来不利的影响,也不利于未成年人接受司法程序给他们带来的活生生的法制教育。从操作层面上看,可以由一审法院在查明全案其他被告人是否有上诉意愿或者检察机关是否有抗诉打算后再作出相应的处理:对于没有上诉或者抗诉可能的,直接作出暂缓判决决定即可;对于案件要进入二审程序进行审判的,可以在对案件其他同案人作出一审定罪量刑时对未成年只进行定罪不进行量刑,并且作出在全案交二审法院审结后再发生效力的暂缓判决的决定。

（3）对犯罪行为较重或者主观恶性较深的未成年被告人适用暂缓判决时要慎重。犯罪较严重的未成年人犯罪案件虽然就其主体特征而言具有一定的可宽赦性,但人们朴素的善恶报应观念和刑法罪刑相适应的基本原则决定了在对这些未成年人确定最终处理方法时不得不照顾民众的公正观念和基本情感,因此是不宜适用暂缓判决的。对于累犯、犯罪后表现恶劣,缺乏悔罪表现的犯罪人,因为其主观恶性较深,轻缓的改造措施不足以使他们感受到法律的威慑和犯罪的代价,因此也不宜适用暂缓判决。对于有前科的未成年被告人是否可以适用暂缓判决存在较大的争议,例如,我国一些学者认为一般不能作为暂缓判决对象,理由是"有前科的未成年被告人往往恶习较深,不太珍惜悔改的机会,逆反心理已逐渐形成。若把他们仍置于较为自由的、非监禁的环境中,往往会'旧病复发',考察工作得不到落实,达不到试行暂缓目的"。[①] 但这种观点是值得商榷的,因为有前科毕竟不同于累犯,有过前科的人如果再次犯较轻的罪后能够真心改悔,未必不能表明其具有可改造性,这样的未成年人未必不能成为暂缓判决的对象,这也是为什么许多国家现在普遍规定"前科消灭"制度的原因,对于有前科的犯罪人可以在深入分析其再次犯罪的原因的基础上作出是否可以适用暂缓判决的决定,对于那些主观恶性较小的未成年人完全可以适用暂缓判决制度。

（4）对没有监督管理条件的被告人,一般不能作为暂缓判决的对象。由于在考验期内的监管结果往往成为未成年人在被暂缓判决之后进行最终处理的重要依据,因此,没有监管条件往往就意味着不能向法庭提供未成年人在考验期间内的真正表现,同时也不可能为未成年人提供良好的辅导和帮助,未成年人改过自新的机会就会变小,从而在根本上不利于实现对未成年人教育挽救的目的。因此,在决定对未成年人适用暂缓判决时,一定要慎重考察其是否具备被考验的条件,再酌情作出是否适用暂缓判决的决定。

第三,当前,尤其紧迫的是要加强暂缓判决考察方面的立法,明确对被决定暂缓判决的未成年人适用的考验期间的确定方法、明确对考验期间考察人员的构成及其基本职责和考察期满后法律手续的形式和程序等方面的

---

① 陈建明:《未成年人被告人暂缓判决的实践与思考》,载《青少年犯罪问题》2002年第2期。

内容。可以尝试通过设立体现未成年人主观恶性和行为社会危害性的测试量表来实现未成年人考察期限主要指标的量化。考察人员可以分层次分主次确立,例如,可以规定主要由基层法庭作为暂缓判决未成年人考察的主管机构,基层公安、司法机构承担配合主管机构进行工作的义务。在具体开展工作的时候,可以规定基层法庭有权力聘请来自居委会、村委会或者未成年人监护人所在单位的具有一定开展考验工作条件并且有较强社会良知的热心公益事业的自然人作为具体考察责任人,并以立法的方式明确赋予这些自然人一定的监管权利,给予他们一定的工作津贴以调动他们的工作积极性,增强工作实效。当前,在加强暂缓判决考察的司法实践方面也出现了一些有意义的探索,例如,上海长宁区法院联合该区福利机构成立了特殊青少年劳动教育考察基地,对于那些暂时没有学习、工作场所或者所在的工作场所不适合其教育考察的被暂缓判决的未成年被告人,经其法定代理人同意可以安排在该基地在专门考察小组的监管之下进行考验,这种做法取得了良好的社会效果,积累了丰富的经验。①

二、缓刑

(一) 缓刑的立法规定及其适用概况

缓刑,是对判处一定刑罚并符合特定条件的犯罪人,规定考验期并暂缓执行其原判刑罚;如果犯罪人在考验期内遵守相关规定,则原刑罚不再执行的制度。

我国刑法并没有专门针对未成年人的缓刑进行规定,因此立法上未成年人和成年人的缓刑适用条件是一样的。根据《刑法》第72条的规定,缓刑的适用条件主要有两个:第一是犯罪人被判处拘役、三年以下有期徒刑;第二个条件是,根据犯罪人的犯罪情节和悔罪表现,适用缓刑确实不致再危害社会。但根据《最高人民法院关于审理未成年人刑事案件具体应用法律若干问题的解释》的相关规定,对于未成年犯,如果具备上述缓刑条件的同时,有下列情形之一,对其适用缓刑确实不致再危害社会的,应当宣告缓刑:初次犯罪;积极退赃或赔偿被害人经济损失;具备监护、帮教条件。这一规定

---

① 王翔、陈建明:《少年法庭对未成年被告人的司法保护实践》,载《青少年犯罪问题》2001年第2期。

虽然旨在扩大未成年犯罪人的缓刑率,但是由于司法解释的性质,它并没有使未成年犯罪人适用缓刑的条件变得宽松。

对1180份判决中的实证分析结果显示,在1336名被告人中,有1157名被告人被判处有期徒刑,其中有742人的刑期在3年以下。在这742名未成年犯中,共有27.9%的被告人的刑罚被缓期执行,也就是说,缓刑适用率还不到1/3。而在被判处拘役的69名被告人中,则只有8名的刑罚缓期执行。在对403名法官的问卷调查中,我们让法官回答其所审判的刑事案件适用缓刑的比率。结果如图8.7所示,共有114名法官回答其审理的刑事案件的缓刑适用率为在20%以下,占全部接受调查法官的28.3%;31.3%的法官所审理的案件的缓刑适用率在21%到40%之间;而所审理案件的缓刑适用率高于41%的大概一共有35.4%。

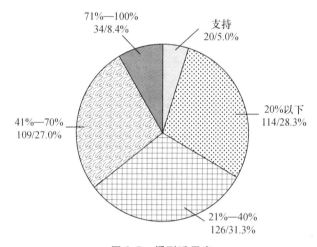

图8.7 缓刑适用率

(二)我国未成年人审判中适用缓刑存在的问题

我国《刑法》没有专门的未成年犯罪人的缓刑制度,对未成年犯罪人适用缓刑的条件、范围以及判决后的观护、考察都未作明确和可操作性的规定,致使缓刑未能充分发挥其在教育、改造未成年犯罪人上的积极作用,当前,我国未成年人缓刑制度主要存在以下几个方面的问题:

其一,没有体现出未成年人的特殊性,缺乏对未成年犯罪人适用缓刑的具体标准。尽管我国刑法对未成年犯罪人坚持从轻处罚的原则,但是在缓刑的适用上,却没有规定比成年犯罪人更为宽松的条件。这一制度不仅无法体现从轻处罚原则,而且也不利于减少监禁刑的适用,而通过缓刑的适用使未成年人免受监禁刑是各国未成年司法的通行做法。

其二,与未成年人适用缓刑相关的监管制度不完备,效果无保障。法律只是规定了"缓刑犯的考察由公安机关负责,所在单位或者基层组织予以配合"的政策,对于如何对缓刑人进行监管却没有具体详实的制度规定,加之由于公安机关人力物力都有限,承担的各种任务本来就异常庞杂,很难投入足够的人力物力对适用缓刑的未成年犯罪人实施全力的教育和监督,有关单位和组织也由于处于"配合"的地位而不愿意对未成年犯罪人过多地监督,因此,适用缓刑的未成年犯罪人在现实中几乎处于无人过问的"放羊"状态,缓刑的效果很难达到预期。

其三,当前关于缓刑的法律规定直接造成了可以被判缓刑的流动未成年人往往被处以实刑的现实问题。理由很简单,由于缓刑犯的考察由公安机关负责,所在单位或者基层组织予以配合,而流动未成年人没有"单位",基层组织如果也不愿意在他们身上花费较大的精力,法院不会轻易地将这样的未成年人放到社会上,只能选择将他们送进监狱这种相对省心省力的办法。

其四,缺少有效的监督。缓刑适用的取决权只在法院,它是法院审判权的一个方面。但任何权力都应当受到有效的监督,否则必然会导致腐败。检察机关虽然可提起抗诉,但检察机关对缓刑的适用认识比较模糊,极少就那种可与不可适用缓刑的案件提起抗诉,故这种抗诉权对缓刑的适用并不是有效监督。

其五,缺少检察机关、公安机关的发言权和社会的参与权。在司法实践中,判决适用缓刑前缺少了检察机关、公安机关的发言权和社会的参与权、监督权,只是单纯的就案办案,只要符合法定条件就判缓刑,对一些无经济来源的闲散人员、平时表现不够好的被告人也判缓刑,社会效果不好,不利于对缓刑犯的监管改造。

(三)我国未成年人缓刑制度的完善

当前,完善未成年犯罪人缓刑制度首先要推动制定专门针对未成年人犯适用缓刑的标准,建立健全相关制度、规定,完善工作机制和组织,探索与未成年缓刑人生理、心理特点相适应的的考察、帮教内容和方法。其中,缓刑执行机构的构建、缓刑考察等制度的完善,是社区矫正机构的构建以及社区矫正制度完善的一部分,本章对这些内容将不作论述。有关社区矫正机构的构建,已在本书第五章进行论述,而关于社区矫正制度的完善,将于本书第十章进行分析。

对于未成年人适用缓刑的标准,应当以《联合国少年司法最低限度标准规则》第19条所规定的"尽量少用监禁"、"把少年投入监禁机关始终是万不得已的处置办法,其期限应是尽可能最短的时间"作为未成年人适用缓刑的指导原则,规定只要未成年人有可能改造好并确实不致危害社会的,就一律采取缓刑的硬性标准,在具体确定是否有"改造好的可能"和"确实不致危害社会的"的时候,可以由审判委员会吸收随机抽取一定数量的人民陪审员共同投票,按简单多数的意见决定。未成年人身心发育的特点决定着对其适用缓刑的条件应当远远宽松于成年人。对于未成年人实施抢劫、抢夺、敲诈勒索、故意杀人、故意伤害、绑架、强奸、强制猥亵妇女等犯罪的是否可以适用缓刑是当前容易引起争议的问题,应当说,一般情况下,这些犯罪的起刑点一般都比较高,往往在3年以上,因此一般情况下自然人实施了这些犯罪,不存在缓刑的余地。但是,从理论也不排除由于具备某些法定或者酌定情节,犯罪人最终获得3年有期徒刑以下的刑罚,这时,只要是具备"改造好的可能",就可以依我们设计的上述程序加以表决决定。

我国有学者对哪些情况下未成年人可以适用缓刑做过研究,有一定的可取之外,认为只要具备下列条件之一,即可对未成年人适用缓刑:(1)被害人要求和解或者被害方有明显过错,请求对被告人从宽处理的;(2)家庭教育条件较好,父母对其犯罪非常痛心,并表示做好管教工作的;(3)系在校学生,特别是学习成绩较好,有一定前程,又是偶然犯罪的,能够判处3年以下有期徒刑的。(4)16周岁以下的未成年人,宣告刑是3年以下有期徒刑的。对具有下列情节之一的,即应判处实刑:(1)情节恶劣、手段残忍、后果严重,而又无其他从宽处罚情节的主犯;(2)惯犯、累犯、假释期内、缓刑期内犯罪等有严重前科或劣迹的;(3)犯罪后拒不交待犯罪事实,态度恶劣,毫无悔罪之意,甚至诉讼过程中继续实施违法犯罪行为的;(4)串供、威胁、报复被害人、证人的。以上情况,不实际执行刑罚不足以体现法威严和教育其本人,因而不能适用缓刑。①

三、保护处分

保护处分是少年犯罪处遇中具有替代(并非补充)刑罚性质的措施。关于保护处分的名称,日本《少年法》与我国台湾地区"少年事件处理法"均直接称为"保护处分",德国、俄罗斯、法国、澳门等国家和地区则多称为"教育处分"。② 目前,在我国的法律中并没有规定保护处分制度,但事实上,我国的行政处罚、劳动教养制度、收容教养制度、工读学校制度等都具有保护处分的性质。对于这些制度,本书第九章将详细讨论。除了这些制度外,本书认为,为了适应未成年人保护的需要,我国还应逐渐建立以下几种保护处分措施:

1. 家庭管教。对于实施违法行为时不满14周岁的未成年人和有不良行为的未成年人,如旷课、夜不归宿、进入法律、法规规定未成年人不适宜进入的营业性歌舞厅等场所的未成年人,可以责令其监护人严加管教。当然,法院必须在未成年人的监护人有实际管教能力、家庭管教预期能取得良好效果的前提下才能判处这种保护处分措施。

2. 保护管束。保护管束是在一定期间内,由未成年人法院将违法犯罪未成年人交付适当机关,告知其应当遵守的事项,例如不与有不良品行的人交往、禁止进入一些特定场所、服从相关人员或其他执行人的命令等,通过受处分人定期汇报或其他途径了解受处分人遵守相关事项的情况,督促其改正学习,从而达到对受处分人保护和教育的处分措施。③ 在我国,保护管束的职能可以由未成年人教养机构、工读学校或者具备条件的儿童养护机构等来承担。

3. 社区服务。社区服务是指法院判决未成年犯罪人为社区从事一定时间公益劳动的措施。社区服务最早于1973年在英国出现,随后许多国家都借鉴了这一制度。我国一些法院,如上海市长宁区、山东历下区法院也引

---

① 张素英、裴维奇:《我国未成年人犯缓刑制度的改革与完善》,载《贵州民族学院学报(哲学社会科学版)》2005年第1期。
② 姚建龙:《犯罪后的第三种法律后果:保护处分》,载《法学论坛》2006年第1期。
③ 于国旦:《保护处分及其在我国的适用》,载《国家检察官学院学报》2009年第3期。

进了社会服务制度,并取得了良好的效果。社区服务作为保护处分的一种措施,可以适用于实施了轻微犯罪行为的未成年人。

(四)对实施的违法犯罪行为危害性较轻的未成年人,可以借鉴我国《刑法》第 37 条关于免于刑事处分的规定,对未成年人予以训诫,责令其具结悔过、赔礼道歉、赔偿损失等。

在上述几种保护处分措施中,有些措施如社区服务、赔偿损失等也可以作为社区矫正的具体形式。它们作为保护处分措施适用时,是一种较为宽松的刑罚替代措施,而作为社区矫正的形式适用时,则是一种社会化的刑罚执行方式,适用于被判处了刑罚的未成年犯罪人,两者在性质上有着根本的区别。

第四节 民事审判制度

自未成年人案件综合审判庭在我国试点以来,未成年人民事案件和行政案件也成为少年审判庭的受案范围。本节主要总结、探讨我国未成年人民事案件审判中的经验和问题。由于未成年人行政案件的数量较少,本书内容不再涉及。

一、未成年人民事案件审判概况

2006 年 7 月 20 日到 21 日,最高人民法院在黑龙江省哈尔滨市组织召开了"全国部分中级人民法院设立未成年人案件(综合)审判庭试点工作会议"。会议确定北京市二中院、上海市一中院等 18 个中院为设立独立建制"未成年人案件综合审判庭"试点单位,将传统的以仅受理未成年人刑事案件的少年法庭扩大为受理涉及民事、行政案件和刑事案件为一体的综合性未成年人法庭。[①] 此次会议以后,各试点法院都迅速成立了未成年人案件综合审判庭。此外,有的省份在还扩大了的范围,在有条件的中级法院和基层法院也成立了未成年人综合审判庭。如山东省 2008 年未成年人案件综合

---

① 姚建龙:《评最高人民法院少年综合庭试点改革》,载《法学》2007 年第 12 期。

审判庭的数量已增长到 28 个。①

在未成年人综合审判庭受理涉及未成年人民事案件的范围上,2009 年 1 月,最高人民法院下发了《关于进一步规范试点未成年人案件综合审判庭受理民事案件范围的通知》,规定试点中级人民法院应当受理以下四类民事案件:(1)侵权人或者直接被侵权人是未成年人的人格权纠纷案件。包括生命权、健康权、身体权纠纷(如道路交通事故人身损害赔偿纠纷、医疗损害赔偿纠纷、工伤事故损害赔偿纠纷、触电人身损害赔偿纠纷等);姓名权纠纷;肖像权纠纷;名誉权纠纷;荣誉权纠纷;隐私权纠纷;人身自由权纠纷;一般人格纠纷。(2)婚姻家庭、继承纠纷案件。包括涉及子女抚养的同居关系析产、子女抚养纠纷;抚养纠纷(抚养费纠纷、变更抚养关系纠纷);监护权纠纷;探望权纠纷;收养关系纠纷(确认收养关系纠纷、解除收养关系纠纷);涉及未成年人继承权的继承纠纷。(3)侵权人或者直接被侵权人是未成年人的特殊类型侵权纠纷案件。包括产品质量损害赔偿纠纷;高度危险作业损害赔偿纠纷;环境污染侵权纠纷;饲养动物致人损害赔偿纠纷;雇员受害赔偿纠纷。(4)适用特殊程序案件。包括申请确定未成年人的监护人案件;申请撤销未成年人的监护人资格案件。另外,该《通知》还规定,各试点法院还可根据审判力量和案件数量情况,自行决定少年审判庭受理上述列举范围之外的其他涉及未成年人权益保护的民事案件。

值得注意的是,未成年人案件综合审判庭受理的民事案件中,未成年人并非都是侵害人(被告)或被侵害人(原告)。事实上,审判的结果会影响未成年人的合法权益,未成年人只是其中的利害关系人的案件的数量更多。这类案件主要是指上述最高人民法院所列举的第二种类型的案件。据通州法院调查,2003 年至 2004 年,通州法院审结涉及未成年人民事权益的案件为 2336 件。其中,离婚案件中涉及未成年人权益的 2049 件,抚育的 147 件,变更抚养关系的 67 件,解除非法同居中涉及未成年人权益的 36 件,监护权的 19 件,探视子女权的 17 件,生身父母确认的 1 件。②

---

① 数据来源:《山东少年审判》2009 年第 1 期,第 23 页。
② 何慧英、张萍:《对我院审理涉及未成年人民事案件情况的分析》,载《未成年人法学研究专刊》2005 年第 3、4 期。

二、未成年人民事案件的主要审判经验

我国的未成年人案件综合审判庭在审理未成年人民事案件的过程中积累了一些有益的经验,主要包括:

1. 坚持未成年人利益最大化原则。"儿童最大利益原则"是联合国《儿童权利公约》所明确规定的重要国际准则。我国各地法院积极探索各种途径贯彻这一原则。如北京法院在深刻理解这一准则的基础上,注重从实体和程序上最大限度地维护民事案件未成年当事人的合法权益:对交通事故或校园伤害等人身损害赔偿案件,在法律允许的幅度范围内,对精神损害抚慰金、营养费、护理费等赔偿要求对未成年人适当放宽给付标准,在赔偿数额上高于相似损害程度下成年人的标准;针对未成年人自我保护意识不强、举证能力较弱等现实情况,适当加强法官依职权主动调查取证的权力,以弥补未成年当事人在诉讼能力上的不足等。[①]

2. 设立涉少民事案件"绿色通道",推行"三优先"制度,加大司法救助力度。例如,河南省泌阳法院未成年人综合审判庭设立了涉少案件立案法官引导诉讼责任制,在引导未成年人正确行使诉讼权利的同时,实行"优先立案、优先审理、优先执行";对涉及司法救助案件,依法采取及时、有效的减、免、缓诉讼费措施,并将司法救助工作贯穿于审判工作的始终。在立案环节,依法减、免、缓诉讼费,确保经济困难的未成年人案件当事人的诉权不因经济困难而丧失;在审判、执行环节,只要符合救助条件的情形,均认真审查,本着有利于化解矛盾,从宽掌握的原则,进行及时、有效的救助,确保未成年人案件当事人不因诉讼而增加经济负担。在少年综合审判庭设立后的一年时间内,实施司法救助的涉少案件达11件,减、免、缓交诉讼费金额1.66万元。[②]

3. 坚持调解优先原则。相对于庭审的严肃气氛来说,调解更适宜于未成年当事人人的参加。我国各地法院大都坚持多调少判,把调解作为首选

---

① 刘玉民:《北京法院"加法原则"催生涉少民事审判"五化"新机制》,http://bjgy.chinacourt.org/public/detail.php?id=65493,2009年10月8日访问。
② 马富周:《浅谈未成年人民事案件的特色审理》,http://www.chinacourt.org/html/article/200805/27/304147.shtml,2009年10月10日访问。

办案方法。如江苏淮安清河区法院,贯彻"调解到位,案结事了"的工作方针,把庭前调解贯穿于送达、保全、庭前半小时等各个环节,结合庭中调解、庭后调解,不断拓宽调解渠道,创新调解机制。同时积极依靠村(居)委会、妇联、关工委、调解委员会等组织,充分调动各方面的积极因素,及时化解矛盾纠纷,促使当事人消除隔阂,最大限度维护家庭和社会关系的稳定,达到赢了官司也不失亲情的效果。涉及未成年人利益案件的调撤率达到了56.9%。①

4. 推行人性化的审判方式。在未成年人民事案件的审理中,多数法院都实行了圆桌审判,努力营造一个缓和、宽松又不失法律严肃性的庭审气氛,让未成年人在威严的法庭上,心灵不受到伤害,而是感受到社会的人文关怀,从而减轻其恐惧和抵触心理。福建省三明市中级人民法院在2008年还出台规定,将心理辅导引入涉及未成年人民事案件调解中,聘任心理医生和心理咨询师为陪审员,对案件当事人提供心理会诊,开展心理疏导,以达到息诉服调、理性诉讼的效果。② 另外,有的法院还建立了周末庭审制度。选择周末学生放假的时间召开庭审,保障未成年人参与庭审并发表意见的权利,防止庭审给未成年人学习、生活造成影响,把对未成年人的关爱落实在每一个步骤中。③

三、未成年人民事案件审判制度的完善

在我国未成年人案件综合审判庭审理未成年人民事案件的过程中,积累了一些有益的经验,但也出现了一些问题,如未成年人出庭率低、诉讼权利难以得到保障等。针对这些问题,本书以为,应当通过以下措施进一步完善我国未成年人民事案件的审判制度。

(一)建立未成年当事人出庭制度

在民事审判实践中,大多数涉及未成年人的民事案件均由其法定代理

---

① 《清河法院多措并举加强未成年人民事权益保护效果好》,载淮安市中级人民法院网站,http://fy.huaian.gov.cn/jsp/content/content.jsp? articleId=439067,2009年10月10日访问。

② 郑良:《福建法院未成年人民事案件调解引入心理辅导》,http://www.chinamil.com.cn/site1/xwpdxw/2008-03/27/content_1179947.htm,2009年10月10日访问。

③ 《我院涉少民事审判强调"儿童权益最大化"》,载通州区人民法院网站,http://www.tz.gov.cn/tzdz/Template/001/showinfo.aspx? infoid=74c3ca4f-7f13-49a2-b0f3-5d4b754f8d2f&siteid=112,2009年10月10日访问。

人代为诉讼和出庭,未成年人出庭率极低,几乎为零。① 特别是在一些抚养权纠纷案件中,一些法院没有通知具有表达意愿和能力的未成年人出庭,听取其愿意跟随父亲或母亲生活的意见,而是考虑经济收入等外在条件衡量双方当事人的抚养能力,这些均不利于保护未成年人的健康成长。因此,我国已经有法官建议,应当建立未成年当事人出庭制度,只要涉案未成年人具有相应的认知判断能力,就应当通知其出庭,征询其意见。②

(二) 开展"法庭指导",为未成年人提供法律帮助

未成年人由于受到自身年龄、智力等方面的限制,对法律知识往往知之甚少。少年法庭应当采取各种手段,对未成年人提供各种形式的法律服务,如在诉讼环节为其提供法律指导,向其详细介绍当事人应当享有的诉讼权利和应履行的义务,明释诉讼中存在的风险,解答民事诉讼过程中遇到的困惑等。③ 对家庭经济困难、无力支付诉讼费用的,还可酌情减免其诉讼费用,以有利于未成年人运用法律手段维护自身合法权益。

(三) 提高未成年人民事审判队伍的素质

未成年人民事案件涉及到民事审判的各个方面,既有人身关系案件,也有财产纠纷案件;既有侵权纠纷案件,也有物权纠纷案件,案由几乎涵盖民事审判的各个领域。这对未成年人民事审判法官提出了更高的要求。而由于在未成年人法庭长期发展过程中仅仅是审理少年刑事案件,未成年人综合审判庭的审判人员也大多来源于刑事审判部门,他们长期从事刑事审判工作,对民事审判特别是未成年人民事审判业务熟悉不够,经验缺乏。④ 因此,有必要通过各种途径对从事未成年人民事案件审判工作的法官进行培训,并在条件允许时,在未成年人综合审判庭配备一定数量的原从事民事审判工作的法官。

---

① 卢伟艳:《科学探索未成年人民事审判制度的实践及构想》,载《佳木斯大学社会科学学报》2009年第1期。
② 袁定波:《民事纠纷案件凸显少年审判难点 如何实现"特殊保护"》,载《法制日报》2008年7月3日,第5版。
③ 卢伟艳:《科学探索未成年人民事审判制度的实践及构想》,载《佳木斯大学社会科学学报》2009年第1期。
④ 龚小燕,陈长权:《少年民事审判现状与思考》,http://ncxhqfy.chinacourt.org/public/detail.php? id=514,2009年10月20日访问。

第九章 未成年人矫正制度(一)

目前我国对违法犯罪未成年人建立了多种矫正制度,包括工读学校、社会帮教制度、收容教养、劳动教养以及监禁矫正等。本章主要讨论工读学校、社会帮教制度、收容教养以及劳动教养等非刑罚性质的矫正制度,监狱矫正等刑罚矫正制度留待下章研究。

本章所使用的数据,来自于在山东省未成年犯管教所对1400名未成年犯罪人的问卷调查,有关调查的基本情况,已于本书第八章作出说明,在此不再赘述。

第一节 工读学校

一、设置工读学校的必要性考察

1955年,我国第一所工读学校——北京市海淀工读学校成立,至今,工读学校已经经历了半个多世纪的发展历程。在对有不良行为的未成年人进行矫治和帮助方面,工读学校起到了不可替代的作用。然而,中国教育学会工读教育分会2003年10月的调查结果显示:全国的72所工读学校中,在校生饱和度达到100%的仅占

26.6%,在校生饱和度达不到50%的则占到33.3%。①一些地区多年来因生源不足而停办工读学校之后,近期又对开设工读学校的可行性与必要性进行调研,并运作开设新的工读学校。通过对国外及我国台湾地区相关设置的考察,鉴于工读教育在我国预防未成年人违法犯罪体系中的特殊地位,本书认为,工读学校受到重视与肯定是由其存在的必要性决定的。

(一)国外和台湾地区的相关设置

基于生理、心理以及社会等各种因素,不同地区或国家、不国社会制度、不同文化之下的未成年人,同样都经历着一段特殊的生理发育与心理发育不协调的阶段,在这一阶段,也即青春期中,未成年人较易产生易冲动、易激惹等心理问题,以及不能顺利完成学业、打架斗殴、夜不归宿等行为问题。为了预防有不良行为以及厌学甚至缀学的未成年人违法犯罪,帮助他们顺利地完成社会化过程,英美等国及我国台湾地区均设有类似于我国大陆地区工读学校的一些特殊教育制度。

1. 美国

美国为解决不能完成常规学校学习任务的未成年人的教育问题,在正规学校体制之外成立所谓的"另类学校"(alternative school)。另类学校从最广义的理解上,包括所有传统的 K-12 教学体制(从幼稚园到 12 年级②)之外的所有的教育活动形式。这种学校规模比一般中学小,结构较松散,不像传统学校般的阶层化,课程设计上也更具弹性。在美国,人们认为另类教育(或替代性教育,alternative education)是一种处理危机中或中途辍学学生的有效方法。另类教育的服务人群是在常规教育体制中不适应的学生,这类学生在常规学校中,可能会体验到人际关系不良、边缘化以及心理危机等,在行为方面,可能表现为学习差,留级、逃学等频繁发生。③ 这类学生更有可能来自于社会经济条件较差的家庭,或者其交往人群大多来自于社会

---

① 数据引自《中国教育报》2004 年 11 月 7 日,第 3 版。
② 12 年级,类似于我国的高三。
③ R. E. Morley, *Alternative Education:Dropout Prevention Research Reports*, Clemson, South Carolina: National Dropout Prevention Center, 1991, pp. 7—8. (ERIC Document Reproduction Service No. 349 652).

经济地位较低的家庭。① 因此,在另类教育中设置的课程,主要着眼于培养中途辍学或危机中的学生适应未来社会生活的能力。德尔加多研究指出,大部分的中途缀学的未成年人愿意到另类学校继续受教育,认为这个地方能够帮助自己重建自信。②

这些另类学校有很多称谓,如委办学校(charter schools)③、学校中的学校(schools-within-a-school)④、继续学校(continuation schools)⑤等。有学者通过对这些学校招收学生的类别和主要的教育方式的区别,将另类学校分为如下三类⑥:

类型一:学校为各种类型的学生,包括那些对个性化有更多需求、那些更喜欢有创造性的或挑战性课程的学生,以及中途缀学但仍希望得到毕业证书的学生,提供全日制的、多年的教育。学校可以给学生提供全面指导,以帮助他们获得毕业所需的学分。学生可以自主选择进入这类学校。此类学校还具有如下一些特征:学校在组织管理方面更为灵活,学生有更多的自主性;学校有专业人员给学生提供更加个别化的教育以及职业咨询,小班授课,师生关系更为融洽;等等。学校模式包括学校中的学校,职业化(career-focused)以及以工作为基础(job-based)的学校,无围墙学校(schools without walls),实验学校,委办学校等等。

类型二:学校的典型特点是纪律性,其目标旨在隔离、限制以及改造那些破坏性的学生(disruptive students)。学生一般不是自主入校,而是被强行

---

① Slavin, RE, Karweit, NL, & Madden, NA, *Effective Programs for Students At-risk*, Massachusetts: Allyn and Bacon, 1989, pp. 4—5.

② Concha Delgado-Gainta, "The Value of Conformity: Learning to Stay in School", *Anthronpology and Education Quarterly*, 19(1988):354—381.

③ 委办学校可不拘形式,通常只要一地区能募集30位以上学生、有适当教育场所,即可争取教育局的签约支持,且可以不受严格教育法令的约束。教师、家长、学生或社区成员均可因志同道合而设立一所委办学校。学校提供多元、弹性的课程或方案,以适合当地学生的特殊教育需求。

④ 学校中的学校是以学校设立班级(如资源班),于正规学校时间之外协助并教导危机中少年。教育方案划分成数个阶段,如学生能循序渐进地通过所有的阶段,将回归到主流学校中就读。课程内容包含学业/职业活动、密集性咨询服务、亲职教育、工作经验、暑期加强课程,学校设弹性课程时间表,使所有参予者均能完成高中教育。

⑤ 继续学校是为有行为问题的学生,如中途辍学的学生、潜在中辍学生、怀孕学生或育儿青少年(teen parents)等危机中学生所设计的。学校提供不具竞争性并且更个别化的教育。

⑥ MA. Raywid, "Alternative Schools: The State of the Art", *Educational Leadership*, 52(1994), pp. 26—31.

送入学校,学习期间为一段时间或直至其不良行为模式已经得到矫正。由于安置是短期的,文化课的学习一般仅安排最低限的、必须的课程,有时仅提供其原学校布置的必须完成的作业。比较常见的模式包括最后机会学校(last-chance schools)以及暂停学业学校(in-school suspension)。

类型三:学校为那些有社会以及情绪问题而导致学习或行为障碍的学生提供短期的、具有治疗意义的环境。虽然在这种类型的学校中,其目标是特殊群体,即需要心理咨询、社会服务以及学业救济的学生,但学生仍有自主选择入校的机会。

总体上说,"类型一"包括多种另类教育学校,除了那些对学习方式有特殊需求的学生外,主要接受中途缀学的学生。而"类型二"和"类型三"的学校,更具有矫正性质,前者主要是严格的纪律约束,有时也称为"软监狱"(soft-jail),后者是心理治疗性质的。另类学校中的大多数独立于常规的学校,有一些是由地区教育部门负责。

2. 英国

英国的特殊教育与中国的工读教育基本相同,都是针对行为不良学生进行教育和转化的一种教育形式。以伯明翰的特殊教育体系为例,该特殊教育体系由林德沃夫学校(Lindsworth School)和学生行为帮扶中心(Students Behaviour Support Centre)构成。

林德沃夫学校是一所由伯明翰市教育局直属的公办特殊教育学校,建校已有20多年的历史,分为南、北两个校区,在校男、女学生共计170多名。南校区学校分为七个"家庭",学生按照不同年龄,以家庭式单元进行管理,每个"家庭"都有固定的管理人员和食堂、宿舍、"静坐室"等设施设备。从"家庭1"(Home 1)到"家庭6"(Home 6)是对有轻微不良行为,或轻微违法行为的11岁至14岁的学生进行教育转化的场所。还有另外一个"家庭"是专门针对性格内向、胆怯等心理问题,存在交往障碍的学生进行专门心理辅导的场所,配备有心理老师、生活服务、学科教师以及相应的配套设施。北校区是专门接收和教育转化有严重不良行为的14到15岁的男、女学生的场所,在校学生30多名,教育设施设备与南校区相同。林德沃夫学校的管理基本实施"管""教"分离的教育模式。教师主要负责教学及课堂管理,专职管理员(保姆)主要负责住宿、课间和"静坐室"的管理。学生管理,采取住宿与走读相结合的管理办法,绝大部分学生每天回家。只有少数有严重不良行为或家里无人管、管不了或家长不管的学生才住宿。林德沃夫学校教学采用政府规定的与普通学校相同的教科书,此外开设劳动技能课程。基础文化课与劳动技能课的课时比例大约是 1 比 1。班容量一般在 7 到 13 人,课堂教学采用"圆桌式"的教学方法,学生围坐在桌子周围,由两名教师同时上课,一名是教师,主要负责讲课,另一名是助教。助教的主要职责一是维持课堂秩序,二是教学服务,比如,发放书本和教学用具、为学生削铅笔等。学校的教师按师生比 1 比 4 配置。按照英国的法律规定,每所学校都必须接收一定比例的黑人教师和职工。该校的学生只有极少数后来又回到原校,绝大部分是从该校直接毕业走上工作岗位或考入高等院校。学校的教育转化成功率也不是百分之百的。[1]

林德沃夫学校学生的招生,在一般情况下,是由"帮扶中心"提出申请,把经过再三帮扶仍不能转变的学生送来,有时申请也由其他政府部门提出;此外,普通学校的教育专家的有时也向家长提出建议,家长在参观学校后决定是否将孩子送到特殊教育学校。[2]

3. 台湾地区

我国台港地区多年来主要依据其"教育基本法"第 4 条规定及"国民教育法"第 5 条第 1 项之规定,来保障民众的学习权及受教育权,帮助有经济困难的学生就学。例如,台湾地区国民中小学慈辉项目,就是在各县市设置十所慈辉班学校,收容及辅导国中小学因家庭遭遇变故而中途辍学,经追踪辅导返校而无法适应就学环境,并经家长或监护人同意愿意接受辅导的学生。然而实际上,慈辉班学校学生来源,除那些因家庭变故而中途缀学者外,还包含有违法犯罪行为的学生以及那些遭遇不幸的少女和有行为偏差现象的学生等对象。因此在实际上,这类学校招收的学生,也与我们目前的工读学校招收的学生基本上是相似的。慈辉班为了加强学校教育的力量,帮助家庭困难的中小学生继续就学,配置有较完整的辅导计划,给学生提供

---

[1] 胡俊崎、尹章伟:《英国伯明翰市预防青少年违法犯罪的特殊教育体系及作用》,载《青少年犯罪问题》2007 年第 3 期。

[2] "Lndsworth School: Admission", http://www.lindsworth.com/index.php?option=com_content&view=article&id=46%3Aadmissionfaq&catid=36%3Ainformation&Itemid=120,2009 年 12 月 1 日访问。

食宿、必要的辅导措施以及特殊教育及技艺训练等。这种特殊教育的另一项重要的意义在于防范于未然。为避免标签作用,慈辉班学校对外界不强调慈辉班学生的辅导教育,因而社会对慈辉班的了解是有限的。即使如此,社会上仍然形成了一种认识,认为"慈辉班是招收坏孩子"。①

从英美等国及我国台湾地区的替代性教育或特殊教育来看,在常规的学校教育之外设置一类特殊教育体系是十分必要的。这种教育无论其是何种称谓,目的都是为了满足那些不能适应常规学校教育的学生的一些特殊的学习需要和正常社会化的需要。更为重要的是,此类教育可以通过专业化的帮助使一些有行为与心理障碍的学生得到及早的矫正与干预,从而避免不良行为的定型化,对预防未成年人犯罪有着十分重要的意义。从学校的模式看,针对不同需求的对象设立不同形式的学校或进行分类教育与管理,显然是十分必要的。

(二)"问题少年"产生的必然性

处于初高中学习阶段的未成年人,基于学校、社会、家庭以及特定年龄阶段的生理心理特点的影响,易产生各种行为问题以及心理问题。在初高中阶段,学校一般为追求升学率,较为重视文化课程的教育,而忽略一些能够满足这一年龄段的学生心理与生理需求的文体活动,学生一方面学习任务重,心理压力大;另一方面因生活单调而心理上压抑、枯燥感强烈。在家庭方面,未成年人的父母基于各种原因,有的不能给孩子提供正确的行为引导,有的漠视孩子的心理需求,有的只关心孩子的文化课学习而抑制孩子的其他正当的需求,等等。在社会方面,对未成年人的影响因素更为复杂,当前影响较为严重的是那些对未成年人极具诱惑力以及易成瘾的网络、电子游戏以及毒品等。

除了上述外界的影响因素之外,此阶段未成年人自身在生理、心理方面也具有特殊性。霍尔(Hall, G. S.)将青春期形容为"疾风怒涛"(Storm and stress period)般的不平静和动荡不安时期。② 处于青春期的少年,常常表现出敏感自尊、好斗好胜、思维偏激的特点,容易产生诸如摇摆不定、烦躁不

---

① 王翠娥:《慈辉班学校学生学习、生活适应及教学成效》,www.mdu.edu.tw/~kuoch/assignment-ex1.doc,2009年12月1日访问。

② 林崇德:《发展心理学》,浙江教育出版社2002年出版,第388页。

安、易于激动和兴奋等情绪状态。这一时期,儿童期的安定和均衡状态被打破,易产生一些反抗、胡闹、攻击和破坏行为,所以青春期又被称为第二反抗期,或"心理断乳期"(Psychological Weaning)。① 这一阶段的未成年人在认知选择上,易于关注或接受具有刺激性的、新奇性的、冒险性的、反叛性的负性诱因,从而易在此类诱因的影响下产生实施相应的不良行为的动机。如果易于产生不良行为倾向的未成年人,不仅得不到学校、家庭以及社会的正向影响,反而在自身生活的环境中体验到孤独、苦闷、压抑甚至仇视等负性情绪与情感,则"问题少年"由此便会大量产生。

青春期是青少年人格形成和发展的非常关键的时期,青春期发展的问题如果没有得到很好的解决和完成,不仅会造成个人的不幸、社会的不认可,对成人期的发展也会带来非常不利的影响。因此,深入了解并理解未成年人的内部世界和精神生活的内涵,宽容地对待他们在特定时期的心理失调状况和种种不良的行为表现,帮助他们渡过这段社会化过程中的特殊时期是非常重要的。工读学校作为正规教育的补充,可以通过灵活的教育形式,相对弱化文化课的学习而强调行为方式的引导与矫正,来解决在正规教育中适应不良的未成年人的学习与社会化的需要。

(三) 工读学校的社会效应考察

由于工读学校在教育具有行为问题的学生方面具备较强的针对性,实践中还是取得了较好的社会效应。据1980年至1987年的统计资料表明,全国工读学校累计招生三万多人,教育成功率达80%以上。②民盟中央2005年对工读学校作的专项调研也表明,工读学校对有违法和轻微犯罪的问题孩子的教育成功率在80%以上。③ 工读学校虽然存在着招生难、教育管理模式滞后、工读生易被标签化等问题,但总体上说,工读教育仍然有着一些积极的社会效应,主要表现在以下几个方面:

1. 弱化文化课学习而更为注重学生的行为与心理矫正

工读学校的主要任务是对问题学生进行教育与矫正,升学压力较小,因而学校可以相对弱化文化课的学习,更加关注学生的行为问题以及不良情

---

① 林崇德:《发展心理学》,浙江教育出版社2002年出版,第391页。
② 卓晴君:《中国的工读教育》,载《青少年犯罪研究》1991年第11期。
③ 张梅颖:《关注"问题孩子"办好工读教育》,载《群言》2006年第3期。

绪。上海市在《上海市工读教育暂行规程》中明确规定:"工读学校以正式颁发的基础教育或职业教育课程要求和教育内容为依据,根据工读教育特点制订和实施教学计划,教学要根据学生的不同基础,因材施教,开展富有成效的教育活动以提高教学质量。在报经教育行政部门批准后,根据教学需要可适当调整教育内容和课时,降低教学难度。"北京海淀区寄读学校在完成义务教育课程的前提下,将非中考科目进行开发研究,有机整合,编写成校本教材,如《孝心导行》、《情绪调节》、《影视赏析》、《摄影技巧》等。① 这种做法一方面可以加大对这些学生的思想道德教育和各种能力的培养,全面提高学生的综合素质;另一方面,也有利于提高学生学习的兴趣和积极性,帮助他们养成良好学习习惯的同时,对健康人格的塑造起到积极作用。

2. 封闭式管理可以减少犯罪的机会

工读学校一般采用封闭式管理,学生只有周末才能离开学校。这种管理模式相对减少了学生与社会接触的机会,同时也减少了学生受社会负面诱因影响的机会,从而可以有效地抑制犯罪动机的产生。"蓝极速"网吧事件即是一个很好的例证。2002年6月16日凌晨,北京市三名中学生因与网吧经营者的私人恩怨,用汽油在"蓝极速"网吧门口纵火,造成25人死亡,多人受伤。北京市海淀寄读学校校长在谈及此事时说,三名肇事学生出事前在学校里的问题已经比较严重,经常旷课、泡网吧。当时寄读学校的校外教育教师跟其中的两个孩子和家长都有接触,街道综治办也曾找他们谈,希望能把孩子送到工读学校。但是家长拒绝了相关方面的建议。"如果进来的话,因为这儿是寄宿制管理,每周一到周五回家,他们也不至于整天泡在网吧里……这样的结果应该是可以避免的。"②

在对1400名未成年犯的问卷调查中,对于"平时是否有偷窃、打架、逃学、吸烟、酗酒等行为(之一)"这一问题,回答结果如表9.1所示:

---

① 鞠青主编:《中国工读教育研究报告》,中国人民公安大学出版社2007年版,第63页。
② 同上书,第68页。

表 9.1 犯罪前是否有不良行为

		人数	百分比	有效百分比	累积百分比
有效值	是	993	70.9	72.1	72.1
	否	385	27.5	27.9	100.0
	合计	1378	98.4	100.0	
缺失值		22	1.6		
合计		1400	100.0		

在1400名未成年犯中,除1.6%的缺失值外,犯罪前有各种不良行为之一的占样本总数的72.1%。这些不良行为均属于《预防未成年人犯罪法》第34条规定的应当送工读学校的九种不良行为。这些适合送工读学校的学生,事实上在犯罪前有相当部分是游离于教育体制之外,缀学在家或打工。对于犯罪前有不良行为的993个未成年人,考察变量"犯罪时身份"的分布情况,结果如下表9.2所示:

表 9.2 犯罪时的身份

		人数	百分比	有效百分比	累积百分比
有效值	在校生	136	13.7	13.9	13.9
	辍学无业	743	74.8	76.1	90.1
	辍学打工	97	9.8	9.9	100.0
	合计	976	98.3	100.0	
缺失值		17	1.7		
合计		993	100.0		

在993名具有"不良行为"的未成年人中,除1.7%的缺失值外,仅有13.9%的是在校生,缀学打工的占9.9%,而缀学无业的占76.1%。如果这些符合进入工读学校的问题少年,能够继续在工读学校或类似的学校接受教育,其犯罪的机会会大幅度减少,从而会更好地抑制犯罪行为的发生。

3. 职业培训取向有利于学生的就业

一些工读学校为了避免毕业生的标签效应,对外强调学校的职业培训的特点。职业培训取向事实上比较适合那些普通学校适应不良的学生,有利于帮助这些问题少年更早地确定自己人生的目标和价值取向。职业技能教育,一方面可以提高学生学习的积极性而淡化了先前厌学心理;另一方面,学生学得职业技能后,为毕业后的就业作了相对充分的准备,有利于问题少年顺利就业,而就业问题的解决,事实上也就减少了这些问题少年与不良同伴交往的机会,并且,根据赫希(Travis Hirshi)等人的社会联系理论,工作机会的获得,也使个体产生更多的良性的依恋(attachment)关系、对工作的奉献(commitment)和对合法的社会活动的参与(involvement),从而使个体的犯罪性(criminality)下降。① 例如,在海淀寄读学校,职高部学生在获得高中文凭的同时,每人均持有"微软"、"flashmx"等四个专业证书。其中,有三分之一的学生考上大专继续深造。至今为止,职高部毕业生走向社会后无一犯罪。②

三、完善工读学校的建议

前述的讨论已经形成结论,即工读学校的存在有其合理性,工读学校具有较好的社会效应,因此,工读学校应当得到发展。目前的问题在于,怎样正确界定工读学校在少年矫正体系中的地位,怎样确定工读学校的招生方式,以及怎样完善工读学校的教育与管理方式,从而使工读教育可以得到良性发展。下文将对这些问题逐一探讨。

(一) 工读学校的称谓

根据《未成年人保护法》第 25 条第 1 款的规定,"工读学校"已在法律上被更名为"专门学校",其立法原意一方面是消除工读学校在社会大众中的"少年犯"学校的标签;另一方面是从立法上将"专门学校"从司法矫正系统纳入到普通教育系统之中,对有"严重不良行为"的未成年人,贯彻"教育"、"保护"、"挽救"的方针,给他们提供继续学习的机会。该条第 3 款规定,"专门学校应当对在校就读的未成年学生进行思想教育、文化教育、纪律和法制教育、劳动技术教育和职业教育。"这一规定明确了"专门学校"对学生的培养目标是守法人格的塑造和某种职业技术的习得,也就是说,进入"专门学校"的学生,不仅是获得继续学习以及完成九年制义务教育的机会,同时也获得了比在普通学校更为专门化的道德法制教育以及职业技能教育。

---

① 布莱克本:《犯罪行为心理学:理论、研究和实践》,吴宗宪、刘邦惠等译,中国轻工业出版社 2000 年版,第 80 页。
② 侯兆晓、王长风:《工读学校嬗变》,载《民主与法制》2008 年第 2 期。

根据修订后的未成年人保护法的有关规定和立法原意，以及"工读学校"的称谓产生的负面社会标签对招生的影响，本书认为，"工读学校"的称谓应当成为历史，其原有的使命与制度由"专门学校"来接替和传承。"专门学校"在实质上类似于英美等国的"特殊教育学校"或"替代性学校"，是一种总体的称谓，在设置和具体名称方面，仍然可以根据需要而灵活多样（基于表述的一致性，下文中仍沿用"工读学校"的称谓，但其应当用"专门学校"替代）。

（二）工读学校在未成年人矫正体系中的地位

"工读学校在性质上应当是对有不良行为的未成年人进行矫治和教育的专门学校。"[①]本书较为认同这一观点。根据《未成年人保护法》以及《预防未成年人犯罪法》的规定，工读学校的性质仍然应当是对有"严重不良行为"的未成年人进行矫治和教育的学校，是义务教育的一种特殊形式，一方面是普通教育的补充，另一方面也是少年司法矫正体系中不可缺少的组成部分。设置工读学校的目的，就是对有严重不良行为的未成年人进行矫治和教育，使其形成守法意识、养成守法习惯，学习文化知识和职业技术，成为守法公民。

将工读学校纳入到司法矫正系统中，利于管理和规范化。根据法治精神，限制公民人身自由，都必须经过司法程序，不能由行政部门单独决定执行。《立法法》强调，对公民政治权利的剥夺、限制人身自由的强制措施和处罚，只能制定法律。公立学校限制人身自由处于无法可依的状态，这正是反对者的主要理由之一。现有的法律法规中，只有《预防未成年人犯罪法》第34条中有明确规定，9种严重不良行为的未成年人应该送工读学校接受教育，主要是有多次偷窃、多次扰乱社会治安的行为等等。即使有此规定，在将学生送入工读学校的过程中，也缺少司法机关对违法行为进行判定这一环，因此在操作中仍有疑问。有学者认为，对"工读生"的裁定既不应该由家长学生"自愿"，也不应由校方"人治"，而是应该通过司法程序，由少年法院来认定，并由有关部门"强制"执行。[②]

---

① 刘世恩：《对我国工读学校立法的思考》，载《法学杂志》2005年第6期。
② 郑褚：《工读学校兴衰尴尬》，载《中国新闻周刊》2006年10月16日。

(三)工读学校的出路

根据前述讨论,本书认为,对于目前的工读学校,应当根据学校原有的办学方针和办学条件,对学校的性质重新进行界定并完善相关配置。具体来说,应当将工读学校改造为两类学校:第一类的工读学校,或"专门学校",其招生模式为强制式,即对符合特定条件的未成年人,应当强制其进入工读学校学习。具体来说,对于实施了《预防未成年犯罪法》中规定的九种严重不良行为或者轻微犯罪行为但未达刑事责任年龄的未成年人,由有关部门或个人(学校、教育行政主管部门、家长、公安机关等)向检察机关报告,检察机关认为需要将未成年人送入工读学校的,可向未成年人法院(法庭)提出建议,由未成年人法院(法庭)决定是否将其送入工读学校学习。这种强制学习期限应当比较短,一般不超过一年,最长不超过两年。因此,目前保留工读生在原校学籍的做法是可取的,即未成年人从工读学校"结业"后,应当回到原学校继续学习。第二类是成立自愿、开放式的短期行为矫正类学校或职业培训学校,对因学习困难或心理问题而不涉及品行问题的初高中学生,可以随时入学。学生、家长在自愿选择的基础上通过提前进入职业学习的方式,摆脱在普通学校中的学习与升学压力,或选择进入短期的行为矫正类学校。设置这类学校,可以根据这部分学生的认知特点,及早干预,或提前进行职业化教育,在人格和职业能力两方面进行重点培养;此外,还可以减少普通学校升学教育的压力和问题学生对其他学生的负面影响。有条件的地方,将学习障碍或品行障碍少年的教育与矫正问题放在普通学校进行内部消化,加强普通学校的心理咨询与矫正的师资力量。其明显的社会效应,是在改善问题少年的同时,避免标签化对一些问题少年心理上产生的负面影响,此外,对工读学校的办学规模与教育成本也不构成过多的压力。

根据上述探讨,当前工读招生体制中出现的招生严重不足以及以"托管生"的名义招生的问题都可以得到解决。"托管生"是指以普通中学内心理行为偏差的中学生为对象,以家长、原校、工读学校三方协议,学生本人自愿,以学籍保留在原校的"委托代管"名义,到工读学校接受寄宿教育,做到毕业后无任何痕迹地走向社会。[①] 这些"托管生"不仅占用了政府为符合工

---

① 中国关工委等编:《问题少年与工读教育》,中国妇女出版社2001年版,第5页。

读条件的学生配置的资源,而且在教育效果上,由于工读学校在师资以及其他设施上并不具有教育"心理行为失常"的条件,很难体现出教育的针对性与有效性。成立行为矫正类学校,一方面可以有针对性地解决这类学生的就学问题和矫治教育的专门化;另一方面,可以彻底解决"工读学校"标签效应的影响。

另外,普通学校也可以在专门机构的指导下,提升教育管理品行障碍学生的能力。这种做法,可以最大限度地减低标签效应对未成年人的不良影响。例如,上海市爱心工程基金会在全市建有若干个街道青少年帮教爱心基地,为在校学生特别是社会闲散青少年中行为偏差的青少年提供帮助,矫治他们的不良行为,组织青少年活动。据统计,爱心基地的各种帮教措施在24%的行为偏差学生中取得明显的效果,在30%的行为偏差学生中取得一定的效果,另外还有46%的行为偏差学生情况比较稳定,违法犯罪率为零。在爱心基地的努力下,一批厌学、旷课的青少年重新回到学校,表现都有很大的进步,有的还担任了学生干部。①

(四)工读学校的招生、师资及管理模式

如前文所述,工读学校应当改革成为两类不同的学校,第一类是作为矫正有严重不良行为和轻微不法行为的未成年人的"工读学校"或"专门学校",而第二类则是"行为矫正"或"职业培训类学校"。对于前者,招生由未成年人法院(法庭)作出决定;而对于后者,招生上以自愿为主,可以由学校提出建议,家长与学生自主选择。

工读学校或行为矫正类学校应当强化的是学生的品行教育,因而在师资方面,应当配置一定量的心理咨询人员,心理咨询人员不仅要负责解决学生的心理障碍以及日常的心理辅导课程,而且还要负责对其他教职员工进行必须的发展心理学等方面的教育,以保证普通教师在教育学生时,也能遵循未成年人的心理发育规律,从总体上保持学校教育方式的一致性。对于强制入学的工读类学校,应由司法行政部门配备有法律基础的行为教官作为辅导员,在纪律管束的同时,承担法律教育的职责。

在管理模式上,强制入学的工读类学校采用住校制,周末可以离校。需

---

① 刘长想:《上海未成年人社会帮教工作的历史和发展》,载《山东省青年管理干部学院学报》2005年第5期。

要注意的是,这里的住校应当和普通学校的住校没有差别,不能使"住校"成为变相的"监禁"。而行为矫正类学则可以根据办学条件和学生的意愿自主确定是否住校。由于工读类学校的教师要承担更多的管理职责,因而在工资待遇上应当作出特别的规定,即应当享受相应的职业津贴。

综上所述,工读学校(即专门学校)有其存在的合理性与必要性,在未成年人司法矫正系统中具有其他矫正形式不可替代的作用。工读学校一方面可以对有严重不良行为的问题少年起到行为矫正的作用,另一方面,也可以通过将问题少年留在学校的方式而减少他们的犯罪机会,从而更好地保护了未成年人的健康成长。在对待工读学校这一问题上,应当开放思想,对于不适合纳入工读学校而且也难以完成普通学校学习任务的学生,应以多样化的替代性教育或特殊教育的方式,帮助他们完成正常的社会化过程。

第二节 社会帮教

未成年人走上违法犯罪道路的原因是多方面的,既有未成年人自身的生理及心理特征的影响,也有包括家庭因素在内的社会环境因素的影响,并且,未成年人有利于犯罪倾向形成的心理因素,在很大程度上与其社会化过程中的环境因素有着密切的联系。因此,只有社会环境因素得到有效的改善,未成年人形成违法犯罪心理结构的可能性才能降低。也就是说,只有依靠全社会力量改变不利于未成年人正常社会化的环境因素,才能减少未成年人违法犯罪行为的发生。此外,基于犯罪原因的综合性,在对未成年犯罪人进行矫正时,也需要全社会力量的参与,才能收到良好的效果。社会帮教政策即是运用社会力量帮助、教育违法犯罪未成年人的一项具有内在合理性的政策。当前社会帮教存在的主要问题是,社会帮教没有相关的法律规范,社会帮教的主体松散,社会帮教的效果较差等。本节针对社会帮教中存在的主要问题,结合未成年违法犯罪人的心理特点,拟提出有效的解决办法。

一、国外有关社会帮教的研究与实践

根据有关的外文资料和研究,英美等国的安置(aftercare),以及社会调

查(the pre-sentence report)等社区矫正项目,类似于我们的社会帮教活动。有学者认为,日本以及我国台湾地区的更生保护,也等同于我们所称的社会帮教工作。① 本书认为,更生保护的范围更为广泛,包括了多种社区矫正的形式。由于社会调查、社区矫正在本书的其他章节进行了详细论述,下文仅综述英美的安置帮教项目。

安置是基于保护出狱人员的利益而逐渐形成的一项社会福利性制度或工作。在国外,一般认为,出狱人员保护工作源于1776年美国宾州的怀斯特(Richard Wister)所创办的"费城出狱人保护会"(Philadelphia Society for distressed prisoners)对出狱人所实施的善举。二百多年后,出狱人保护思想在宗教救赎的基础上吸收、融入了犯罪预防、社会救助的观念,从而使出狱人保护观念不仅体现人道主义、功利主义,而且反映了20世纪,特别是第二次世界大战后社会福利主义的思想。②

对出狱人员的保护,一方面是基于社会福利与人道主义的思想,另一方面,也是基于社会防卫的思想,因为通过对出狱人员安置或保护状况的观察,人们很容易就形成一种认识,只有更好地保护出狱人员的福利,才能减少他们再犯罪的可能性,从而更好地维护社会秩序的稳定。就未成年犯罪人而言,绝大多数离家处置的未成年人最终仍然要返回社区,当未成年犯罪人释放返回社会后,怎样才能防止反社会行为的复发?虽然未成年人司法系统始终主要是靠通过严格的监禁处置来惩罚违法犯罪的未成年人,然而,这种惩罚形式一是花费很高,二是使机构处置中的未成年人的数量庞大,三是机构处置对矫正少年违法行为也没有多大的功效。社会的无序性,使得在矫正机构中习得的行为规范迅速消失。③ 事实上,未成年人的再犯率是非常高的,有研究者估计严重的未成年犯罪人的再犯率在50%左右。④ 从事司法实践工作的人员和研究人员寄希望于找出创造性的、以研究为基础的

---

① 何鹏、杨世光主编:《中外罪犯改造制度比较研究》,社会科学文献出版社1993年版,第283页。
② 翟中东:《出狱人保护事业在当代中国的前景》,载《犯罪与改造研究》2002年第7期。
③ E. P. Deschenes and E. W. Greenwood, "Alternative Placements for Juvenile Offenders: Results from the Evaluation of the Nokomis Challenge Program", *Journal of Research in Crime and Delinquency* 35 (1998):267—294.
④ M. Lipsey, "Can intervention Rehabilitate Serious Delinquents?" *Annals of the American Academy of Political and Social Science* 564(1999):142—166.

项目,来帮助那些刚刚刑满释放的未成年人回归社会。研究人员假定,可以通过为未成年人提供过渡性的以及综合性的监督以及服务的方式,来减少监狱的过度拥挤以及相应的经济支出。这种理论即是综合性的安置制度形成的基础。① 相关研究表明,这种安置帮教项目对再犯罪风险高的未年人较为有效,而不适合低风险的未成年人,其原因是低风险的未成年犯罪人在没有干预的情况下一般很少会再犯罪。②

具体地说,未成年人司法制度之下的安置,是指对于针对离家处置的未成年人回归社会而准备的矫治服务,其主要方法是通过必需的与社会的协作来完成规定的服务以及监控。③ 有学者提出一个更为广义的安置概念,其认为安置这一用语其实名不符实,因为安置帮教并非始于犯罪人被释放后,相反,一项全面的安置帮教过程通常开始于被判之后,并且贯穿于整个监禁过程以及犯罪人释放后回归到社会的过程中。有效的安置帮教要求在正式的和非正式的社会控制体系之间紧密衔接;同时,还要求有连续性的社区服务以防止反社会行为的再次发生。④

在美国,安置项目有很多种模式。密集安置帮教项目(Intensive Aftercare Program,简称IAP)是由美国少年司法与犯罪预防办公室(OJJDP)发起的一项社区为基础的研究与示范。IAP模式试图通过对高风险的假释人员在被释放到社会之前提供更好的服务而降低再犯率,该模式是建立在实证研究的基础之上的,实证研究表明,一项高度结构化的和强化的监禁与社区之间的过渡,有助于被释人员改进与家庭以及同辈的关系,对教育、就业以及心理健康都有好处,并且对社会不会产生负面影响。

---

① Steve V. Gies, "Aftercare services", *Juvenile Justice Bulletin*, Washington, DC: Office of Juvenile Justice and Delinquency Prevention. Sept. , 2003.

② D. A. Andrews, I. Zinger, R. D. Hoge, J. Bonta, P. Gendreau and F. T. Cullen, "Does Correctional Treatment Work? A Clinically Relevant and Psychologically Informed Meta-analysis", *Criminology* 28(1990):369—404.

③ D. M. Altschuler and T. L. Armstrong, "Reintegrating High-risk Juvenile Offenders into Communities: Experiences and Prospects", *Corrections Management Quarterly* 5(2001):79—95.

④ Steve V. Gies, "Aftercare Services", *Juvenile Justice Bulletin*, Washington, DC: Office of Juvenile Justice and Delinquency Prevention. Sept. , 2003.

二、我国社会帮教存在的主要问题

我国社会帮教虽然有了很大发展,但仍然存在很多问题,具体体现在以下几个方面:

(一)帮教主体不明确,职责不清

我国对社会帮教的主体有概括性的法律规定,根据《预防未成年人犯罪法》第47条,社会帮教的主体是复合主体,主体之一是司法机关,承担主要的帮教职责,主体之二是选择性的帮教主体,可以是未成年人的父母,也可以是学校或居民或村民委员会,他们只是起着协助或辅助作用。至于各类主体之间如何配合、协作以及主管机构和从业人员的资质,并没有作出具体的规定。因而在实践中,往往是帮教工作无人承担,或者由非专业人员从事专业化的帮教工作。

就帮教人员的职责来说,由于法律没有具体的要求,由此也会产生帮教人员责任心不强的问题。社区帮教力量的骨干是居委会、村委会的干部和派出所民警,但近年来随着价值观念的变化和社区事务工作量的日益增加,少数基层组织工作人员公众责任心有所下降,一些人往往把社会帮教工作看成是司法机关的事情。据闵行区法院2001年的一次调查统计反映,在回收的158份个人调查表中,帮教小组予以关心、找其谈话的仅75人,不足半数。能帮助解决困难、介绍工作的仅9人,有的居委会帮教小组还建议由法院帮助介绍工作。①

由于帮教主体不具有专业性和必要的执业资质,因而帮教方式简单,一些帮教方式非常生硬或只是作表面文章。例如,一位被帮教的未成年人向有关调查人员反映,帮教小组只是嘴巴说说,没有用实际行动来关心自己的就业与生活。另一位被帮教人员在回归社会后,街道居委会对其严格要求,规定他每天早上8:30分到居委会报到,并且没有实质性的帮教活动,后来其监护人打电话来向法院反映了这一情况,法院承办人员与居委会帮教小组沟通后,才改变了一些做法。②事实上,每一个失足青少年的性格、气质

---

① 刘长想:《上海未成年人社会帮教工作的历史和发展》,载《山东省青年管理干部学院学报》2005年第5期。
② 章凤仙、陆莉萍:《未成年人刑事案件判后工作研究》,载《青少年犯罪问题》2002年第2期。

各异,在生活经历、家庭环境等方面有很大的差异性,因而帮教形式也要应人而异。帮教方式一方面要多样化,另一方面也有具有针对性和实效性。

(二) 帮教组织缺乏规范化的组织形式与管理制度

从帮教的组织形式看,现有的法律法规基本没有涉及。因而在实践中,帮教小组多具有临时性群众性、松散性的特点,其成员基本是以老同志、老教师及某些社会个体为基础。他们与帮教对象在心理和思想观念等方面均存在着明显的差异,在帮教工作方面基本上缺少政府的扶持和指导。还有少数居委会、村委会干部对帮教工作敷衍了事,帮教组织人员没有报酬、没有经费、没有考核监督、没有正规指导,再加上帮教人员本身的不固定,造成思想感情沟通上的困难。

社会帮教是一份涉及范围广、涉及相关组织多的工作,这在客观上要求对其进行统一的管理、指导与协调。根据《未预防未成年人犯罪法》第 47 条的规定,司法机关应当是主管机关,负责对社会帮教的组织与管理,但由于缺少更为具体的实施细则,在实践中,社会帮教工作并没有一个明确的部门来主管,社会帮教也没有纳入政府管理职能的范围内。由于没有形成一个比较统一的管理体系,致使这项重要工作基本上处于自发状态。

帮教工作在地区间和部门间发展不平衡,其作用也难以充分发挥。此外,目前,判后社会帮教工作基本上没有明确的法律法规的规定,此项工作的开展主要依据的是 1983 年公安部等 7 个单位联合发布的《关于做好有违法或轻微犯罪行为青少年帮助教育工作的几点意见》一文,而在实际操作上对帮教的内容、形式、手段以及责权利等方面没有具体明确,出现做与不做、做多做少、做好做坏一个样的局面,没有检查、考核及鼓励,使得具体的帮教工作随意性极大、操作性很差,以至于出现在"齐抓共管"的口号之下谁也不管的现象,严重影响了帮教质量与社会效果。[①]

(三) 帮教政策得不到落实,回归帮教覆盖率低

社会帮教作为已经实施了三十余年的矫正形式,在取得一些良性的社会效应的同时,仍然存在很多问题。下述一些调查表明,社会帮教往往得不

[①] 刘长想:《上海未成年人社会帮教工作的历史和发展》,载《山东省青年管理干部学院学报》2005 年第 5 期。

到具体的落实,社会帮教不到位,在某种程度上会导致重新犯罪的大量发生。

就帮教的覆盖率而言,根据学者的调查,只有少数回归人员有被帮教的经历。1996 年—1997 年,上海少管所共释放青少年 346 人,其中属上海市区(县的)181 人。学者通过与回归青少年谈话、同家属见面询问情况、听取邻居意见等方式,对上海的 125 名回归青少年的现状、表现和面临的实际问题作较深入的了解。调查结果显示,他们绝大多数人回归后趋于稳定,不少人表现较好,但也受到众多问题的困扰。就帮教而言,总体上说,社会帮教已取得一定成效,但在调查中发现,被调查人员回归社会后,只有 4% 的人继续受到帮教。而没有被帮教的回归人员反映,他们在出狱后根本没有帮教人员和他们联系,甚至到有关部门去找,也是你推我推不予理睬。还有 25% 的回归青少年因拆迁、调房等变更了居住地,帮教更难落实。① 一些应当得到重点帮教的刑释解教的未成年人,回归后由于得不到有效的帮教,极易重新走上违法犯罪的道路。

四、社会帮教的必要性考察

社会帮教这种形式长期以来在我国预防重新犯罪方面发挥着重要的作用,而且,它也是未成年人刑事司法处置现状的一种必然要求。

(一) 社会帮教是未成年人刑事司法处置现状的必然要求

基于未成年犯罪人的年龄特点,在对未成年人犯罪适用刑罚时,我国《刑法》第 17 条和第 49 条作了特殊规定。第 17 条规定:"已满十四周岁未满十八周岁的人犯罪,应当从轻或者减轻处罚。"因此,未成年犯罪人在量刑上要轻于成年人。学者调查了上海杨清检察院 2001 年受理的未成年人犯罪案件的处理情况,2001 年,检察院共受理 77 起未成人犯罪案件,其中 43 件判处实刑,30 件判处缓刑,3 件免予刑事处罚,1 件做不起诉处理。在实刑判处的 43 件中,很少有判处 2 年以上有期徒刑的。② 本课题组对山东省

---

① 冯文高:《回归之后的困扰——刑释青少年回访调查纪事》,载《青少年犯罪问题》1999 年第 1 期。

② 储国梁、杨重辉等:《构筑城市未成年人犯罪预防与帮教机制的思考》,载《青少年犯罪问题》2004 第 1 期。

未成年犯管教所的1400名未成年犯罪人的刑期也进行了调查,结果如表9.3所示:

表9.3 未成年犯罪人的刑期

		人数	百分比
有效值	一年	358	25.6
	一年以上两年以下	328	23.4
	两年以上三年以下	167	12.0
	三年以上五年以下	156	11.1
	五年以上十年以下	169	12.1
	十年以上	123	8.8
	合计	1322	92.8
缺失值		99	7.2
合计		1400	100.0

统计数据表明,在1400名未成年犯罪人中,61%的未成年人的刑期在3年以下。可以说,大多数未成年人在被判决后不久即陆续被释放,已经触犯刑律的未成年人在刑罚强制力下接受教育改造的时间并不是很长,出狱后他们仍然需要接受教育与帮助。此外,也有相当数量的未成年人(如被判处缓刑)并未与社会隔绝联系,经过司法机关的审理以后仍然在原先的环境中学习、生活和劳动。这种司法处置现状表明,不仅是专门化的少年监管机构要承担对未成年犯罪人的矫正与教育,社会对正在成长中的问题少年,也应当承担足够的、能起到矫正未成年犯罪人犯罪心理的相对密集的干预与帮助。作为监禁刑替代方式的社区矫正在这方面应当发挥相应的作用,同时,社会帮教作为我国传统的教育与帮教未成年犯罪人的有效方式,也仍然有其不可替代的作用。但在实践中,犯了罪的未成年人的帮教和管理工作显然落实不够。

(二) 社会帮教符合保护未成年犯罪人的基本原则

未成年人正处在人生成长阶段,是从不成熟走向成熟的一个关键时期,其生理在这个时期会发生剧变,心理上随着不断长大也呈现出变化和不稳定。由于他们处于不成熟阶段,所以其辨别是非能力低,受外界、外部环境影响大,但同时可塑性很强。这种不成熟状态决定了他们对一些事情不能很好地处理,他们的生活中会出现忧虑、烦恼、拘束、不自由,与人产生矛盾冲突,但又往往很难正确而又恰当地把握解决这些问题的方法。因而,在这一阶段,未成年人易实施各种冲动性的违法犯罪行为,易受他人的影响参与团伙犯罪。对此,课题组对山东省1400名未成年犯罪人就其"是否预谋"、"是否参加犯罪团伙"以及"悔罪阶段"进行了调查,结果可见表9.4、表9.5和表9.6:

表9.4 犯罪行为是如何实施的

		人数	百分比	有效百分比	累积百分比
有效值	仿效影片	53	3.8	4.0	4.0
	别人教唆	228	16.3	17.1	21.0
	一时冲动	960	68.6	71.9	93.0
	其他	71	5.1	5.3	98.3
	仿效影片与别人教唆	2	0.1	0.1	98.4
	仿效影响与一时冲动	6	0.4	0.4	98.9
	别人教唆与一时冲动	14	1.0	1.0	99.9
	仿效影片、别人教唆、一时冲动	1	0.1	0.1	100.0
	合计	1335	95.4	100.0	
缺失值		65	4.6		
合计		1400	100.0		

表9.5 是否参加犯罪团伙

		人数	百分比	有效百分比	累积百分比
有效值	否	505	36.1	36.9	36.9
	一般犯罪团伙	795	56.8	58.2	95.1
	流氓恶势力	31	2.2	2.3	97.4
	黑社会性质	36	2.6	2.6	100.0
	合计	1367	97.6	100.0	
缺失值		33	2.4		
合计		1400	100.0		

表 9.6 悔罪阶段

		人数	百分比	有效百分比	累积百分比
有效值	犯罪行为实施完就后悔	577	41.2	42.3	42.3
	逮捕以后	465	33.2	34.1	76.4
	开庭审理时	58	4.1	4.3	80.7
	判决后,关押期间	263	18.8	19.3	100.0
	合计	1363	97.4	100.0	
缺失值		37	2.6		
合计		1400	100.0		

如表 9.4 所示,在 1335 个有效回答中,回答"一时冲动"犯罪的占了 71.9%,回答"别人教唆"犯罪的占 17.1%。

如表 9.5 所示,在 1367 个有效回答中,没有参加犯罪团伙的仅占了 36.9%,其他参加了犯罪团伙的 63.1% 未成年人中,大部分参加的是一般犯罪团伙,只有少数人参加了流氓恶势力或黑社会性质的团伙。

如表 9.6 所示,在 1363 个有效回答中,实施犯罪后立即后悔的占 42.3%,至开庭审理时悔罪的共计 80.7%,只有 19.3% 的未成年人是在判决后和关押期间产生悔罪感。

上述调查结果表明,未成年犯罪人的主观恶性不深,易于悔罪,并且在法庭审理结合后,绝大多数未成年人已经后悔实施了犯罪行为。在未成年人犯罪原因体系中,由于其自身的人生观、法制观尚未定型,家庭、学校、社会等外界因素起着重要的影响因素。因此,对于未成年违法犯罪人,《预防未成年人犯罪法》以及《未成年人保护法》等确定了对违法犯罪未成年人的"教育、挽救、保护"的原则。基于这一原则,对于违法犯罪的未成年人,以从轻处罚为主。"社会调查制度"的确立,也是基于这一原则,在准确地了解未成年人犯罪原因的基础上,给予适当的刑罚处置;同时,通过社会调查,可以确定未成年犯罪人的帮教与监管条件,对于罪行较轻并且有良好帮教条件的,判处"免予刑事处罚"或缓刑等,有助于减少"少年犯"的标签效应的影响以及他们的成功再社会化。

(三)社会帮教有助于预防未成年人犯罪

我国学者对未成年犯所作的问卷调查中发现,在回答"进入少管所前实施犯罪的次数"选项时,表示只实施过一次犯罪行为的占 43.1%,实施过两次以上犯罪行为的达 56.9%。这一结果与先前类似调查形成了较大的反差。如 1991 年 8 月至 1992 年 2 月，中国青少年犯罪研究会在北京、上海、河北、江苏、湖北、广东、四川、陕西八个省市组织的以未成年人犯罪为主的调查结果显示：回答实施一次的为 55.1%，二次以上的为 44.9%。两相对照，可以看出当前未成年犯罪者中具备一定违法犯罪经历者明显增多。① 未成年犯罪现象的这种变化，说明预防未成年人重新犯罪在犯罪预防体系中具有越来越重要的地位。学者指出，凡是社会帮教工作搞得好的城市，无论是帮教小组的对象，还是工读学校的学生，80% 的人都改变了恶习，遵纪守法，向好的方面转化；10% 的人成为了先进工作者、生产骨干、三好学生，跨入了先进行列，青少年犯罪率明显下降。② 从 1983 年—1986 年的普查情况看，帮教未落实情况下的重犯率是已落实情况下的 2.3 倍③；浙江省所作的调查中，前者重犯率高达后者的 1.75 倍；而从上海市少管所对 1997 年—1999 年释放的上海籍少年犯所作的调查看，前者的重犯率高达后者的 4.44 倍。④

本书认为，社会帮教在预防重新犯罪方面的重要性，主要是因为社会帮教具有有效缓解未成年违法犯罪人的社会疏离感的作用。未成年违法犯罪人无论在接受社区矫正期间，还是在刑满释放后，"犯罪人"或"罪犯"的标签会让他们产生严重的社会疏离感，认为自己与主流社会格格不入，属于被社会排斥的群体。有这种认知的未成年犯罪人，容易产生各种情绪问题，如悲观、消沉、敏感，他们与那些具有同样经历和被排斥感的人，由于认知与情感的相近，很容易因彼此同情而相互吸引，从而可能再次回归到犯罪亚文化群体中。社会帮教，是通过社会向未成年犯罪人提供心理与生存环境的积极支持。帮教人员并不是社区矫正机构的正式工作人员，不是以矫正机构的名义接近被帮教人员，他们是接受帮教组织机构的委托，以社会的名义，利用其掌握的社会资源，用自己的爱心和社会责任感，给未成年违法犯罪人提供关爱，帮助联系介绍职业，帮助联系就读学校等，同时还要通过必要的监管督促帮助其养成良好的工作学习意识和习惯，对于那些缺乏生活、工作

---

① 张远煌：《未成年人犯罪严峻形势的冷思考》，http://www.legaldaily.com.cn/2007jdwt/2009-07/22/content_1133893.htm，2009 年 7 月 22 日访问。
② 康树华：《论有中国特色的预防犯罪》，载《公安学刊》1999 年第 6 期。
③ 李均仁主编：《中国重新犯罪研究》，法律出版社 1992 年版，第 61 页。
④ 邬庆祥、胡静雅：《刑释少年个体再犯危险度测量之研究》，载《中国监狱学刊》2004 年第 5 期。

物质条件的被帮教人员,发动和利用社会资源帮助其尽快建起正常的生活、工作秩序。这些来自社会的关爱与帮助,可以有效地缓解未成年违法犯罪人的社会疏离感,有助于他们顺利地建立起与主流社会的正常联系,减少与犯罪亚文化群体接触以及相互交流的机会。

五、完善社会帮教的建议

前述讨论表明,社会帮教在预防未成年人重新犯罪方面发挥着重要的作用,然而,由于缺乏更为明确的关于社会帮教的法律规定,社会帮教基本上处于一种无序与低效状态。要改善社会帮教的社会效果,有必要使社会帮教组织与管理有法可依。根据对社会帮教存在问题的考察,本书认为,有关社会帮教的立法必须要注意以下几个方面的问题:

(一)帮教的组织机构与管理

现有的法律法规中仅有关于社会帮教的原则性规定,没有明确帮教的组织机构与管理方式。如前所述,社会帮教如果没有统一的组织构成与管理模式,必然陷于无序与无效状态。根据有关的法律精神和我国的国情,应当由司法行政机关成立专门的帮教机构,而不是主要由民间成立帮教组织。有条件的地方,可以成立民间帮教组织,但这种帮教组织必须报司法行政机关批准并挂靠在司法行政机关的帮教机构之下,接受帮教机构的业务指导与考查、评估。为了实现帮教的有效性,市县级司法局应当设立帮教科,负责本地区的帮教工作的布置以及考察评估;在乡镇司法所设专职的帮教办公室,也可以在未成年人犯罪现象较为严重的村委会或居民委员会中设置专门的帮教派出人员,帮教办公室或派出人员负责协调、管理以及组织具体的帮教活动,具体包括确定帮教对象,选派合适的帮教人员,设计主要的帮教方式,协调帮教活动与司法矫正活动之间的关系等。帮教办公室或帮教派出人员由于具有行政职责与相应的行政执法权力,可以更好地实现帮教管理的有效性与有序性。

(二)帮教人员的资格与选拔

目前,我国从事社会帮教工作的人员以兼职者为主,主要来自两类群体:一是政府民政部门及城市街道办事处、市(区)总工会、妇联、共青团等机构的工作人员。这类人员一般并不在基层社区直接从事社会工作,而是出于本机构职责的要求,从事社会帮教的指导性工作。二是志愿者队伍,包括社区居民、在职职工、在读学生等,他们虽然有很强的奉献精神,但基本上没有经过专业培训,多数是凭着一颗爱心和满腔热情从事帮教工作。这类人员的组织化程度较低,其帮教活动没有任何规范化的要求,主要的帮教任务是监督观察、谈话教育以及提供一些社会资源的支持。

帮教人员确实应与社区矫正人员有本质性的区别。社区矫正人员一般是全职性的,在固定的岗位上从事法律所规定的矫正工作。而对于帮教人员来说,除了司法行政部门的专门性的帮教工作者之外,在一线从事直接的帮教工作的人员,则可以来自于社会,从而体现出帮教工作的"社会性"、"群众性"的中国特色。即使是对于这种松散的帮教人员群体,也需要有相应的资格性的规定。例如,帮教人员要具有爱心,工作出于自愿;帮教人员要懂得未成年人的心理,能够针对未成年人的心理需求提供有针对的心理支持和矫正教育;帮教人员有足够的可用于帮教活动的时间,保护帮教工作的持续性;等等。对帮教人员的确定,可以是指定的方式,也可以是自愿申请的方式,无论是哪种方式,均应在作相应的资格考查之后,颁发帮教许可证。帮教办公室应当负责建立帮教人员库。

(三) 帮教对象与帮教方式

根据本书的理解,社会帮教的对象主要是有一定的限制性条件的违法或轻微犯罪行为的青少年,而不是任何有违法或轻微犯罪行为的未成年人都是社会教教的对象。这一限制性规定,是基于尊重保护未成年人的健康发展而提出的。帮教的过程应当始于未成年犯罪嫌疑人进入审查起诉程序之后。当未成年犯罪嫌疑人经审查起诉作出不起诉的决定,或经法庭审判后无罪释放,帮教工作应当立即终止。

帮教办公室应当根据帮教的需要,从本地区帮教人员库中选派合适的帮教人员对帮教对象提供一对一的帮教服务。帮教服务应当贯穿于诉讼、服刑过程以及刑释后。有研究指出,被释放后 1 年内是重新犯罪最为集中的时间段,也是一个高峰期,大多数重新犯罪都集中在被释放的 5 年内,半数以上的重新犯罪发生在释放后的 2 年内。中国青少年犯罪研究会于 1991 年 8 月至 1992 年 2 月进行的调查中表明,少年犯刑释解教后 1 年内再犯的占总数的 65.3%;广东省少管所所作的调查表明,1995 年重新犯罪的少年犯中75%是在释放后半年到1年之间重犯。① 因此,除服刑期间外,刑释解教后的2年内,是密集帮教时期,刑释解教后的第3年,帮教工作应以观察为主,根据具体情况作必要的干预与支持。

(四) 帮教人员的工作职责

帮教人员在不同的帮教阶段具有不同的帮教职责。在审查起诉以及庭审阶段,主要是从事相关的未成年犯罪嫌疑人或被告人的人身危险性的考察以及调查工作,为起诉以及定罪判刑提供建议,同时为寓教于审的法律审理活动作准备。人身危险性考察以及社会调查的具体方面,要包括未成年人个性心理特点,家庭、学校以及社会环境中存在的不利于其身心健康发展的主要因素,犯罪心理形成的原因以及犯罪过程中体现出的主观恶性等。

在未成年犯罪人服刑期间,帮教的主要目的,是通过经常的和个性化的辅导,引导未成年人正确认识自身的问题,逐渐形成正确的人生观和价值观。在这个阶段,帮教人员需要注意的主要问题,是帮教工作是配合监所的管教工作而展开的,因此,帮教人员应当在咨询管教人员以及访谈帮教对象之后,与管教人员就帮教对象的主要问题与帮教目标达成一致的意见,形成一份帮教工作计划。服刑期间的帮教,其主要目标是帮助管教人员矫正未成年犯罪人的犯罪心理与不良的行为模式,尽可能扩大他们与外部社会的联系沟通,避免因监禁状态而造成社会化过程阻断现象的发生。

未成年犯罪人回归后的帮教与服刑时的帮教相比较,无疑显得更为重要。② 他们面临众多现实问题和由此产生各种看法,都需要有帮教人员给予关心、帮助和必要的协助解决,让他们正确认识社会的变化,正确处理身边发生的诸如就业、学习、婚姻等问题。对回归社会后的青少年,要落实国务院在《关于加强监狱管理和劳动教养工作的通知》中的规定,即:"各地区政府及有关部门要把刑满释放、解除劳动教养人员安置和继续帮教工作作为落实社会治安综合治理领导责任的一项重要内容,纳入本地区社会发展规划之中,统筹安排抓好落实。"在安置帮教方面,帮教人员需要与帮教办公室或专门的派出人员,就帮教目标以及可以用的社会资源达成共识,并且制订

---

① 关颖:《城市未成年人犯罪与家庭》,群众出版社2004年版,第213页。
② 冯文高:《回归之后的困扰——刑释青少年回访调查纪事》,载《青少年犯罪问题》1999年第1期。

一份详细的帮教计划。帮教人员可以向被帮教对象提供就业、入学指导,帮助安排就业培训,在被帮教人员回归社会之初无可用社会资源时,帮助联系中途之家或帮助申请必需的生活补助等。帮教人员需要密集观察帮教对象的交往情况,引导帮教对象建立良性的交往关系;密集观察帮教对象可能出现的再犯罪征兆,及时进行谈话和危机干预;等等。

综上所述,社会帮教是一项行之有效的预防未成年犯罪人重新犯罪的社会性管理措施;是依靠社会各方面的力量对违法犯罪的未成年人进行帮助和教育,使其能够改掉不良的行为习惯,完成健康的社会化过程。由于社会帮教缺乏具体的实施细则,因而在实践中多表现出自发性与无组织性,影响了帮教效果的充分发挥。因此,有必要开展相应的立法工作,规范帮教工作的主体、组织形式、职责等方面的问题,使帮教工作在有法可依的同时,更具有可操作性与科学性。

第三节 未成年人教养

随着未成年人保护的国际化趋势和我国未成年人司法制度的发展,对未成年人劳动教养和收容教养制度存在的合理性以及如何进行改革等问题,理论界与实务界均有很多探讨和建议。根据已有的研究和相关法规中体现的精神,本书认为,未成年人教养应主要以收容教养为主,未成年人劳动教养制度应予以取消;对于收容教养,应有相关的立法加以规范,使其更加适应违法犯罪未成年人重新社会化的需要。

一、未成年人教养制度存在的主要问题

劳动教养作为一种法律制度,在我国已经存在了近50年。不容否认,劳动教养制度在维护社会治安、有效预防犯罪、稳定社会秩序、维护社会安定团结的政治局面等方面,曾经发挥了积极作用。然而,随着时代的进步和历史的发展,我国政治经济形势发生了深刻变化,公民的权利与自由意识也空前高涨,在这种历史背景之下,不经过司法程序而较长时间限制人身自由的劳动教养制度自然成为司法制度改革探讨的热点问题。与此同时,未成

年人司法制度也在逐渐形成与发展之中。因此,对于与矫正及处罚未成年违法犯罪人相关的少年劳动教养制度,一方面要顺应人权意识的发展要求,另一方面也要配合未成年人司法制度的发展趋势,在经过充分的考察与论证之后,重新作出合理的设计与构建。本书在正确理解未成年人教养制度的基础上,认为未成年人劳动教养可以并入到收容教养之中,因此,本书将不再探讨劳动教养制度,而只分析未成年人收容教养制度存在的问题及其完善。

本书认为,我国未成年人收容教养制度存在的主要问题有如下方面:

(一) 法律依据不足

收容教养制度是我国所特有的对于实施了犯罪行为但不承担刑事责任或不予刑事处罚的未成年人进行收容、集中教育管理的一项制度。作为一项重要的未成年人司法制度,收容教养的法律依据仅有三个条款:一是《刑法》第17条第4款规定:"因不满16周岁不予刑事处罚的,责令他的家长或者监护人加以管教,在必要的时候,也可以由政府收容教养。"二是《中华人民共和国未成年人保护法》第39条的规定:"已满十四周岁的未成年人犯罪,因不满十六岁不予刑事处罚的,责令其家长或者其他监护人加以管教,必要时,也可以由政府收容教养。"三是《预防未成年人犯罪法》第38条的规定。上述规定都是原则性、概括性的规定,没有具体的实施细则,因而在司法实践中,收容教养在适用方面弹性很大。

(二) 缺乏正当的司法化程序

作为一种剥夺人身自由的处罚,收容教养缺乏必要的正当司法程序。我国现有的收容教养制度的设计过于简略,作出收容教养决定的程序缺乏科学合理的设计。在实践中,主要问题是公安机关自由裁量权过大,缺乏必要的法律监督与救济机制。从公安部现有的几个涉及收容教养的文件来看,收容教养的审批权和决定权都属于公安机关。由于《刑法》第17条第4款"必要的时候"这一模糊的规定,各地公安机关在掌握具体收容条件时没有一致的标准,导致了实践中在决定是否对犯罪少年收容教养以及收容教养的期限方面,公安机关拥有过大的自由裁量权。在实践中,公安机关往往在确定犯罪少年不满16周岁不予刑事处罚后,办案单位便填写《收容教养犯罪少年呈报表》,写明犯罪事实并附带罪证材料,提出教养期限,然后公安机关便直接依据权限分工,由不同级别的公安机关作出对犯罪少年的收容教养决定,然后送交执行单位执行,之后少年犯管教所便凭上述公安机关《收容教养犯罪少年决定书》和《收容教养犯罪少年通知书》即可对犯罪少年进行收容教养。事实上,收容教养的整个过程均由公安机关单独操作,缺乏必要的法律监督,并且由此衍生出有关当事人的救济途径问题。

收容教养的决定由公安机关作出,对于这种决定是刑事执法行为,还是具体行政行为,由于法律没有明确的规定,理论界也有诸多争议,因而在实务中就产生了相应的救济程序问题,即对收容教养决定不服的,是申请行政复议还是提起行政诉讼。自1989年4月4日全国人大通过的《中华人民共和国行政诉讼法》和1990年12月24日国务院发布的《行政复议条例》施行后,公安机关和人民法院的认识一直不一致,各地人民法院的具体做法也不一样。

程序问题产生的主要原因,在于收容教养没有被定位为司法行为,没有专门的法律加以规范。2000年全国人大通过的《中华人民共和国立法法》规定:"限制公民人身自由的强制措施和处罚",只能制定法律。因此学者指出,收容教养从根本上说,是与《立法法》要求存在冲突的,其法律根据不足,法律地位极为尴尬。①

(三) 机构式教养模式存在的问题

我国目前的收容教养,仍然是完全的机构式教养,基本上是一种剥夺自由的管理方式,缺乏有效的替代措施。从一些国家的立法和实践看,对少年违法行为的非监禁化处分措施已经越来越受到人们的赞同,其价值受到肯定。建立起以非监禁措施为核心的少年违法行为处罚体系,如增加社区活动、易科处分等,相对于单一的剥夺人身自由的处罚而言,更容易达到教养的目的。我国收容教养制度是一种单一的剥夺人身自由的强制性教育措施,严重妨碍了收容教养目的的实现。

我国有研究通过对少年教养管理所的调查,肯定了少教所对于那些缺少家庭关爱的问题少年是一个心灵的暂时栖息地,同时,也指出这样一种现实:"这些命运悲惨却又作恶的少年,离开少教所后也许又将流离失所。因

---

① 高铭暄、张杰:《中国刑法中未成年人犯罪处罚措施的完善——基于国际人权法视角的考察》,载《法学论坛》2008年第1期。

为家庭还是那个家庭,社会的拒绝可能更加残酷。有的人出所后,更加无力地飘浮在世上,像断了线的风筝,自生自灭。"①这些违法犯罪的未成年人,大多是因为残缺的家庭或不良的社会环境而不自知地发展出犯罪倾向性,在少年教养所里,即使他们能够得到很多的关爱和教育,但如果在教养期间结束后,社会或家庭不能提供具有延续性的、支持性的环境,他们原有的人格结构中的不健全部分,仍然有可能在他人或社会的影响下重新被唤醒,从而继续走上违法犯罪的道路。并且,这种犯罪倾向性,很可能终其一生而难以改变。因此,本书认为,教养制度的完善,仍然需要与社会帮教、社区矫正相结合,才能具有实质性的促进违法犯罪未成年人改过自新的作用。

二、未成年人教养制度正当性考察

如前所述,理论界与实务界对收容教养制度的性质、收容教养的对象等均有很多争议,但总体上并不否认收容教养制度的存在价值。本书认为,收容教养有其存在的合理性与正当性,具体体现在以下几个方面:

(一) 收容教养制度符合关于未成年人司法的国际条约的相关规定

《联合国少年司法最低限度标准规则》第 18 条第 1 款规定:"应使主管当局可以采用各种各样的处理措施,使其具有灵活性,从而最大限度地避免监禁。有些可以结合起来使用的这类措施包括:(A)照管、监护和监督的裁决;(B)缓刑;(C)社区服务的裁决;(D)罚款、补偿和赔偿;(E)中间待遇和其他待遇的裁决;(F)参加集体辅导和类似活动的裁决;(G)有关寄养、生活区或其他教育设施的裁决;(H)其他有关裁决。"该条第 2 款规定:"不应使少年部分或完全地离开父母的监管,除非其案情有必要这样做。"第 19 条规定:"把少年投入监禁机关始终应是万不得已的处理办法,其期限应是尽可能最短的必要时间。"这些规定为各国对违法犯罪少年的矫正方式提供了原则性指导。从上述规定来看,收容教养应当属于(A)类和(G)类的处理措施。如前所述,很多国家也都有针对违法犯罪少年的收容教养设施。

(二) 国家对未成年人有"监护权"

20 世纪以来,随着未成年人司法制度的研究日益兴起,大多数现代国

---

① 陈黎:《天堂路上的劳动教养所》,http://www.bj148.org/fgmm/ztxw/sfsn/200903/t20090324_51939.html,2009 年 3 月 24 日访问。

家和地区对未成年人犯罪大多奉行所谓"国家亲权",即国家如少年的双亲一样,应为缺乏管教和缺乏寄托或依靠的少年谋福利,并应对他们尽一定的扶助义务。① 这种指导理念适用于教养制度是比较恰当的。我国现有的未成年人教养制度,基本上是基于此理念而设计的,即对犯罪未成年人实行保护优先主义。例如,1995年《公安机关办理未成年人违法犯罪案件的规定》第28条规定:未成年人违法犯罪需要送劳动教养的,应当从严控制,凡是可以由其家长负责管教的,一律不送。2002年《公安机关办理劳动教养案件规定》第10条规定:对未成年人决定劳动教养,应当从严控制。对违法犯罪未成年人中的初犯、在校学生,且其父母或者其他监护人有实际管教能力的,不得决定劳动教养,但是应当依法责令其父母或其他监护人严加管教。在收容教养方面,我国刑法规定的原则始终是"必要的时候",即父母或其他监护人无监管能力时,才由国家干预,代替自然监护人承接监护职责。

(三) 收容教养具有双向保护的功能

作为针对罪错少年的一种兼具保护性与教育性的司法措施,收容教养制度具有实现保护社会利益和保护少年利益的双向保护功能。

不可否认的是,对罪错少年而言,收容教养具有较强的惩罚色彩,尽管罪错少年不能对其行为承担刑事责任,但基于自然正义还是应该承担一定的不利后果。有学者指出,对犯罪少年,虽应按照《未成年人保护法》的规定"坚持教育为主,惩罚为辅的原则",但对已构成犯罪的少年,还是必须坚持罪责相当的原则,符合收容教养条件的要坚决收起来进行教育改造。②

由于未成年人犯罪往往是因为其社会化过程中家庭教育、社会教育以及学校教育中存在诸多缺陷,因此,家庭、社会、学校应当承担相应的职责来弥补教育的缺陷,其主要方式是对犯罪少年采取更为密集的、严格的思想品德教育以及文化教育。当家庭不具有这种功能时,社会或国家即可以以替代监护人的身份承担相应的职责。收容教养正是社会大众或国家承担这种责任的特有方式。作为罪错少年,其承担责任的主要方式,是接受这种强制性的教育以及家庭或社会对其采取的严格的监管。罪错少年接受严格的监

---

① 甘雨沛、何鹏:《外国刑法学(上册)》,北京大学出版社1984年版,第490页。
② 阮京人、方新文、邓俊彬:《对收容教养犯罪少年的几个问题的研究》,载《公安大学学报》1994年第5期。

管和强制性教育,一方面可以减少其再次犯罪的机会,另一方面,通过有效的教育,可以帮助他们成功的完成社会化过程,养成守法行为习惯,预防重新犯罪的发生。从这个角度来说,对违法犯罪少年的收容教养,是从少年福利的角度出发的一种防卫社会与保护少年自身健康成长的双向保护措施。

从国内外教养实践看,机构性教养虽有成效,负作用也同样明显,如果教养因强调社会防卫而用之过泛,将不利于社会长远发展。教养与刑罚一样是社会被迫选择的防御方法。我国刑法明确规定,凡16岁以下不予处罚的少年交由家庭管教,必要时"也可以由政府收容教养"。这集中表达了对收容教养慎重适用的理解,它应当成为我们慎用教养制度的重要根据。因此把受教养人限制为犯有轻罪,并有再犯罪之虞者更为恰当。[①]

三、完善未成年人教养制度的建议

如前所述,未成年人教养制度有其存在的正当性与必要性。未成年人教养制度在防卫社会以及保护未成年人自身的身心健康成长方面具有非常重要的作用。然而,我国现有的未成年人教养的法律规定并不健全,如对教养制度性质没有合理的界定,对教养对象的年龄界限的有关规定或解释之间相互冲突。因此,需要通过专门的立法来解决相关的问题。本书认为,未成年人教养制度的立法应关注如下几个方面的问题:

(一)未成年人教养的法律属性

根据1997年《刑法》等有关法律规定,对不满16周岁不予刑事处罚的少年,应优先考虑由其家长或者监护人加以管教,只有在必要的时候,如父母双故、无家可归、家长或监护人无实际管教能力等情况下,才由政府收容教养。上述规定实际上表明,收容教养是一种在犯罪未成年人家庭管教无能情形下迫不得已而采取的一种弥补性措施,其目的在于代替自然意义上的监护人管教罪错少年,因而实质上是否定了收容教养的刑事或行政惩罚的性质。在这种收容教养制度下,政府所起的作用相当于家长或监护人的作用,政府在收容教养中的功能是"管教"。所谓"管教",是监督和教育之义,是以科学的方式帮助少年摆脱不良行为方式和社会环境的影响,重新开

---

① 王利荣:《完善青少年教养模式的基本思路》,载《青少年犯罪问题》1997年第5期。

始良性的社会化过程。

在我国,收容教养是伴随国家民主法制建设的进程,逐渐确立和发展起来的。1956年最高人民法院、最高人民检察院、内务部、司法部和公安部联合印发的《对少年犯收押界限、捕押手续和清理等问题的联合通知》第一次提到了"收容教养"一词。该通知在规定对各地少年犯管教所收押的人员进行清理时要求:"……如其犯罪程度尚不够负刑事责任的,则应对有家庭监护的立即释放,交其家庭管理教育;对无家可归的,则应由民政部门收容教养。""刑期已满的少年犯,应当按时履行释放手续……无家无业又未满18周岁的,应介绍到社会救济机关予以收容教养。"由此可见,当时的收容教养,主要是安置无家可归、无业可就的少年犯的一种社会救济措施。在德国,收容教养也主要是一种少年福利性救助措施。①

因此,本书认为,收容教养是出于保护少年社会福利的目的,由政府代替家庭监督与教育罪错少年,使其矫正犯罪心理,养成守法的行为习惯。有学者也指出,"教养制度是一种面向未来的制度,不重视追责于后"。② 根据这种理解,将收容教养理解为一种"司法保护措施"可能更为恰当一些。这种保护措施由于具有司法的属性,因而也是一种强制性的措施。将收容教养界定为一种司法措施,就可以解决一系列的程序性问题。

(二) 未成年人教养的适用对象

关于未成年人教养的适用对象,根据上文的讨论,可以包括我国现行刑法规定的因不满刑事责任年龄而免于刑事处罚的触法少年以及部分符合劳动教养条件的虞犯少年。在确定适用对象时,需要掌握的原则是,未成年人教养在总体上是一种选择性而非必然性的措施,法律规定的是"可以"而非"应当或必须",并且是在"必要时"。但鉴于未成年人教养的双向保护的原则,对于少年教养的适用条件,应区别两个层次:第一层次的教养对象,是主观恶性较深,责令家长或监护人加以管教不能够实现对其教育和挽救目的的触法少年。对于这部分未成年人,直接适用教养措施,而不先责令家长加以管教。在立法上,可以明确限定实施的犯罪案件的类型,如故意杀人、强奸等严重刑事案件。第二层次的教养对象是选择性的。对于除第一层次之

---

① 李亚学主编:《少年矫正制度比较研究》,群众出版社2004年出版,第221页。
② 高莹等:《矫治理念与教养制度变革》,群众出版社2005年出版,第180页。

外的教养对象,首先考虑的是能否责令家长、监护人加以管教,其次考虑的是将其送入儿童养护机构或工读学校学习,最后才是选择适用收容教养。立法上可以明确收容对象需满足以下条件:(1)未成年人系流浪孤儿或遭父母遗弃,没有合适的监护人,采取收容教养更有利于其健康社会化。(2)家长或监护人自身难以胜任管教,或其原有的管教方式与未成年人的犯罪行为直接有直接的因果联系。(3)犯罪未成年人较短时间内数次犯有符合收容教养条件的犯罪行为;或频繁实施严重违法行为,如果行为人是成人则需判处劳动教养的行为。

未成年人教养对象的下限可以放宽到12周岁。也有学者指出,收容教养适用对象的年龄范围以已满12周岁不满16周岁为宜。① 此种规定的主要理由有以下两个方面:(1)犯罪低龄化发展趋势的内在要求。20世纪90年代以来,青少年违法犯罪的初始年龄比70年代提前了2至3岁。近年来,不满14周岁的未成年人危害社会案件逐渐增多,其中严重刑事案件明显增加。"十五"期间,在青少年罪犯中,青年所占比重逐年下降,相应的未成年人所占比重逐年上升,2000年占18.87%,2001年占19.68%,2002年占22.96%,2003年占25.41%,2004年占28.17%,已经接近30%。② (2)现行《刑法》第17条第4款规定的"因不满16周岁不予刑事处罚的……"确实应当包含了对未满14周岁而不负刑事责任的未成年人也可以收容教养的规定,并且公安部门也早已作出相关规定。③ 然而,对于小于14周岁的收容教养对象的年龄下限,仍然没有具体的规定。收容教养作为一种双向保护的原则,对适用对象仍然具有承担责任与强制管制之意,因此,仍然需要对适用对象的生理心理基础有充分的考虑。虽然发展心理学的研究并没有形成对承担责任的年龄的科学界定,根据我国违法犯罪初始年龄下降的趋势,以及未成年人身心发展的实际情况,确定12周岁为收容教养的年龄下限是可行的。

---

① 陈卫东,张弢:《刑事特别程序的实践与探讨》,人民法院出版社1992年版,第247—248页。
② 鞠青,姜甜甜:《我国上世纪90年代以来青少年犯罪趋势定量分析报告》,中国青少年研究中心"专题研究报告"2007年第11号,2007年7月。
③ 1993年《公安部关于对不满十四岁的少年犯人员收容教养问题的通知》,明确规定:1979年《刑法》第14条第4款中规定的"不满十六周岁"的人既包括已满14周岁犯罪,应负刑事责任,但不予刑事处罚的人,也包括未满14周岁犯罪,不负刑事责任的人。

(三) 未成年人教养程序

未成年人教养作为一种刑事司法保护措施,在程序上应当作出如下规定:

1. 公安机关依常规对未成年人犯罪案件侦查终结后,经由检察院移送人民法院,由人民法院按照刑事审判简易程序进行审判后,在作出不予刑事处罚判决的同时,一并作出收容教养决定。

2. 被收容教养人员对收容教养决定不服的,可以依法向上一级人民法院提起上诉。应依法享有《刑事诉讼法》规定的犯罪嫌疑人、被告人享有的聘请律师、辩护、上诉、申诉、申请国家赔偿等各项权利。

3. 收容教养仍然由未成年人教养所负责执行。在执行过程中,需要对被收容教养人员提前解除或减少收容教养期限的,由执行机关提出建议,报原决定机关批准;被收容教养人员在执行期间有新的犯罪行为的,由执行机关提出建议,报原决定机关作出延长收容教养期限的决定。

4. 确定收容教养的期限,既要考虑有利于维护社会治安秩序和保护犯罪少年的合法权益,又要考虑有利于对犯罪少年的教育、感化、挽救。收容教养的期限确定为 6 个月以上 2 年以下,对收容教养期间抗拒教养,情节恶劣的,必要时可以延长 1 年。

(四) 教养管理制度

收容教养的对象是不满 18 周岁的未成年人,他们往往是基于年龄特点,易受周围环境的不利影响而实施了违法犯罪行为,因此,在教育管理这些未成年人时,应当确立具有针对性并且适合他们生理、心理特点的管教方法。在管理方式上,应当坚持半监禁式管理①,与社会化教育相结合,建立适应收容教养工作要求和被收容教养人员特点的教育机制。在现有的感化教育模式中,已经确立的"三个像",即"像父母对待孩子一样,像医生对待病人一样,像老师对待学生一样",仍然可以适应教育这些未成年违法犯罪人的需要,只是应当制订出更为科学、详细的实施方案,便于管教人员掌握。

(五) 教养对象的义务教育权

当前,我国未成年人违法犯罪率居高不下,已成为国家和社会关注的重

---

① 有关"半监禁式"的论述,见本书第五章第四节。

点问题之一。国内外诸多研究均已证明,受教育的多少与犯罪有关联关系。给问题少年提供继续接受学校教育的机会,通过学习来发展其才智和身心能力以获得平等的生存和发展,可以更加有效地预防他们重新犯罪。因此,要求未成年违法犯罪人员完成九年义务教育,一方面是保护未成年人健康发展的需要,另一方面也可以满足防卫社会的需要。此外,接受九年义务教育也是未成年违法犯罪人员的基本权利和义务。《未成年人保护法》第57条规定:"羁押、服刑期间的未成年人没有完成义务教育的,应当对其进行义务教育。"《义务教育法》第4条规定:"凡具有中华人民共和国国籍的适龄儿童、少年,不分性别、民族、种族、家庭、财产状况、宗教信仰等,依法享有平等接受义务教育的权利,并履行接受义务教育的义务。"最后,未成年违法犯罪人员本身也强烈需要文化教育,因为他们已经尝到了没有文化的苦头。以黑龙江省戒毒劳教所未成年劳教人员大队为例,60%实际上相当于文盲(自报小学毕业),他们当中绝大多数不会写简单的家信,相当一部分人连自己名字都不会写,有的人连卫生间的男女两字都不认识,他们都有强烈的求知欲望。所以,只要给他们一个重新学习文化的机会,大多数人比较珍惜这个机会,能够做到认真学习文化知识。①

---

① 孙平:《试论未成年违法犯罪人员九年义务教育的司法保护》,载《中国司法》2009年第2期。

第十章 未成年人矫正制度(二)

在当前的学术界,关于未成年人犯罪与治理的研究虽然很多,但对于触犯刑事法律、受到刑罚处罚的未成年人如何进行矫正的研究相对薄弱,而且综观有关研究,多是一种静态的、应然的描述,或者是就事论事的分析,鲜有对此问题动态的、实证的考察。从而造成现有的研究一方面难以解决犯罪未成年人矫正过程中的诸多症结,另一方面难以改变未成年人司法研究中矫正制度研究相对薄弱的现状。

为弥补上述理论研究的不足,本章将主要通过实证调查,进一步分析目前我国监狱矫正及社区矫正取得的成就以及存在的问题,在此基础上提出完善相关制度的立法建议。最后,本章将就社区矫正中具有重要作用的机构式矫正措施——中途之家作专门探讨。

对矫正制度的问卷调查,主要包括两个部分:第一部分是对185名资深矫正工作者——司法警察的问卷调查。他们是2008年4月在中央司法警官学院接受警监晋升培训的全部学员。其中,来自监狱系统占总数的63.2%、来自劳教系统的占21.1%、来自警官院校的占10.8%,其他4.9%(包括2个缺失数据)。在这一被调查群体中,95.1%的人从事多年罪犯矫正管理与研究工作,在矫正工作方面具有丰富的经验和独到的见解。调查问卷的内容主要包括他们对我国未成年人司法制度的整体认识、对目前矫正制度及其效果的看法以及对相关制度(如非监禁措施、前科消灭制度等)的推广是否支持等。第二部分是对北京、上海和河南三地的共399名未成年犯的问卷调查,这部分调查的基本情况已于第八章作出说明,在此不再赘述。

第一节 监狱矫正

一、未成年人监狱矫正的成就

(一)明确了未成年人矫正工作方针

未成年人矫正工作的方针是指引未成年犯罪人矫正工作前进的方向和指针。考察新中国成立以来未成年人矫正工作的历史,我们会发现其经历了一个从无到有、从模糊到逐渐明晰、逐渐完善的过程。1954年8月中央人民政府政务院通过了《中华人民共和国劳动改造条例》,其中第二章第四节专门规定了少年犯管教所收容的对象、管理教育、设置、人员等,第一次将少年犯与成年犯的矫正区别开来,但当时没有确立未成年人矫正工作的方针。1957年1月11日,公安部、教育部发布了《关于建立未成年犯管教所的联合通知》,第一次提出了少年犯改造的基本方针。该《通知》指出,对少年犯应当贯彻执行以教育改造为主,以轻微劳动为辅的方针,从而确立了教育在未成年犯改造中的核心地位。改革开放以后,随着对未成年人犯罪认识的不断深入,未成年人矫正方针不断得到完善,1982年1月13日《中共中央关于加强政法工作的指示》中指出:"劳改、劳教工作必须坚持实行教育、感化、挽救的方针,着眼于挽救。对失足的青少年要像父母对待患了传染病的孩子、医生对待病人、老师对待犯了错误的学生那样积极为他们创造条件,促进改造。"由此奠定了我国未成年人矫正工作的基调,并最终在相关的法律、法规中得到了确认。如《中华人民共和国未成年人保护法》(2006年修订)第54条规定,"对违法犯罪的未成年人,实行教育、感化、挽救的方针。"《中华人民共和国预防未成年人犯罪法》(1999年)第44条规定,"对犯罪的未成年人追究刑事责任,实行教育、感化、挽救方针",而这一方针在未成年人监狱矫正的直接规范《未成年犯管教所管理规定》(1999年)中得到遵循,该规定第3条规定:"未成年犯管教所贯彻'惩罚和改造相结合,以改造人为宗旨'和'教育、感化、挽救'的方针,将未成年犯改造成为具有一定文化知识和劳动技能的守法公民。"这些规定为我国未成年人监狱矫正指明了方向。

(二)确立了一系列未成年人监狱矫正的原则

在"教育、感化、挽救"的工作方针的指引下,我国针对未成年犯的特点,确立了一系列未成年犯行刑的原则,主要包括以下几个方面:

1. 保障未成年犯合法权益的原则

《监狱法》第7条规定:"罪犯的人格不受侮辱,其人身安全、合法财产和辩护、申诉、控告、检举以及其他未被依法剥夺或者限制的权利不受侵犯。"在此规定的基础上,《未成年犯管教所管理规定》第5条规定:"未成年犯管教所应当依法保障未成年犯的合法权益,尊重未成年犯的人格,创造有益于未成年犯身心健康、积极向上的改造环境。"从而为未成年犯在特殊的监禁环境下获得必要的生存、发展空间提供了直接的法律依据。

2. 分开执行的原则

基于未成年人的特殊身心状况,我国早在20世纪50年代《中华人民共和国劳动改造条例》就已经规定少年犯的教育改造与成年人区别开来,这一原则在改革开放以后出台的一系列法律、法规中得到确认。《中华人民共和国未成年人保护法》第57条规定:"对羁押、服刑的未成年人,应当与成年人分别关押。"《监狱法》第39条规定:"监狱对成年男犯、女犯和未成年犯实行分开关押和管理。"第74条规定:"对未成年犯应当在未成年犯管教所执行刑罚。"《未成年犯管教所管理规定》第2条规定:"未成年犯管教所是监狱的一种类型,是国家的刑罚执行机关。由人民法院依法判处有期徒刑、无期徒刑未满十八周岁的罪犯应当在未成年犯管教所执行刑罚、接受教育改造。"由此确立了未成年犯的管理原则,这一原则对于避免未成年犯受成年犯的感染起到了积极的作用。

3. 教育为主,惩罚为辅的原则

《中华人民共和国未成年人保护法》第54条规定:"对违法犯罪的未成年人,坚持教育为主、惩罚为辅的原则。"《预防未成年人犯罪法》第44条规定:"对犯罪的未成年人追究刑事责任,坚持教育为主、惩罚为辅的原则。"我国《监狱法》第 75 条规定,"对未成年犯执行刑罚应当以教育改造为主";"未成年犯的劳动,应当符合未成年人的特点,以学习文化和生产技能为主。"在此基础上,我国《未成年犯管教所管理规定》第 4 条规定:"对未成年犯的改造,应当根据其生理、心理、行为特点,以教育为主。"这些规定充分考虑了未成年人身心发育不成熟、可塑性强的特点。强调教育在未成年犯改造中的优先地位,教育要渗透到未成年犯矫正的各个环节。虽然在未成年人矫正中,教育是核心,但在未管所服刑的未成年人毕竟都是实施了严重危害社会行为的人,所以报应的成分也是不可或缺的,惩罚的元素依然存在,只不过在报应犯罪与社会防卫之间,国家的立场更倾向于通过采取积极的教育措施,促使犯罪未成年人改过自新,重新回归社会。

4. 行刑个别化的原则

随着教育刑论的兴起,刑罚个别化逐渐成为罪犯矫正的一般原则,这一原则要求对罪犯区别对待,对症下药。在我国未成年人监狱矫正过程中,对于这一原则也进行了确认。《监狱法》第 61 条规定:"教育改造罪犯,实行因人施教、分类教育、以理服人的原则。"《未成年犯管教所管理规定》第 4 条规定:"对未成年犯的改造,应当根据其生理、心理、行为特点,以教育为主,坚持因人施教、以理服人、形式多样的教育改造方式。"

5. 行刑社会化的原则

《中华人民共和国预防未成年人犯罪法》第 3 条规定:"预防未成年人犯罪,在各级人民政府组织领导下,实行综合治理。政府有关部门、司法机关、人民团体、有关社会团体、学校、家庭、城市居民委员会、农村村民委员会等各方面共同参与,各负其责,做好预防未成年人犯罪工作,为未成年人身心健康发展创造良好的社会环境。"《监狱法》第 68 条规定:"国家机关、社会团体、部队、企业事业单位和社会各界人士以及罪犯的亲属,应当协助监狱做好对罪犯的教育改造工作。"《未成年犯管教所管理规定》第 6 条规定:"未成年犯管教所应当加强同未成年人保护组织、教育、共青团、妇联、工会等有关部门的联系,共同做好对未成年犯的教育改造工作。"第 44 条规定:"未成年犯管教所应当加强与社会各界的联系,争取更多的社会力量参与对未成年犯的教育帮助。"可见,在我国未成年人监狱矫正领域,在发挥专门机关作用的同时,重视社会力量的参与以形成一种合力已经得到了广泛的确认。

（三）建立了一系列未成年人监狱矫正工作制度

为了贯彻未成年人矫正工作方针，将未成年犯矫正原则具体化，我国逐步建立起一系列未成年犯矫正工作制度。根据我国有关法律规定，我国未管所在未成年犯的监督管理、教育改造、劳动改造方面的制度体系已经比较完备，形成了与成年人监狱矫正有所区别的制度体系。比如为了保证未成年犯的身体发育、身心健康，在未成年犯的作息时间、饮食管理、被服管理、监舍管理、医疗卫生方面都充分考虑未成年人的身心特点，建立起了严格的制度。《未成年犯管教所管理规定》第43条规定："组织未成年犯劳动，应当在工种、劳动强度和保护措施等方面严格执行国家有关规定，不得安排未成年犯从事过重的劳动或者危险作业，不得组织未成年犯从事外役劳动。未满16周岁的未成年犯不参加生产劳动。未成年犯的劳动时间，每天不超过四小时，每周不超过24小时。"为了更好的保护犯罪未成年人的隐私权，在监狱矫正过程中，对未成年人的档案管理，外部接触作了一系列严格的规定。《未成年犯管教所管理规定》第24条规定："对未成年犯的档案材料应当严格管理，不得公开和传播，不得向与管理教育或办案无关的人员泄漏。对未成年犯的采访、报道，须经省、自治区、直辖市监狱管理局批准，且不得披露其姓名、住所、照片及可能推断出该未成年犯的资料。任何组织和个人不得披露未成年犯的隐私。"这些规定，对于保护未成年人合法权益、发挥教育矫正的功能、促进未成年犯顺利回归社会无疑发挥了重要作用。

（四）积极探索适合未成年人的监狱矫正方法

经过多年的探索，我国在对未成年犯监狱矫正方面已经积累了比较丰富的经验，探索出一系列行之有效的矫正方法。比如在传统的狱政管理、教育改造、劳动改造的基础上，近些年来，很多未管所在心理矫正、社会化矫正方面都进行了积极探索。

为了提高未成年犯的心理健康水平，北京市未成年犯管教所对新入所未成年犯安排了15节心理卫生课，历时3个月。具体内容包括：(1)敞开你的心扉，请让我来帮助你；(2)心理健康及其水平；(3)从诸葛亮"空城计"说起——学点心理学大有益处；(4)如何解开心中的阴云；(5)莫气馁——谈攻击性人格；(6)做自己的主人——依赖性人格；(7)与你共舞——回避性人格；(8)微笑着面对生活——情绪低落性人格；(9)放松、放松、再放松——焦虑；(10)莫为情所伤——抑郁；(11)千百次地问——

强迫;(12)强忍悲痛出心病——癔症;(13)莫为"面子"毁青春——虚荣;(14)一个神经兮兮的人——紧张;(15)凶杀案的背后——嫉妒。① 这些课程以生动活泼的语言向新入所未成年犯介绍心理卫生的基本知识,对于他们尽快调整心态,适应监狱环境发挥了积极的作用。

在一般性的心理健康教育的基础上,各地未管所还针对未成年人所面临的特殊问题,开展心理咨询工作,据对399名未成年犯的调查,有62.7%的人接受过心理咨询(见表10.1)。这些活动,对于排遣他们所存在的心理压力、解决心理问题,促使心理状态向良性转化发挥了积极的作用。

表10.1 未成年犯是否接受过心理咨询

		人数	百分比	有效百分比	累积百分比
有效数据	有	250	62.7	63.0	63.0
	没有	147	36.8	37.0	100.0
	合计	397	99.5	100.0	
缺失数据		2	0.5		
合计		399	100.0		

为了让未成年犯早日适应社会、融入社会,上海市少管所试行了释前准假参加社会实践制度。根据积分,"凡剩余三个月的,第一个月准假三天,第二个月双周末准假,第三个月每周准假。凡余刑一个月的未成年犯送往浦东新区环保市容局社会实践基地,在基地未成年犯参加劳动,学习技能,接受矫正,两周的社会实践期,要求未成年犯每天上下班回家居住,社会实践结束时,未成年犯写出社会实践体会,由基地带教师傅写出社会实践评语"。② 这一做法,对于巩固矫正效果,帮助未成年犯克服忧虑不安的心理,重新回归社会具有重要的意义。

在正确理念的指导和严格的规范之下,我国在未成年人监狱矫正的实践中取得了良好的效果,据对399名未成年犯的调查,有47.1%的人认为少管所的教育对自己非常有帮助,43.6%的人认为有一些帮助(见表10.2),可见绝大部分未成年犯对于未管所的教育矫正方式持一种认可的态度。

---

① 章恩友主编:《中国监狱心理矫治规范化运作研究》,中国市场出版社2004年版,第12页。
② 林小培:《行刑社会化:未成年犯社区矫正的实践与思考》,载《青少年犯罪问题》2004年第3期。

表 10.2 未成年犯对未管所教育的评价

		人数	百分比	有效百分比	累积百分比
有效数据	非常有帮助	188	47.1	49.2	49.2
	有一些帮助	174	43.6	45.5	94.8
	基本无帮助	20	5.0	5.2	100.0
	合计	382	95.7	100.0	
缺失数据		17	4.3		
合计		399	100.0		

二、未成年人监狱矫正的不足

（一）法律依据不足，影响了法律实效

从我国未成年人监狱矫正的现状来看，基本已经做到了有法可依，但由于这一制度是由一系列具有不同法律效力的规则体系构成的，因此就很难避免彼此之间互相抵牾、缺乏协调的现象发生，从而影响了法律实效。目前，我国未成年人监狱矫正制度主要由《刑法》、《刑事诉讼法》、《监狱法》以及有关的司法解释、行政法规等规范性法律文件组成。其中《监狱法》是由全国人大常委会制定通过的，与《刑法》、《刑事诉讼法》由全国人大制定通过相比，其法律位阶较低，一定程度上影响了行刑职能的发挥。而且《监狱法》中对未成年犯行刑的规定仅有四个法条，其中第 77 条规定："对未成年犯的管理教育改造，本章未作规定的适用本法的有关规定"，该法条属于准用性规范，因此《监狱法》中直接规定对未成年犯行刑的法条仅有三个，规定的内容也非常的原则。《未成年犯管教所管理规定》虽然对未成年犯的行刑作了较为具体地规定，但该规定属于行政规章，难以协调未成年犯管教所在未成年犯矫正工作开展过程中与众多机关、团体、组织之间的关系。

（二）最佳努力条款太多，缺乏可操作性

由于未成年人特殊的身心状况，其犯罪特点与成年人相比，有着明显的不同。具体表现为犯罪的情境性和游戏性突出。未成年人犯罪或者是内心的空虚、寂寞的一种发泄；或者是在特殊情境下的一种冲动，这都明显表现出未成年犯罪人的社会性成熟不足。对此，我国的决策机关已经达成共识，并制定了一系列适合未成年人特点的矫正原则，但由于与之相适应的制度设计不足，因而变成最佳努力条款。比如在未成年犯的矫正过程中，教育得到特别的强调。《监狱法》第 75 条规定:"对未成年犯执行刑罚应当以教育改造为主。未成年犯的劳动,应当符合未成年人的特点,以学习文化和生产技能为主。监狱应当配合国家、社会、学校等教育机构,为未成年犯接受义务教育提供必要的条件。"《未成年犯管教所管理规定》第 30 条规定:"未成年犯的文化教育列入当地教育发展的总体规划,未成年犯管教所应与当地教育行政部门联系,争取在教育经费、师资培训、业务指导、考试及颁发证书等方面得到支持。"上述条文所表达的理念虽好,但没有明确规定如何具体操作,并且对于不执行这一规定有何法律后果也未作规定,缺乏有效的监督、制约机制。

既然将未成年人投入监狱始终是万不得已的选择,所以在惩罚的效应得到体现之后,应当采取各种措施,促使其尽快摆脱监禁的状态,行刑社会化就成为一种必然选择。这就要求监狱行刑采取一种开放的态度,并采取各种方案,促使未成年犯摆脱监禁的状态。综观我国刑法,虽然对未成年人有所关照,但在体现行刑社会化的制度设计方面存在明显缺陷。从监禁刑来看,虽明确规定禁止死刑,但未明确禁止无期徒刑,有期徒刑的适用也有待少年化。另外,最高人民法院于 2006 年 1 月 23 日正式颁行的《关于审理未成年人刑事案件具体应用法律若干问题的解释》规定:"对未成年罪犯的减刑、假释,在掌握标准上可以比照成年罪犯依法适度放宽。未成年罪犯能认罪服法,遵守监规,积极参加学习、劳动的,即可视为'确有悔改表现'予以减刑,其减刑的幅度可以适当放宽,间隔的时间可以相应缩短。符合刑法第 81 条第 1 款规定的,可以假释。未成年罪犯在服刑期间已经成年的,对其减刑、假释可以适用上述规定。"上述规定虽然一定程度上排除了未成年犯适用社区矫正的制度障碍,但是对累犯以及因杀人、爆炸、抢劫、强奸、绑架等暴力性犯罪被判处 10 年以上有期徒刑、无期徒刑的犯罪分子,不得假释的限制,仍然堵塞了一部分未成年犯重新回归社会之路。而这一遗憾,在对 185 名资深司法警察的调查中也同样得到证实。比如只有 19.5% 的人认为未成年犯行刑社会化力度非常大或比较大,而认为一般或比较小的比例则占到了 69.2%(见表 10.3)。

表 10.3　司法警察对行刑社会化力度的看法

		人数	百分比	有效百分比	累积百分比
有效数据	非常大	2	1.1	1.1	1.1
	比较大	34	18.4	19.1	20.2
	一般	99	53.5	55.6	75.8
	比较小	29	15.7	16.3	92.1
	其他	14	7.6	7.9	100.0
	合计	178	96.2	100.0	
缺失数据		7	3.8		
合计		185	100.0		

三、未成年人监狱矫正的完善

(一)充分发挥教育矫正的功能

基于未成年人特殊的身心特征,将其投入监狱成为万不得已的选择,因此,在其行刑过程中,教育矫正的重要性应当得到凸现,这一点已基本上成为共识。《联合国保护被剥夺自由少年规则》第 12 条指出:"剥夺自由的实施情况应以确保尊重少年的人权为条件,应保证拘留在各种设施的少年能得益于有意义的活动和课程。这些活动和课程将有助于增进他们的健康,增强他们的自尊心、培养他们的责任感。鼓励他们培养有助于他们发挥社会一员的潜力的态度和技能。"这一原则在我国的法律法规中也得到体现。如《监狱法》第 75 条规定:"对未成年犯执行刑罚应当以教育改造为主。"《未成年犯管教所管理规定》第 3 条规定:"未成年犯管教所贯彻'惩罚和改造相结合,以改造人为宗旨'和'教育、感化、挽救'的方针,将未成年犯改造成为具有一定文化知识和劳动技能的守法公民。"在这些规定之下,我国未成年犯管教所针对未成年犯的思想教育、文化教育、技术教育、心理健康教育方面都进行了积极的探索,在教育内容已得到肯定的情况下,本书认为以下教育方法应当得到强调:

1. 突出未成年犯的主体性

在现代社会的普通教育体系中,教育理念已经发生了根本性的变化。由于信息时代的来临,知识更新速度的加快,教师在许多方面也很难承担起指点迷津的职责。他们再也不是夸美纽斯笔下的那类教师了:"他只应坐在他的座位上面,在那里他可以看到、听到所有的学生,正如太阳的光辉普照万物。另一方面,学生必须将耳、眼、思维向着他,注意他用口语告诉他们的或用手势或图表向他们解释的每一件事。"①教育史上,教师的主导地位开始动摇、教师的权威受到挑战,一套新型的、开放式的"师导生创"的教育模式开始凸现。在这种教育模式之下,学生在学习过程中的被动地位得到改善,很大程度上成为知识意义的主动建构者,教育内容的选择者。未成年犯虽然因犯罪而只能在封闭的环境中接受教育,但促使其复归社会是现代刑罚的最终追求。所以在未成年犯课堂教学中,应当引进现代的教育理念,创造"师导生创"的教育模式,以未成年犯为主体,把他们看成是知识的主动探求者,以激发其学习的动力和创造精神。与此同时,课堂情境突出开放性,采用多种教学方式促使其多思、多想。另外,可以针对未成年人乐群性的特点,引导未成年犯互教互学,以缓解学习困难,增强学习信心,提高学习效果。

2. 加强潜在课程的建设

在未成年犯进行教育的过程中,正规课程的教育不可缺少,潜在课程的熏陶也不容忽视。因为"课程包括教育环境的所有因素"。从教育学的角度看,监狱文化建设是人格改造的潜在课程,所谓监狱文化建设,乃是监狱以自我理性认识为基础,对自身物质文化、制度文化和精神文化的改造和构建,使它们能够推进罪犯人格的健康发展,成为人格改造的潜在课程。② 因此在对未成年犯严格管理的前提下,通过监狱文化建设,为罪犯改造创造良好的精神环境和改造氛围,不失为矫正未成年犯的一项积极措施。

近些年来,我国监狱在监狱的建筑、设施、监舍的设计、罪犯的衣食住行方面都努力营造一种接近正常社会生活的环境,以避免单调、刻板、封闭的监狱环境对罪犯的消极影响。比如很多监狱都非常注重环境的绿化、整洁和美化,在大墙内种树、栽花,建起雕塑、喷泉、水池、假山等等,使监狱这一坚固而严厉的环境被赋予自然和生命的内容和色彩,从而有利于罪犯的身心健康和情绪、情感培养。各地未管所也根据自身特点,创造自己的特色。

---

① 〔捷〕夸美纽斯:《大教学论·教学法解析》,任钟印译,人民教育出版社2006年版,第153页。
② 陈士涵:《人格改造论》,学林出版2001年版,第778—780页。

比如山东省未管所,对未成年犯监室环境进行成功改造,形成"个性化监室"。"个性化监室"允许未成年犯在健康、整齐、卫生的前提下,按照个人的生活习惯、审美情趣,进行生活化摆设和安排。未管所为未成年犯购置了鱼缸及多个品种的花草,让未成年犯自行管理,养鱼种花,极大地充实了未成年犯的业余生活,其热爱生活、关爱生命的热情得到了有效地释放。未管所还为每个监室安装了印有山水、卡通等图案的壁挂式彩色窗帘,未成年犯由原来回到监室看到冷冰冰的铁窗,成为看到赏心悦目的山水、卡通图画,从而感到愉悦、温馨,减少了压抑感。针对未成年犯童心未泯的特点,未管所允许未成年犯在监室悬挂具有亲情、友情、励志等内容的袖珍挂图,摆放父母照片、全家福照片以及玩具摆件,让未成年犯时时感到亲人的关注与期盼,自然产生一种回家的感觉、归属的感觉。个性化监室,突出了"个性",使监室面貌焕然一新、意趣盎然。"个性化监室"的建设,使未成年犯在严格的监规纪律的约束下,享受到了人性化教育的温暖,陶冶了情操,稳定了思想情绪,同时对转变其世界观、培养良好的行为习惯,也起到了积极作用,促进了未成年犯的健康成长。①

3. 拓展亲情教育的内容、形式

亲情无疑是罪犯情感需求中的重要组成部分,而我国也一贯注重发挥亲情在罪犯改造中的作用,并用法律的形式予以确认了一系列的制度。如告知制度,我国《监狱法》规定,自罪犯收监之日起 5 日内,监狱应告知罪犯家属,其目的是使罪犯家属能及时了解罪犯去向,以便与监狱保持联系,协助矫正罪犯;接见制度,《监狱法》第 48 条规定,罪犯在监狱服刑期间,按照规定可以会见亲属、监护人,为亲情教育创造了条件。为了发挥亲情在未成年犯矫正中的作用,未成犯管教所管理规定,未成年犯会见的时间和次数,可以比照成年犯适当放宽。对改造表现突出的,可准许其与亲属一同用餐或者延长会见时间。本书建议,在未成年犯行刑实践中,可以借鉴有关监狱的做法,实行亲情套餐工程。这一工程,由"亲情同餐、亲情电话、亲情短信、亲情互勉、亲情录像、亲情网视、亲情同宿、亲情零距离帮教"等 8 个项目组

---

① 章恩友主编:《中国监狱心理矫治规范化运作研究》,中国市场出版社 2004 年版,第 324 页。

成,在分级处遇中处于不同级别的罪犯,分别享受相应的"亲情套餐"待遇。① 这一方法,以其内容的丰富、方式的多样实现了对传统亲情教育的超越,产生了良好的社会效果,值得推广。

4. 拓展社会帮教的内容、形式

本书第九章将社会帮教作为一种专门的矫正方式进行了详细探讨。本节的社会帮教主要是指对监狱内在押未成年犯罪人进行的社会帮教。自20世纪80年代以来,签订帮教协议,对罪犯实施社会帮教已成为我国监狱广为采用的改造方法,各地监狱在帮教的内容和形式方面都进行了新的尝试。从内容上看,由原来单一的看望型帮教向法制帮教、结对帮教、物质帮教、活动帮教、解困帮教和健康帮教等多样化转变。在未成年犯矫正过程中,应当充分利用社会资源,促进未成年人文化教育、职业教育的发展。监狱利用社会资源改造罪犯的主要途径包括两种:一是无偿利用社会资源改造罪犯,主要是指利用社会志愿人员到监狱中从事罪犯改造工作的情况;二是有偿利用社会资源,主要指通过"花钱买服务"的方式利用社会资源到监狱中进行罪犯改造工作。② 目前中国监狱系统在利用社会资源改造罪犯的过程中,往往把重点放在社会志愿者那里,而较少通过资金投入获得所需要的社会资源。尝试利用志愿人员改造罪犯的方法固然很好,但由于我国经济发展水平、社会传统及志愿者自身素质的原因,这种低成本的利用社会资源的方式有很多的不足。为了弥补这种缺憾,本书赞同监狱系统应当"花钱买服务"的观点③,即监狱系统有意识地投入一部分资金,利用专业机构中的人力、物力、信息、技术等资源,对未成年罪犯进行文化培训、职业技能培训、心理矫治以及其他服务,以切实提升未成年罪犯各方面的能力,为其顺利回归社会创造条件。

(二) 完善未成年犯开放式处遇

为了缓解监禁生活对罪犯的负面影响,促进罪犯由被动改造向主动改造的转化,激发罪犯的主体意识,我国监狱在罪犯管理过程中形成了具有中

---

① 彭春芳、辛国恩、吴新中:《罪犯改造新方法、新途径调查研究》,载于中央司法警官学院科研处编《监狱劳教工作改革与创新研究报告》,群众出版社2006年版,第100页。

② 吴宗宪:《罪犯改造论——罪犯改造犯因性差异理论初探》,中国人民公安大学出版社2007年版,第299页。

③ 同上。

国特色的累进处遇制度,即在按罪犯的性别、年龄、刑期和犯罪性质、恶性程度等实行分押、分管、分教的基础上,按改造表现分级、累进(退)处理。一般分为三等五级,即从宽管理(又分特宽和一般宽管理)、普通管理、严格管理(又分特严和一般严管理),并确定标准进行定期考核,实行升降。处遇内容包括自由度、交往关系、接见通讯、文娱体育和生活待遇等诸多方面。① 21世纪以来,尤其是自2003年我国开展社区矫正试点以来,我国监狱在对罪犯累进处遇方面,不断进行新的探索。从我国监狱实践来看,虽然全国总体的情况参差不齐,并且有些措施缺乏制度层面的确认和归纳,但仍然可以从一些监狱的实践中发现从严格管理——宽松管理——社区矫正这样一条基本的轨迹。在我国未成年犯监狱矫正的实践中,对于开放式处遇进行了很多大胆的创新,但由于缺乏相应的制度容器,很难深入发展。为此,应在我国实践经验的基础上,借鉴西方国家的成熟经验,完善未成年犯开放处遇制度,以激发他们改过自新的内在动力,为其重新适应社会创造条件。具体包括以下方面:

1. 完善未成年犯的外出与归假制度

外出与归假制度,是对罪犯的开放式处遇制度的重要组成部分。对于促进罪犯同家庭与社会的联系,强化其对社会生活的适应,将发挥积极的作用。对于符合条件的未成年犯积极实施外出与归假制度,是我国完善未成年犯开放式处遇制度的重要一环。

2. 建立半自由刑制度

半自由刑制度,是介于完全的监禁罪处遇与完全的社区处遇之间的一种罪犯处遇制度。从20世纪60年代开始,在欧美国家受到重视,主要形式有周末监禁、夜间监禁、业余监禁等。它不打断罪犯同家庭与社会之间的联系,不影响他们正常的工作与学习,同时,通过一定的监禁又可收到惩罚与教育的效果。我国可以在未成年犯领域率先试行该制度,以便为其整体的推进积累经验。

3. 建立开放式或半开放式监区

当前,许多国家都建立了一定数量的开放式监狱,使其成为监狱体系的

---

① 杨殿升、张金桑:《中国特色监狱制度研究》,法律出版社1999版,第233页。

重要组成部分。各国的开放式监狱都注重罪犯的自觉自律,努力营造一种接近正常生活的狱内环境,从而大大降低了监禁状态对罪犯身心健康的伤害,有利于其重新适应社会;同时,由于开放式监狱最大限度地降低约束程度,减少了监狱管理人员的数量和工作量,节省了用于设置某些监控性物质设施的费用,因而有助于降低行刑成本、提高行刑效益。可以说,建立开放式监狱是行刑社会化的当然选择。但是,就未成年犯而言,由于其人数相对较少,国家在未成年犯管教所建设方面的投入如果太大,有可能导致行刑资源分配的不均衡。由此,本书以为一个比较好的解决方案是在对未成年犯分类关押、分级处遇的基础上,设立开放式或半开放式监区,将那些罪行较轻、主观恶性不大的过失犯及初犯、偶犯、即将刑满释放的普通未成年罪犯、分级处遇中得到高级别处遇的未成年罪犯等,收容于其中,并以制度化的形式明确规定对其的管理和改造,力图使开放式监区不仅成为对轻刑犯或表现良好的未成年罪犯的宽松处遇措施,而且成为未成年罪犯回归社会前的中途训练场所。

(三)疏通未成年犯回归社会的制度出口

在我国学术界,有关未成年犯行刑社会化的意义已经得到了多方论证,而服刑的未成年犯,对于尽快摆脱监禁状态、在社会上接受矫正教育也表现出了热望。据对399名未成年犯的调查,有66%的人认为判刑但在社会上服刑、罚金刑或其他财产刑或采用判刑以外的方式对自己的教育更有效(见表10.4)。

表10.4 未成年犯对各种矫正制度有效性的看法

		人数	百分比	有效百分比	累积百分比
有效数据	判刑进监狱	108	27.1	29.1	29.1
	判刑但在社会服刑	209	52.4	56.3	85.4
	罚金或其他财产刑	5	1.3	1.3	86.8
	采用判刑以外的方式	49	12.3	13.2	100.0
	合计	371	93.0	100.0	
缺失数据		28	7.0		
合计		399	100.0		

从此调查结果可见,疏通未成年犯回归社会的制度出口十分必要。具体来说,本书认为,应当完善减刑与假释制度,并建立"受害人"谅解制度:

1. 完善减刑制度

根据我国刑法规定,基于对未成年犯的宽宥,其减刑比成年犯减刑要优惠一些,但是这种优惠采用的是"比照成人适当放宽原则",这是一种典型的"小刑法"减刑模式,并未充分考虑到未成年犯的特性。最为突出的是,未成年犯和成年犯一样,减刑以后实际执行的刑期,判处管制、拘役、有期徒刑的,不能少于原判刑期的1/2;判处无期徒刑的,不能少于10年。这意味着未成年人减刑与成年人减刑的差别不过体现在形式上,表面看其减刑幅度要大于成年犯,但并不能越出同一底线。所以未成年犯减刑制度改革的关键一环应当是放宽其减刑的底线限制。① 大部分接受调查的矫正工作者也同意这一观点,如表10.5所示,在185名资深司法警察中,有53.5%的人明确表示,对未成年犯减刑和假释,应当"放宽条件,多适用"。至于具体的制度设计,本书赞同从我国的实际情况出发,将未成年减刑的底线放宽到判处管制拘役、有期徒刑的,不能少于原判刑罚的1/3,以使矫正好的未成年人尽早从刑罚的阴影中解脱出来。②

表10.5 司法警察对未成年犯减刑和假释条件的看法

	人数	百分比	有效百分比	累积百分比
应当放宽条件、多适用	99	53.5	53.5	53.5
应当严格适用,不能过于宽缓	23	12.4	12.4	65.9
应根据个人情况区别对待,不能整体划一	63	34.1	34.1	100.0
合计	185	100.0	100.0	

2. 完善假释制度

新颁布的司法解释虽然进一步细化了未成年犯假释的条件,加大了对其假释的力度。但是,要想充分发挥假释作为长刑犯社会化处遇的制度出口作用,就必须进一步完善相关的制度设计。参考国外的立法例,包括未成年犯在内的假释制度改革应着眼于以下几个方面:

(1) 增设法定假释。可以参照西方主要国家的立法,明确规定未成犯法定假释制度,为未成年犯适应社会生活提供一个过渡的机会,避免突然被

---

① 姚建龙:《少年刑法与刑法变革》,中国人民公安大学出版社2005年版,第279页。
② 同上。

完全抛向社会而可能导致的种种不适,更好地促进其再社会化。具体的立法构想如下:对于虽然不具备裁量假释的标准,但已执行原判刑罚 2/3 的罪犯,且没有严重违反监规、抗拒改造情节的,应予假释。

(2) 放宽对少年犯裁量假释的限制,建议将须执行原判刑期 1/2 的限制放宽到 1/3。

(3) 试行特殊假释制度——试工、试学。我国现行假释制度,基本上还是单纯的传统意义上的假释——对符合法定条件的罪犯施行附条件地从监禁执行场所提前释放到社区中,使罪犯在开放的监督考察下度过剩余刑期的制度。这样单一的假释制度,一定程度上限制了假释的适用范围,也不利于充分实现假释的功能。在西方国家,假释制度可归纳为完全假释和日假释两种基本形态。所谓日假释是指专门的机构或组织,在对罪犯执行一定时期的刑罚后,根据其量刑情节和服刑表现允许其白天离开监禁设施,但晚上必须返回的一种假释形式。日假释主要分为工作假释和学习假释两种,工作假释允许一部份罪犯白天到附近的社区工作,晚上回到监狱;学习假释是允许一部分罪犯白天到附近社会上的学校参加学习,晚上回到监狱。[①] 在行刑实践中,我国的一些未成年犯管教所已经对试工、试学进行了尝试,并有着成功的范例,但由于缺乏法律依据,并没有得到广泛的推行,甚至由于种种顾虑而裹足不前。鉴于试工、试读的假释犯,可以在比较稳定的工作和学习活动中熟悉社会、了解社会并逐步适应社会,从而更有可能度过假释出狱以后的最初阶段,并为以后的社会生活积累经验,因此,有必要把它以制度的形式在法律中固定下来,以进一步推动未成年犯行刑社会化的处遇。

3. 建立"受害人"谅解制度

所谓"受害人"谅解制度,是指在现行监狱执行刑罚的制度框架内,监狱人民警察帮助、指导、监督某些类型或处于某个改造阶段的罪犯,采用合情合理合法的方式,直接(需要受害人的同意)或间接(通过监狱机关、监狱警察或者罪犯亲属)与受害人取得联系,进行沟通,在感情、精神等方面表达认罪伏法、真诚认错悔改,以取得受害人对罪犯的思想改造成果某种程度的认可和表示某种程度谅解的书面意见,以此作为该罪犯在"分级处遇",评选

[①] 郭建安、郑霞泽主编:《社区矫正通论》,法律出版社 2004 版,第 417 页。

"劳积"、"记功"、"减刑"、"假释"（监外执行、非监禁刑）等行政、刑事奖励幅度的重（必）要参考条件内容,给予其相应的从宽从优处遇的制度。① 此项制度的推行,将为一部分未成年罪犯获得更加开放的处遇,得到在社区服刑的机会乃至有效地消除"过剩的刑罚"、恢复人身自由增加一个合适的、具有新的标准和要求的出口。

（四）适当延迟未成年犯移送成年监狱的年龄

根据未成年犯与成年犯分开执行刑罚的原则,在未成年管教所服刑期间已满18岁,余刑2年以上的服刑人须移送普通监狱。这一规定对于避免交叉感染具有重要的意义,但也存在一些不足。这一规定意味着不仅长刑犯都会移送普通监狱服刑,一些刑期3—5年的未成年犯也有可能被移送到成年监狱。而未成年犯行刑制度与成年犯行刑制度相比,在行刑理念、行刑环境、行刑方式方面存在着较大差异。这就不可避免的造成一系列的未成年犯矫正措施的中断。尤其是对于一些短刑犯而言,时日不多的成年监狱生活,不仅无助于其回归社会的进程,而且有可能因与成年犯的交叉感染而加剧其监狱化的倾向。

而在世界上很多的国家和地区,未成年犯转往成年监狱的年龄大都限在25岁左右。比如在香港,青少年拘留中心矫治对象可以延伸到24—25岁,日本少年院和保护观察处分均适用于25岁以下的犯罪人,妇女辅导处分可延伸到28岁,意大利《监狱法》第14条特别指出:"25岁以下的青年犯同成年犯相互隔离",第19条规定:"要特别加强对25岁以下囚犯的文化和职业培训"。这些做法意味着把对青少年犯罪人的综合矫治再扩展4至5年,可以最大限度地巩固改造成果,减少受刑人重复受到犯罪感染的过程。② 这些做法值得我们借鉴。据对185名资深司法警察的调查,有半数以上的人赞成适当延长未成年犯转监的年龄（见表10.6）。可见,对分开执行的原则做一些必要的变通是存在一定的社会基础的。当然为了避免交叉感染、维护法治的权威,应当以立法方式明确例外的存在,对于未成年犯留置未成年犯管教所的时间,本书建议按照国际上通行的做法,将其转至成年监狱的年龄延长至25周岁。

---

① 蒋令:《建立"受害人谅解"相关制度的设想》,载《犯罪与改造研究》2004年第8期。
② 王利荣:《行刑法律机能研究》,法律出版社2001年版,第284页。

表 10.6　司法警察对延长转监年龄的看法

		人数	百分比	有效百分比	累积百分比
有效	有必要	96	51.9	53.3	53.3
	没必要	84	45.4	46.7	100.0
	合计	180	97.3	100.0	
缺失	系统	5	2.7		
合计		185	100.0		

第二节　社区矫正

一、未成年人社区矫正的现状

(一) 未成年人社区矫正的积极探索

自从 2003 年 7 月,最高人民法院、最高人民检察院、公安部、司法部联合发布《关于开展社区矫正试点工作的通知》以来,社区矫正作为"非监禁刑"的重要执行方式,已在全国 25 个省市陆续展开,由此带来未成人犯罪社会化处遇的新契机。在《刑法》、《刑诉法》、《监狱法》、《关于开展社区矫正试点工作的通知》、《司法行政机关社区矫正工作暂行办法》以及一系列地方性法规的支持之下,试点省市初步建立起了社区矫正领导机构和组织网络,并形成了一只专、兼职相结合的社区矫正工作队伍,制定了包括矫前调查、接收建档、分类管理、个案矫正、公益劳动等在内的一系列的矫正工作制度。依托于社区矫正试点的整体框架,各地在未成年人社区矫正方面进行了积极的探索,主要特点如下:

1. 强调社会力量的广泛参与

社会力量的广泛参与,是社区矫正的本质所在。[①] 在社区矫正的过程中,不仅体现了公、检、法、司等专门机关的合作,而且强调了社会团体、公民个人的积极参与。即在行刑过程中,主体将不再局限为矫正机关和罪犯,而是吸纳多元的社会力量,包括社会基层组织、学校、家庭、特定医疗和心理矫治机构、为矫正对象提供工作机会的公司和企业等等。社区矫正所倡导的

---

① 狄小华:《关于社区矫正若干问题的思考》,载《犯罪与改造研究》2005 年第 6 期。

参与精神在未成年人社区矫正中得到较好体现。

比如北京市丰台区东铁匠营司法所、东铁匠营阳光社区矫正中心对于包括未成年人在内的矫正对象推出了"五组、一对一、一课堂"（简称"511"）的工作模式。"五组"指"矫正心理组"、"矫正咨询组"、"矫正培训组"、"矫正外联组"、"矫正调研组"，各小组分别由社区居委会干部、高校法律援助协会志愿者以及其他社会志愿者组成。矫正心理组对矫正对象提供心理矫正和精神康复服务；矫正咨询组提供了法律咨询、社会辅导服务；矫正培训组提供了就业技能培训服务；矫正外联组则对矫正对象的需求协调单位、学校、家庭构建帮、教的网络。"一对一"指社区干部、高校法律援助志愿者与矫正对象结成"一帮一"、"一对一"的矫正教育形式，对矫正对象的生活状况、思想状况及时了解跟踪，做到"发现困难及时帮助"。"一堂课"指中心开设阳光社区矫正知识互动课堂。该课堂由司法所所长、高校法学院、社会心理学专业人员担任主讲，系取"专业知识讲授"、典型个案谈论、经验交流互动等形式，对矫正对象实施社会关怀及心理开导教育等帮助。该课堂开设以来已经通过多种形式为辖区内的社区服刑人员开展教育和培训，收到了良好的效果。① 未成年人社区矫正过程中多方力量的参与，不仅节约了国家的行刑资源，而且对于未成年犯罪人诸多问题的解决奠定了基础。

2. 注重对未成年人的特殊保护

在我国社区矫正试点中，延续了对未成年犯罪人予以特殊保护的传统。联合国《非拘禁措施最低限度标准规则》第 3.11 规定："在适用非拘禁措施时，应尊重罪犯的以及其家庭成员的隐私权。"对于未成年人来讲，这一点尤为重要。因为未成年人在公共场所劳动、活动，如果被公开标定为"犯罪人"，容易受到社会歧视，产生自暴自弃的消极心理，难以融入正常的社会生活，有违国际社会中通行的"儿童利益最大化"的原则。对于这个问题，在我国的社区矫正实践中受到了充分重视，未成年人的隐私权得到了充分的保护。在未成年犯公益劳动过程中，往往以社会志愿者的身份出现。比如2004 年 11 月北京市海淀区矫正办与区人民法院、中国人民大学青年志愿者协会共同发起成立了"海淀区拥抱未来（青春树）青少年志愿活动中心"。

---

① 此资料系本课题组在北京市丰台区东铁匠营司法所调研时获得。

中心的成立,建立了适应未成年服刑人员特点的"异地矫正"模式,即街道、乡镇司法所在辖区内公开未成年服刑人员的身份,把矫正活动的开展与社区分离,将未成年区服刑人员组织到大学青年志愿者协会之中,促进了教育矫正的开展。①

公益劳动虽然是矫正罪犯、促使其为社区重新接纳的重要措施,但也不应当整体划一,而应当充分考虑矫正对象的年龄、身体状况等一系列个体因素,这一点在我国地方性立法中已经得到重视,按照北京市的规定,被判处管制、缓刑、裁定假释的社区服刑人员在社区矫正期间有下列情形之一的,可以暂不参加公益劳动:年满60周岁的或不满16周岁的;经街道、乡镇以上医院证明患严重疾病或者身体残疾生活难以自理或者丧失劳动能力,并由司法所审核批准的;怀孕或正在哺乳自己婴儿的妇女。这一规定体现了对未成年犯罪人的特殊关照。

3. 积极探索未成年人社区矫正的方式、方法

在社区矫正试点中,各地针对包括未成年人在内的社区矫正对象开展了一系列的监督管理、教育矫正、帮助服务活动。其中,个案矫正得到格外重视。比如北京市将个案矫正制度化,对个案矫正的定义、内涵、特点、工作原则、方案与内容、工作程序逐一作了解释与界定,要求社区矫正组织从接受矫正对象的第一天起就严格遵守个案工作程序,坚持个案工作原则,为每一个矫正对象建立档案,责任到人,因人制宜。综合运用思想教育、心理咨询、文化补习、技能培训、生活保障、劳动矫正等具体方法,实现矫正对象的心理改变、人格重建、能力提高和价值提升。②

北京市社区矫正过程中,探索了分类管理、分阶段教育的工作模式。具体做法是以《北京市社区服刑人员综合状态评估指标体系》为分类依据、以社区服刑人员的人身危险性大小为分类标准,结合其回归社会的趋向程度,将社区服刑人员分为 A、B、C 三类,其中 A 类为人身危险性小、再社会化程度高的人员,B 类为人身危险性和再社会化程度一般的人员,C 类为人身危

---

① 《海淀区以青少年志愿活动中心为依托积极探索未成年人社区矫正工作新模式》,http://www.bjsf.gov.cn/sqjz/sqjzgzdt/200801/t20080121_17327.html, 2009 年 10 月 27 日访问。
② 田国秀:《社会工作个案方法在社区矫正中的意义与运用》,载《首都师范大学学报》(社会科学版)2004 年第 5 期。

险性大、再社会化程度低的人员。为区别对待,对三类人员实施低、中、高三种不同强度的管理,其中对 A 类人员实施低强度管理,对 B 类人实施中强度管理,对 C 类人员实施高强度管理。三类人员在报道的时间间隔、活动范围的大小、公益劳动的时间长短、工作人员走访和个别教育的频率等方面均有不同。在教育矫正过程中,北京市的分阶段教育引人关注。所谓分阶段教育是指根据矫正对象在接受矫正过程中心理、行为特点和需求变化的规律,将教育矫正分为初始教育、常规教育和解矫前教育三个阶段。其中初始教育阶段为接受矫正后的两个月,解矫前教育阶段为解除矫正前一个月,中间时段为常规教育阶段。并根据矫正对象的特点调整矫正方案。①

在当前的社区矫正实践来看,心理矫正得到重视并且已经探索了以下几种矫正模式:一是有心理咨询资质的社区矫正工作者自主开展的心理矫正工作,如上海市新航社区服务总站嘉定区工作站社工的工作模式;二是社会机构组织志愿团队,心理咨询师业余参与心理矫正工作。如上海德瑞姆心理咨询师志愿服务团队的工作模式;三是政府建立工作室,组织志愿者开展心理矫正工作。如上海市"闵行心理咨询工作室",成立于 2004 年 8 月,由闵行区人民检察院与区社会治安综合治理办公室共同筹建,是上海市第一家专为监外罪犯开展心理矫正的工作室;四是政府规划,购买社会的专业服务。如北京市东城区司法局与北京惠泽人咨询服务中心的合作模式,这是北京市第一个政府实施的专业服务采购的合作项目。② 在这些心理矫正模式之下,未成年人的心理健康教育、心理咨询和心理治疗都获得了一定的发展。

在对未成年犯的矫正过程中,一些地方针对未成年人的特点,将矫正工作与现代科学技术很好的结合起来。如北京市丰台区东铁匠营街道司法所助理员针对青少年喜爱网络的特点,首创网络帮教模式,通过 QQ 和 MSN,建立了一个视频会议室,给孩子们上法律课,或者进行"网上家访",以此和孩子们进行交流,清楚地掌握他们的心理动态。其中最为成功的个案是社区服刑少年"小豆丁"离家出走半个月,家人遍寻不见,司法所助理员用 QQ 将他劝了回来。从此以后,"小豆丁"将该司法所助理员当成一个值得信任

---

① 林仲书:《北京市社区矫正试点工作情况》,载《法治论丛》2007 年第 1 期。
② 王文玲:《监外罪犯心理矫正工作现状与思考》,载《犯罪研究》2007 年第 4 期。

的人,不仅把心里话告诉他,而且向他学习计算机知识,并最终顺利解矫。①

(二) 未成年人社区矫正的不足

1. 未成年人社区矫正面临"合法性"危机

虽然我国宪法、刑法、刑诉法、监狱法等法律就社区矫正的类型,如管制、缓刑、假释、监外执行、剥夺政治权利不乏规定,但其不足也是非常明显的,对此我国学者进行了很多论述。其中比较典型的表述有:"从很多方面来看,社区矫正属于刑罚执行工作,根据我国《立法法》第 7 条第 1 款和和第 8 条第 4 项的规定,涉及到犯罪与刑罚的事项,必须由国家立法机关——全国人民代表大会和全国人民代表大会常务委员会制定法律加以规范。目前,无论在基本法律中,还是在其他法律中,都没有出现社区矫正的字眼,这种现象的存在,是一个有违法治精神的重大问题,必须给予高度的关注。"② "社区矫正可谓是三位一体,既是刑罚种类——社区刑,又是行刑方式——非监禁,还是行刑场所——开放式场所。因此,我国的社区矫正工作任重道远,须从立法上从长计议。现在,我国举国上下都在倡导实践"以法治国"、"建设法治国家"的宏伟工程,要求各行各业都要依法办事。行刑工作更应如此,社区矫正试点工作也不例外,各项司法改革均应在法律范围内进行,这样才能彰显法律的严肃性,而不能"破法"行刑、"违法"改革,因为现行《刑法》明确规定了"罪刑法定原则"。否则,在刑事司法实践中会引起争议,影响法律的严肃性、统一性,司法机关有"违法执法"的嫌疑。③

在社区矫正法律整体缺损的背景下,未成年犯社区矫正的法律规定不足尤为突出。考察国外的社区矫正历史可以发现,其往往经历了一个由未成年罪犯向成年罪犯逐步推进的过程,而我国恰恰与此相反,未成年犯虽然作为适合于社区矫正的群体被重点提及,但在《关于开展社区矫正试点工作的通知》中,没有规定对于未成年人非监禁刑罚的执行应与成年人在管理上有所区别,并形成不同的管理制度,只是笼统地规定,"在符合上述条件的情况下,对于罪行轻微、主观恶性不大的未成年犯、老病残犯、以及罪行较轻的

---

① 黄秀丽:《QQ 苦劝离家少年回归 网络帮教模式效果好》,http://www.xinhuanet.com/chinanews/2005-08/15/content_4885281.htm,2009 年 3 月 25 日访问。
② 吴宗宪:《目前中国社区矫正的问题与前景》,载《辽宁公安司法管理干部学院学报》2006 年第 4 期。
③ 王志亮、王俊莉:《关于我国社区矫正制度的思考》,载《中国司法》2004 年第 12 期。

初犯、过失犯等,应当作为重点对象,适用上述非监禁措施,实施社区矫正"。在《司法行政机关社区矫正工作暂行办法》中,虽然围绕矫正对象的监督管理、教育矫正、帮助服务作出了比较详细的规定,但对未成年人的社区矫正是否与成年人有所区别,却连原则性规定都没有。当然,在具体实践中,试点省市对社区矫正的规范化已进行了初步尝试,并对未成年犯的做了一些专门规定,比如上海市高级人民法院已经制定了《上海法院参与社区矫正工作的若干意见》,规定了各级法院将配合社区组织对非监禁刑、假释、监外执行等上述三类人员的教育转化工作的分工、工作程序等。在监狱局的指导下,上海市成立了了以所领导、管理处、教育处主任组成的社区矫正工作领导小组,制订了《上海市少年管教所未成年犯假释辅导站暂行规定》,但是由于这些规定效力层次较低,很难发挥应有的作用。

2. 未成年人社区矫正项目缺乏、矫正方法单一

在美国、英国、新西兰等西方国家,经过多年的发展,已经形成了比较完善的社区矫正体系,从而为未成年人社区矫正提供了多种选择。比如在美国关于犯罪未成年人的社区矫正项目主要包括:(1) 缓刑;(2) 释放安置;(3) 其他项目,如离家出走项目、对未成年人团伙的调解处理、养育之家、转换项目、日处遇项目、小组之家以及在荒野的学习经历项目等等。[①] 在英国,对犯罪未成年人的非监禁刑罚达 11 种之多,包括罚金、缓刑、社区服务、复合命令(将缓刑和社区服务结合)、电子监控、赔偿、有条件的解除指控、完全解除指控、责令犯罪人行为平和守规矩、判决暂不生效、警察警告等。[②] 新西兰通过立法规制对犯罪的未成年人进行社区矫正,其中家族议会制度(family group conference)是典型代表,一般由社区工作者和族长来负责组织和协调孩子的矫正工作,并通过孩子自己的行为,如在社区参加有偿服务、利用休息日打工赚钱等给予受害人赔偿。[③]

与国外这些丰富多彩的矫正项目相比,我国的社区矫正项目非常有限,而在少数的几种选择中,适合未成年人的更加有限。比如管制刑和单独剥

[①] 刘强编著:《美国犯罪未成年人的矫正制度概要》,中国人民公安大学出版社 2005 年版,第 89 页。

[②] 王运生、严军兴:《英国刑事司法与替刑制度》,中国法制出版社 1991 年版,第 73—75 页。

[③] 席小华:《国外社区预防和矫正少年犯罪的实践与启迪》,载《中国青年研究》2004 年第 11 期。

夺政治权利,很少适用于未成年人。另外,在我国社区矫正试点中,虽然一定程度上体现了对于未成年人的特殊关照,但从总体上来看,主要是一种"盆景"效应,依附于成年人社区矫正的现象仍然比较突出,无论在监督管理、教育矫正还是帮助服务方面都还没有形成一套系统的、针对未成年人的矫正制度、方法。

3. 未成年人社区矫正内容虚无

按照我国《刑法》第 39 条、第 75 条、第 84 条的规定:管制、缓刑、假释人员均应遵守下列规定:(1)遵守法律、行政法规、服从监督;(2)按照考察机关的规定报告自己的活动情况;(3)遵守考察机关关于会客的规定;(4)离开所居住的市、县或者迁居,应当报经考察机关批准。从刑法的规定来看,管制、缓刑、假释人员的监督、管理内容基本是相同的,唯一的例外是被管制人员除遵守上述规定外,"未经执行机关批准,不得行使言论、出版、集会、结社、游行、示威自由的权利"。对这些规定,我国学者的评价是:对考察监督的规定过于原则,缺乏应有的规范标准,体现不出刑罚性质。[①] 而监外执行作为一种刑罚执行方法,对于其具体内容,则在刑法和刑事诉讼法当中并没有明确规定,只是在《刑事诉讼法》第 241 条原则性地规定:对于暂予监外执行的罪犯,"执行机关应当对其严格监督管理",而对于监督管理的内容,则并未具体表述。所以,相对于其他国家丰富多彩的社区矫正措施而言,我国有法律依据的应用于社区矫正中的矫正手段和方式方法近乎空白,监管形式非常单一,而且缺乏对未成年犯适当的区别对待。

社区矫正是对矫正对象监督管理、教育矫正、帮助服务的一个系统整体。但从我国现行《刑法》、《刑事诉讼法》的有关规定来看,其刑罚内容集中于对于相关人员的监督管理,缺乏一套系统化、规范化的更生保护措施。社区矫正试点以后,根据 2003 年《关于开展社区矫正试点工作的通知》而颁布的一系列规定,对这一缺失一定程度上进行了弥补。比如两高两院 2003 年 7 月共同发布的《关于开展社区矫正试点工作的通知》规定:"通过多种形式,加强对社区服刑人员的思想教育、法制教育、社会公德教育,矫正其不良心理和行为,使他们悔过自新、弃恶从善,成为守法公民;帮助社区服刑人

[①] 储槐植、陈敏:《改善社区司法——以缓刑考察为例》,载《中国监狱学刊》2002 年第 6 期。

员解决在就业、生活、法律、心理等方面遇到的困难和问题,以利于他们顺利适应社会生活。"其后,司法部 2004 年发布的《司法行政机关社区矫正工作暂行办法》第 4 条也对此做了明确规定,并在第 28—33 条就矫正教育、帮助、服务的内容、形式做了原则性规定。其主要问题是社区矫正作为一项刑罚执行工作,涉及刑罚设立、适用和执行等很多方面,仅仅用部委规章加以规定是不够的,不能产生应有的法律效力。而且相应的补充规定太过笼统,缺乏可操作性。

二、未成年人社区矫正的完善

（一）完善未成年人社区矫正的种类

1. 赔偿和社区服务

赔偿是指让犯罪者来补偿因犯罪而造成的对受害人财产的损失和破坏及身体的伤害。为了实现刑罚的多元目的,推动行刑社会化的进行,有必要在《刑法》总则中增加赔偿与和解措施适用的一般规定,主要内容包括:"犯罪人与被害人就犯罪行为所造成的损失及影响达成赔偿与和解协议的,可以从轻、减轻或者免除处罚。对于分则中规定的最高刑在 5 年以上有期徒刑、无期徒刑或者死刑的犯罪,在对被害人进行赔偿并得到被害人谅解以后,可以从轻或者减轻处罚;对于分则中规定的最高刑在 5 年以下有期徒刑、拘役或者管制的犯罪,犯罪人与被害人达成赔偿与和解协议的,不再追究犯罪人的刑事责任。"[1]从而为包括未成年人在内的犯罪人的社会化处遇提供法律契机。

社区服务是 20 世纪 70 年代初兴起于英国的一种刑罚方法,之后发展十分迅速,至 20 世纪 80 年代,西欧国家、美国 1/3 以上的州以及加拿大、澳大利亚等国及我国香港地区,都引进了这一刑种,并优先适用于非暴力性轻微犯罪和未成年犯罪。[2]在我国的刑罚体系中引入社区服务不仅顺应了刑罚发展的国际潮流,而且符合少年司法制度的理念。《联合国预防少年犯罪准则》第 6 条明确规定:"在防止少年犯罪活动中,应发展以社区为基础的服

---

[1] 郭建安、郑霞泽主编:《社区矫正通论》,法律出版社 2004 年版,第 465 页。
[2] 蔡小娥:《论社区矫正制度及完善》,http://www.ycdx.gov.cn/news.asp?id=826,2009 年 10 月 20 日访问。

务和方案……正规的社会管制机构只应作为最后手段来利用。"让未成年犯进行社区服务,一方面能够使社区成员看到其身上潜在的积极价值,从而为社区成员对其重新接纳创造条件;另一方面可以使未成年犯进一步反省自己的错误,弥补自己因犯罪而给社会造成的损害,也有利于其养成劳动习惯,戒除好逸恶劳的恶习。因此,在我国刑法中增加"社区服务"这一刑种的时候,应在其适用的对象上明确规定对于犯罪的、必须处以刑罚的未成年人,应当首先考虑适用非监禁的社区服务刑,尤其是对于那些罪行较轻的未成年犯或者未成年初犯、偶犯,以便为未成年犯行刑社会化提供制度出口。

2. 家庭监禁

《北京规则》第 18.2 规定:"不应使少年部分或完全地离开父母的监管,除非其案情有必要这样做。"的确,家庭对孩子的成长至关重要。将未成年犯放在家中矫正,一方面能够促使其在亲情力量的感召下痛改前非,增强内心守法的力量;另一方面能够促使家长痛定思痛,反思家庭教育的缺失而进行弥补。而且家庭监禁的隔离性也让未成年犯能够相对远离不良的社会环境,所以家庭监禁逐渐引起人们的关注。按未成年犯的具体情况,家庭监禁可以分为宵禁、家中限制和家中监禁等不同层次。对于一些罪行轻微的未成年犯,可以采用宵禁。对于违反宵禁规定的未成年犯或者其他罪行较重的未成年犯,可以采取限制上网、限制使用电话等方式限制其与外界的沟通。对于一再违反规定的未成年犯,可以适用家中监禁,即禁止其走出家门、与外界进行沟通等等。

3. 养育家庭

未成年人犯罪一定程度上证明了监护人对其教化、引导的不力或失败。基于"监护并不是一种权利,而是一种职责"①的观点,在其再社会化的过程中,监护人仍然负有不可推卸的责任。然而,在现实生活中,有一部分父母因为种种原因,不适宜或无力承担起对犯罪未成年人的教养责任。尽管按照联合国有关文件的规定"不应使少年部分或完全地离开父母的监管",但是在特定情况下,应当允许规则的变通。

从我国的国情来看,除问题家庭以外,在我国至少还有来自于下列两类

---

① 梁慧星:《民法》,四川人民出版社 1989 年版,第 84 页。

家庭的未成年犯很难获得必要的、稳定的家庭环境：一是留守儿童。据统计，我国农村 16 岁以下的未成年人中，"留守儿童"已超过 1000 万，占整个农村义务教育阶段孩子（6 至 16 周岁）的 48%。由于留守儿童家长教育的缺失，这部分未成年人的犯罪率较高，对他们适用社会化的刑罚方式也更为困难。二是服刑人员子女。据司法部预防犯罪研究所对全国 31 个省的抽样调查显示，截至 2005 年底，在我国监狱服刑的 156 万在押犯中，有未成年子女的服刑人员近 46 万人，占押犯总数的 30% 左右，服刑人员未成年子女总数逾 60 万。调查还显示，监狱服刑人员未成年子女犯罪占这一群体总数的 1.2%，远远高于全社会未成年人犯罪率。① 《联合国预防少年犯罪准则》第 14 条规定："如缺乏稳定和安定的家庭环境，而社区在这方面向父母提供帮助的努力又归于失败，同时不能依靠大家庭其他成员发挥这种作用的情况下，则应考虑采取其他的安置办法，包括寄养和收养。"确实，对于那些犯罪情节不是非常严重的未成年犯来说，给予其一个稳定的家庭，也许就是对其最好的矫治。而养育家庭能够为未成年犯营造一种家庭的氛围，对其提供特别的关心、爱护，使他们形成亲社会的价值观念和行为方式。当然，就养育父母而言，应该具备相应的素质，如熟悉法学、社会学、心理学、教育学的知识，热心青少年教育工作，有较强的责任心，能够以自身的言行举止去影响未成年犯，帮助他们学会如何适应社会生活。

对于上述几种类型的未成年犯罪人，如果没有合适的家庭收养、寄养，可以将他们移送中途之家，必要时，也可移送儿童养护机构。

4. 电子监控

社区矫正中的电子监控是指用来查证犯罪人所在方位的一种矫正技术。电子监控有几种设施可以选择。比如，要求犯罪人随身佩戴无线电子发射装置，通过发射信号与中心电脑反馈确认犯罪人的位置；通过中心电脑不定时向犯罪人家里拨打电话，要求犯罪人接电话时把特制的手链插入与电话连接的确认盒子，然后以声音或者其他方式确认等。电子监控的方式可以提高对矫正人员的严格控管效率，提高监管质量，减少被矫正人员与矫正工作人员因监督管理引发的矛盾冲突等，使社区矫正制度朝着更加人性

---

① 司法部预防犯罪研究所课题组：《监狱服刑人员未成年子女基本情况调查报告》，载《犯罪与改造研究》2006 年第 8 期。

化、科学化的方向发展。①

对于以上社区矫正项目,既可以独立适用,也可以附加适用,以适应对未成年人进行监督管理、教育矫正的需要。

(二) 完善未成年人社区矫正的内容

1. 依法保障未成年犯合法权利

从刑法的机能来看,它不仅要保护社会免受犯罪的侵害,还要保障罪犯的人权。诚然,由于其受刑人地位,矫正对象的人权具有不完整性,具体表现为部分权利被剥夺,比如《刑法》第58条规定,被剥夺政治权利的犯罪分子,在执行期间,应当遵守法律、行政法规和国务院公安部门有关监督管理的规定,服从监督;不得行使本法第54条规定的各项权利;部分权利被限制,比如矫正对象在人身自由方面受到一定限制,外出、迁居都要得到执行机关的批准。但与监狱矫正的罪犯相比,其人权状况有了很大的改善,社区矫正作为一种开放的行刑方式,可以更好地保障矫正对象行使未被法律剥夺的权利,如生存权、健康权、婚姻权、家庭权、受教育权等。社区服刑人员权利的范围、界限和可实现的途径、方式、方法等内容是通过国家立法活动实现的,这些内容又成为他们以后行使权利的直接依据。如果这些内容完成的质量不高,将必然约束和影响他们权利的享有和实现程度。法治社会源自于立法的完善,权利保障基于立法的精确。② 虽然《宪法》、《民法》、《刑法》、《监狱法》、《未成年人保护法》等诸多法律中,对未成年犯的权利作了原则性规定,并且《司法行政机关社区矫正工作暂行办法》第21条明确规定:"社区服刑人员在接受社区矫正期间,人格不受侮辱,人身安全和合法财产不受侵犯,享有辩护、申诉、控告、检举以及其他未被依法剥夺的权利。"但由于未成年犯社区矫正法律制度的缺失,未成年犯的权利更多处于一种隐性状态、缺乏明确具体的规定,因而影响了未成年犯权利的行使。

在未来的立法中,应当对此有所关照。对此我国学者也进行了探讨,认为未成年犯权利设计应体现:(1) 正常、稳定成长环境权。矫正主体之外在干预必须适宜与适度,以不影响未成年犯正常的升学、就业,维系其家庭、生活和学习之相对稳定为原则,这是未成年犯之正当基本权利。(2) 成长的

---

① 陈卫宁:《社区矫正工作现状与完善建议》,载《人民检察》2009年第11期。
② 刘强主编:《社区矫正制度研究》,法律出版社2007年版,第85页。

受扶助权。矫正机构和人员扮演的角色是一种"助人自助",即未成年犯的再社会化是在外部力量指引与帮助下完成,所以,未成年犯"自助"所需之"外在帮助",对未成年犯而言,必须内化为其一项权利,如获得心理辅导、物质帮助与生活扶助,等等。(3)正当权益的保障权,包括法定权利不被侵害以及对权益侵害时的救济。未成年犯未被依法剥夺和限制的权利仍受法律的保护,不得以任何理由随意侵害他们的合法权益。① 本书赞同这一思路,并且认为为了保护犯罪未成年人,促使其重新回归社会,应该以明确的方式列举未成年人在这几个方面都具体享有哪些权利,以维护其身心健康,促使其顺利回归社会。

2. 严格规范未成年犯服刑义务

从国外针对未成年犯的立法来看,在对未成年人进行保护的同时,严格约束其行为,以维护公共安全,促使其形成良好的社会生活方式。如根据德国《少年法院法》第10条的规定,法官可向少年规定如下指示:(1)① 遵守有关居住地的指示;② 命令其在某一家庭或教养院居住;③ 命令其参加培训或劳动;④ 工作有成效;⑤ 命令其置于特定之人(照料帮助人)的照料和监督之下;⑥ 参加社会训练;⑦ 努力与犯罪被害人和解;⑧ 不与特定之人交往,或不得光顾酒馆或其他娱乐场所;或⑨ 参加交通课程学习。(2)经其监护人和法定代理人同意,法官可要求犯罪少年接受专家的教育治疗或戒除瘾癖的治疗。违法少年年满16岁的,则须经其本人同意,始可为上述治疗。② 日本《犯罪者预防更生法》第34条规定,假释附加保护观察者必须遵守以下规定的事项:(1)固定的居住,从事正当职业;(2)保持善行;(3)不与有犯罪倾向者交往;(4)搬迁住处、或者长期旅行时,应预先得到保护观察者的许可。③ 从这些规定来看,主要是从两个角度来规范在社区服刑的未成年人:一是以命令的方式要求他们积极作出某些行为,如报告自己的有关行为、固定居住、参加社会训练等等;二是以禁令的方式规定其不得作出某些行为,如不与有犯罪倾向者交往、不许持有特定物品等等。从我国

---

① 孟红:《未成年犯社区矫正中的法律主体研究》,载《华东政法学院学报》2006年第5期。
② 刘强主编:《各国(地区)社区矫正法规选编及评价》,中国人民公安大学出版社2004年版,第412、413页。
③ 同上书,第494页。

刑法的有关规定来看,虽然以列举的方式对包括未成年人在内的社区矫正对象如何进行监督管理作出了规定,但从内容来看,失之于粗疏、简单,仅仅以命令的方式规定了常规的考察,缺乏一些禁止性的条款,以进一步规范他们的行为,防止重新犯罪的发生。基于此,在我国未来的刑法立法中,除了保留、充实命令性规定以外,应当增加一些禁止性的要求,以保证矫正对象摆脱不良环境的影响,防止重新犯罪的发生。具体包括以下内容:

（1）命令性规定

① 定期报告。这一监督管理方式在我国已经得到推行,社区矫正试点中的未成年犯根据自己的管理级别,通过电话、交思想汇报的方式向矫正工作者定期汇报自己的情况。为了双方更好的沟通,除了工作地点以外,矫正工作者也可以选择在未成年犯家中、休闲场所与未成犯见面,同时注意不要影响他们正常的学习和休息,以促进其更好地敞开心扉,以便更好把握其思想动态,适时调整矫正方案。② 接受学校教育。按照我国《宪法》、《教育法》等有关规定,"受教育"既是公民的一项权利,同时又是一项法定义务,所以在通过各种各样方式保障有就学愿望的未成年人获得教育机会的同时,以义务的方式责成一部分厌学、逃学、辍学的未成年人接受学校教育也是必要的。因为学校教育作为一种系统、正规的教育形式,在促进未成年文化素质的提升方面能够发挥积极的作用。而且,学校教育有利于未成年人参加集体生活,学会与人交往,塑造健全人格。另外,学校的校规校纪对未成年犯也是一种约束,便于其思想和行为向良性转化。③ 参加一定量的社区公益劳动。在安排未成年人从事公益劳动过程中,应注意以下几点:一是选择的劳动内容要有教育意义,如在敬老院、公园、医院做义工等;二是控制好劳动强度并做好保密工作,避免其服刑人员身份公之于众;三是促进矫正对象"自省意识"的萌发。在组织公益劳动的过程中,各地根据矫正对象的特点,对公益劳动的形式进行了积极探索。比如江苏省在试点中探索出四种公益劳动的形式:集中式(由司法所统一组织公益劳动)、基地式(落实劳动基地,定期参加公益劳动)、特长式(根据社区矫正的特长,由社区安排和落实劳动性劳动)、自助式(有固定工作单位或外出务工的,社区落实劳动时

间,社区矫正对象自主完成,责任人定期考核)。① 本书认为,根据社区矫正对象的个人情况和社会生活状态安排的特长式和自助式的公益劳动形式尤其值得在未成年犯中推广,因为这两种方式充分体现了对矫正对象的尊重与信任,因而对于培养其自省意识,积极进行自我矫正发挥了积极的作用。④ 参加各种类型的学习、生活、和工作技能的培训等等。

（2）禁止性规定

① 禁止其进入某些容易产生危害行为的社会场所,如夜总会、酒吧、歌舞厅、电子游戏厅等。② 不得与不良人员交往,特别是以往在同一犯罪团伙的危险人员。③ 在特定时间内不得外出,以预防自控力差的服刑人员在容易发生危害行为的时间中外出滋事。④ 不得持有、携带或者让人保管可能向其提供再犯罪机会或诱惑其再犯罪的特定物等等。

以明确的方式规范未成年犯在社区矫正期间的行为,既是对其犯罪行为报应的一种必然,也是促使其重新回归社会的一种需要。但在这个过程中应注意把握合理的边界,以避免对矫正对象生活的过度干预,对其合法权利的侵犯,从而将其生活的社区变成一个"惩罚的城市",这一点在国外立法中已经得到适当关照,比如德国《少年法院法》第 10 条规定:"指示是调整和规范犯罪少年生活的各项要求和禁令,并以此促进和确保对他的教育。但不得对其生活方式提出不可能实现之要求。"我国台湾地区学者林山田认为缓刑指示应当受到以下几个方面的限制:一是缓刑指示应当与缓刑目的相一致,颁布的指示应能作为缓刑人再社会化的手段;二是指令不得对受刑人之宣告者之生活方式,作过分之要求;三是缓行指示应当顾及相当性原则,所设定于受缓刑宣告者的负担,在其种类与数量上应能与所犯罪行之刑事责任相当。对于情节轻微的犯罪者,不应颁布严重侵害其生活方式的指令。② 的确,在我国未成年犯社区矫正义务的设定中,不能不考虑人性的弱点、矫正对象的个体差异,对国家权力的行使保持必要的谨慎,以免对矫正对象权利的侵犯。

---

① 周国强:《社区矫正制度研究》,中国检察出版社 2006 年版,第 266 页。
② 林山田:《刑罚学》,台湾商务印书馆股份有限公司 1992 年版,第 219 页。

(三) 选择适宜的社区矫正方式

1. 个案矫正

作为刑罚个别化的具体体现,个案矫正无疑是未成年犯罪人社区矫正过程中的首选方式。在我国社区矫正实践中,对这一方式也进行了尝试。为了更好掌握未成年人的特点,以便有的放矢,制定矫正方案之前的评估就显得尤为必要。从20世纪70年代开始,西方国家在社区矫正方面的一个明显变化是把矫正措施建立在对矫正对象危险测评的基础上。评估的方式一般可分为两类:统计式风险评估和诊断式风险评估。统计式风险评估是指将服刑人员有关重新犯罪的情况和信息一一列举,折成分值,评估的内容包括静态的和动态的、不变的和可变的因素,通过统计,将服刑人员划分为不同的风险等级;诊断式评估要求诊断工作者注重考虑服刑人员在人格特征和精神疾病等方面的因素,同时注重考虑与重新犯罪相关的在生物学、社会学和心理学等诸方面的综合因素,预测服刑人重犯的可能性。① 由于统计式评估更加简便易行,中立客观,因而在历史的发展中逐渐取得了优势地位。在评估量表的研发过程中,在理念方面的一个重要的变化是从消极的危险鉴定到积极的危险防范,所以在评估内容中,服刑人员的需要,尤其是"犯因性需要"得到格外关注。在我国未成年人的评估内容的设定中,应当对此予以重视。另外,未成年人犯罪与其成长环境有着很大的关系,他们的成长经历、家庭背景、朋友关系等也是关系到矫正效果的重要因素,对此应予全面调查,并在此基础上分析其犯罪原因,明确矫正工作目标,制定个案矫正计划。

2. 分类矫正

虽然由于种种原因,在我国社区矫正试点中,18岁以下的未成年人数量有限,但随着试点规模的扩大,相关法律法规的完善,未成年人社区服刑的人数必将是一个上升的趋势。在这种情况下,根据未成年人的犯罪性质、人格特点、处遇级别等标准划分类别,分类矫正就显得尤为必要,而且未成年人乐群性的特点也助于良好的矫正效果的取得。对此,我国学者认为,根据未成年犯所面临的共性问题,将其纳入不同的矫正小组,分别进行矫正,

---

① 刘强主编:《社区矫正制度研究》,法律出版社2007年版,第145页。

是一个适宜的选择。具体可分为以下小组:(1) 教化小组。确立明确的小组目标,以角色引导和行为规范为重点,通过营造小组气氛,在道德品质、行为规范、纪律要求等方面给与引导,加强指教,提升组员的自觉意识和自律能力。(2) 治疗小组。将有共同问题的青少年犯组成小组,以问题为靶子,自我反省,相互帮助,关注问题的改正效果,动员和鼓励小组成员,彼此鼓励,相互支持,坚持不放弃,直到问题解决。(3) 社会化小组。帮助组员学习社会适应技巧,提高社会适应能力,改正不良习气,顺利融入社会。(4) 学习小组。学习专门的文化知识、技术技能,帮助组员提高文化修养,掌握专业技能,为他们升学、就业、自食其力、恢复自信创造条件。(5) 成长小组。深刻促进组员互动,使他们在思想、感情、精神等方面有所感悟、有所觉醒。鼓励组员展示潜能,彼此欣赏,增强自信,大胆表达,挖掘生命的力量,达到个人的良性整合,实现人生意义。① 小组活动对于节约行刑资源,促进未成年人社区矫正方面将发挥良好的功效,在社区矫正中值得提倡。

3. 集体活动

未成年人正处于身心急剧变化时期,与父母、师长的关系逐渐疏离,喜欢在与同辈群体交往的过程中获得认同,寻求归属感。与之相适应,在未成年人犯罪中,单独犯罪的很少,团伙性犯罪突出。可见,同辈群体是影响他们行为选择的一个重要因素。高度效忠群体是他们犯罪合理化的一个重要心理机制。在社区矫正过程中,一个好的措施是切断犯罪未成年人与不良团体的交往,在积极的团体中受到好的熏陶、感染。通过富有实践性、趣味性和创造性的活动,可以激发他们的各种热情,获得多方面的收益。如榜样示范活动,使未成年人产生赞赏、敬慕、仿效等情感和行为动机;情景感染活动,使未成年人受到美的熏陶、思想的影响和情绪的调动;竞赛激励活动,使未成年人的自信自尊感以及自我求成的需要更加强烈;角色模拟活动,使未成年人在角色模拟中,增强角色体验,以增强社会性等等。② 在这个过程中,应当积极发挥作为同辈群体的大学生志愿者的作用。2007 年初,北京市宣武区司法局、区委与北京大学法学院青年志愿者合作,对该区未成年人社区

---

① 田国秀:《社会工作理念在社区矫正青少年罪犯中的运用》,载《中国青年研究》2004 年第 11 期。

② 石先广:《建立未成年犯区别矫正制度的思考》,载《中国司法》2006 年第 6 期。

矫正开展了一系列活动。首先通过调查问卷、心理访谈等方式,对未成年矫正对象的个人、家庭、社会关系以及与社区矫正存在的问题进行了较为深入的了解与把握,在此基础上组织了以下矫正活动:(1)心理访谈:与矫正对象进行交流访谈,倾听他们的心理需要,发现他们的问题,及时反馈给工作人员;(2)学习辅导:利用大学生在计算机、英语等方面的优势,对未成年矫正对象进行相关方面的辅导,以提高其综合素质;(3)结对交流:通过与矫正对象一起参与活动、日常交流联系等形式,建立双方的信任,增强对矫正对象的影响;(4)建立长期的交流平台:利用互联网博客、论坛等为青少年所喜欢的媒介,建立志愿者与矫正对象长期的交流平台,随时关注、感染矫正对象的心理与行为方式,收到了良好的效果。[①]

(四)探索未成年人社区矫正方法

1. 心理学方法

未成年人犯罪的原因固然很多,但其在认识、情感、意志方面的缺陷无疑是重要的内在因素。而服刑人员的特殊身份,也会给他们带来很多的心理压力。所以运用心理学的方法,针对未成年人的心理特点,加强心理健康教育、心理咨询和心理治疗工作显得尤为必要。在我国未成年人社区矫正过程中,根据未成年人心理问题从轻到重的发展,可以依次采取心理健康教育、心理咨询和心理治疗这些步骤,每一步的侧重点如下:

(1)心理健康教育

未成年人处于身心急剧变化时期,加上服刑人员的特殊身份,造成他们具有经常性的内心冲突、消极性格特征时常显现、情绪不稳定、容易冲动等心理特点。针对这种情况,应注重提升他们的情感智商。通过情感教育,以及情感技能培训,让他们学会在行动之前,先控制好自己的冲动情绪,用理智来做出更恰当的行为决策。同时针对青春期的特点,认真开展性知识教育,让他们了解性知识、掌握性道德,形成健康的性心理。

(2)心理咨询

国外学者研究发现,在刑事司法系统,对青少年罪犯做心理咨询非常困

---

① 笔者参与了这次由北京市宣武区司法局、区委、北京大学法学院青年志愿者共同组织的社区矫正志愿活动,具体内容参见《以社会化的方式推进未成年人社区矫正工作》,http://www.bjyouth.gov.cn/gzyj/jyjl/179094.shtml,2009年12月9日访问。

难,原因有七个方面:① 青少年处于儿童向成人发展的过渡期。他们在变得越来越独立的过程中,很少愿意或能够承认自己无力控制自己的生活、或把对问题的解决与控制交给咨询者。② 他们很少会自己主动向咨询者寻求帮助。③ 他们很难接受要为自己的行为负责。④ 他们的生活阅历有限,使他们无法从中汲取、学习与获得洞察力与智慧,从而无法使他们成熟。⑤ 他们只为此时此地而活着,只关心即时的快乐与欲望,而不关心未来。⑥ 他们对同伴过分忠诚及过多地受同伴压力的影响。⑦ 他们认为咨询者更忠于少年法庭或司法机关,更关心它们的要求,而不是青少年罪犯的需要。基于此,研究者建议在对青少年罪犯咨询的过程中,咨询者应注意把握以下三个方面:① 不应试图通过恐吓改变青少年罪犯。② 随着长大、成熟,他们会学会承担责任,从而不再犯罪。所以咨询者要成为青少年的榜样,促使他们的生活风格加以改变,这样才会收到满意的效果。③ 咨询者要用各种方法来鉴别青少年罪犯可能有的问题。①

(3) 心理治疗

在当前监狱罪犯心理治疗的实践中,主要运用以下几种方法:一是精神分析治疗法。该疗法认为行为是受制于心理能量与幼年时性心理事件的影响。在治疗中可以采用自由联想、梦的解析、移情和解释等。二是行为疗法。该疗法认为人的行为都是后天的学习获得的,不符合社会要求的不正常行为是在不利的环境条件的影响下发生不适当学习的结果。通过改变不利环境条件,采取奖励或惩罚等措施,就可以改变、矫正或治疗人的不正常行为。其具体方法主要包括系统脱敏法、厌恶疗法、漫灌或冲击法、代币强化法、发泄疗法、模仿疗法、生物反馈疗法等。三是以人为中心疗法。该疗法以当事人为中心,注重与当事人建立健康、和谐的关系,强调对当事人的潜能和自我发展、自我觉醒能力的信任和尊重。在运用这一疗法对罪犯进行心理治疗的过程中,首先要接受治疗者真实的经验,其次要鼓励治疗者找回失去的信心,再次要帮助罪犯培养独立人格。四是理性情绪疗法。其要点是认知改组,行为跟进。这一治疗需要经过两个步骤:第一步是要认识自己有问题,并想了解困扰的起因;第二步是进行洞察,并在正确认识自身所

---

① [美] 马斯特斯:《罪犯心理咨询》,杨波等译,中国轻工业出版社2005年版,第78—81页。

在问题的基础上,以实际行动来对抗,积极地改变导致困扰的信念。① 这些治疗方法无疑对社区矫正中的未成年人具有重要借鉴意义。在心理治疗的过程中,可以根据未成年犯的实际情况、选择适宜治疗方案。当然,由于未成年犯心理的差异性和极端复杂性,单一的心理治疗方法往往有很大的局限。在具体的治疗实践中,要注意各种疗法的相互衔接和补充,以达到良好的治疗效果。

2. 社会工作方法

社区矫正既是刑罚执行过程,又是通过解决矫正对象的问题,恢复矫正对象的社会功能,促进矫正对象顺利回归社会的过程。无论从社区矫正的理念与社会工作的理念看,还是从社区矫正的功能与社会工作的功能看,二者都存在内在的统一性。② 所以,在社区矫正过程中,运用社会工作的理念与方法,无疑能够在帮助矫正对象恢复偏离、断裂、失衡的社会联结和自我联结、促使其重新回归社会的过程中发挥重要的作用。社区矫正过程中社会工作方法的运用可以分为专业关系建立、社区矫正资料收集、社区矫正资料分析、矫正对象问题研究与诊断、社区矫正计划、社区矫正介入、社区矫正评估与跟进等七个阶段。其中,社区矫正介入是社区矫正开展最重要的阶段。③ 在这个过程中,针对个人层面的直接介入方法和针对家庭、社区、社会环境的间接介入方法都是必要的。这里仅就未成年人个人层面社会方法的运用进行介绍。

(1) 个案工作方法

个案社会工作是由专业社会工作者通过直接的、面对面的沟通方式,运用有关人和社会的专业知识和技术,对个人和家庭提供心理调整和环境改造等方面的支持与服务。其目的在于协助个人和家庭充分认识自身拥有的资源和潜能,完善人格和自我,增进其适应社会和解决困难的能力,从而达到个人或家庭的良好福利状态。④ 在采用个案工作方法对未成年人进行矫正的过程中,应把握以下原则:① 个别化原则:把每一个犯罪未成年人都看

---

① 章恩友主编:《中国监狱心理矫治规范化运作研究》,中国市场出版社2004年版,第283—291页。
② 张昱、费梅萍:《社区矫正实务过程分析》,华东理工大学出版社2005年版,第3、23页。
③ 同上。
④ 翟进、张曙:《个案社会工作》,社会科学文献出版社2002年版,第6页。

成是一个独特的人,对每一个未成年人案主的自身特质、生活环境以及所面临的问题进行具体深入的分析,并采用灵活的方式进行矫正。② 尊重关怀原则:给予案主足够的尊重,同时真诚地关怀案主,使矫正关系不仅仅是一种"公事公办",而且是一种充满人情味的专业关系。③ 案主自决的原则:要求社会工作者在矫正工作中,不要完全对未成年人的问题实行"包办代办",而是要尊重未成年人的自我决定权利。④ 保密性原则:指对犯罪未成年人案主的个人资料注意做好保密工作。①

(2)小组社会工作方法

"小组社会工作是一种方法,它是由知识、了解、原则、技巧所组成。透过个人在社区机构中的各类小组,借助小组工作者的协助,引导小组成员在小组活动中互动,促使组员彼此建立关系,并以个人能力与需求为基础,获得成长的经验,旨在达成个人、小组、社区发展的目标。"②在未成年人小组社会工作中,应注意坚持以下原则:① 平等原则:矫正工作者应平等看待每一位成员,使之感受到团体的温暖,同时自由的表达自己的想法和感受。② 群体互动原则:在小组活动过程中,矫正工作者应设法促进小组成员之间的互动,引导他们互助互惠,彼此支持,共同进步。③ 个别化原则:在注重整体互动的同时,照顾到每位成员的个性并因材施教。④ 安全原则:在小组活动中,矫正工作者应确保小组成员的人身安全,另外还要对他们之间的互动保持警惕,以防止不良信息的传递和犯罪亚文化的习得。

个案矫正方法和小组社会工作方法各有所长,在未成年人社区矫正工作中,可根据具体情况采用不同的介入方法。另外,心理学方法和社会工作方法不是截然对立,而是互相渗透的。在未成年人社区矫正过程中,应当采取动态的观点,根据未成年人的变化随时调整矫正方案,选择矫正方法。

---

① 金艾裙、黄海燕:《青少年犯罪社区矫正的社会工作方法探讨》,载《社会工作》(学术版)2006年第7期。

② 刘梦:《小组工作》,高等教育出版社2003年版,第3页。

第三节 中途之家

中途之家是在欧美等国有较长的发展历史和较广泛运用的一种社会矫正模式。目前,中途之家在我国仅有少数地区有试点。国外相关研究表明,中途之家在各种社区矫正方式中,是效果较好的减少重新犯罪的一种方式。中途之家有多种模式,既可适用于未成年犯罪人,也可适用于成年犯罪人;既可作为服刑人员自监禁到自由的中间过渡站,也可作为被判刑前的留置场所或服刑的一种方式。在我国已有试点的中途之家,同样也显现出吸收住宿人员模式的多样性。由于中途之家性质的复杂性及其潜在的矫正未成年犯罪人的积极作用,本章在社区矫正之外辟出专节研究中途之家问题。

一、"中途之家"概述

中途之家(halfway house)是帮助犯罪人和刑释人员克服危机、提高环境适应能力的一种过渡住宿式社区矫正机构。中途之家的基本含义就是营造一种家庭式的环境,让住宿在里面的服刑人员感受到家庭的气氛和温暖。因此,为服刑人员或社区矫正人员提供住宿条件,是中途之家的主要特点。作为一种过渡式的矫正机构,中途之家还为住宿人员提供相应的心理矫治与就业指导与培训任务,安排各种社会服务活动,提供培养和提高入住人员的工作能力和知识水平的设施,帮助他们在这里接受教育。

关于中途之家的性质,有学者认为,中途之家是社区处遇的一种形式。[1] 中途之家,有时也称为"社区矫正中心"(community correctional center)。[2] 社区矫正的概念因为分类标准分歧,无论是犯罪学者抑或是刑事政策专家,对于社区处遇的定义并未发展出一致性的看法,对于社区处遇范畴的界定,也没有一个公认的范围。台湾地区学者指出,社区矫正(community corrections)以及"以社区为基础的矫正措施"(community-based corrections)均可

---

[1] 王维:《社区矫正制度研究》,西南政法大学 2006 年博士论文,第 152 页。
[2] Kay Knapp, Peggy Burke, Mimi Carter, "Residential Community Corrections Facilities: Current Practice and Policy Issues", http://www.nicic.org/pubs/1992/010938.pdf,2009 年 10 月 20 日访问。

视为社区处遇（community treatment）之范畴，一般将两者视为同一概念。但两者实际上应当是有区分的，前者是指在兼顾当地居民安全以及符合犯罪人需求的目标下，针对本应入监服刑的犯罪人，实施的替代性刑罚，其中包括在犯罪人工作或生活处的矫正；后者则是针对刑事犯罪人实施的各类型的非机构矫正项目（non-institutional correctional programs），包括转向、审判前释放、缓刑、赔偿、社区服务、暂时释放、中途之家、假释等。① 根据这种理解，中途之家是以社区为基础的矫正措施，同时也属于广义的社区处遇。

二、未成年犯罪人中途之家运行模式与社会效果考察

中途之家的概念最早起源于欧洲，早在公元 6 世纪，欧洲的一些宗教组织就向那些从监狱释放出来但又不能回到自己原来社区的释放人员，提供暂时性的食宿。到 19 世纪时，中途之家在英格兰得到较大发展。下文以具有代表性的我国港台地区的中途之家和日本的更生保护设施为例，考察未成年人中途之家的运行模式及社会效果。

（一）我国台湾地区的"中途之家"及其矫正效果

目前在我国台湾和香港地区都建有中途之家来帮助犯罪人员重新回归社会。

香港对刑释人员的矫治服务是通过政府和非政府机构组织实施的。政府机构主要通过社会福利署与惩教署两大部门为刑释人员提供改造和惩教服务；非政府机构，如香港扶幼会、香港友爱会等，则为受感化者和被假释者提供住宿照顾、个案、娱乐以及就业等服务。

我国台湾地区 1976 年颁布"更生保护法"，随后又出台了"更生保护法实施细则"、"台湾更生保护会章程"。司法行政部（后改为法务部）指导监督下的更生保护会根据以上法律和细则的规定，由主任更生辅导员和更生辅导员在更生保护区内，分别以直接保护（包括教导、感化等）、间接保护（包括访问、探视受保护人与辅导其就业、就医、就学等）和暂时保护（包括资助旅费、宿费、协助申报户口等）三种形式，为执行期满或赦免的出狱者，假释、保释出狱或保外就医者等 10 种人，提供教导、感化、安置就业、经费资

---

① 邓煌发：《社区处遇之探讨》，载《警学丛刊》1999 年第 3 期。

助等服务。①

在我国台湾地区,服刑人员或刑释人员的安置服务,主要有辅导所和中途之家,但前者数量较少(仅6所)且收容人员有限,因而是中途之家主要的安置机构。对于少年违法犯罪行为,以下三种情形可以在中途之家接受矫正:(1)不经审理之转处处分者;(2)接受保护管束之保护处分者;(3)裁定交付安置辅导者。主要的活动内容是:(1)生活起居照顾;(2)法律咨询;(3)行为矫治辅导;(4)就业辅导;(5)就学辅导;(6)生涯规划辅导;(7)心理辅导;(8)休闲服务。②

(二)日本的中途之家模式——更生保护设施

日本的社区矫正工作由政府和民间共同组织实施。政府机构主要有更生保护委员会、保护观察所、司法矫治机构和儿童福利机构,而民间团体主要包括更生保护会、兄姐会等。矫治措施主要包括更生保护、保护观察、中间处置等设施内处置和设施外处置。更生保护设施即是一种设施内处置。

日本1922年的《少年法》中采用了对少年犯的保护措施。保护性措施的重要形式是缓刑和少年教养院。隶属于少年法庭的缓刑监督官,有进行社会调查、监督缓刑犯和监督从少年教养院释放出来的假释犯的责任。③ 第二次世界大战以后,日本的社区内处遇作为制度逐渐被确定下来,1948年的《少年法》规定了少年的保护观察制度,1949年的《日本犯罪者预防更生法》详细规定和确立了假释与保护观察制度。1950年制定了《保护司法》,1954年制定了保护观察制度,并于1995年将《更生紧急保护法》中的国家更生保护部分并入《日本犯罪者预防更生法》。

1949年颁布的《犯罪者预防更生保护法》规定,"更生保护措施"主要是通过具体的保护观察实现的。保护观察在日本是一种独立的社区处遇制度,其适用范围很广,是指以监督被保护观察者遵守特定事项和进行必要的辅导援助为内容的处遇方法。在通常情况下,保护观察是附加于缓刑或假释者的一种行刑制度。保护观察的基本内容,就是为被观察者设定一定的

---

① 胡艳辉:《"问题少年"矫治体系论》,湖南人民出版社2005年版,第225页。
② 詹火生、孙壹凤:《我国少年安置服务政策分析》,载《国政》研究报告2002年5月。
③ 〔美〕罗伯特·J.威克斯,H.H.A.库珀编:《各国矫正制度》,郭建安等译,中国政法大学出版社1988年版,第173页。

遵守事项,并由专门机构和专门人员对其进行监督、辅导和帮助。保护观察是附加于缓刑者或假释者的一种行刑制度,也可以是专门针对青少年罪犯所适用的一种独立刑事制裁措施。① 由于日本的缓刑和假释的使用率极高,作为缓刑和假释配套制度的保护观察,其重要意义是不言而喻的。

而"更生保护设施"或"中途之家",是根据保护观察所的委托("委托保护")在有碍本人回归社会的情况出现时,为其提供一定期限的住宿设施(包括出狱者紧急更生的情形),并提供食物、就业援助、咨询、指导等保护措施。更生保护实施的保护观察,既有在设施内实施的,也有在非设施即社会内实施的两类。无论是设施内或设施外,这两者均属于"社会内处遇"的更生保护。1996年,日本废止《紧急更生保护法》的同时颁布了《更生事业保护法》。2002年5月29日通过的《更生保护事业法等部分法律修正案》,同年6月10日开始实施。主要修正要点如下:其一,在继续保护事业的内容中新增了"指导就业,为使其适应社会生活进行必要的生活指导",谋求充实的在更生保护设施内能够实施的保护内容;其二,作为在更生保护事业中放宽限制的事项,临时保护事业及联络赞助事业由原来的认可制改为申报制并制定了确保事业经营透明度的相关规定。

更生保护活动除了对缓刑者、假释者的保护观察之外,还包括出狱者在生活面临的困境时所提供的福利性援助或生活指导。更生保护的主要目的是最大限度减少监禁机构中的服刑者,让尽可能多的罪犯在社会和有关组织的监督下进行社区矫正,这样不仅能降低执行刑罚的成本,而且还能使罪犯不与社会产生隔阂,有利于罪犯融入社区、重返社会。②

更生保护设施是经由法务大臣认可后的民间保护事业团体所经营。至1999年,在日本全国有101所更生保护设施。这些更生保护设施中所接受的对象,主要是出狱时庄重发誓要重新开始人生,而又没有合适的可去之处的2274人。其中,男性成年人1811人,女性成年人120人,男性青少年295人,女性青少年48人。原则上,是否能到更生保护设施接受保护,通常是由两种方式决定的:一是根据本人的申请,二是基于保护观察所所长的嘱托

---

① 袁登明:《行刑社会化研究》,中国人民公安大学出版社2005年版,第206页。
② 李明:《国外主要社区矫正模式考察及其借鉴》,载《广州大学学报》(社会科学版)2007年第9期。

(推荐)。获得批准的人,先接受在更生保护设施里接受保护和帮助以顺利复归社会。①

三、我国大陆地区未成年人中途之家的有关试点

我国目前已有的被称为"中途之家"或"中途宿舍"的试点有两种模式,一种是刑释解教人员中间站,一种是夜不归宿的未成年人临时救济与辅助站。

(一) 未成年人的临时救济与辅助站——上海模式

2006年8月,在上海市新区花木街道联洋新社区彩虹中心,成立了以社区青少年为服务对象而创设的集容留、疏导、排解等过渡性服务功能于一体的"中途宿舍"。"中途宿舍"能同时容纳8名青少年入住,彩虹中心还为青少年免费提供符合食品卫生要求的食物、专业的社会工作服务和心理学的专业辅导服务。"中途宿舍"的创立,源于浦东新区的"深宵外展"工作。近年来,以浦东新区青少年社会工作者和志愿者为骨干的专业社团借鉴国外成功经验,探索性地开展了劝归深夜在娱乐场所滞留青少年的"深宵外展"活动,从晚10点至凌晨5点,由专业社工和志愿者在网吧、游戏机房、街头寻找夜不归家的青少年进行劝归。两年来累计劝归百余人次,取得了良好成效。在外展过程中,社工们常遇到无家可归、不愿归家、劝归无效的青少年。"中途宿舍"的建立,可以为这些青少年提供社会工作专业服务和人性化援助的临时场所问题。在"中途宿舍"中,由专业社工了解离家原因,并联系派出所、社工、居委会及监护人商量青少年的安置问题,同时根据青少年的具体情况,为其提供心理咨询、团体康复活动等,并为其评估建档。"中途宿舍"的临时救助一般不超过24小时,在青少年回归家庭后,社工还将提供跟进服务,通过家庭干预关怀、个案辅导等专业举措,改善青少年的生存环境,维护其合法权益。② 至2007年底,"中途宿舍"已为45名65人次夜不归宿的青少年提供了服务。③

---

① 王珏、鲁兰:《日本更生保护制度》,载《中国司法》2007年第11期。
② 刘超:《迷途青少年的"中途宿舍"》,载《检察风云》2006年第19期。
③ 陈鹏庭:《网络开店、中途宿舍、妈妈沙龙,社工站扶助迷途少年个性化十足》,载《青年报》电子版,www.why.com.cn/epublish/node4/node16596/userobject7ai127502.html,2008年4月1日。

然而,上海中途宿舍的试点仍然存在一些困境。首先,入住人员是通过社区工作人员的深宵外展工作劝请来的,这种"深宵外展"工作的工作量大,而中途之家事实上仅一名专职人员。因此,能够到中途宿舍的不归家的青少年是非常有限的。其次,24小时(包括休息时间在内)的心理干预显然很难起到实质性的改变被干预者的认知与情绪等心理问题的作用。

(二) 解教少年的中间站——广州模式

为帮助少教所教育期满解教学员更好地重返社会,由"展翅计划"项目①创立的广州首家"中途宿舍"在越秀区东风街成立,旨在为解教青少年提供临时性住所,进行专业社会工作辅导,并为他们寻求社会资源支持,以帮助这些失足青少年顺利重返社会。

"中途宿舍"能同时容纳2名青少年入住。房间内有床铺、空调、书桌、书架、各类图书以及洗漱用品。"中途宿舍"有严格的管理规章制度,救助时间一般不超过一周,每天会给入住青少年发放10元餐饮补贴。在这段时间里,"展翅计划"工作人员将通过心理辅导、就业援助和生活协助等方式,帮助与该项目签约接受救助的解教青少年调整心态,度过"危险期",顺利重返社会。"展翅计划"开展半年多来,援助的12名解教学员自走出少管所重返社会后,迄今无一再犯罪。其中第一个入住"中途宿舍"的解教青少年在2008年5月解教后在"中途宿舍"住了一天,随后便在"展翅计划"帮助下顺利找到工作。②

广州模式更接近于国外及港台地区发展成熟的中途之家,由于处于试点阶段,所以其主要的问题是规模小、入住时间相对较短。无论是上海模式还是广州模式,由于入住人员较少、成立时间短短,其在预防犯罪与减少重新犯罪率方面的效果很难进行科学的评估。

四、设置中途之家制度的建议

根据对美国、日本以及我国香港和台湾地区的少年中途之家的了解,可

---

① "展翅计划"项目由广州市少年宫、廖冰兄人文专项基金会、广州市少年教养管理所主办,旨在帮助失足青少年顺利重返社会。

② 闫洁、杜鹃:《广州设立首家"中途宿舍"助失足青少年重返社会》,http://society.huanqiu.com/roll/2008-06/144347.html,2009年6月19日访问。

以发现,中途之家虽然没有固定的和统一的模式,但基本上都遵循着如下几项原则:一是立中足于社区和利用社区资源;二是有专业的心理辅助人员;三是主要针对回归社会的青少年提供心理帮助与就业、生活支持;四是入住时间相对较长,一般在数周或半年左右。我国已有部分地区开始进行中途之家的试点,从试点模式看,广州模式更为合理,更接近一种司法或社会矫正设施。本书认为,在我国有必要对中途之家予以立法,将其纳入社会矫正的体系之中。具体建议如下:

(一) 机构属性

我国刑事与行政处置机构始终是由政府统一设置与管理的,在这种司法与行政机构设置模式下,不具备发展美国、日本式民间"中途之家"的条件。我国的未成年人"中途之家"应当归属于各地区的司法部门。这种机构属性的确定,有助于解决"中途之家"的经费来源与人员保障问题。此外,"中途之家"统一属于司法机构,不仅便于行政管理,而且也便于对"中途之家"在减少再犯率方面成效的评估。

(二) 入住人员的范围及相关程序

就入住人员的范围而言,主要包括以下三类:(1) 有家庭问题的刑释解教的未成年人。违法犯罪的未成年人,大多数来自于家庭结构不健全或家庭教育有缺陷的家庭。这些未成年人回归社会后,仍然要回到原有的家庭环境中,而既有的家庭环境并不利于他们的改过自新与健康社会化。在回归社会之初,让他们首先入住"中途之家",专业人员在进行针对性的心理疏导与就业指导的同时,进行必要的家访,帮助家长找出问题和解决的办法,让回归少年在回到家中之后能够体会到家庭环境和教育方式的实质性的改变。(2) 获得缓刑与假释的犯罪少年以及有社会适应障碍的刑释解教人员。此类人在"中途之家",可以通过全面的心理帮助与就业、生活指导,帮助他们顺利地回归社会。(3) 审前程序中的部分未成年犯罪嫌疑人以及犯罪情节轻微的犯罪人。主要目的是避免刑事监禁产生的污点效应,利于未成年人心理的健康发展。

就相关程序而言,前两类入住人员由少管所或少教所根据对未成年人的出狱评估或解教评估来决定需要在中途之家安置的建议,提交相应的司法机构审查,然后由司法机构确定在安置于中途之家的时间与地点。审前程序中的对象应由公安机关提出建议由未成年人法院的法官裁定。

(三) 中途之家的职责

关于中途之家的职责,主要有以下三个方面:(1) 对入住的未成年人或刚步入成人期的青年提供心理指导与就业培训,进行必要的心理危机干预。(2) 对于尚可继续九年制义务教育的未成年人,帮助他们协调与学校的联系,使他们能够获得继续学习的机会。(3) 帮助他们适应家庭关系、邻里关系以及其他人际环境,鼓励他们断绝与有不良行为的同伴的交往关系。

本章及第九章对实施了违法犯罪行为和不良行为的未成年人的矫正方式进行了研究,主要包括监狱矫正、社区矫正、少年教养、社会帮教、工读学校等。除了这些矫正方式外,对于那些因为家庭环境和其他环境上的原因需要生活指导的儿童、没有监护人的儿童、受虐待的儿童、已经有或可能有某些不良行为的儿童,还可以移送儿童养护机构。目前我国儿童养护机构的发展水平并不均衡,为了满足对儿童保护、教育的需要,国家应给予更多的资金支持,改善儿童养护机构的硬件条件。儿童养护机构也应加强自身的人力资源建设,引入更多的专业社工人员,探索新的工作方式,加强对儿童的生活指导、学科教育、法律教育等。

第十一章　未成年人保护性司法制度

本书第六至第十章就未成年人案件的侦查、起诉、审判以及矫正制度进行了深入探讨,虽然这些制度都以保护未成年人为主要目标,但不能否认,这些制度本身难以完全摆脱刑事污点等因素对未成年人造成的不良影响。针对这一问题,本书认为,有必要建立、完善恢复性司法与前科消灭制度。这两项制度均立足于消除刑事污点等因素对未成年人的消极影响,是在宽容司法的理念之上,对有轻微犯罪以及悔过表现的未成年违法犯罪人采取的有利于他们顺利融入社会生活的保护性司法措施。为了便于论述,本书将它们统称为未成年人保护性司法制度。① 其中,恢复性司法制度是通过非正式的刑事司法程序,以恢复被损害的社会秩序为目标,为违法犯罪的未成年人提供机会与被害人协商解决犯罪事件的责任问题,从而消除"刑事污点"的负面影响,使未成年人能顺利融入正常的社会生活;而前科消灭制度则通过封存犯罪记录的方式,帮助未成年犯罪人消除犯罪标签,使刑释解教的未成年人在无不良记录的身份状态下,和守法公民有着同等的入学和就业的机会,进而也能使未成年犯

---

① 本书第二章,将恢复性司法作为"少年责任"的一种模式。这是因为,恢复性司法相对于纯福利性质的未成年人司法制度而言,体现了追究未成年人责任的特点。但相对于刑事司法而言,恢复性司法则能体现出对未成年犯罪人的保护。鉴于目前我国未成年人司法的主体部分仍属于纯刑事司法性质,因此将恢复性司法定位于一种保护性司法措施也是合适的。

罪人顺利地融入正常的社会生活当中。

第一节 恢复性司法

恢复性司法是一种通过恢复性程序实现恢复性后果的非正式犯罪处理方法。根据美国学者凡奈斯（Danial. W. Van Ness）的理解，恢复性司法除了三种主要表现形式，即和解（被害人与犯罪人之间）、协商（由被害人、犯罪人及其他人参加）和会谈（由被害人、犯罪人及多方参加）之外，还有具有"恢复性"潜在功能的由犯罪行为人承担责任的两种方式：给被害人以补偿以及提供社区义务劳动。① 从总体上来说，恢复性司法统合了国家机构与社会组织的力量，兼顾犯罪行为人、被害人和社会利益与秩序的恢复。在恢复性司法制度之下，未成年犯罪人可以通过自己的真诚悔过和多种恢复性的承担责任的方式，在得到被害人及其家庭的谅解的同时，也有利于自身再塑健康人格。

虽然恢复性司法这一概念与制度传入我国的时间并不长，但它已经成为我国理论界研究的一个热点课题，实践中也被一些地方的司法机关所接受并试点实验，如苏州市沧浪区人民法院 2006 年就制定了《恢复性司法操作规则》；一些地方，如烟台市检察院则采用了"平和司法"的提法。② 但实践中使用更多的是"刑事和解"这一概念，如许多省市的检察机关就有"和解不批捕"、"和解不起诉"的做法，一些检察机关还制定了刑事和解的有关规则，如湖南省人民检察院于 2006 年制定了《关于检察机关适用刑事和解办理刑事案件的规定（试行）》。部分法院也在吸收恢复性司法理念的同时，将庭外和解制度拓展应用于刑事案件。③

本节将以课题组的实证调查为根据，深入探讨未成年人恢复性司法的合理性及局限性，并就我国未成年人恢复性司法制度的构建提出一些对策

---

① 凡奈斯·W. 凡奈斯：《全球视野下的恢复性司法》，王莉译，载狄小华、李志纲编著：《刑事司法前沿问题——恢复性司法研究》，群众出版社 2005 年版，第 67 页。

② 姚建龙：《恢复性少年司法在中国的实践与前景》，载孙小华、刘志伟主编：《恢复性司法理论与实践》，群众出版社 2007 年版，第 384、385 页。

③ 同上书，第 386、387 页。

性意见。本节涉及的实证调查包括对 175 名检察官、403 名法官、24 名律师、323 名公众以及 399 名未成年犯①的问卷调查和对 1180 份判决书的实证分析,问卷调查的内容主要是刑事和解等制度在司法实践中的适用情况以及法官、公众对刑事和解等制度的认知和态度,相关调查的基本情况可见本书第五章及第八章的介绍。

一、未成年人恢复性司法的合理性与局限性

我国对于未成年人犯罪恢复性司法的研究主要始于 21 世纪初对国外相关制度的引入。恢复性司法虽然是外来词,然而在我国,早已有了相关的司法实践,即人民调解制度以及民间一直沿袭下来的"私了"的习惯。恢复性司法由于其在产生本源上是与未成年人司法制度密切相关的,并且是一种在世界范围内得到广泛认同的司法行为模式,因此,在引入我国以后迅速得到未成年人司法理论研究者与实务部门的广泛关注。目前,关于未成年人恢复性司法的探讨主要集中于恢复性司法制度是否可以在我国未成年人司法制度中适用。本课题组通过实证调查以及对学者们的观点进行分析后发现,肯定恢复性司法的观点占主流,仅有少数学者对恢复性司法适用于我国的可行性表示担忧。

(一)关于恢复性司法的实证调查

1. 对恢复性司法的认知

为了了解法律实务工作者和公众对包括恢复性司法的表现形式刑事和解在内的未成年人司法改革的认知和态度,课题组对法官、公众等不同群体进行了问卷调查。调查结果如下:

(1)对法官的调查

近年来,我国引进或已有试点的未成年人司法制度改革的主要项目包括暂缓判决、庭前社会调查报告制度、刑事和解制度、社会监管令、社区服务令等。对这些项目以多项选择的形式询问调查对象认为哪些制度应当在未成年人司法实践中推广。结果如表 11.1 所示:

---

① 本节涉及的未成年犯的调查,是指在北京、上海及河南三地的未成年犯管教所进行的问卷调查,具体情况见第八章的介绍。

表 11.1　法官认为应当推广的制度

项目	人数	百分比*
暂缓起诉制度	147	36.5%
暂缓判决	98	24.3%
庭前社会调查报告制度	185	45.9%
刑事和解制度	226	56.1%
社会监管令	180	44.7%
社区服务令	150	37.2%
其他	4	0.1%

＊指每个变量的频数值与样本总数(403)的百分比值

从上表可以看出,在六种主要的改革项目中,被调查的法官最为肯定的是"刑事和解制度"。在调查中使用"刑事和解制度"是考虑到其比"恢复性司法"更易被调查对象理解,而事实上"刑事和解制度"也正是"恢复性司法"在国内实践的具体体现。对于恢复性司法程序中承担责任方式之一的"社会服务令",支持率也达到37.2%。

(2) 对律师的调查

对于前述六项制度,本课题组以"哪些制度应当在未成年人司法实践中被推广"这一问题对24名律师做了调查,如表11.2所示,认为刑事和解制度值得推广的律师有15名,占样本总数的62.5%;而认为社会服务令制度值得推广的则有13名,占样本总数的50%。

表 11.2　律师认为应当推广的制度

项目	人数	百分比*
暂缓起诉制度	14	58.3%
暂缓判决	6	25%
庭前社会调查报告制度	17	70.8%
刑事和解制度	15	62.5%
社会监管令	12	50%
社区服务令	13	54.2%

＊指每个变量的频数值与样本总数(24)的百分比值

(3) 对社会公众的调查

在对各项制度进行清楚界定的前提下,本课题组就"哪些制度应当在未成年人司法实践中被推广"这一问题对公众做了调查,从回答的情况来看,如表 11.3 所示,接受调查的公众对"刑事和解制度"的支持率为 43%,要低于被调查的法官在这一问题上的支持率(56.1%),但在"社会服务令"项目上的支持率要高于被调查的法官的支持率。从总体上看,公众对未成年人司法制度的诸项改革基本上是认可的,只是不同的个体基于对司法改革项目的认知程度不同而倾向支持的项目有所不同而已。

表 11.3 公众认为应当推广的制度

项目	人数	百分比*
暂缓起诉制度	182	56.3%
暂缓判决	125	38.7%
庭前社会调查报告制度	162	50.2%
刑事和解制度	139	43%
社会监管令	151	46.7%
社区服务令	154	47.7%

*指每个变量的频数值与样本总数(323)的百分比值

2. 关于刑事和解的实践

从受调查的检察官的情况来看,如图 11.1 所示,在 160 份有效数据①中,60% 的检察官所在的检察机关正在实施或曾经实施过刑事和解制度。

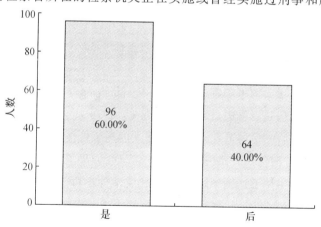

图 11.1 检察机关是否实施过刑事和解制度

---

① 缺失数据共 15 份,占总数的 8.6%。

就1180份判决书的实证分析结果来看,只有39份判决书体现出刑事和解,这39份判决书中被告人所触犯的罪名如下图11.2所示:

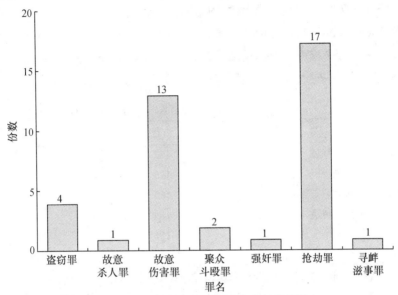

图11.2 体现刑事和解的判决书中被告的罪名

如图11.2所示,在39名被告中,涉及的罪名包括盗窃罪、故意杀人罪、故意伤害罪、聚众斗殴罪、强奸罪、抢劫罪和寻衅滋事罪。抢劫罪所占的比例最高,有17例,所占百分比为43.6%(在另外没有刑事和解的1288个被告中,抢劫罪所占的比例为45.4%),故意伤害罪33.3%(对照组1288个被告中,故意伤害罪所占的比例为12.8%)。

判决书中体现出刑事和解的案件比例较低,与部分案件在侦查或审查起诉阶段做和解处理后不再进入审判程序有关。此外,也与部分案件在审判过程中如通过和解后已不再追究未成年犯罪人的刑事责任有关。在国内当前的司法实践中,部分案件如轻微伤害或轻伤害案件,如果当事人双方同意和解并且在侦查人员的主持下达到和解协议,则相关案件不再作刑事犯罪处理。

根据课题组对北京、上海和河南三地的未成年犯管教所共399名未成年犯的调查来看,如表11.4所示,28.6%的未成年犯和被害人进行了协商并且对被害人进行了赔偿,6.3%的未成年犯与被害人进行了协商但并没有作出赔偿;而既没有和被害人进行协商,也没有赔偿被害人的占20.1%。

表 11.4　未成年犯是否和被害人进行协商及赔偿被害人

		人数	百分比	有效百分比	累积百分比
有效数据	进行了协商并予以赔偿	114	28.6	28.8	28.8
	协商但未赔偿	25	6.3	6.3	35.1
	未协商也未赔偿	80	20.1	20.2	55.3
	不知道	177	44.4	44.7	100.0
	合计	396	99.2	100.0	
缺失数据		3	0.8		
合计		399	100.0		

(二) 恢复性司法的合理性

从前述实证调查中可以看出,恢复性司法在我国司法实践中得到了较为广泛的认同,这种认同是基于其自身的合理性。恢复性司法的合理性主要体现在以下几个方面:

1. 减少刑事污点对未成年人的消极影响

未成年人恢复性司法制度体现了刑法谦抑主义所提倡的"非刑罚化"的刑事政策。恢复性司法是对犯罪行为作出的系统性反应,它着眼于对被害人、社区所受伤害的补偿以及对未成年犯罪行为人的改造,以恢复原有社会秩序为目的。较早开始恢复性司法研究的美国学者霍华德·泽尔指出,恢复性司法使我们摆脱了传统的报应理念的束缚,选择一种新的视角来理解犯罪与司法。① 它与传统的报应性司法理念的不同之处在于其认为犯罪是反对其他个体或社区的行为。对于已经发生的犯罪行为,仅仅从道义上和法律上进行谴责并不具有建设性的意义,而找出合适的解决问题的方法尽量弥补犯罪给当事人及社区造成的损失才更能体现出刑事司法的正义性。在恢复性司法制度下,犯罪人的义务不是简单的接受惩罚,而是积极地面对犯罪造成的结果,承担抚慰受害人或赔偿损害的责任并从中吸取教训,检讨自己的过错,确定正确的人生目标以及达成目标的方式,重新以守法的心态融入到社区生活当中。在恢复性司法制度下,如果当事人各方对犯罪的处理方案达成一致,那么犯罪人就不必承受牢狱之苦,而由其他的方式如赔偿

---

① Zebr H., *Changing Lenses*, Herald Press, 1990; Coben, J., Harley, P., "Intentional Conversation About Restorative Justice, Mediation and the Practice of Law", *Journal of Public Law & Policy*, vol. 25(2004): 243.

损失、社区劳动等来代替刑罚的执行,这对于避免未成年犯罪人受到"刑事污点"的负面影响以及"标签效应"有着积极的作用。

2. 通过与被害人的和解以及适当的赔偿来恢复受到损害的社会关系

犯罪行为在破坏了社会秩序的时候,也同时会对被害人、对社区和犯罪人自身造成伤害与改变。有学者认为,恢复性司法最为核心的价值目标,就是要在法律允许的范围内,让已经受损的社会关系得到修整和恢复,使国家利益和个人利益、被害人的权利和犯罪人的权利实现最大限度的平衡,从根本上化解不稳定因素,消除双方矛盾和积怨;而不再是仅仅以惩罚犯罪人为满足,更不是传统意义上的"以恶治恶"。①

在恢复性司法制度之下,人们对犯罪的认识发生了根本性的变化,犯罪已经不再仅是对公共规则的违反和对抽象的法律道德秩序的侵犯,它更被视为是一种对被害人个体利益以及社区秩序和安宁的侵犯与威胁,通过恢复性司法,可以使加害人、被害人以及其他受到犯罪影响的各方,在寻求和解的目标之下,心平气和地表达自己的思想、意愿和需要,这样的安排不仅可以使加害人更深刻认识到他的犯罪行为给被害人带来的痛苦与侵害以及被害人因此最需要自己做的事情,还可以使被害人所遭受到损害得到最大限度的弥补和修复,帮助他们从犯罪所造成的生理和心理创伤中走出来重新融入社会,恢复他们对社会秩序和法律的信心。

恢复性司法通过引入与犯罪相关的多元主体的参与,可以对社会秩序的恢复起到积极的作用,尤其对被害人因犯罪行为而产生的经济损失以及生理心理的修复所起到的作用,是传统刑事司法体制下无法实现的。在恢复性司法的和解程序中,被害人可以叙说犯罪行为给自己造成的实际创伤,这种叙说实际上相当于一种宣泄疗法,是一种有效的心理治疗方式。被害人通过言语的表达,将内心深处的紧张和压力释放出来,从而可以减轻犯罪行为施加于自身的痛苦。

3. 承担责任的方式对未成年人违法犯罪心理有积极的矫正作用

在恢复性司法制度下,违法犯罪的未成年人往往不是以接受刑罚的方式承担因犯罪行为而产生的责任,而经常是通过与被害人协商解决责任问

---

① 许疏影:《当议恢复性司法与未成年人司法保护》,载《法制与社会》2008年第9期。

题的办法以及向被害人道歉等方式来承担责任。这种承担责任的方式,可以起到唤醒廉耻感和影响其原有的错误认知的作用,从而有利于矫正其违法犯罪心理而逐渐形成守法心理。

在恢复性司法程序中,未成年犯罪人应当以口头的方式向被害人表达自己的歉意,承认自己的过错。这种在自己的家人、被害人以及社区工作者或司法工作者面前公开道歉的方式,对未成年犯罪人心理会有较为深远的影响。一方面,公开道歉是一种认输的行为,一个不承认自己有错误的人,是难以表达出相关意思的;另一方面,公开道歉的歉意即使不是发自于内心的,一旦说出对被害人的歉意,行为人也仍然会体会到羞耻感。未成年犯罪人一旦通过公开道歉体验到一种羞耻感后,会强烈地感受到自己的犯罪行为是不光彩的,不仅不被社会接受,而且也会让自己的家人蒙羞和受到连累。在有了这种认知之后,即使以后遇到产生犯罪冲动的情境,也会或多或少地考虑是否值得为犯罪行为而付出失去尊严的代价,从而可能防止新的犯罪行为的发生。相对于传统刑事司法程序而言,未成年人恢复性司法通过犯罪人与被害人直接沟通的方式解决了因犯罪产生的责任问题,在平复被害人的愤怒与怨恨情绪的同时,也在很大程度上缓解了未成年犯罪人再次融入社会生活的压力。这种面对面解决责任问题的方式,也使未成年人接受了深刻的教育,为预防其再次犯罪打下了坚实的基础。

(三)恢复性司法的局限性及其出路

恢复性司法在本质上是以民事的方式来解决刑事责任问题。对于一个犯罪行为已经得到证明的犯罪行为人,其承担的刑事责任的大小应由法律加以明确规定并且由严格的司法程序来保障。在恢复性司法程序中,参与者众多,因而在结果中既要体现出被害人一方的意志,也要考虑犯罪人及其家庭的经济承受能力;同时以经济赔偿为主要承担责任的方式,也可能会弱化了未成年犯罪人对刑罚的恐惧感。上述种种现象,均反映出未成年人恢复性司法制度的局限性。下文将探讨恢复性司法局限性的具体表现以及在未来制度设计中的解决办法。

1. 恢复性司法的局限性

(1)难以满足同罪同罚的刑法原则

根据恢复性司法的基本规则,违法犯罪的未成年人能否进入恢复性司法程序中，不仅取决于自身的犯罪行为的轻重、悔过程度，还要取决于被害人及其家属的意愿。如果被害人及其家属不同意以和解的形式解决案件处理中的相关问题，则相同犯罪行为以及具有同等悔过表现的未成年人，则可能得到截然不同的刑事处置。从国外恢复性司法的实践来看，经济赔偿是恢复性司法的内容之一，经济赔偿的责任履行后，确实比较容易得到被害人的谅解，从而使恢复性司法适用的成功几率大大提高。但从我国现实情况看，目前未成年人犯罪的案件中，家庭条件差的占多数，经常会出现未成年人的家庭因为经济条件、赔偿能力有限而无法满足被害人的赔偿要求的情形，从而不得不放弃和解程序。因此，就结果而言，恢复性司法的引入，必然会造成同罪不同罚、同罪不同责的情形，这会在一定程度上使"法律面前人人平等"和"罪责刑相适应"等刑法基本原则受到挑战。从实践中看，恢复性司法是不利于某些弱势群体的，尤其是家庭经济条件比较差的未成年犯罪人。恢复性司法可能导致只对经济条件优越的未成年犯罪人适用而将家庭条件差的未成年犯罪人排除在外。

（2）难以避免替代性的承担责任的现象

恢复性司法往往以经济赔偿为主要的承担责任的方式。因为对于被害人来说，经济补偿最能体现出自身受损利益的修复，而且经济赔偿从理论上也可以使犯罪人及其家庭更为重视犯罪行为的不利后果，从而可以有效地抑制再次犯罪的冲动。然而，在通常的情形下，未成年人在经济上并没有独立，经济赔偿显然只能由其父母或监护人承担。也就是说，未成年犯罪人的父母往往成为实际的犯罪行为的责任承担者，如果父母具有较好的经济条件，未成年犯罪人本人则可能根本体会不到犯罪行为带给自己的惩罚性痛苦。

（3）惩罚的非刑罚性可能不利于未成年人改过自新

适用恢复性司法程序的未成年犯罪人，如果经济赔偿到位，往往可以获得缓刑或更为轻缓的处罚结果。这种处罚结果对于尚未形成正确的人生观与价值观的未成年犯罪人来说，其负面效应是认识不到犯罪行为的严重性。即使是公开道歉的方式，也往往不能起到实质性的唤醒良知的作用。正如国外学者所言,要求未成年人发自内心地表达歉意,是超越了他们的心理能力。① 对于成年人而言,他们由于有了家庭或更多的责任,对自由刑和社区矫正的区别有更为明确的认识,因而能够认识到恢复性司法对于自己的积极意义,更为珍惜被害人及社会给予的宽容。

2. 恢复性司法的出路

本书认为,恢复性司法可能具有的种种负面效应,可以通过适当的国家干预加以避免,从而最大限度地发挥其积极作用。这其中关键性的问题,是要认识到恢复性司法在司法程序中的定位,即要解决恢复性司法与正式司法程序的关系问题。恢复性司法制度的确立并非意味着要取代以往的国家主导的司法模式,而是希望找到一种可以更全面照顾各方利益以及更有效实现公平正义和提高诉讼效率的方法。2002 年 4 月 16 日至 25 日预防犯罪和刑事司法委员会第 11 届会议秘书长的《恢复性司法——秘书长的报告》第 4 条第 19 项明确肯定了"恢复性司法的做法应视为对既定司法制度的补充而非替代"这一基本原则。实际上,主流的恢复性司法模式从根本上没有抛开传统的报应正义的制度框架,都是以国家强制力作为背后的支撑,比如在新西兰的家庭会议模式中,如果当事人不能达成和解或者不能按和解协议执行所确定的义务时,仍然要回复到传统的司法制度架构内以国家强制力保证秩序的恢复。本书认为,恢复性司法与正式的刑事司法体制并非是绝对不相容的平行关系,即使是恢复性司法,也要承认国家对犯罪处理的参与权。这种对国家控制权的认可,一方面可以使恢复性司法获得国家财政资源的支持,保证了程序运行所需资金;另一方面,通过与正式刑事司法体制的良好衔接,把恢复性司法程序有机融入正式司法体制和诉讼程序,使恢复性司法程序在既有的为参与各方提供各种保护的道德和法制框架内运作。

在承认国家对恢复性司法的干预权之后,很多问题即可在法制的框架内得到解决:(1)关于同罪不同罚的问题,一方面可以通过合理的计算来保障对同罪的惩罚基本一致,并通过相关立法来限制适用恢复性司法的案件类型及犯罪人的主观条件,从而尽可能地保障可以适用恢复性司法但因种

---

① Frankenberger, K. D., "Adolescent Egocentrism: A Comparison among Adolescents and Adults". *Journal of Adolescence*, 23(3)(2000), pp. 343—54.

种原因而无法适用的未成年犯罪人,在处刑上可以基于未成年人司法的保护属性而不至于获致在实质上差异性很大的刑罚。此外,在制度设计时,可以强化司法机关的调停作用。在涉及经济赔偿时,调停人可以根据实际情况和未成年犯罪人的具体经济状况,向被害人提出多种选择方案;如果被害人执意要求赔偿超过加害人实际支付能力的金钱数额,调停人应向其阐明利害关系,耐心劝说;如果被害人固执己见,则不适用恢复性司法,但对未成年人量刑时,应着重贯彻保护原则。(2)关于父母或监护人的替代性惩罚问题,可以通过立法的形式鼓励未成年犯罪人以提供社区服务的方式来偿还应付的款项。例如,为了帮助犯罪人完成对被害人的赔偿,欧洲一些国家的恢复性司法计划中建立了为犯罪人提供工作机会的委员会。有些案件中,直接通过犯罪人为被害人提供私人服务的形式来实现赔偿。[①](3)关于刑罚特殊预防的效果不能得到实现的问题,可以通过关于社会帮教的有关立法,强化对相关的未成年犯罪人的跟踪帮教,从而可以在他们逐渐成长的进程中及时进行适当的干预,在重新犯罪的敏感期内做好心理与行为的正向引导工作。

二、未成年人恢复性司法的立法建议

根据前述对恢复性司法的理解以及国外的相关研究与实践,本书认为,恢复性司法是一种可以适用于违法犯罪未成年人的非正式程序,它对于恢复因犯罪行为而受到损害的社会关系以及减少刑事污点的负效应具有非常重要的作用。针对我国未成年人犯罪的现状以及恢复性司法的基本要求,在我国要建立未成年人恢复性司法制度,在立法上需考虑以下几个方面的问题:

(一)确立恢复性司法的基本原则

恢复性司法作为一种非正式地处理未成年人刑事责任的程序,其意图是恢复遭到犯罪行为破坏的社会关系,以及更有利于矫正未成年犯罪人的心理。要实现这种目的,应当以立法的形式明确恢复性司法应遵循的基本原则,即罪责确证原则,自愿原则,责任相当原则以及防卫社会的原则。

---

① 刘凌梅:《西方国家刑事和解理论与实践介评》,载《现代法学》2001年第1期。

1. 罪责确证原则

恢复性司法仅应适用于犯罪行为已得到确证的案件中。国外恢复性司法的相关研究已明确指出,恢复性司法只能适用于确定责任阶段,而不能适用于发现事实阶段。因此,恢复性司法不应对未证其有罪者加以适用。

2. 自愿原则

在恢复性司法程序中容易被忽略的一个问题是,恢复性司法也存在着损害未成年犯罪人利益的可能性。尽管恢复性司法反对监禁刑,并主张以赔偿、道歉和社区服务代替惩罚性的刑事责任方式,但恢复性司法的责任形式和运作方式中包含着导致加重犯罪人刑事责任的重大危险。更多的未成年犯罪人是为了避免被关进监狱才选择了恢复性司法程序。由于有正规刑事司法系统做后盾,恢复性司法"以自愿为前提"的特征往往只是表面现象。事实上,正因为有了恢复性程序,而不断增长的办案压力又使得正规刑事司法系统寄希望于通过恢复性司法减轻自己的办案负担,所以,凡是不愿"自愿"选择恢复性方式的犯罪人,可能面临着在后来的正规司法程序中被从重处罚的压力,从而不得不"自愿"地选择进入恢复性程序。① 恢复性司法涉及到双方当事人的参与,因此,在适用恢复性司法时,必须考虑自愿性原则,也就是说,必须要尊重双方当事人的自由意志,如有一方当事人不愿意以和解的方式解决责任问题,恢复性程序则不得强制启动。启动恢复性司法程序后,也要充分尊重当事人的意愿,未成年犯罪嫌疑人(法定监护人)和被害人要自愿达成和解协议,犯罪嫌疑人真诚悔罪并积极补偿被害人的损失,被害人也同时从内心真实地对未成年犯罪嫌疑人予以谅解,同意适用恢复性司法程序。

3. 罪责相当原则

恢复性司法程序中要解决的是未成年犯罪人的刑事责任问题,因此,必须要考虑责任相当原则,即承担的责任是在合理、合法的范围内,不能出现原始的"同态复仇"现象。在恢复性司法中,"恢复"一词的含义,不能机械地理解为使事态恢复到犯罪发生前的状态,事实上犯罪所造成的某些损害是根本无法恢复原状的;而且在人际关系方面,犯罪前的状态也并不是一种

---

① 张庆方:《恢复性司法》,载陈兴良主编:《刑事法评论》第 12 卷,法律出版社 2003 年版,第 439—440 页。

理想的状态,因为这种状态中包含了导致犯罪发生的人际冲突。[①] 因此,在恢复性司法模式下解决未成年犯罪人的刑事责任问题时,要正确理解"恢复"的含义,在此前提下,根据罪责相当的原则,双方当事人心平气和地协商解决承担责任的方式。恢复性司法的目标,是要通过被害人、犯罪人与社区成员之间的交流与对话,使社区人际关系升华到一种更和谐、人与人之间的纽带更牢固的境界,如果恢复性程序的结果是对犯罪人过度地惩罚或轻纵,则可能产生新的人际不和谐状态。

4. 防卫社会原则

在恢复性司法制度中,未成年人往往是以社区服务、赔偿损失等方式来承担刑事责任。这种承担责任的方式必须要符合防卫社会的原则。也就是说,进入恢复性司法程序的未成年犯罪人不应当具有人身危险性,不至于再次危害社会。这一原则要求适用恢复性司法程序的犯罪行为人主观恶性不大,自身不具有严重的人身危险性;其次,其家庭或社会能够起到较好的监管与帮教作用。

(二) 恢复性司法的适用对象

由于恢复性司法主要是以非刑罚的方式解决刑事责任问题,因此,必须要在"责任相当"和"防卫社会"的原则下,确定可以适用恢复性司法的对象,对于那些犯罪行为造成的实际后果十分严重,犯罪行为人应当承担较重的刑事责任的案件,显然不应适用恢复性司法程序。考察是否可以适用恢复性司法,可以参照如下条件:

(1) 过失犯罪案件;

(2) 可能判处3年以下的有期徒刑或拘役的案件;

(3) 共同犯罪中的未成年从犯、胁从犯。

具备以上条件之一的未成年犯罪人,还须同时具备以下条件:

(1) 无犯罪前科;

(2) 犯罪后有真诚悔过的意思表达。

其他类型的案件,无论当事人是否自愿和解,均不应启动恢复性司法程序。

---

① 刘东根:《恢复性司法及其借鉴意义》,载《环球法律评论》2006年第2期。

（三）适用恢复性司法的基本程序

1. 适用的诉讼阶段

根据前述的罪责确证原则，恢复性司法应适用于审判阶段中确定责任的阶段。适用于审判阶段，除了未成年犯罪人的确定有罪问题已经解决外，而且还有利于恢复性司法的价值目标的实现。在审判阶段，犯罪人因已被羁押了一段时间或较长时间的卷入刑事诉讼，刑罚惩罚的现实感更为强烈，从而有积极参与恢复性司法程序的意愿，被害人也在经过一段时间后对整个事件有了更加理性的认识，提出的具体要求也趋于合理，在此阶段容易达成协议并且内容也相对公正合理。

2. 会谈模式

会谈人员的组成可以参考新西兰的家庭会议模式并结合我国的国情作一些调整。① 会谈中的当然成员应当包括犯罪的未成年人以及其家庭成员，被害人以及家庭成员，双方均可请律师参加。家庭成员的参加，可以给被害人以心理支持；可以让犯罪人的父母或监护人更深切地感知自己的孩子给他人造成的痛苦，从而愿意主动配合会谈并加强管教力度。

由于恢复性司法适用于审判阶段，居中调解的应当是审理未成年人犯罪案件的法官或其指定的专业人员。此外，还应有一名书记员在场。联合国经济及社会理事会于2002年讨论恢复性司法议题的相关报告中指出，"调解人"的提法不应局限于被国家指定或授权的人。调解人也可以是个人，他们经过适当培训，但不一定由国家雇用或附属于国家；在适当案件中，可能由团体如共同定罪小组进行调停、调和或调解。② 本书认为，由于恢复性司法程序是正式的刑事司法程序的补充，仍然应当体现出司法程序的特点，即必须由一个公正的第三方做居中调解人。审理未成年人犯罪案件的法官熟知案件的具体情况，对于承担责任的具体方式是否合理与合法能够有比较准确地裁量，而非专业人士则可能不善于管理谈话过程，降低程序的效率，或在衡量承担责任的方式及数量方面时把握不好尺度而使得结果显

---

① 在新西兰，家庭会议有犯罪的青少年、其家庭成员以及他们邀请的人，被害人或他们的代理人、支持者，警方代表，以及居中调解的人（是社会福利部门的工作人员）。有时也有社会工作者或律师在场。

② 《恢复性司法——秘书长的报告》增编，《恢复性司法专家组会议报告》，预防犯罪和刑事司法委员会第十一届会议2002年4月16日至25日，维也纳。

失公平。

在会谈中,应当先由法官说明相关的法律规定,宣读侦查及起诉阶段对犯罪事实的调查与认定,介绍未成年犯罪人在诉讼期间的态度和行为表现,然而让双方当事人及其家属按照一定的顺序发言。在会谈的过程中,居中人应尽力鼓励未成年犯罪人担负起对受害人和受害社区的责任,并支持他们重新融入社会。

3. 会谈结果及其处理方式

如果谈判双方就刑事责任问题在合理合法的范围内达成了一致的意见,应当由书记员形成一份书面的协议,由双方签字后即产生法律效应,其结果应有与任何其他司法裁决或判决相同的地位。被害人或公诉机关不得就相同事实再次起诉。

如果初次谈判没有达成一致意见,法官在征求双方当事人或其监护人、代理人的意见之后,确定是否需要进行第二次会谈,并根据法律规定确定第二次会谈的时间。如果仍然不能达到一致的意见,则该案件应立即移交给未成年人法庭按照正式程序处理。

综上所述,对于未成年犯罪人来说,适用恢复性司法有利于更好地保护他们的权利,可以因不适用监禁刑而减少标签效应和交叉感染的负面影响;对于被害人与社会来说,适用恢复性司法也可以起到修复伤痛的作用,有利于缓和因犯罪行为而紧张化的社会关系,反过来也更有利于未成年犯罪人顺利地回归社会。基于恢复性司法存在的局限性或困境,在立法时需要注意对恢复性司法的准确定位,并周密设计合理的运作程序。

第二节　前科消灭制度

"前科消灭"在许多国家又被称作"刑事污点消失"或"取消刑事污点",我国相关法律虽然对此尚无明确规定,但一些地方法院已开始试行"前科消灭"制度。目前,国内学界已就未成年人前科消灭制度进行了广泛而有益的探讨,与之相关的专题研讨会也时有召开。① 应当说,目前的研究已经基本上涵盖了未成年人前科消灭制度的各个方面。但是,我们也必须看到,目前我国在这一问题上的研究还缺乏具体的实证依据②,大多数结论都缺乏数据和事实的支撑,更多的是一种泛泛而谈的理论性阐释。这种粗放式的研究导致我国在未成年人前科消灭制度这一问题上长期处于低水平重复建设层次,难以为我国未成年人前科消灭制度的构建提供有效的理论支持。为弥补这一缺憾,本节将更多地运用实证研究的方法,通过对法官、律师、公众和未成年人犯罪人的问卷调查以及对法院有关未成年人犯罪判决的分析,进一步厘清未成年人前科消灭制度在我国面临的一些特殊问题。一方面,以大量的实证数据为基础,从未成年人本身以及社会的角度,深入分析建立未成年人前科消灭制度在我国未成年人司法改革中的必要性和可行性;另一方面,在前述实证研究的基础上,深入挖掘未成年人犯罪的原因,从而结合地方的试点实践有针对性地为我国未成年人前科消灭制度的构建提出一些对策性意见。

本节的实证研究以对 403 名法官、175 名检察官、185 名司法警察、323 名社会公众、24 名律师和 1400 名未成年人罪犯③的问卷调查为基础,调查的基本情况见本书第五章、第八章及第十章的介绍。

一、国外未成年人前科消灭制度

前科消灭制度(expunging or clearing the criminal record)或称为刑罚失效、注销记录、取消"刑事污点"、复权,属刑罚执行体系,一般来说,是指对有前科的人,经过法定程序或符合法定条件的情形下,宣告注销犯罪记录,恢复正常法律地位的一种制度。④ 在世界范围内,未成年人为主体的犯罪问题已经引起了国际社会的普遍重视,为解决未成年犯罪人回归社会后的种种

---

① 王邕:《未成年人轻罪记录消灭制度理论与实践研讨会会议综述》,载《青少年犯罪研究》2009 年第 5 期。

② 我们在中国期刊网上检索到以未成年人前科消灭为主题的论文有几十篇,其中仅有一篇涉及到实证数据,而且还是批判未成年人前科消灭制度的。

③ 对 1400 名未成年犯罪人的调查,是指课题组在山东省未成年犯管教所进行的问卷调查,具体情况见本书第八章介绍。

④ 房清侠:《前科消灭制度研究》,载《法学研究》2001 年第 4 期。

问题以及更好地预防犯罪行为的发生,世界上许多国家已先后建立了未成年人前科消灭的法律制度。

1948年《日本少年法》第60条规定:"少年犯刑期执行完毕或免予执行,适用有关人格法律的规定,在将来得视为未受过刑罚处分。"此外,该法第61条还规定:"报纸和其他印刷品,不得刊登被提起公诉少年的姓名、年龄、职业、住所、容貌等资料,不得刊登可能推断出该人是被交付家庭裁判所审判的少年的消息或照片。"德国现行的《少年法院法》(1998年)第97条规定:"如少年刑事法官确信,被判处少年刑罚的少年犯用无可指责的行为证明自己是一个正直的人,他就以官方的名义,或者根据被判刑的犯罪分子的家长或法定代理人的申请,宣告取消刑事污点。根据检察官的申请,或者在提出申请时,被判刑的犯罪分子尚未成年的情况下,根据少年刑事诉讼办理机构的代表的申请,也可以取消刑事污点。"《瑞士刑法》(1971年)第99条规定了对未成年人犯罪"处罚记录之注销"的制度。澳大利亚《青少年犯罪起诉法》规定,警方对未成年人的犯罪记录不能保留到其成年之后,18岁以后必须销毁,若被法院宣告无罪释放的,该青少年犯罪的一切案件档案资料,也必须销毁。① 此外,《法国刑事诉讼法典》、英国的《前科消灭法》也规定了撤销犯罪记录的制度。

美国20世纪80年代以及90年代颁布的意图预防以及降低犯罪率的公共政策并没有达到期望的目标,反而令有被捕以及被定罪记录的美国公民的数量空前增长。令人讽刺的是,很多这种严厉打击犯罪的政策,事实上也使那些有前科的人在刑期结束之后,因种种障碍,重新开始正常的社会生活的道路更为艰难。因此,那些预防与减少犯罪的政策,同样也是导致美国的再犯罪率几乎高达60%的重要原因。根据2004年美国统计局的统计数据,美国的三个成人中就会有一名有犯罪记录,而不管这些有犯罪记录的人是否曾被判有罪或仅有被逮捕的记录,都会面临种种就业障碍,缺乏支持和维持他们成功地回归社会的公共资源。研究表明,就业机会是减少再犯罪率的主要因素之一。然而,雇主以及普通民众可以获得有关逮捕以及定罪的记录,显然是有前科的人被拒绝工作机会的一个关键性因素。此外,这些

---

① 刘凌梅:《关于建立未成年人刑事污点消灭制度的思考》,载《青少年犯罪问题》2003年第1期。

个体因为前科而不能获得住房以及其他补贴,而这些都是那些有前科的人试图重新作为社区以及家庭建设性的成员的至关重要的条件。前科消灭制度就意在解决犯罪人重新回归社会后的种种现实困难。目前,在美国已有27个州允许消除没有导致定罪判决的逮捕记录,有7个州允许消除的犯罪记录不仅包括轻罪,还包括重罪。然而,仍有很多州(33个)并不愿意消除成年人的定罪记录。① 就未成年犯罪人的前科消灭来说,政策更为宽松。例如,有4个州同意消除未成年人的逮捕记录,有16个州允许消除未成年人的定罪记录。然而,仍有一些州对那些如果是成人犯罪则可能被判处重罪的未成年犯罪人的逮捕及定罪记录,认为不应当予以消除。②

根据伊利诺伊州的有关规定,当未成年人的年龄达到17岁时,就有资格消除某些犯罪记录。如果当时没有正在诉讼程序中的案件,个人可以向法庭申请消除其相关的违法记录或法庭记录。其他的记录可以在申请人达到21岁时,且符合相关条件时予以消除。前述消除前科的情形仅仅发生在以下条件予以满足时:仅有逮捕的事实而没有被提起诉讼;被指控犯罪但没有被判定有罪;处于监督之中并且监督命令已经终止;或者被裁定的犯罪行为,如果是成年人实施的,应当处于B级轻罪。简言之,任何人都可以向法庭申请消除自己全部的、在17岁生日之前发生的并且没有引起刑事诉讼程序的违法性事件相关的记录,以及所有的在少年法庭作出裁决的记录,但是,那些如果是成人实施则可能是重罪的一级谋杀以及性犯罪的有关记录除外。此外,还有另外一种限制进入个人逮捕与定罪记录的机制,即"封存"(sealing)相关记录。被封存的记录和被消灭的记录是有区别的,这是因为被封存的记录仍然是由执法机构掌握,只是普通民众或雇员如果没有法官的许可则无法获得。但是,一旦个体因同样的或相似的犯罪行为再次被捕,

---

① Sharron D. M., Michael Rutt, "Access to Livable Wage Employment: A Review of Expungement and Sealing Policies and Their Impact on the Employment of Individuals with Arrest", in *Second Policy Paper Series on Issues Affecting the Employment of Individuals with Criminal Records in Illinois*, Safer Foundation: Council of Advisors to Reduce Recidivism Through Employment(C. A. R.. R. E.), 2005. pp. 1—24.

② The Legal Action Center, "After Prison: Roadblocks to Reentry", http://www. lac. org/lac/main. php? view = law&subaction = 5. ,2009年4月2日访问。

则被封存的记录可以公开,并且可以用于后罪的定罪与量刑之中。①

二、设立未成年人前科消灭制度的必要性与可行性

（一）设立未成年人前科消灭制度的必要性

1. 顺应未成年人刑事司法改革发展的趋势

随着犯罪学家对对刑事处罚目的的深入探讨,人们已经逐渐认识到,刑事处罚的首要目的不在于惩罚犯罪,而在于预防犯罪和改造罪犯。对于那些生理心理均处于发育阶段的青少年犯罪人来说,惩罚他们的目的,更是为了通过心理以及人格上的再塑造而更加有效地将他们改造为守法公民。当前各国刑事政策的非刑罚化、人道主义倾向,即是对刑罚预防犯罪功能的司法回应。

未成年人的刑事司法政策,应当与成年人的刑事司法政策有所区别。这是因为,一方面,对于心理与生理发展尚不健全的未成年人来说,犯罪行为的发生,往往不良环境因素起到了关键性的影响,其主观恶性与人身危险性均小于成年犯罪人；另一方面,未成年人的可塑性强,14岁至18岁期间,正是未成年人的人生观、价值观逐渐形成与初始定型阶段,正确的引导与心理支持,有助于其形成积极向上的人生观和价值观,从而可以支配其社会行为的正向发展。因此,在确定未成年人的刑事政策时,应当立足于改造与预防的刑罚目的,注重对未成年人行刑活动的人道化,注重未成年人犯罪原因的多样化,运用从原因到预防的系统观来探讨未成年人犯罪的治理对策。

自《未成年人保护法》颁布之后,我国现行的有关未成年人刑事政策,已基本体现出"教育、感化、挽救"的方针和"教育为主、惩罚为辅"的原则。刑事政策的目的,是使犯罪的未成年人感知到国家和社会对他们的良好期待,认识自己的犯罪行为给他人、社会以及家庭带来的危害,唤醒他们的悔罪意识,培养、提高他们辨别是非的能力。由于我国目前没有前科消灭制度,未成年人一旦犯罪,在理论上就成为终身"犯罪人"。我国《未成年人保护法》

---

① Sharron D. M., Michael Rutt, "Access to Livable Wage Employment: A Review of Expungement and Sealing Policies and Their Impact on the Employment of Individuals with Arrest", in *Second Policy Paper Series on Issues Affecting the Employment of Individuals with Criminal Records in Illinois*, Safer Foundation: Council of Advisors to Reduce Recidivism Through Employment(C.A.R..R.E.),2005. pp.1—24.

和《预防未成年人犯罪法》中已初步确认了未成年人刑释解教后及受到某种刑事处置后的权利,确定了回归人员的法律地位和人格不应受到歧视原则,《预防未成年人犯罪法》第48条规定:"依法免予刑事处罚、判处非监管刑罚、判处刑罚宣告缓刑、假释或刑罚执行完毕的未成年人,在复学、升学、就业等方面与其他未成年人享有同等权利,任何单位和个人不得歧视。"应当说,这些规定已经在一定程度上确立了未成年人前科消灭的基本理念,这些规定是符合未成年人刑事司法发展的趋势的,因此,有必要以立法的形式确立未成年人前科消灭制度,以顺应保护未成年人权益及实现刑罚预防犯罪功能的刑事司法发展的趋势。

2. 弱化"标签"效应的影响

前科消灭制度可以在某种程度上避免"标签效应"引起的再犯罪化过程,对继发性犯罪起到有效的预防作用。美国主张标签理论(labeling theory)的犯罪学家认为,人的行为并不取决于事物的内在性质,而是取决于社会解释方式。一个人变成罪犯,最初是由于他们的父母、学校教师、警察机关、司法机关以及犯罪矫正机构在处理违法行为时,给其贴上了坏的"标签"的结果。

标签理论认为,贴标签是继发性违法犯罪行为的催化剂。个体在初次违法犯罪以后,如果被贴上的犯罪人的标签,就等同于有了一个名誉上的污点,个体在社会生活的各个方面都将受到这种污点的影响。他人或社会对违法犯罪个体的标签化,反过来也会使被贴标签者逐渐认同这种标签,进而在实施后继的违法犯罪行为时,内心的冲突减少。未成年人在社会化的过程中,一旦被贴上"标签","犯罪化"即会成为其社会化的一部分,对其未来的正常发展产生的负面影响要比成年罪犯更为严重。

前科消灭制度的确立,可以在一定程度上弱化"标签效应"的影响。首先,从法律上消除了未成年犯罪人的前科地位,赋予其与正常人同样的社会权利,可以帮助刑释解教的未成年人获得更多的社会资源与社会支持,从而使他们能够与社会建立多种纽带关系,如工作关系、家庭关系、师生关系等。根据社会控制理论(social control theory),这些纽带关系作为控制犯罪的重要因素,会降低犯罪行为的发生率。① 其次,法律赋予未成年犯罪人没有犯罪前科的法律地位,可以使未成年人切实感受到国家对其犯罪行为的宽容和对其改过自尊的良苦用心,可以降低其因受到刑罚惩罚而产生的对国家与社会的怨恨和不满,强化其继续改造的信心与勇气。然而,我们仍然需要注意,前科消灭制度的确立,并不能完全消除"标签效应"的影响,这是因为在现实的社会生活中,原来已经对未成年犯罪人形成的不良形象,是难以通过法律规定加以消除的。

(二)设立未成年人前科消灭制度的可行性

1. 未成年人的固有特点是未成年人前科消灭制度的运行基础

首先,从未成年人的犯罪特点看,未成年人正处于成长发育阶段,他们的心智仍不十分成熟,其主观恶性一般都不深,实行前科消灭制度不仅不会弱化对社会的保护,反而会促进社会保护的有效实现。

未成年人犯罪是一种特殊的犯罪类型,他们的犯罪往往呈现出冲动性和盲从性,同预谋性、组织性、长期性的成年人犯罪相比,其主观恶性往往比较小。从山东省未成年犯管教所1400份调查的统计数据来看,如表9.4所示,70%以上的未成年人罪犯都是由于一时冲动走上犯罪道路的,72.1%的未成年犯所实施的犯罪也并没有预谋(表11.5),此外,因他人教唆而犯罪的比例也高达18.3%。同时,尽管未成年人犯罪的动机多种多样,但是总体来讲,都比较单纯,如表11.6所示,以娱乐为目的而实施犯罪的未成年人高达42.3%,构成了未成年人犯罪的主要动机。这些既表明未成年人由于生理、心理发育尚不完全成熟,极其容易被影响或被引诱而实施违法犯罪行为,成为前科的携带者,也同时说明了未成年人主观恶性不强的犯罪特点。近98%的未成年人犯罪人都具有悔罪表现(表11.7及表9.6)也说明了这一点。

---

① 控制理论的主要代表人物是赫希(Travis Hirschi)。赫希在他的《违法行为的原因》一书中提出了他的社会联系理论。其基本观点是,违法行为是发生在一个人与社会的联系被削弱或被打断之时,其原因是遵从的个人风险降低。个体维持遵从是因为害怕违法会割裂其与家庭、朋友、邻居、工作、学校等的关系。实质上,个体的遵从并不是恐惧刑法上的惩罚,而是不想违背他们的群体准则以及个人在群体中的形象。参见 Hirschi, T., *Causes of Delinquency*, Berkeley: University of California Press, 1969.

表 11.5　未成年犯罪人有无犯罪预谋

	样本数	百分比	有效百分比
有	379	27.1	27.9
无	977	69.8	72.1
总计	1356	96.9	100.0
无效样本	44	3.1	
样本总数	1400	100.0	

表 11.6　未成年犯罪人的犯罪动机

	样本数	百分比	有效百分比
报复	153	10.9	11.8
贪财	350	25.0	27.0
性满足	49	3.5	3.8
娱乐	547	39.1	42.3
其他	195	13.9	15.1
总计	1294	92.4	100.0
无效样本	106	7.6	
样本总数	1400	100.0	

表 11.7　未成年犯罪人是否悔罪

	样本数	百分比	有效百分比
是	1347	96.2	97.8
否	31	2.2	2.2
总计	1378	98.4	100.0
无效样本	22	1.6	
样本总数	1400	100.0	

通过以上的分析,我们不难发现,未成年人在犯罪特点等方面与成年人犯罪具有很大的差别。对于未成年人罪犯而言,其实施犯罪的主观恶性本身就不大,这就为前科消灭制度的运行消除了像成年人罪犯那样可能带来的风险。

其次,从未成年人的成长过程来看,对于未成年人而言,由于其生理和心理发育尚不健全,具有很强的可塑性,存在较大的发展空间,实行前科消灭制度不仅可以巩固教育改造的成果,还能促进罪错未成年人的健康成长。

从山东省未成年犯管教所收监关押的未成年人罪犯的悔罪表现来看，如表11.7所示，近98%的未成年人都具有悔罪表现，对自己的违法犯罪行为有所醒悟，并表以悔改的决心，这就为前科制度的有效运行创造了必要的前提。此外，尤其值得注意的是，76.4%的未成年人罪犯在开庭审理之前就具有悔罪表现，而在犯罪行为实施完就后悔的未成年人罪犯比例也高达42.3%（表9.6），这进一步表明未成年人罪犯往往具有较强的可塑性，改造的空间和改造成功的可能性都很大。因此，只要给予一个较为宽松的社会环境、足够的悔改余地和继续发展的空间，并予以正确的引导和及时的教育改造，绝大多数的未成年人罪犯都可以比较容易地融入社会、复归社会。相反，如果我们仍将他们拒绝在社会的大门之外的话，正如前面所分析的，无异于是将他们在重新犯罪甚至成为反社会者的道路上推了一把。

总之，未成年人的这种主体特征决定了前科消灭制度能够在这群人中有效地运行，并取得良好的社会效果。

2. 社会的支持是未成年人前科消灭制度的重要保障

未成年人作为一个特殊的群体，一直以来都受到国家和社会的密切关注和高度重视。每一个国家、每一个社会无不对他们予以特殊的保护，为其发展创造良好的环境，而在罪错未成年人这一问题上，体现得尤为突出，以至未成年人前科消灭制度成为当今世界刑事立法的潮流，我国也已开始正式明确要建立未成年人轻罪犯罪记录消灭制度。

那么，整个社会对未成年人前科消灭制度又是怎样的一种态度呢？在是否建立前科消灭制度以及建立一种怎样的前科消灭制度的问题上，法官和律师的观点还是比较一致的，即主张建立一种仅适用于罪行较轻的未成年人前科消灭制度。如图11.3所示，在403份法官调查问卷中，当被问及对前科消灭制度的看法时，332人认为应当建立前科消灭制度，比例高达82.38%，其中，73人认为应当适用于所有未成年人，占18.11%，259人认为应当仅适用于罪行较轻的未成年人，占64.27%。在175份检察官调查问卷中，如图11.4所示，认为应当建立前科消灭的一共有134人，占76.57%，其中，33人认为应当适用于所有未成年人，占18.86%，101人认为应当适用于罪行较轻的未成年人，占57.71%。在185份司法警察调查问卷中，如图11.5所示，155人认为应当建立前科消灭制度，比例高达83.79%，其中，50

人建议适用于所有未成年人,占 27.03%,105 人建议适用于罪行较轻的未成年人,占 56.8%。而在 24 份律师调查问卷中,如图 11.6 所示,认为应当建立前科消灭制度的人数达到了 19 人,比例达 79.17%,其中,7 人建议适用于所有未成人,占 19.17%,12 人建议仅适用于罪行较轻的未成年犯罪人,占 50.00%。

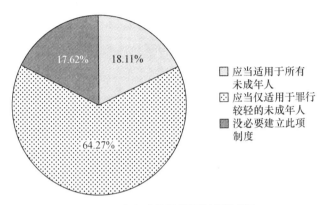

图 11.3 法官对前科消灭制度的看法

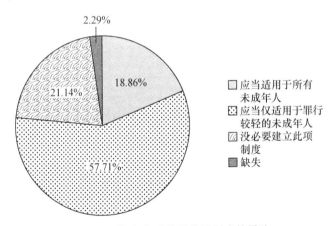

图 11.4 检察官对前科消灭制度的看法

但我们也必须看到,即便是法官、律师这样一些法治观念普遍较强的群体,也对未成年人前科消灭制度保持着一定的警惕性,这又从另一个侧面反映出前科制度对我国社会的深远影响以及整个社会对未成年人前科消灭制度所保持的高度警惕性。在公众的调查问卷中,这种警惕性反映得更加突

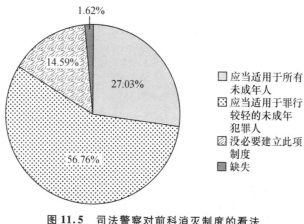

图 11.5　司法警察对前科消灭制度的看法

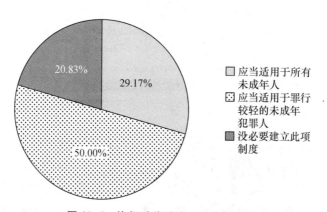

图 11.6　律师对前科消灭制度的看法

出。当被问及"应当在未成年人司法实践中加以推广的制度措施"时,尽管我们对各项制度包括前科消灭制度都作了清楚说明,在 323 人当中,仍仅有 110 人选择了前科消灭制度,占被调查人数的 34.06%。同法官与律师在这一问题上的高度一致性相比,公众对前科消灭制度的看法,本书以为,可能更多地正是来自整个社会对未成年人前科消灭制度的警惕。但是,诚如我国学者所说,也许没有哪个民族会像中华民族那样,成人社会会对未成年人持有那么强烈的爱心,同时又怀有那么强烈的期待。[①] 我们相信,随着未成

[①] 姚建龙:《少年刑法与刑法变革》,中国人民公安大学出版社 2005 年版,第 2 页。

年司法制度改革的推进,公众的观念也会发生有益的变化,进而进一步坚实未成年人前科消灭制度的社会基础。

3. 现行的未成年人保护法律体系是未成年人前科消灭制度的制度性前提

尽管我国《刑法》第 100 条规定了前科报告制度,其他的一些法律法规也作出了与之相应的限制或禁止有前科的人的行业进入资格,但是,我们也必须看到,对于未成年人而言,现行的未成年人保护法律体系仍然为未成年人前科消灭制度创设了一定的制度性环境。

如前所述,我国现行的有关未成年人保护的法律规定已经在一定程度上确立了未成年人前科消灭的基本理念。对于违法犯罪的未成年人,《中华人民共和国未成年人保护法》第 54 条确立了教育、感化、挽救的方针和教育为主、惩罚为辅的原则,并在第 57 条第 3 款进一步规定,解除羁押、服刑期满的未成年人的复学、升学、就业不受歧视。同时,为预防未成年人重新犯罪,《中华人民共和国预防未成年人犯罪法》第 48 条也规定,依法免予刑事处罚、判处非监管刑罚、判处刑罚宣告缓刑、假释或刑罚执行完毕的未成年人,在复学、升学、就业等方面与其他未成年人享有同等权利,任何单位和个人不得歧视。尽管这些条款并未明确未成年人犯罪前科是可以消灭的,但是,这些规定却确认了一个基本理念,即有前科的未成年人在回归社会后,其法律地位和人格不应受到歧视,其法律后果实际上已经接近前科消灭。此外,我国加入的《北京规则》第 21 条第 1 款也规定,对少年罪犯的档案应严格保密,不能让第三方利用,只有与案件直接有关的工作人员或其他经正式授权的人员才可能接触这些档案,确立了未成年人犯罪档案的保密管理制度。同时,该条第 2 款还进一步规定,少年罪犯的档案不得在其后的成人诉讼案中加以引用,从而明确了只要犯罪时是未成年人,该犯罪的后果不应对其成年以后的生活有任何影响,这实际上在一定程度上确立了前科消灭的原则。

令人遗憾的是,我国散见于《未成年人保护法》和《预防未成年人犯罪法》等法律法规中的条文并未明确规定未成年人前科消灭制度。但是,从另一角度来讲,上述成文法律、刑事政策上的宽容、司法实践中的救济措施已经向我们表明了这样一种姿态,即对未成年人罪犯给予特殊的保护——在复学、升学、就业等方面任何单位和个人不得歧视——已成为我国的共识。这些零散的法律规定实际上为在我国有条件地建立未成年人轻罪记录消灭制度创造了一定的制度性条件。当然,我们也必须看到,随着社会的发展,在立法中明确规定未成年人的前科消灭制度也不是没有希望的。

通过对未成年人前科消灭制度必要性和可行性的分析,我们可以认识到:在我国目前的法律体系下,作为整个犯罪预防体系的一部分,未成年人前科消灭制度应有它的一席之地,这不仅在制度层面上与我国一贯的刑事政策相适应,而且在功能层面上也完全满足相应的社会要求,实现保护社会和保护未成年人的双向保护。

三、未成年人前科消灭制度的构建

自最高人民法院启动部分中级人民法院设立未成年人案件综合审判庭试点以来[①],特别是在中央正式明确提出有条件地建立未成年人轻罪犯罪记录消灭制度以来,我国一些地区积极开展未成年人前科消灭制度的试点工作,探索未成年人轻罪犯罪记录消灭制度的发展模式,为我国未成年人前科消灭制度的构建提供了宝贵的经验和教训。

从各国的立法实例来看,前科消灭制度主要涉及到前科消灭的条件、期限、程序和法律后果等几个方面。这些制度性规范的构建和完善不仅有赖于前科消灭模式的选择,更有赖于司法实践的经验积累。由于我国未成年前科消灭制度的实践起步较晚,我们还尚未对我国的未成年人前科消灭制度的试点情况进行问卷调查等实证研究;因此,在如何构建我国未成年人前科消灭制度这一问题上,下文主要根据此次实证研究的结果探讨未成年人前科消灭制度的运行模式以及前科消灭的法律后果等基础性问题,至于该制度运行的具体程序规则,则是在参考目前部分地区具体做法的基础上提出一些粗浅的建议。

(一)运行模式

在构建未成年人前科消灭制度之时,确立未成年人前科消灭制度的运行模式显得尤为重要,这不仅涉及该制度构建的一系列基础性问题,更关系

---

① 沈德咏:《为建立和完善中国特色少年司法制度而努力》,载《山东少年审判》2009 年第 1 期。

到该制度的实施效果。综观世界各国,他们无一不是根据自己的具体国情采取不同的前科消灭模式。本书认为,对于劳动教养等非犯罪记录的消灭,应当设立一种自动消灭的模式,即在相关处罚执行完毕后,由原处罚决定机关依职权消除这些前科记录。但对于犯罪记录这类前科的消灭,从我国设立前科消灭制度的目的、社会对前科消灭制度的态度以及目前的司法实践来看,设立一种附条件的前科消灭模式是较为可取的,即犯罪前科的消灭一般需要经过一定的考察期,并在这段考察期内达到一定的行为条件。①

第一,从我国设立未成年人前科消灭制度的目的来看,该制度主要是为了减少和遏制未成年人犯罪,实现对社会和未成年人的双向保护,这也就必然要求前科消灭的运行模式必须能够充分发挥激励和警示两方面的作用。目前的未成年人司法制度已经陷入了社会保护不够、未成年人保护不足的悖论:一方面,对于已然的犯罪行为,往往对未成年人大幅提高合法权益的保护程度并处以较轻的刑罚,导致公众对社会保护不够的不满;另一方面,对于刑罚执行完毕的未成年人罪犯,我们却没有为他们提供较好的社会复归机制,影响了罪错未成年人的健康成长,导致对未成年人保护不足,这又进一步导致目前未成年人犯罪率居高不下。正是在这一背景下,未成年人前科消灭制度应运而生,也就必然要承担起鼓励罪错未成年人融入正常的社会生活、减少和遏制未成年人犯罪特别是再犯罪的重任。

第二,从目前我国社会对未成年人前科消灭制度的态度来看,我国前科制度的观念仍然根深蒂固,整个社会的观念依然有待改进,建立一种有条件的前科消灭模式能够获得最广泛的支持。如前所述,在应当采取何种未成年人司法制度上,选择建立未成年人前科消灭制度的公众仅有30多个百分点,这表明整个社会对于前科消灭这样一个新兴的制度还是比较警惕的。即便是支持建立未成年人前科消灭制度的法官和律师,他们也仅仅主张建立一种轻罪的前科消灭制度,对于比较严重的犯罪,则没有前科消灭的适用余地。因此,在这样一个还普遍对前科消灭制度保持高度警惕的国度,给未成年人前科消灭制度设置一定的悔改条件是比较可行的办法。

第三,从我国未成年人前科消灭制度的司法实践来看,在消灭程序的模

---

① 沈兵、刘宇:《构建我国未成年人前科消灭制度》,载《法治论丛》2007年第5期。

式选择上,检察院、法院更多的是采用申请消灭模式,由符合相应条件的未成年人本人或其法定代理人向有关部门提出适用消灭制度,然后由有关部门进行考察并作出裁定。①

(二) 法律后果

同前科消灭运行模式的选择一样,前科消灭的法律后果也必须从我国的实际出发,考虑我国设立未成年人前科消灭制度的目的、社会的态度以及目前的司法实践等因素。此外,我国目前一些法律法规对有前科者所作出的有关限制或禁止进入的规定也是不得不加以考虑的因素。

第一,在前科制度这一背景下,我国在设立未成年人前科消灭制度时更加关注该制度在减少和遏制未成年人犯罪尤其是再犯罪方面的特殊功能,具有较浓的功利色彩,这就注定了未成年人前科消灭制度只会在有限的范围内发挥作用。站在预防和减少未成年人再犯罪的角度,未成年人前科消灭制度实际上只需要解决好罪错未成年人的社会复归问题即可,也就是说,消除前科制度所设定的法律障碍,使其顺利地融入到正常的社会学习、工作和生活中去,不致重新走上违法犯罪的道路。

第二,目前,整个社会对未成年人前科消灭制度还比较警惕,即使是目前的试点,也对该制度的适用设定了严格的条件。在整个社会尚未达到足够宽容程度的背景下,未成年人前科消灭制度也只能在未成年人罪犯最迫切需要的领域发挥作用,以获得广泛的社会基础。

第三,从我国的司法实践来看,实务部门在未成年人前科消灭制度的法律效果上分歧较大,主要是前科是完全、彻底地消灭还是有条件地限制封存之争。尽管主张完全、彻底消灭的大有人在,但是,大多数的检察院和法院都倾向于采取相对不公开的封存模式,即未经相关批准,不得随意对外披露。② 未成年人前科消灭制度更多地只是在消除前科对未成年人罪犯的影响方面尤其是非法定影响上发挥作用而已。

本书认为,对于劳动教养等非犯罪记录这类前科的消灭的法律后果,应当是彻底地消灭,即未成年人不应当因为这些非犯罪记录而受到任何不良

---

① 王邑:《未成年人轻罪记录消灭制度理论与实践研讨会会议综述》,载《青少年犯罪研究》2009 年第 5 期。

② 同上。

影响,有关机构也应当销毁有关档案文件或对这些文件进行永久性的封存,不得对外公开。而对于犯罪记录的消灭的法律后果,从各地的实践来看,山东省乐陵市的做法较好地平衡了上述各种因素与前科消灭制度最大限度地发挥作用的关系。未成年人前科消灭的法律效果主要体现在两方面:一是在复学、升学、就业、担任无法律明文限制的公职时,任何单位和个人不得歧视,免除前科报告义务;二是未成年人罪犯有关犯罪的事实不在对社会公开的任何档案中载明,原犯罪卷宗材料由相关司法、执法部门加密保存。① 应当说,为未成年人前科消灭制度设置如上两方面的法律效果,实在是在目前的法律框架内所能作出的最大努力。但是,这并不意味着以后,特别是随着我国法治观念的进步,前科消灭的法律效果也仅局限于上述两个方面。

(三) 具体程序规则

一项制度具体程序规则的创建和完善,在很大程度上有赖于实践经验的积累,本研究的局限也正在于此。但是,通过对我国部分地区未成年人前科消灭制度试点状况的考察,我们仍能为该制度的具体程序规则厘清一些轮廓,为其程序规则等制度规范的建立和完善提供一定的借鉴。

对于劳动教养等非犯罪记录的消灭,如前所述,应当是原决定机关依职权将这些记录消除,因此这类前科的消灭程序较为简单,并不需要未成年人申请消除,也不需要设定考察期间。而对于犯罪记录这类前科的消灭程序,本书认为可制定以下几个方面的规则:

第一,适用范围。从我国目前的实践来看,大多数的检察院都几乎无争议地认为宣告刑为 3 年以下有期徒刑、拘役、管制、单处附加刑或者免予刑事处罚的,犯罪时已满 14 周岁未满 18 周岁的未成年人,都可以适用轻罪犯罪记录消灭。而法院则显得相对保守,比如,四川省彭州市人民法院就将前科消灭制度主要限于在校未成年人的过失犯罪或危害性不大的轻微刑事犯罪方面。② 值得我们注意的是,在未成年人前科消灭制度适用范围这一问题上,我国的司法实践总体上讲还是较为保守的,这虽然在一定程度上照顾到

---

① 德州市中级人民法院、乐陵市人民法院:《关于乐陵市失足未成年人"前科消灭"制度的调查报告》,载《山东审判》2009 年第 3 期。
② 王邕:《未成年人轻罪记录消灭制度理论与实践研讨会会议综述》,载《青少年犯罪研究》2009 年第 5 期。

了我国的实际情况,但是,未成年人前科消灭制度的实施效果尤其是社会效果却很可能因此而大打折扣。因此,在限制未成年人前科消灭制度适用范围的同时,我们也必须适当地扩大其适用范围,以较好地实现保护社会和保护未成年人的平衡。本书认为,通过两步走战略逐步扩大未成年人前科消灭制度的适用范围是较为可行的:第一步,未成年人罪犯只有在犯了宣告刑为3年以下有期徒刑、拘役、管制、单处附加刑或者免予刑事处罚等的轻罪时才能适用前科消灭,这既符合目前我国普遍的司法实践,也符合最高人民法院在这一制度上轻罪的提法;第二步,进一步扩大前科消灭的适用范围,像山东省乐陵市那样,将涉及危害国家安全的犯罪、毒品犯罪、严重暴力犯罪的首犯、主犯以及累犯排除在未成年人前科消灭制度的适用范围之外,其他犯罪均有适用前科消灭制度的余地。①

第二,申请主体。我国一般认为未成年人前科的消灭既可以由未成年人本人或其代理人提起,也可以由其法定代理人提起。② 实务部门也主张未成年人前科消灭制度的申请主体应该尽量地宽泛,未成年人本人、未成年人的法定代理人或者监护人、成年近亲属以及检察机关均可以提出申请。③ 本书也认为,未成年人前科消灭制度的申请主体应当尽量宽泛,但又必须与其具有一定的利害关系,即未成年人本人及其法定代理人或监护人或者成年近亲属均可以作为申请的主体。

第三,决定机关。就决定的机关而言,目前的司法实践主要存在两种模式:一是原审人民法院④;二是多个部门组成的专门综合机构。⑤ 本书认为,尽管未成年人前科消灭制度落到实处有赖于多个部门的协同合作,但是,这种执行上的合作关系并不构成其享有决定权的依据,既然法院是法定的审判机关,由一审法院作为前科消灭的决定机关是比较适当的。

---

① 德州市中级人民法院、乐陵市人民法院:《关于乐陵市失足未成年人"前科消灭"制度的调查报告》,载《山东审判》2009年第3期。
② 沈兵、刘宇:《构建我国未成年人前科消灭制度》,载《法治论丛》2007年第5期。
③ 王邕:《未成年人轻罪记录消灭制度理论与实践研讨会会议综述》,载《青少年犯罪研究》2009年第5期。
④ 代正伟:《从少年犯轻刑化到"前科消灭"——彭州法院试行"前科消灭"制度的初衷与困惑》,载彭州法院网,http://www.pzfy.org/Article/flyj/ggsk/200802/1320.html,2009年10月20日访问。
⑤ 德州市中级人民法院、乐陵市人民法院:《关于乐陵市失足未成年人"前科消灭"制度的调查报告》,载《山东审判》2009年第3期。

第四,考察时间。在设定考察时间的时候,我们必须考虑两个因素:一是对未成年人罪犯适用的刑罚种类及期限;二是考察时间对未成年人复归社会的影响。目前,各地在这一问题上的做法千差万别,其中山东省乐陵市对处刑在3年以上有期徒刑的未成年人,按照刑期分别在刑罚执行完毕后1年、3年、6年内不再故意犯罪的,经申请、考察、审批程序后,其前科永久消灭。① 本书认为,未成年人前科消灭制度考察时间的设置可以参考缓刑考察期的规定,对于宣告刑为3年以下有期徒刑、拘役、管制、单处附加刑或者免予刑事处罚的轻罪,不低于6个月,不超过1年;对于宣告刑为3年以上有期徒刑的犯罪,可以根据5年以下、5年以上10年以下、10年以上设定三个不同的档次:1年、3年、5年。当然,对于考察时间的设置问题,各地可以根据自己的实际情况进行确定。

第五,悔改条件。关于悔改条件,有的地方对宣告刑为3年以下有期徒刑的未成年人罪犯未设定条件而对3年以上有期徒刑的未成年人罪犯要求其在考察期内不再故意犯罪②,有的地方要求其在前科存续期间服从生效的裁判、无漏罪且在前科存续期间没有新的违法犯罪行为、无申诉上访行为等③,总之,各地的具体实践不一而足。本书以为,考虑到未成年前科消灭制度建立的初衷,悔改条件不能设置得过低,也不能设置得过高。根据这一原则,可以将其设定为:没有故意的违法犯罪行为;品行正直,日常行为符合社会正常的道德准则。

---

① 德州市中级人民法院、乐陵市人民法院:《关于乐陵市失足未成年人"前科消灭"制度的调查报告》,载《山东审判》2009年第3期。
② 乐陵市法院:《乐陵法院失足未成年人"前科消灭制度"实施细则》,载《山东少年审判》2009第1期。
③ 青岛市李沧区法院:《青岛市李沧区未成年犯罪人前科封存实施意见(试行)》,载《山东少年审判》2009第1期。

第十二章 未成年人司法制度改革纪实

由地方性改革推动全国性的改革,是我国未成年人司法制度发展过程中体现出来的一个重要特点。因此,对未成年人司法制度改革的地方性探索进行总结具有重要意义。本章主要对河南、山东两省未成年人司法制度改革中的探索情况进行简单介绍。之所以选择这两个省,是因为河南与山东分别位于我国的中部和东部地区,均为我国的人口大省,具有较强的代表性。本章两节内容的作者分别为河南省人民检察院的检察官和山东省高级人民法院的法官,对当地的未成年人司法改革有着全面的把握和丰富的实践经验。本章对两省未成年人司法制度的阐述重点有所不同:"河南部分"侧重介绍未成年人检察制度的发展与探索;而"山东部分"则主要介绍少年法庭及未成年人审判制度的发展与探索。对这两省未成年人司法制度改革进程的回顾与总结,可以为理论研究提供线索与素材,同时也可以为其他省市乃至全国未成年人司法制度的改革提供可以借鉴的实践样本。

第一节 河南省未成年人司法制度

河南省未成年人刑事检察司法制度,经历了从无办案机构、无专业人员、无专门程序到逐渐健全完善的过程。本节主要对河南省未成年人检察机构的发展历程和检察制度的探索情况进行介绍。

一、河南省未成年人检察机构的发展

对于未成年人刑事案件检察机构的构建,《未成年人保护法》及最高人民检察院都做出了相关规定,即检察院一般应当设立专门工作机构或者专门工作小组办理未成年人刑事案件,不具备条件的应当指定专人办理。河南省检察院在未成年人检察机构的构建中,进行了艰难的探索,并在解决实际困难的同时积累了不少有益的经验。概括起来,自改革开放以后,河南省未成年人检察机构的设置经历了三个发展时期:艰难积累期、探索实践期和跨越发展期。

(一)艰难积累期(1978年—2000年)

在检察机关恢复重建的前10年,未成年犯罪人这一特殊群体没有受到重视。虽然最高法、最高检、公安部、司法部早在1991年就联合下文,提出对办理青少年刑事案件建立互相配合的工作体系,但是,只有法院自成体系建立了专门的少年审判机构,公、检两家并没有设立办理未成年人犯罪案件的专门机构,相互配套的工作体系不连贯,无法充分发挥各自的职能作用。

1992年,最高人民检察院根据《中华人民共和国未成年人保护法》的规定,下发了《关于认真开展未成年人犯罪案件检察工作的通知》,要求"有计划地逐步建立办理未成年人犯罪案件的专门机构",并且明确要求:"今、明两年,各地应在刑检部门建立和健全办理未成年人犯罪案件的专门机构或指定专人负责。"2000年,最高人民检察院在《检察改革三年实施意见》中也要求:"本着教育、感化、挽救的方针,健全未成年人犯罪检察工作机制,研究制定未成年人犯罪案件的批捕、起诉工作规范。"

在这一发展时期,河南省检察机关因为机构设置、财务状况、人员配备等都不具备成立相应工作机构的条件,没有针对未成年人这一特殊犯罪主体设立专门的工作机构,也没有指定专门的办案人员,更没有制定切实可循的适合未成年人身心特点的诉讼程序。根据2000年对河南省检察机关设立未成年人工作机制的统计,河南省19个分市检察院和167个基层院均没有设立专门编制的未成年人案件办理机构。

(二) 探索实践期(2001年—2005年)

2001年3月,河南省高级人民法院与检察院一起联合下发了《关于开展未成年人刑事案件指定管辖工作的意见》,鼓励有条件的城市开展指定管辖工作。2001年9月,开封市将市辖区的未成年人刑事案件集中指定鼓楼区人民法院审理,对未成年刑事犯罪的审查逮捕、审查起诉工作,也统一由鼓楼区人民检察院负责,但是并没有成立专门的机构,只是使原有的审查逮捕科、审查起诉科增加了工作量,这种做法一直延续至今。

2002年,河南省人民检察院下发了《关于加强未成年人犯罪检察工作的通知》,要求全省各级侦查监督部门都要建立未成年人刑事案件检察机构(以下简称"未检机构"),条件成熟的地方,要建立专门的内设未检机构;条件尚不成熟的,要指定专人具体负责此项工作;各地要指定一名副处(科)长具体负责此项工作,要指派有未成年人刑事检察工作(以下简称"未检工作")经验的同志办理青少年犯罪案件,研究、探索、总结未检工作经验。通知下发后,各地纷纷行动起来,可是限于机构编制的问题,只有济源市人民检察院、郑州市管城区人民检察院成立了专门的工作机构,但均没有编制。在其他没有专门成立未检机构地方,也采取了有关的措施:一是指定具有丰富审查逮捕、审查起诉经验的检察官办理未成年人犯罪案件,成立未检办案小组;二是有的县区院设立了"青少年维权岗",由侦监、公诉部门政治业务素质高、办案经验丰富的干警组成。

据统计,截至2005年,河南省三级检察机关共成立未成年人刑事检察机构3个,专职成员15名,其中负责审查逮捕的6名、审查起诉的9名;成立了办案小组30个,其中审查逮捕组14个,审查起诉组16个;指定115名检察官负责未成年人犯罪案件,其中审查逮捕部门60名,审查起诉部门55名。尚有38个单位既没有成立相应的机构,也没有指定专职人员。

(三) 跨越发展期(2006年至今)

2006年,河南省未成年人检察机构的构建进入了一个新的发展时期。省院公诉处在2006年成立了未成年人刑事犯罪案件审查起诉指导组,省院侦查监督处则在2007年成立了未成年人犯罪审查逮捕案件指导组。省检察院还要求各市分院、基层院也成立专门负责审查逮捕、审查起诉未成年人犯罪的办案组,以加强对全省未成年人犯罪案件审查逮捕、审查起诉的指导和办理。并在全省检察工作意见中,明确要求各地检察机关要针对未成年人生理和心理特点,挑选责任心强、业务水平高、熟悉未成年人特点,善于做未成年人思想工作的女检察官成立专门的办案组。

根据省检察院的要求,河南省186个检察院均结合各自实际,建立了具有不同职责的机构。有的检察院成立了以审查逮捕为主的小组,如郑州市惠济区检察院侦查监督科成立了"青少年犯罪案件办案组",鹤壁市检察院成立了"未检组",漯河市检察院成立了"未检工作领导小组",南阳、三门峡市各县市区检察院都成立了未成年人专门办案小组;有的检察院成立了以审查逮捕、审查起诉为主要职责的机构,如周口市川汇区检察院成立了"少年组"、郑州市管城区建立了"未成年人刑事检察科";有的检察院的侦查监督、公诉、监所、预防等部门联合成立具有综合检察职能的工作组,如濮阳市建立了"青少年维权工作领导小组",许昌市检察院成立了"预防青少年犯罪领导小组",济源市检察院成立了"预防、审理未成年人犯罪科"。目前,全省检察机关已基本树立了未成年人犯罪案件"专人办理,优先办理,快速办理"的理念。

二、未成年人检察制度的探索

近年来,河南省检察机关坚持"教育、感化、挽救"的工作方针,恪守"教育为主、处罚为辅"的办案原则,对未成年人犯罪案件的办理进行了一系列的探索。根据最高人民法院、最高人民检察院、公安部、司法部《关于办理少年刑事案件建立相互配套工作体系的通知》和《人民检察院办理未成年人刑事案件的规定》,积极与公安机关、人民法院配合,建立政法机关"一条龙"配套体系,把对未成年人的羁押、预审、起诉、审判、监管、帮教等司法程序有机地衔接起来。

(一)检察机关提前介入未成年人案件的侦查

河南省安阳、新乡、濮阳、南阳等地区,检察机关与公安机关协商,将未成年人犯罪案件纳入到提前介入的案件范围,即凡是涉及未成年人犯罪的案件,要求公安机关及时通知检察机关侦查监督部门,办案人员及时介入案件,了解未成年人犯罪的动机、目的、原因及其行为对社会的危害程度,了解未成年人的家庭情况,及时对是否采取刑事拘留的强制措施提出建议,以防止未成年人在监管场所受到"二次污染"。

检察机关介入侦查的意义在于:第一,通过引导公安取证以及加快案件的处理,使未成年人被羁押时间缩短。第二,加强对侦查活动的监督,保护未成年犯罪嫌疑人的合法权益。检察机关介入侦查,可以保证不应当被立案的未成年人案件不被立案,同时也可以防止侦查人员实施诱供、骗供、逼供、指供等违法行为。

(二) 检察机关建立社会调查员制度

洛阳市检察院试行的社会调查员制度,取得了较好的社会效果和法律效果。社会调查员制度是在办理未成年犯罪嫌疑人案件审查逮捕时,由社会调查员就未成年犯罪嫌疑人的自然情况、性格特点、家庭情况、社会交往、成长经历以及实施犯罪前后的表现等情况进行社会调查,并形成书面材料,在审查逮捕时作为对未成年犯罪嫌疑人是否批捕的一个参考性资料,以达到对未成年犯罪嫌疑人区别对待和教育挽救的目的。社会调查员制度具体包括以下四种机制:

1. 选任机制。关爱未成年人事业、熟悉未成年人身心发展规律等是社会调查员的基本要求。社会调查员从教育系统、关工委、妇联、共青团等机关和乡镇村委等部门中择优聘任,选任要经过宣传发动、部门推荐、竞选考核、公开聘任四个程序。

2. 管理考核机制。社会调查员聘请后,由检察机关对这些调查员进行管理、考核,并依据考核结果给社会调查员以相应的物质和精神奖励。为了准确、科学的管理考评社会调查员,确定了以"五度"为核心内容的考评制度,即"注意度、准时度、客观度、全面度、成效度"。注意度就是考察在调查工作中是否注意保守案情秘密、是否注意保护当事人隐私,是否注意杜绝接受当事人任何形式的礼品馈赠等注意义务。准时度就是考察调查工作是否及时开展,报告是否准时完结。客观度就是考察工作方法是否符合规定,调查内容是否客观真实。全面度就是考察调查对象是否周全详尽,报告内容是否符合要求。成效度就是考察帮教计划是否落实,帮教效果是否明显。

3. 设立采信回馈机制。为了使社会调查员对该项制度的落实有信任感,推出采取逮捕措施"1+1综合评估"制度(前一个"1"指案件承办人,后一个"1"指社会调查员)。该制度要求承办人依据案件证据、事实,严格从法律效果的角度提出是否逮捕的意见;同时授权社会调查员依据调查报告,严格从社会效果的角度提出是否逮捕的意见。侦监部门则对两个意见综合评估后作出决定,充分体现了对社会调查员工作的信任。

4. 培训机制。针对目前社会调查员存在知识结构单一、综合素质参差不齐的现象,检察机关对调查员进行定期培训,以提高调查员的调查技巧、深度以及责任心等综合素质,确保社会调查取得良好的效果。

在试行的半年时间内,孟津县检察院共受理提请批准逮捕未成年犯罪嫌疑人26人,全部进入社会调查员的工作程序,最后做出不予批准逮捕13人,不捕率达到50%,同期相比增长34%。这13名不批准逮捕犯罪嫌疑人,无一人脱逃,无一人有妨碍作证等非法行为,无一人重新犯罪。通过对这13名未成年人跟踪回访,发现10名学生依然在校安心学习,学习成绩均有明显提高;3名未在校者在调查员的帮教下正在学习专业技能,行为习惯均有明显改善,在社会上引起了很好的反响。

如今,河南省检察机关全面开展了社会调查工作。该项制度完善了未成年人犯罪案件审查逮捕工作机制,提高了案件质量,而且最大限度地做到对未成年人犯罪轻刑化处理,收到良好的法律效果和社会效果。

(三) 批准逮捕程序的改革

在批准逮捕程序的改革上,河南省检察系统进行了多方面的有益探索。

1. "逮捕必要性证明"制度

在批准逮捕程序中,严格控制对未成年人实施审前羁押的关键,在于正确判断是否有必要对未成年犯罪嫌疑人进行逮捕,即"逮捕必要性"。在这一方面,南阳市、洛阳市两级检察机关在实践中总结了一些经验,即检察机关与公安机关协商,对于提请逮捕的犯罪嫌疑人是未成年人的,公安机关应当首先进行社会调查,然后判断是否有逮捕必要,如果认为有逮捕必要的,应当在提请逮捕的同时,报送《提请逮捕未成年人必要性理由说明书》。其具体做法是:

首先,公安机关对未成年人犯罪案件提请逮捕时,除了收集有罪证据以外,还要注意收集未成年人的家庭情况、父母对孩子涉嫌犯罪的认识和态度、在校的表现、老师的建议、社区或村委会的意见等反映未成年人罪轻的证据。应当收集和提供证明"逮捕必要性"的证据,即证实没有法定、酌定从轻或者减轻情节，不予逮捕可能发生社会危险性、可能影响刑事诉讼正常进行的材料。

其次，检察机关慎用逮捕权。检察机关的承办人对公安机关提请逮捕的未成年人应当审查是否有证据证明涉嫌犯罪、所犯罪行是否可能判处徒刑以上刑罚的同时，特别要着重审查公安机关提供的逮捕必要性是否确实、充分，公安机关的风险评估意见和量刑评估意见是否准确，然后提出对未成年人是否适用逮捕措施的意见，由主管检察长主持集体研究决定，认为确实有逮捕必要的，方可决定批准逮捕。对处于边缘年龄、边缘数额、轻重情节同时具备，有逮捕必要的特殊案件，报检察长或检察委员会研究决定。同时，检察机关对公安机关抓捕未成年犯罪嫌疑人的方式是否得当、是否及时通知其父母及学校、强制措施的使用是否得当等进行监督，及时提出意见和建议。

随着"逮捕必要性证明"制度的全面开展，2007年郑州市因"无逮捕必要"而不被逮捕的共有1057人，是2006年461人的2.3倍；对轻微刑事案件采取非羁押诉讼的共计1586人（其中同意公安机关取保直诉529人），非羁押诉讼率为9.35%，较2006年的3.60%上升了5.75个百分点；2007年全年共有54名在校学生因未被羁押而保留了学业，社会效果十分明显。

2. 完善"无逮捕必要"工作机制

根据最高人民检察院有关规定，河南省检察机关总结多年来的实践经验，建立了办理未成年人"无逮捕必要"案件工作机制，规范办理未成年人无逮捕必要案件的工作程序。

（1）细化审查程序。审查批准逮捕未成年人犯罪案件，应当考虑下列因素：未成年犯罪嫌疑人是否系主观恶性不深的初犯、偶犯；是否能够如实交代罪行；是否有明显悔罪表现；是否主动退赔并积极弥补或减轻被害人的损失；有无被胁迫情节；是否存在成年人教唆犯罪、传授犯罪方法或者利用未成年人实施犯罪的情况；被害人是否有明显的过错；是否有取得被害人的谅解、请求不予追究刑事责任的情形。

（2）规范无逮捕必要的适用条件。审查批准逮捕未成年犯罪嫌疑人，应当根据未成年犯罪嫌疑人涉嫌犯罪的事实、主观恶性、有无监护与社会帮教条件等，综合衡量并进行案件风险评估，确定是否有逮捕必要，慎用逮捕措施,可捕可不捕的不捕。对于罪行较轻,具备有效监护条件或者社会帮教措施,没有社会危险性或者社会危险性较小,不会妨害诉讼正常进行的未成年犯罪嫌疑人,一般不予批准逮捕。对于罪行比较严重,但主观恶性不大,有悔罪表现,具备有效监护条件或者社会帮教措施,不具有社会危险性,不会妨害诉讼正常进行,也可以认为是"无逮捕必要"。

(3) 建立"三见面一考察"评估机制。由案件承办人与犯罪嫌疑人见面,与犯罪嫌疑人家属、近亲属、所在单位、社区见面,与被害人见面。除进一步核实案件事实之外,通过走访调查有关单位、社区、听取有关单位和人员建议,了解犯罪嫌疑人品行,考察犯罪嫌疑人是否具有取保候审、监视居住的可行性,并充分征询被害人的意见。经考察对嫌疑人的社会危险性进行分析,对其危害社会、妨碍诉讼的情形作出评估,提出是否适用无逮捕必要的意见,制作《风险评估意见书》、《量刑评估意见书》,提交部门负责人审查、主管检察长决定是否对犯罪嫌疑人适用无逮捕必要。

3. 建立捕(不捕)后跟踪机制

(1) 对因"无逮捕必要"而不予逮捕的未成年犯罪嫌疑人,建立跟踪回访考察制度。对做出不捕处理决定的案件,在案件移送起诉前,采取电话、书信、实地了解等形式,进行跟踪回访考察,以便随时掌握被帮教人员的思想动态和现实表现,了解帮教工作进展情况,发现不良苗头,及时改进帮教措施,确保被帮教人改过自新,不再重新犯罪。

(2) 对批捕后的未成年人犯罪嫌疑人加强跟踪监督。对不需要追究刑事责任的,建议由公诉部门依法作出相对不起诉;对确需追究刑事责任的,公诉部门可以在起诉时作出从轻或减轻的量刑建议。

(3) 建立跟踪延伸机制,降低未成年人再犯率。为教育、挽救和感化未成年人犯罪嫌疑人,结合其心理和生理特点,对未成年人犯罪嫌疑人适当放宽不批捕条件是非常必要的。但如果只是一味地放宽条件,而不考虑作出不批准逮捕决定后对未成年人的帮教,则不利于未成年人的教育改造。因此,要在办理未成年人犯罪案件时,对作出不批捕决定的未成年嫌疑人应当做到"四个延伸",以防止其重新犯罪:一是向家庭延伸。与涉案未成年人的监护人建立联系卡制度。联系卡详细记录监护人对失足子女的教育监管情况,案件承办人定期回访,根据联系卡记录情况向监护人提出帮教建议。二是向校园延伸。要求学校做好失足学生的思想工作,给失足学生完成学业提供机会。三是向公安机关办案单位延伸。与公安机关办案单位建立跟踪监督制度,定期了解失足未成年人的思想动态及行动轨迹。四是向失足未成年人所在村委会延伸。协助村委会帮教监督失足未成年人,切实解决未成年人生活中的实际问题。嵩县检察院通过上述措施的落实,着力降低未成年人犯罪的再犯率。据统计,2004年以来,嵩县检察院不批准逮捕的未成年人均未重新犯罪。

(4)对确有逮捕必要的,在送达《批准逮捕决定书》的同时,发出检察建议,建议对未成年犯罪嫌疑人单独羁押,提高办案效率,缩短办案时间,以避免他们在监管场所交叉感染,形成恶性循环,对其身心造成不必要的伤害;并与看守所等单位加强联系,注意有无侵犯未成年人合法权益的现象,然后力所能及地予以解决,用组织的关怀去感化"失足"青少年。

(四)未成年人起诉制度的探索

在未成年人起诉制度上,河南省检察系统的探索包括两个:一是试行暂缓起诉;二是探索不起诉的适用规则。

1. 试行暂缓起诉制度

下文主要结合河南省桐柏县人民检察院近两年来对未成年犯罪适用暂缓起诉的经验,谈谈河南省对暂缓起诉制度的探索。

(1)暂缓起诉的条件。由于暂缓起诉后,对于犯罪嫌疑人的最终处理结果很有可能会是不起诉,因此,对暂缓起诉的适用条件必须严格要求。适用对象是未成年犯罪人,同时必须具备以下四个条件:一是当事人明确的刑事案件,加害人必须与被害人达成和解,取得被害人谅解。二是所犯罪行非恶性犯罪,可能判处3年以下有期徒刑的案件。三是具有下列情形之一:过失犯罪;犯罪后有自首、立功表现的;从犯、协从犯;已赔偿了被害人损失或者被害人请求不予追究的;初犯、偶犯;平时表现良好。四是未受过刑罚处罚或未因同种行为受过劳动教养或者2次以上治安处罚的。

(2)暂缓起诉考验期限及监督方式。检察机关作出暂缓起诉决定的,应当结合案件的具体情况,确定适当的暂缓起诉考验期(考验期可根据具体案情确定为6个月到2年),并指定犯罪嫌疑人在其住所所在地的社区进行社区矫正,并成立由社区委员会、检察机关、公安机关等机关和组织构成的社区矫正委员会,对其进行监督。在暂缓起诉考验期内犯罪嫌疑人认真遵守社区矫正的相关规定,服从监督,自觉悔改,考察期满后,由社区矫正委员会对其作出矫正结论,检察机关根据矫正结论对其作出不起诉决定,或是撤销暂缓起诉,立即提起公诉的决定。

（3）暂缓起诉的救济机制。检察机关作出暂缓起诉规定之后,被害人有异议的,向上级人民检察院提出复议申请。复议机关收到复议申请后,应当在法定的期限内进行复议,并作出维持暂缓起诉和撤销暂缓起诉的决定。

（4）决定实施暂缓起诉的程序和期限。对于符合暂缓起诉条件的案件,由主诉检察官审查提出意见交主诉办讨论后报主管检察长批准,并征求被害人及家属意见后,决定实施暂缓起诉。考察期限一般是六个月以上,一年以下,根据未成年人年龄、学习、平时表现情况具体制定考察期限。

（5）制定暂缓起诉的犯罪嫌疑人的考察制度及其应遵守的规定。考察制度主要包括暂缓起诉对象定期报告制度、考察人员互相联系制度,考察对象评估测查制度。暂缓起诉对象定期报告制度是对于在校学习的、已辍学或已工作的未成年犯罪嫌疑人经暂缓起诉后,由公诉部门将犯罪嫌疑人交由其所在学校、居民委员会、村委员会继续进行学习、生活、工作。暂缓起诉对象每月要到公诉部门或书面、电话定期报告工作学习情况。考察人员互相联系制度是规定作出暂缓起诉的检察院公诉部门同暂缓起诉考察对象所在的学校或所在居民委员会、村委员会、公安机关互相联系,了解暂缓起诉考察对象的表现。考察对象评估测查制度是指被暂缓起诉考察对象在考察期限内,由公诉部门不定期会同所在学校、居委会等单位对暂缓起诉考察进行考察、评估和测查,并写出书面鉴定意见。对于在暂缓起诉考察期间能够认真遵守暂缓起诉考察期的有关规定,态度积极,表现较好的,公诉部门根据《刑事诉讼法》第142条第2款的规定作出相对不起诉的意见,报请检委会决定。对于在暂缓起诉考察期间表现不好的,延长考察期限。如果重新犯罪、违反相关规定,公诉部门依法对其提起公诉,追究其刑事责任。

2. 对不起诉适用规则的探索

（1）不起诉的适用范围

在司法实践中,检察机关将不起诉的标准界定在以下两种未成年人犯罪案件中:一是犯罪情节轻微的故意犯罪案件。一般来说,是指单一犯罪,且犯罪客体为非国家重点保护的对象,犯罪手段简单,损害后果不严重,审判机关可能判处拘役、3年以下有期徒刑并适用缓刑的未成年人犯罪案件。二是审判机关有可能判处3年以下有期徒刑并适用缓刑或拘役的未成人过失犯罪案件。比如:过失伤害他人致人重伤但尚未造成被害人严重残疾,未成年犯罪嫌疑人能主动投案自首,就赔偿问题达成了协议,赔偿了被害人,并得到被害人谅解的;交通肇事案件的未成年人犯罪,在交通肇事以后能主动投案自首,就赔偿问题已经达成了协议,赔偿了被害人,并得到被害人谅解的。对未成年人犯罪案件的不起诉标准的适用,其前提必须是未成年人犯罪前没有劣迹。

(2) 不起诉的主客观要件

检察机关应审查犯罪嫌疑人是否具备适用不起诉的主观条件,主要包括:① 有认罪悔罪表现。在案件发生以后,能自动投案自首,并能如实交待犯罪行为,认罪态度好,有悔罪表现;② 自我控制能力较强,能经得住社会上各种不良恶习诱惑,不致再走上犯罪;③ 主观恶性不深,暴力倾向不明显。

同时,检察机关还应审查是否具备适用不起诉的客观条件:① 犯罪嫌疑人的家庭完整,具备一定的监护条件;② 未成年人在犯罪前的表现不差,对老师家长的教育还能接受,负有教育义务的学校在其被不起诉后还愿意接收并同意对其进行监督教育;③ 有社会管理教育条件的派出所、街道、村委会等组织愿意对其进行监管教育。

(3) 多方考察与跟踪帮教相结合

检察机关在放宽了对未成年人犯罪案件不起诉标准后,还应做好以下几方面的工作:① 要防止过犹不及,要严格审查,严格把关,防止人情案、关系案。② 在作不起诉决定之前,应听取侦查机关、法定代理人、被害人的意见,要谨慎对待,宽而不滥。③ 加强与学校、社区、家庭和有关部门的配合,开展帮教矫治、跟踪监督,对贯彻从宽政策回到社会上的人员建立档案,防止重新犯罪,使宽严相济的刑事司法政策取得良好的社会效果。

(五) 对未成年犯罪嫌疑人的教育帮助

检察机关在办案过程中,还积极地探索了对未成年犯罪嫌疑人进行教育的有效措施。

1. 以科学检测为手段,建立心理援助机制

心理咨询,就是检察机关在审查逮捕、审查起诉工作中,根据未成年犯罪嫌疑人的心理特点、生理特点和案件具体情况,由心理咨询师与其谈话,对其进行心理援助、心理矫治、法制教育,并就其犯罪动机、犯罪目的、主观恶性大小向检察机关提出反馈意见的制度。具体来说,该制度包括以下几个内容:

(1)心理测试程序。检察机关在审查逮捕、审查起诉过程中,对有明显心理偏差迹象的涉嫌犯罪未成年人及拟作相对不起诉处理的涉嫌犯罪未成年人,在征得其法定代理人的同意后,由检察机关委托专门的心理咨询机构对其进行科学测试。从而测定其心理成熟度、犯罪心理动因、重新犯罪可能性及悔过程度等内容。为全面、深入分析涉嫌犯罪未成年人违法犯罪原因及教育、挽救提供参考依据,为法院审查案件及其今后的社会矫治打好基础。

(2)心理咨询的程序。心理咨询的目的是使犯罪嫌疑人认罪、悔过自新,使证人、受害人消除心理危机,积极配合检察机关办理刑事案件。河南省洛阳市洛宁县人民检察院《关于对刑事案件未成年当事人实行心理咨询制度的实施办法》,对相关的心理咨询师和承办人制定了严格的程序和纪律。在心理咨询前,心理咨询师应与办案人员进行充分的沟通。心理咨询师接到进行心理咨询的邀请后,应认真查阅当事人的有关资料,进行有针对性的准备,并写出咨询方案。当心理咨询师认为自己不适合对当事人进行咨询时,应对当事人做出明确的说明。检察机关在取得当事人同意的基础上可另行给当事人介绍咨询师。心理咨询的地点可选在看守场所、检察机关办公场所、当事人住所、指定场所等合适的地点。心理咨询后,咨询师应与办案人员就咨询情况进行充分的沟通。

(3)心理援助的范围。心理援助的范围主要包括:未成年犯罪嫌疑人,可以根据其平时表现、犯罪原因、悔过态度以及在犯罪中所起的作用等情况,进行心理咨询;未成年受害人,可以根据其受害程度、受害后心理变化、受害后表现等情况,进行心理咨询;严重刑事犯罪中的证人,可以根据其案件发生时、发生后的心理情况进行心理咨询。

目前,河南华夏心理洛阳中心的心理咨询师们已对6名未成年犯罪嫌

疑人实施了心理上的咨询、治疗和行为上的引导、矫正,对3名未成年受害人、2名性侵犯受害人实施了心理安慰与危机干预,取得了较好的效果。

2. 开展亲情会见

未成年犯罪嫌疑人犯罪后,心里极度恐惧、无助,而此时往往父母的安慰和劝告最能教育、感化他们,使他们认识到自己的错误。同时也非常有利于孩子以后回归家庭、回归社会。亲情会见制度是对符合条件的在押未成年犯罪嫌疑人安排其与法定代理人、近亲属等进行会见、通话,以促使其认罪悔过,最大限度地教育、挽救未成年犯罪嫌疑人。这里的"条件",一般是指犯罪案件事实基本查清,证据确实充分,犯罪嫌疑人有认罪、悔罪表现的。

在双方会见通话时,不得有串供或者其他妨碍诉讼的内容,检察机关办案人员应当将有关内容及时整理、并记录在案。在采取该制度的同时,检察机关还采取好安全防范措施,防止任何事故的发生。在会见、通话结束后,驻所检察人员、看守人员注意观察了解未成年犯罪嫌疑人的思想动态和行为表现,及时反馈检察机关办案部门。

3. 施行"检察进校园"活动

近年来,由于社会上一些不法分子把犯罪的触角伸向了校园,他们通过拉拢、诱惑学校内不谙世事的学生,对其他学生实施抢劫、敲诈勒索、强迫卖淫等犯罪行为,严重地侵犯了在校学生的合法权益,校园犯罪已经成为影响社会稳定的一个重要因素。济源市、洛阳西工区、郑州市惠济区检察院针对这一情况,开展了"检察进校园"活动。他们聘请学校的主管副校长为社会调查员,同时选择思想觉悟高、业务能力强的干警担任学校的法制副校长。目前,已与近百所学校签订了相关协议。2008年,济源市检察院联合市教育体育局推出了双月刊普法杂志《成长》,该杂志开设了警戒线、成长论坛、法治故事等13个栏目,既有以案说理的法治故事,也有通俗易懂的法律知识,还有师生们学法懂法的探讨等,杂志每期免费赠送给一万名中学生,为中学生普及法律知识提供了平台。

"检察进校园"活动主要是从维权、预防和矫治三方面开展工作。

(1) 维权。主要是在办理在校学生的犯罪案件时,由社会调查员(主管副校长)针对该学生平时的思想品质、性格特点、平时表现、学习成绩等情况进行调查,写出调查报告供检察机关审查逮捕时参考。在办理侵犯在校学生的犯罪案件时,坚持"从重从快"、"从重从严"的工作方针,坚决打击侵害未成人的案件的犯罪分子,为未成年人健康发展创造良好的法制环境和社会环境;

(2)预防。主要是选拔检察干警担任学校的法制副校长或法制辅导员,向师生们传授法律知识和维权意识,减少学生犯罪。法制副校长定期走上校园讲堂,给孩子们带去别开生面的法治课。

(3)矫治。主要是对依法作出不予批准逮捕、不诉的在校学生,动员社会力量形成矫治体系,以此保证学生健康成长,不再重新走上犯罪道路。

4. 实施个案帮教制度

未成年人犯罪帮教工作综合性强,涉及司法、刑罚执行、治安管理、社区管理、群众工作等诸多层面。因此,在对未成年犯实施帮教矫正过程中,与有关部门相互配合,相互支持,切实发挥职能部门整体协调一致的优势开展工作,建立起司法、社区、家庭、学校"四位一体"的未成年犯罪帮教体系。对不批捕未成年嫌疑人制订阶段跟踪帮教措施,实行因人、因材施教计划,掌握其行为状况,明确帮教责任人责任,以矫正其不良行为,促其转化,搞好未成年犯罪预防和巩固不批捕司法保护挽救成果。具体的帮教方法有检察建议、"四书"、跟踪考察及"三责"。

学校周边不良文化市场环境的侵蚀以及学校安全防范措施的不足,往往是引发未成年人犯罪的一个重要原因。针对这一问题,检察机关有针对性地向有关单位送达《检察建议书》,促进有关单位防范整改,防微杜渐。对因有监护失职、渎职不作为行为,而引发侵害未成年人身、财产权益的重、特大案件,依法履行立案监督职责,追究当事人的责任,以增强《检察建议》的落实效果。

"四书"即社会调查员的帮教书、不予批准逮捕人员自我保证书、学校帮教书、家长管教书;通过"四书"可以把帮教责任落到实处。调查员在不予批准逮捕时要写出帮教计划书。不予批准逮捕人员的自我保证书,明确了未成年人必需遵守的各项规定,并要求未成年犯罪嫌疑人写出学习(工作)规划书、学习(工作)汇报书。帮教计划书和学习(工作)规划书交案件承办人备案,未成年人依据规划书定期向调查员汇报,调查员依据计划书及实际情况定期向承办人通报。对在校学生,实行学校帮教,要求实行一帮一教育,即一名未成年在校学生由一名老师重点帮教,并将帮教结果通报检察机关。家长管教书,要求家长定期通报其孩子在家表现。

跟踪考察,是指由相关帮教成员对未成年人进行考察,并填写《跟踪考察表》记录帮教效果。最初的三个月,每月考察一次,以后每季度考察一次,考察期限一般为一年。该表主要记录未成年人思想品质、学习成绩变化,是否有辍学、迁移等情况。通过《跟踪考察表》使帮教责任人有的放矢调整帮教措施。考虑未成年人身心状况特点,跟踪考察一般通过学校、监护人间接了解,避免给本人造成心理负担压力,影响学习,其目的是更为有效地落实帮教责任,巩固司法挽救成果。

"三责"是指明确未成年犯罪嫌疑人帮教措施各个阶段的责任,即学校对学生在校期间的行为负责;社会调查员对未成年嫌疑人社会帮教效果负责;家长对未成年嫌疑人家庭行为负责管教。对于依法作出不予批准逮捕的学生成立帮教小组,由检察院办案人员担任组长,联合学生所在学校社会调查员、学生家长、派出所民警组成,并建立《跟踪监督卡》,保证每人一卡,每季度填写一次,直至受帮教的学生顺利完成学业为止。如办理一起中学生抢劫案,经过与社会调查员的社会调查后,决定对三人不予批准逮捕。侦查监督科遂与学校、村委的社会调查员及学生家长签订监管措施落实责任书,同时要求三人每周写出思想汇报以及学习情况、在社会和家里的表现,分别交帮教的老师、社会调查员、家长签字后,送公安机关和侦查监督部门。每个月具体负责落实帮教措施的老师、社会调查员和学生家长要写出一个月的具体帮教措施,送公安机关和侦查监督部门,便于监督落实监管和帮教情况。不予批捕的在校学生不但没有再犯新罪,学习成绩也有所提高,得到学生、学校和家长的高度称赞,收到了良好的法律效果和社会效果。

5. 建立司法、社区、家庭、学校"四位一体"的帮教体系

未成年人犯罪帮教工作综合性强,涉及到司法、刑罚执行、治安管理、社区管理、群众工作等诸多层面。因此,河南省检察机关在对未成年犯实施帮教矫正过程中,与有关部门相互配合,相互支持,切实发挥职能部门整体协调一致的优势,建立司法、社区、家庭、学校"四位一体"的未成年人犯罪帮教体系:

(1) 以司法帮教为主轴。对决定不捕、不诉或被法院判处监外执行的

未成年犯没有放任不理,而是建立一整套案后帮教机制,实行跟踪帮教。一是设立专门的未成年人犯罪检察室,由办案经验丰富的检察官专门办理未成年人案件,并负责案后帮教工作。二是实施未成年犯帮教导师制,由案件承办人担任未成年犯的个人帮教导师,实行"一对一"帮教,保持经常性联系。三是建立未成年犯帮教档案,形成"一人一档",未成年犯每月向帮教导师汇报思想情况和整改情况,由导师将其转化情况填入《帮教跟踪考察表》,并存入帮教档案。另外,每季度组织未成年犯进行一次小组帮教,由帮教组织成员对未成年犯进行专门的教育转化工作。

(2)以社区帮教为重心。在社区设立专门的观察、监护、帮教机构——社会观护工作站,成员由检察院未检室干警、户籍民警、社区主任、学校教师及招聘的社工、社会志愿帮教员组成,共同对未成年犯实行帮助、教育和监管,针对未成年犯的个性特点和家庭情况,制订帮教计划,拟定矫治方法,采用组织义务劳动、参加团队活动、谈心等方式对未成年犯进行观护帮教和矫治活动,不断提升其教育力、矫正力,提高其免疫力、控制力。由于工作措施扎实,纳入社会观护工作站监管的15名未成年犯无一重新犯罪。

(3)以家庭帮教为基础。被决定不捕、不诉或判处缓刑等非监禁刑的未成年人,在被作出司法处理之后仍然游离在社会上,因此,家庭的帮教是至关重要的。为使家庭教育在帮教工作中切实发挥实效,在受理未成年人犯罪案件后,及时与家长沟通,要求家长配合司法机关、学校、社区共同做好监管帮教工作。一是建立家庭联帮制,以社会观护工作站名义与家长签订一份家庭教育责任状,明确家长在帮教中的义务和责任。二是专门在社区成立家庭教育指导中心,定期派员与家长探讨家教问题,共同针对未成年犯的身心特点,完善帮教计划,同时指导家长掌握科学的家教方法。

(4)以学校帮教为辅助。对于那些想重新读书的未成年犯,尽量与学校协商,帮助他们重返校园。

第二节 山东省未成年人司法制度

山东未成年人刑事案件审判工作自1987年来以来,历经24个春秋,从无到有,从落后到发展,从简单到丰富,未成年人司法理念不断深入,少年法庭建设逐渐完备,未成年人司法制度逐步健全。

一、山东省少年法庭工作的发展回顾

(一)创建发展期(1987年—1995年)

1987年至1995年,这是山东省少年法庭创建试点、总结经验、不断发展时期。1987年召开的全省法院工作会议明确提出,将试办少年庭作为法院刑事审判工作的一项重要改革任务进行研究和探索,山东省少年法庭工作开始起步。会后,省法院在刑一庭内设立少年犯罪案件合议庭指导全省的少年审判工作,之后全省各地区的少年法庭纷纷建立。至1992年,全省的少年法庭设置率达到93%,除在刑庭内部设置单独的少年犯罪合议庭外,还出现了独立建制的未成年人刑事案件合议庭的形式。全省共配备少审法官435名,特邀陪审员725名。

在审判实践中,确定了"教育为主、惩罚为辅"的审判原则;逐步摸索出以教育为中心,庭前"三见面"、庭审中找"感化点"、庭后跟踪帮教的工作方法;开创了"两条龙"工作体系;加强了人民陪审员在少年审判中的地位和作用;开始制定规范少年审判工作的各项规章制度。未成年案件的上诉、抗诉比例明显低于其他案件,未成年重新犯罪率降低。少年审判工作初见成效。

这一阶段,全省各地的少年合议庭普遍建立,少年法庭的工作思路和工作方法逐步确立,工作制度开始创建,少年法庭的工作框架初步形成。

(二)调整整合期(1996年—2005年)

1996年至2005年,山东省少年法庭根据各自的工作条件不断进行调整和整合,这一时期,全省少年法庭机构改革工作面临内外双重压力,进展缓慢,有些地区甚至出现倒退,但少年审判方式改革仍在坚持进行,独立建制的未成年人案件综合审判庭和指定集中管辖的模式出现。

2005年底,省法院和各市中级法院均设立了少年法庭工作指导小组,少年法庭设置率为94%,其中独立建制的少年法庭11个,全省少年法庭配备专(兼)审判人员460余人,聘请特邀陪审员780余人。

其间,全省少年法庭对少年审判工作不断进行探索和总结,对少年审判的意义内涵不断认识和深化。"一个中心、两个延伸"成为少审工作的基本内容,少审工作以审判为中心,做到向前、向后延伸,少年审判与社会综合治理相统一;工作机制不断完善,庭前准备、审判程序、审理方法、庭审方式、宣判执行、判后帮教等各个方面都制定了规章、细则予以规范;加强改革创新,其中很多创新得到最高法院的鼓励和推广,如分案起诉、分案审理、适用简易程序、人格调查等。

这一阶段,工作思路更加明确,制度建设日益完备、改革创新亮点多;全省法院法庭机构建设虽有试点改革,但整体发展缓慢,比较沉闷。

(三) 飞跃繁荣期(2006年至今)

2006年,全国法院第五次少年法庭工作会议召开,为山东省少年法庭工作的发展提供了时机。分管全省少年法庭工作的新刑一庭,在全省提出"全面维权、保护优先"的未成年人司法理念。深化未成年人审判方式改革,试行社会调查员制度、引入心理矫正员、设立未成年被害人国家救助、前科消灭制度等,加大对未成年人权益的全面保护力度。

以全国部分中级法院设立未成年人案件综合审判庭试点工作会议为契机,全省开展了少年法庭组织机构的多元化建设和少年法庭的规范化建设。独立建制的少年法庭特别是未成年人案件综合审判庭得到了飞速发展。至今,山东省少年法庭设置率为95%,其中独立建制的少年法庭52个(独立建制的未成年人案件综合审判庭28个,指定集中管辖4个),全省少审法官481人,特邀陪审员800余人。截至2009年,山东省独立建制的少年法庭数以及未成年人案件审判庭数均居全国首位。

这一阶段,"全面维权、保护优先"成为新的未成年人司法理念,围绕"以未成年当事人为本",少年审判方式不断深化和完善,制度建设更加健全。少年法庭组织机构建设和规范化建设得到了飞速发展。各地少年法庭纷纷结合工作实际和先进的少年司法理念进行改革创新。

二、山东省少年法庭机构的建制

山东省少年法庭建设方面的经验主要表现在以下几个方面:

(一) 加强组织机构建设

1. 设置少年法庭指导小组

少年法庭工作指导小组主要负责对辖区法院少年法庭工作的业务指导

和考核,对贯彻上级法院工作精神少年法庭工作发展起着上传下达的重要作用。截至2009年,山东省17个中院、147个基层法院,除12个基层法院外,其余法院均成立了少年法庭工作指导小组,少年法庭指导小组设置率为92.7%。指导小组大多下设在少审庭或刑庭,也有的下设在办公室、研究室或审委会,指导小组多由分管刑事的副院长为副组长,并由政治部、办公室、研究室、刑庭等部门负责同志为成员。其中,山东省23%的少年法庭指导小组由院长任组长,充分体现出对少年法庭工作的重视。

2. 完善少年法庭组织机构

近年来,少年法庭指导小组把少年法庭机构建设作为一项重要工作多次进行研究和部署,采取切实有效的措施稳步推进。2006年3月,山东省法院在青岛召开全省少年法庭工作现场会,对全省法院因地制宜加强少年法庭机构建设提出了明确要求。2007年初,根据最高法院第五次全国少年法庭工作会议精神和要求,结合全省少年法庭工作实际,又确立了"积极推动建立独立建制的少年刑事审判庭,稳步推进对未成年人刑事案件指定集中管辖,大力倡导建立独立建制的未成年人案件综合审判庭"的工作思路;2008年,结合山东省少年法庭机构建设的实际,又提出了"以多种形式少年法庭为基础,巩固独立建制的少年刑事审判庭,努力推进未成年人案件综合审判庭建设,继续试行集中管辖"的工作思路,不断优化少年法庭的机构模式。

(1)积极推动建立独立建制的少年刑事审判庭。对案件多、有条件的法院,省法院要求建立独立建制的、专门审理未成年人犯罪以及侵犯未成年人合法权益刑事案件的少年刑事审判庭。截至2009年,山东省独立建制的未成年人刑事审判庭24个。有的法院还将受案范围扩大到22周岁以下的被告人犯罪案件、在校学生犯罪案件、未成年人参与的案件等。

(2)稳步推进对未成年人刑事案件实行集中管辖。为稳固审判队伍,均衡量刑,切实开展未成年人审判各项工作,山东省法院要求未成年人刑事案件数量少,且收案不均衡的地区,由中院指定辖区内少年法庭工作基础比较好的一个基层法院,对其他市区的未成年人刑事案件进行集中管辖。截至2009年,山东省对未成年人刑事案件实行集中管辖的少年法庭4个。其中,青岛市南区法院除对未成年人刑事案件实行指定管辖的同时,还受理市南区的未成年人民事、行政案件。

（3）大力倡导建立独立建制的"未成年人案件综合审判庭"。在2006年青岛中院被确定为全国"未成年人案件综合审判庭"试点单位之后，山东省法院领导批示："只要有利于保护未成年人合法权益，不要以试点单位为限制，有条件的中院都要设立未成年人案件综合审判庭。"2007年3月份，山东省法院根据最高法院哈尔滨会议精神，在总结青岛未成年人案件综合审判庭试点工作经验的基础上，决定在德州、东营中院开展设立独立建制的未成年人案件综合审判庭的试点工作。截至2009年，青岛、德州、东营中院的未成年人案件综合审判庭均已正式挂牌成立，开始审理未成年人刑事、民事、行政案件，工作运行良好。

在中院开展未成年人综合案件审判模式试点的同时，山东省法院还积极尝试两级法院"三审合一"模式。截至2009年，青岛中院所辖12个基层法院中，5个基层法院设立了独立建制的未成年人综合案件审判庭，其他7个基层法院成立了未独立建制的未成年人综合案件审判庭。德州中院所辖12个基层法院中7个法院成立了独立建制的未成年人综合案件审判庭。2008年，菏泽中院刑三庭改名称为未成年人综合案件审判庭，并开始开展相关工作。2009年9月，聊城中院刑三庭改建为未成年人综合案件审判庭，其辖区的8个基层法院也由独立建制的未成年人刑事审判庭改建为未成年人综合案件审判庭。

在山东省法院少年法庭指导小组的大力倡导下，未成年人综合案件审判庭在山东省得到了充分的发展。截至2009年，全省独立建制的未成年人案件综合审判庭29个，未独立建制的未成年人案件综合合议庭7个，不仅涵盖中院、基层法院两级法院，还包括独立建制和非独立建制的机构设置。未成年人综合案件审判在山东省全面迅速开展，未成年人合法权益得到充分保护。

（4）中级法院设立刑三庭，专门负责少年审判工作。在山东省17个地市中，除青岛、东营、德州、菏泽、聊城中院等5法院设立未成年人综合案件审判庭专门负责未成年人综合案件外，枣庄、淄博、临沂、潍坊、泰安等5法院还成立了刑三庭专门负责审理未成年人刑事案件及对下少年法庭工作的指导监督。山东省一半以上的中级法院设立了专门负责少年法庭工作的审判机构,从目前工作开展情况来看,中院设立综合案件审判庭或刑三庭对少年法庭工作起到了很好的承上启下的作用。

在全省各级法院的共同努力下,山东少年法庭机构建设取得了长足发展,并呈现出层次化、多元化的特点。截至2009年,全省17个中级法院、147个基层法院中,6个中级法院设立了独立建制的未成年人案件综合审判庭,4个中院成立了刑三庭专门负责审理未成年人刑事案件及少年审判的对下指导监督工作。基层法院独立建制的少年法庭有52个,其中独立建制的未成年人刑事审判庭24个(含指定集中管辖庭4个),独立建制的未成年人案件综合审判庭28个;专门合议庭96个(其中少年综合合议庭7个);8个基层法院因无涉少案件或案源极少而未建立少年法庭;7个基层法院因指定集中管辖而撤销(见图12.1)

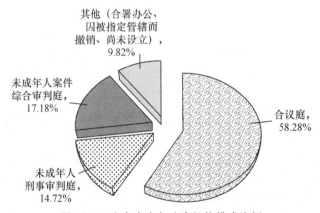

图12.1 山东省少年法庭机构模式比例

(二) 强化少年法庭规范化建设

物质装备是做好少年审判工作的前提和保障。山东省各级法院都充分重视少年法庭的规范化建设。每个少年法庭都有单独的办公场所和审判法庭,审判场所的布置和环境充分体现未成年人案件审判工作的特点,使未成年人在一种严肃和关怀并重的氛围中接受询问或审判,减少压抑和紧张。青岛、德州中院、潍坊潍城区法院等未成年人综合案件审判庭创建伊始,均调配出大审判法庭作为少年法庭并划出几十万元专款,按照"圆桌审判模式"对法庭进行了高规格、高标准的装备。截至2009年,在全省147个少年法庭中,设置圆桌法庭模式的法庭122个,占83%。全省各级法院对少年法庭规范化建设的重视,充分体现了少年审判在山东省法院工作中的重要地位。另外,山东省有些法院还根据自身开展的工作设置了了心理咨询室、法制图书室、跟踪帮教档案室等。审判场所的布置和环境充分体现未成年人案件审判工作的特点。

（三）完善少年法庭人员配备

针对未成年人特殊的生理、心理特征和少年司法的特点,山东省在少审法官的任选上非常严格。一是要求少审法官必须品格高尚、有热情;二是不仅熟悉法学还要具备心理学、生理学、社会学等知识;三是鉴于女性体贴、温柔、慈爱的特点,可以充分发挥少年审判优势,山东省要求每个少年法庭至少配 1 名女法官。截至 2009 年,山东省从事少年审判的法官共 481 人,其中,男法官 248 人,女法官 233 人,男女法官比例大致持平;大学本科学历以上的法官 433 人,占全省少年法庭法官总数的 90%;91%的人所学专业为法学,从事少年审判 5 年以上的占 54.6%,在少审庭,有民事、行政审判经验法官所占比例为 76.8%。年富力强、高学历、扎实的专业背景、丰富的审判经验、高比例女法官构成了山东省少年审判队伍的特色,这支队伍在自己的岗位上兢兢业业,充分保障了山东省少年法庭特色工作的顺利开展。

三、未成年人刑事案件审判制度建设

未成年人刑事案件审判是少年法庭工作的重中之重,二十多年来,山东省少年法庭法官坚持"教育、挽救、感化"和"寓教于审、惩教结合"的基本原则,保质保量地审理了一大批未成年人刑事案件,并不断总结和归纳经验和做法,形成了一套完整系统的未成年人刑事案件审判工作方式方法,这突出地表现在"两人三员"制度的建设和实施上。

为确保未成年人刑事案件公正、有效审判,以及在案件审判中充分维护未成年人的合法权益,山东省法院指导小组明确要求各级法院在案件审判中必须严格落实"两人三员"制度。"两人"指法定代理人、辩护人,"三员"指人民陪审员、社会调查员、心理咨询员。

1. 确保法定代理人到庭。

依照"两法"要求,结合未成年被告人切实的诉讼需求及庭审帮教的需要,山东省采取各项措施保障法定代理人出庭:一是规定庭前释明制度。要

求人民法院庭前采取积极有效的途径,与未成年人当事人的法定代理人取得联系,并向法定代理人讲明其出庭的法律意义及效果,为刑事案件中亲情感化作用奠定制度基础;在受害人为未成年人的刑事附带民事诉讼以及涉少民事、行政案件中,承办法官明确告知法定代理人在委托诉讼代理人、申请法律援助和司法救助等方面权利,充分发挥法定代理人在未成年人维权案件中的积极作用。二是规范未成年人之法定代理人参与庭审的程序,对向法定代理人送达起诉书副本、出庭通知书等法律文书的期限,审判庭内未成年被告人的法定代理人席位的设置法定代理人与未成年被告人会见、法定代理人的出庭人数、法定代理人对未成年被告人进行法制教育和亲情感化等事项作出规范。三是充分保护未成年及其法定代理人的合法权益。规定合议庭应当根据案情充分考虑法定代理人的辩护意见,对法定代理人之间意见不相一致的情形,规定人民法院应首先征求未成年当事人的意见,再根据有利于保护未成年人合法利益的原则,结合其他证据,决定是否确认,以全面维护未成年人的合法权益。山东省未成年法定代理人到庭率达到了93.2%,有的基层法院的法定代理人出庭率达到100%。

虽然山东省未成年法定代理人出庭率比较高,但也存在部分未成年被告人无法定代理人或经通知其法定代理人无故或无法到庭,其他监护人或近亲属也拒绝到庭的情况,而且随着人员流动性的增强,这种现象会不断增多。菏泽市单县法院少年庭积极借鉴有关专家学者研究成果,根据少年刑事审判的指导思想和工作方针,结合审判实际和有关法律规定,提出了"合适成年人参与未成年人刑事诉讼制度"方案。根据这项制度,未成年人犯罪案件在开庭或未成年被告人在接受讯问时,无法定代理人或法定代理人因故不能到场的,法院可以指定一名"合适的成年人"参加诉讼,全面、全程保障涉罪未成年人的诉讼权益。合适成年人为社区矫正组织、关工委、共青团、妇联、学校等部门推荐的人员或其他经过培训的人员。

2. 落实辩护人到庭辩护

鉴于未成年被告人心理不成熟,大多不懂法的特点,为维护未成年被告人的合法权益,刑诉法明文规定,应当为没有委托辩护人的未成年人指定辩护人。2008年山东省少年法庭工作自查表明,对开庭审理时不满18周岁的未成年被告人没有委托辩护人的,法院都指定了承担法律援助义务的律师为其进行辩护。通过对山东省未成年犯管教所在押未成年犯调查中发现，93.7%的未成年罪犯在审判过程中获得了辩护，其中指定辩护为25.8%。

3. 贯彻人民陪审员制度

1991年，山东省少年法庭贯彻最高人民法院精神，在少年审判中适用人民陪审员。随着人民陪审制度和社会调查员制度在山东省法院的全面展开，法院选拔有热心、责任心强，了解未成年人生理、心理特点，谙熟心理学、生理学等知识的共青团干部担任少年法庭社会调查员和人民陪审员，在未成年人案件审理中充分保护未成年人合法权益。2009年，省法院少年法庭指导小组对全省未成年人刑事案件卷宗进行了抽查，除简易程序外，未成年人刑事案件全部适用人民陪审员。

4. 积极推行社会调查员制度

山东省是开展"社会调查员制度"比较早的省份之一。2004年青岛市南区法院出台了《关于对未成年被告人在庭审前进行"人格调查"的实施意见》对未成年被告人背景情况通过社会有关方面进行调查，并作为判决考虑因素。鉴于"社会调查员"制度能够全面、客观、公正地反映未成年犯罪嫌疑人（被告人）的成长经历、生活环境，深入细致地分析未成年犯罪嫌疑人（被告人）作案的主、客观原因，为公安、司法机关客观公正处理和教育、感化、挽救未成年犯罪嫌疑人（被告人）提供重要依据，山东省已将"社会调查员制度"在全省范围内推广。截至2009年，山东省实行"社会调查员制度"的少年法庭82个，占全省少年法庭总数的55.4%。在山东省已开展社会调查员制度的法院，所审理的未成年人案件均取得了良好的社会效果。经调查，50.3%的未成年犯开庭时有社会调查员参与，其中70.1%的未成年犯对在法庭审理中开展社会调查制度表示认可。在开展社会调查的同时，山东省法院积极探索，不断创新新思路、新办法。乐陵法院与乐陵市社会治安综合治理办公室联合成立"未成年被告人犯罪背景调查工作室"，对社会调查员进行统一管理。枣庄中院联合市检察院、市公安局、市司法局、市教育局联合下发《建立办理未成年人刑事案件社会调查员制度的实施意见（试行）》，将"社会调查员"制度进行了"向前"、"向后"创新。"向前"延伸到公安侦查阶段，"向后"延伸到帮教工作，获得良好的社会反响。

5. 大力推广心理咨询员制度

如何解决失足未成年人在的心理问题,使其拥有一个健康的心理状态是决定帮教效果的一个关键问题。2005年4月,青岛市南区法院成立了"心灵绿洲心理辅导中心",聘请具有心理医师资格的心理老师对未成年犯进行心理辅导,同时将获得的情况及时反馈给法院,便于法官"对症下药",对少年犯的不同心理问题采取有针对性的帮教措施,以达到最终挽救的目的。乐陵法院聘请了6名具有专业资格的心理咨询师,成立了"心理矫治中心",配备了专门的办公室和办公设施,在案件审理过程中和帮教过程中对未成年人进行心理辅导,避免了单纯审判对未成年被告人身心造成的不良影响,达到了从根本上矫治犯罪心理的目的,收到良好的效果。东营、聊城等地区也在积极开展心理咨询员制度。目前,心理咨询员制度正在全省法院逐渐建立。

四、跟踪帮教的发展

(一)山东省少年法庭跟踪帮教的整体情况

1. 建立"三期档案",规范帮扶机制

山东省基层法院普遍为涉案未成年人建立了以"背景分析—前景展望—回归足迹"为内容的帮教档案,对失足未成年人帮教进行规范化管理。通过"三期档案",对失足未成年人在检察院起诉后,一直到案件审理、服刑的整个过程中的心理变化和改造情况予以及时了解,并有针对性的进行帮教,激励失足未成年人改过自新。通过建立系统的"教育、感化、挽救"档案,在检、法、监部门的共同努力下,使整个案件的审理过程形成了寓教于审,延伸帮教的工作机制,取得了较好的社会效果。同时,坚持做到"两定一保",一是定期回访,至少每半年回访一次;二是定人帮教,坚持"一对一"的帮扶,由主审法官一直帮教至缓刑期满;三是为失足未成年人保密,在回访帮教时严格遵循保密原则,打消其顾虑。

2. 设立帮教基地,完善帮教体系

为方便对适用非监禁刑的未成年犯定期开展集中教育,山东省基层法院普遍建立了帮教基地。如青岛市南区法院设立的"阳光学校"、枣庄滕州市法院开设的"光明法律业余学校"、德州乐陵市法院设立的"新生业校",

潍坊高密市法院设立的"新生学校"等等,都针对未成年人的生理、心理特点及文化水平,系统地向未成年犯传授法律知识,进行情感道德教育。一些基层法院通过建立社区帮教基地、签订帮扶协议等方式,参与对被判处非监禁刑未成年犯的社区矫正。如,青岛市南区法院设立湛山社区矫正帮教基地,东营广饶县法院在老年公寓设立了"特殊青少年心理教育基地",组织被判处管、缓、免的未成年犯,到指定社区参加义务劳动,重塑其健康人格和心灵。

3. 加大法制宣传,预防犯罪于未然

很多未成年人犯罪与其不懂法有密切关系。因此,为增强青少年法制观念,预防和减少青少年犯罪,全省各级法院纷纷开展了法制宣传工作。山东省很多地区特别是基层法院的少审法官都担任着当地学校的法制副校长,他们深入校园,对在校学生进行普法,有的还制作展板进行宣传、进行法律咨询等,对社会公众进行普法,形式多样,内容丰富,成效显著。

(二)山东省法院在跟踪帮教中的亮点工作

1. 大力解决复学、就业难问题

在长期的跟踪帮教中,少审法官发现由于我国刑法规定的前科报告制度而造成的"复学、就业难"是影响失足未成年人彻底回归社会的突出问题。"复学、就业难"不仅使失足少年对重新被社会认可失去了信心,从而自暴自弃、自我放纵;更重要的是剥夺了失足少年学习知识和技能、参与就业的机会。倍感歧视和被抛弃、无一技之长、无经济来源的失足少年不可避免的成为新的犯罪隐患,增加了家庭和社会的不稳定因素。多年来,山东法院的少审法官针对"复学、就业难"问题不断地进行探索和实践,由单个安置到制度统一规范,由法官单独帮教到多部门联动,特别是关于前科消灭及前科封存的尝试取得了显著成效。

第一阶段:单个安置帮教——山东法院解决复学难的初期探索

自1987年山东省第一个少年法庭建立伊始,对失足少年的的复学及就业安置就成为少审法官的重要工作。长期以来,山东法院的少审法官靠自身的社会责任感、爱心和耐心为失足少年解决复学就业。如枣庄中院衣媛媛庭长两年帮助16个孩子重返校园,泰山区法院开展了"动员学校,使其得到一张课桌;动员社会,使其获得一份工作;动员家庭,给其一份鼓励与理解"的"三动员"活动。2000年以来,先后帮助120余名判处缓刑或刑满释放的未成年犯解决了复学、复工或就业问题。这些尝试,为解决失足少年"复学难"问题畅通了渠道,取得了良好的社会效果。

第二阶段:以制度促复学——安置帮教的制度化探索

对失足少年进行单个安置依靠的是法官的个人努力和职业责任感,虽然社会反响不错,但工作难度大,受益群体少,不具有可持续性和普适性,远远无法满足大多数失足少年的渴望和需求。针对这一情况,山东法院的少审法官开始尝试以制度促保障的方式。

2006年1月,经青岛中院建议,由市综治办牵头组织相关部门联合会签了《关于落实被判处缓刑、管制、免刑、单处罚金等非监禁刑的未成年人复学、升学问题的意见》(以下简称《意见》)。《意见》规定,被司法机关采取强制措施的在校未成年学生,在人民法院判决生效前,学校不得取消其学籍;在取保候审期间,不得责令其停课;判决生效后,被判处缓刑、管制、免刑、单处罚金等非监禁刑的,也不得取消其学籍;在九年义务教育期间犯罪的在校未成年学生,被人民法院判处非监禁刑的,必须继续完成九年义务教育,处于升学年级的,与其他在校学生享受同等的招生政策;九年义务教育之后犯罪的在校未成年学生,被人民法院判处非监禁刑后要求继续就学的,原则上仍回原学校就读。《意见》指出,学校应视其具体情况安排被判处非监禁刑的未成年人在相应年级就读,并有责任做好在校期间的跟踪帮教工作。原学校接受未成年犯复学有困难的,可由学校上一级教育行政主管部门协调安排解决。人民法院对判刑后回校就读的未成年罪犯应实施跟踪帮教,协助学校共同作好对未成年罪犯的帮教工作。《意见》还规定,被判处非监禁刑的未成年人在升学时,在继续就学期间表现较好的,可以在其档案中不记录前科劣迹。

据不完全统计,该《意见》实施三年来,青岛市两级法院共判处未成年人在校生135人,其中被判处缓刑、管制、免刑和单处罚金的共计87人,判处非监禁刑率为73.1%。经过工作,被判处非监禁刑的在校生中有73人复学,复学率达80%以上。由中院指定管辖市内五区未成年人刑事案件的市南区法院,2006年和2007年共判处未成年在校学生39人,判处非监禁刑38人,判处非监禁刑率为97.4%,其中32人重新回到学校继续读书,复学率达84.2%。崂山区法院近两年共判处未成年在校生3人,复学2人,复学率达66.7%。另据调查,那些未能复学读书的学生,主要是个人厌学和家庭贫困等原因。也有个别学校不愿意落实《意见》,不愿意接受的犯罪未成年学生的情况存在。

除青岛外,山东省其他地市法院也积极争取当地政府的支持,联合下文制定解决未成年人复学问题的规范性文件,如德州乐陵市法院协同综治办、公、检、司、教育局、妇联等六部门联合下发了《关于对判处非监禁刑失足未成年人复学安置的实施意见》,实现对失足未成年人不留痕迹教育挽救的局面。滨州滨城区法院签订了《关于解决被判缓、管、免的在校学生返校复读及其升学不受歧视问题的协议》。

上述关于复学问题的意见是相关部门联合发文的正式文件,使失足未成年人复学问题的解决逐步规范化、程序化、制度化,畅通了失足未成年学生复学的渠道。首先,《意见》规定了各相关部门负有的相应职责,避免了在实际执行中互相推诿、极力推脱的现象,提高了失足未成年人复学的效率和效果;其次,《意见》惠及面广,凡是符合条件的未成年人均可适用,受益群体大;再次,《意见》是制度化的文件,效力具有持续性和稳定性,可以保障不同时期的未成年人都可以受到惠及。

第三阶段:前科封存、前科消灭——各部门联动基础上的制度探索

关于失足未成年人复学问题的相关意见为解决未成年人的复学问题畅通了渠道。但它只针对判处非监禁刑的未成年人,适用人群窄;另外它只针对未成年人的复学、升学问题,适用问题窄。而大多数判处未成年面临的是就业问题。由于前科报告制度,前科成为失足未成年人终生背负的"污点",成为失足未成年人重新融入社会的最大阻碍。山东少审法官在实践中发现,要解决上述问题,对未成年人的犯罪记录进行封存或者消灭是最有效的方式。

以中央政法委《司法体制和工作机制改革若干问题的意见》及最高人民法院第三个五年改革纲要要求"配合有关部门有条件地建立未成年人轻罪犯罪记录消灭制度"为契机,山东省少年法庭指导小组在《二〇〇九年全省少年法庭工作纲要》中要求全省法院要发挥优势、抓住机遇,开展未成年人"前科消灭"试点工作,并鼓励和倡议有条件的基层法院进行尝试。

(1) 李沧区前科封存制度简介

2008年,青岛市李沧区人民法院经过调研,提出了在青岛市李沧区创建未成年犯罪人前科封存制度的建议,后由中共李沧区委政法委牵头,组织区综治办、法院、检察院、公安分局、司法局、劳动局、教体局、团委等部门进行了反复论证,逐步达成了共识,于2008年11月正式公布《青岛市李沧区未成年犯罪人前科封存实施意见(试行)》,在全国率先正式建立了未成年犯罪人前科封存制度。

前科封存制度,是指当曾经受过有罪宣告或者被判处刑罚的未成年人具备特定条件时,由特定机关依照特定的程序封存其曾被宣告有罪或者被判处刑罚记录的制度。犯罪记录被正式封存后,失足未成年人将不再被认为曾经犯过罪和受过刑罚处罚,除在特定情况下经特定机关许可后可以调取其前科记录外,其在复学、升学、就业时可以不报告前科。

前科封存的适用对象是,户籍所在地或者经常居住地在李沧区,被判处3年以下有期徒刑、拘役、缓刑、管制、单处罚金或者免予刑事处罚的未成年犯罪人。

前科封存的适用条件包括"基本条件"与"时间条件"。基本条件是指,初次犯罪,认罪服判,无申诉、上访行为。而时间条件包括:被判处免予刑事处罚、单处罚金、缓刑或者管制的未成年人,自判决确定之日起可以申请封存前科。被判处3年以下有期徒刑或者拘役的未成年人,在刑罚执行完毕或者被赦免以后可以申请封存前科。被判处3年以下有期徒刑的未成年人被假释时已满18周岁的,也可以申请封存前科。

前科封存的基本程序包括申请、受理、审查、报批、决定、送达等程序。由区政法委、综治委、法院、检察院、公安、司法、劳动、教育、共青团等九个单位联合成立"未成年人前科封存联席会议"负责前科封存及解封的决定、监督和解释工作。联席会议在李沧区法院设办公室,负责受理、审查、调查、报批、送达、复查等日常工作。

前科封存制度的关键在于档案管理。人民法院、检察院、公安机关分别建立专门的未成年人犯罪档案库,将决定封存的未成年人犯罪档案进行专门管理,实行更加严格的保密制度,非经上述机关同意,任何人不得借阅、复制、摘抄,更不得泄露档案内容。联席会议的其他成员在收到封存前科的决定后,也应当及时将相关档案中的犯罪记录材料抽出封存。

（2）乐陵市前科消灭制度简介

2009年2月,经乐陵法院倡导、乐陵市委政法委及市综治办协调,乐陵市综治、法、检、公、司、人事、民政、教育、劳动、团委、妇联11个机关单位于2009年2月联合下发了《关于建立失足未成年人"前科消灭制度"的实施意见》及《实施细则》。率先推出了前科消灭制度。

前科消灭,是指在升学、复学、就业、担任无法律明文限制的公职时,免除犯罪未成年人的前科报告义务;前科消灭后其犯罪事实不在对社会公开的任何档案中载明。

前科消灭制度适用于犯罪时已满14周岁未满18周岁,但涉及危害国家安全的犯罪、毒品犯罪,严重暴力犯罪的首犯、主犯以及累犯等均不适用前科消灭。

对于刑罚、刑期不同的未成年人犯罪人,前科消灭的时间有所不同。具体来说,被处刑3年以下有期徒刑、拘役、管制、单处罚金、免除刑罚的未成年人,刑罚执行完毕后其前科自然永久消灭;处刑3年以上有期徒刑的未成年人,分别在刑罚执行完毕后(3—5年)经过1年、(5—10年)经过3年、(10年以上)经过6年,不再故意犯罪的,其前科永久消灭。

在前科消灭的审批程序上:① 处刑在3年以下有期徒刑的犯罪未成年人,在其刑罚执行完毕后依照自愿原则可申请确认前科消灭,领取前科消灭证明书。② 处刑在3年以上刑罚的犯罪未成年人,在刑罚执行完毕后相应的期限届满之日起30日内,向市失足未成年人"前科消灭制度"工作领导小组办公室提交申请书及相关材料。经公安局、检察院、法院联合组成考察小组确认符合条件的报市综治办批准,发放"前科消灭证明书"。

审批程序结束后,考察组将申请材料、考察材料、审批表、证明材料、前科消灭制度证明书存根等相关材料装订成卷,由市法院少年庭加密保存,不得泄露档案内容,除司法机关办理案件需要之外,任何人不得借阅、复制、摘抄未成年人犯罪记录档案。

2. 创立未成年人司法救助基金

山东省法院在跟踪帮教中的第二个亮点工作是未成年人司法救助基金的成立。在长期的少年审判工作中,少年法庭的法官发现,不仅未成年被害人需要救助,而且许多民事案件的未成年当事人的生活也非常地贫困,处于失学或无生活来源的境地。有的未成年犯罪人因家境困难也无法继续上学或去学习一技之长。这些都是社会不稳定的因素。因此,各级法院积极探索未成年人司法救助的途径和方式。

2009年初,聊城中院以中国律协未成年人保护委员会下设的"中国未成年人法律援助与保护专项基金"为其提供一部分未成年人法律援助基金为契机,创立了未成年人司法救助制度。

(1)救助范围和条件。聊城中院设立的司法救助分诉讼费救助、提供法律援助、提供救助基金三部分。诉讼费救助范围包括:案由为追索抚育费、抚恤金的;没有固定生活来源的残疾人、患有严重疾病的人;交通事故、医疗事故、产品质量事故或者其他人身伤害事故的受害人,请求赔偿的;因见义勇为或为保护社会公共利益致使自己合法权益受到损害,本人或者近亲属请求赔偿或经济补偿的;因自然灾害等不可抗力造成生活困难,正在接受社会救济;正在接受有关部门法律援助的;其他情形确实需要司法救助的的未成年人为维护自己的合法权益,向人民法院提起民事、行政诉讼的缓交、减交、免交诉讼费用。

法律援助的范围包括:未成年人对依法请求国家赔偿的;请求发给抚恤金、救济金的;请求给付抚养费的;主张因见义勇为行为产生的民事权益的;父母虐待、遗弃、教师体罚等原因造成的人身受到伤害的案件需要代理的事项,因经济困难没有委托代理人的,可以申请法律援助。

刑事诉讼中有下列情形之一的,可以申请法律援助:犯罪嫌疑人、公诉案件中的被告人、公诉案件中的被害人系未成年的及其法定代理人或者近亲属,以及自诉案件中的未成年自诉人及其法定代理人,因经济困难没有聘请律师或者委托诉讼代理人的。公诉人出庭公诉的案件,被告人开庭审理时系未成年人而没有委托辩护人,人民法院为被告人指定辩护的。

"未成年人司法救助基金"的适用对象一般仅限于聊城市两级法院未成年人案件综合审判庭(简称少年审判庭)审理的案件中所涉及的未成年人,主要包括:① 受到重大人身伤害、无法得到实际赔偿、家庭经济困难,无力支付基本医疗费的未成年人;② 受到性侵害、急需心理治疗、家庭贫困的未成年人;③ 无法得到实际赔偿的已死亡被害人的贫困未成年子女;④ 监护人缺失、流浪、残疾未成年犯这一特殊群体因无法回归家庭监护的,或患有其他严重疾病,且家庭无力抚养、自身又不具备独立生活条件的非监禁刑未成年犯、刑满释放未成年人;⑤ 认罪态度好并有悔改表现、具备一定文化基础、愿意继续求学或接受技能培训、家庭贫困的非监禁刑未成年犯、刑满释放未成年人;⑥ 其他处于特殊困境的未成年人。

(2) 资金来源。中级法院设立"未成年人司法救助基金"专项账户对需要帮扶的未成年人进行资金救助。其资金主要来源采取以政府拨款为主、政府拨款与社会捐助相结合的方式,目前资金主要来源于"中国未成年人法律援助与保护专项基金"。

聊城市茌平法院少年审判庭经与多方协商,近日还在全省首创未成年人"三金"保障机制。"三金"一是指县财局每年划拨的10万元的"未成年人司法救助基金";二是民政局为家庭生活困难的未成年人设立的"最低生活保证金";三是指当地信发集团为未成年犯或未成年被害人捐赠的"慈善基金"。"三金"主要用来救助刑事案件中的未成年被害人、民事案件中生活困难的当事人以及为失足少年提供培训基金等。

3. 积极参加社区联动工作

(1) 创建"一三三一"制度,确保社区矫正效果

从审判实践中来看,我国许多法院对未成年缓刑犯宣告判决生效以后,只是向未成年缓刑犯及其当地公安机关分别送达一份生效刑事判决书和一份执行通知书,缓刑考验期便从此开始。在这种情况下,公安机关无法了解未成年缓刑犯在审判阶段的有关信息,另外有些未成年缓刑犯在缓刑考验期内长期不到当地公安机关报到,公安机关也无法查清其行踪,致使公安机关、工作单位、村委会或居委会对其考察、监督失控,从而使未成年缓刑犯在缓刑考验期内得不到有效地教育和帮助。自2008年以来,垦利县法院在少年审判工作中积极探索创新,注重抓好对未成年缓刑犯判后考察前管理的衔接工作,实行了"一三三一"制度,该制度概括地说就是,"一个公告,三个通知,三个沟通,一个保障",主要解决对未成年缓刑犯实行判后管理衔接制问题。"一个公告"就是建立对未成年缓刑犯判后公告制度。为增强对未成年缓刑犯判决情况的透明度,在对未成年缓刑犯判决生效后2日内在法院公告栏内张贴公告,公示未成年缓刑犯的基本情况、所犯罪行、所判刑种及

刑期、负责考察工作的公安机关,以便于社会各界对未成年缓刑犯情况的了解、考察和监督。"三个通知"就是安排未成年缓刑犯于判决生效后第一日到法院领取执行通知书、法律文书生效通知书、判后告诫通知书。执行通知书的内容具体是告知未成年缓刑犯其所犯罪行及所判刑种、刑期、缓刑考验期执行的起止期间;法律文书生效通知书是告知未成年缓刑犯判决书已发生法律效力的起始时间;判后告诫通知书的内容是告诫未成年缓刑犯在缓刑考验期内必须遵守《刑法》第75条的规定,在此期间,如犯新罪或者发现判决宣告以前还有其他罪没有判决,撤销缓刑,对新犯的罪或者新发现的罪作出判决,把前罪和后罪所判处的刑罚,依照《刑法》第69条的规定,决定执行的刑罚。在此期间,如违反法律、行政法规或国务院公安部门有关缓刑的监督管理规定,情节严重的,撤销缓刑,执行原判刑罚。另外,还告知未成年缓刑犯必须于接到执行通知书后第一日到当地公安机关报到接受考察。"三个沟通"即在判后注重分别与未成年缓刑犯的所在辖区公安机关、村委会或居委会、帮教企业的沟通与联系。垦利县法院并未对判后未成年缓刑犯一放了之,而是做到让未成年缓刑犯在判后与公安机关治安管理人员直接见面,于判决生效后第一日派专人带未成年缓刑犯到其当地公安机关治安科(股)报到,详细介绍其在审判阶段的各种表现,诚恳地提出有利于对未成年缓刑犯进行考察的种种建议,并同时将公诉机关起诉书、生效刑事判决书、执行通知书送达给公安机关。另外将生效刑事判决书分别送达给未成年缓刑犯所在的村委会或居委会、帮教企业,并与他们进行座谈,以利于这些部门或单位全面地了解未成年缓刑犯犯罪和被判刑情况,以便于充分调动起它们对未成年缓刑犯进行考察、帮助、监督的积极性。"一个保障"就是通过采取以上措施,实施好人民法院与公安机关、村委会或居委会、帮教企业对未成年缓刑犯判后管理工作的衔接,做好对未成年缓刑犯进行考察的预备工作,预防对判后缓刑犯考察、监督失控现象的发生,以保障未成年缓刑犯在考验期内遵纪守法,不出现任何问题,顺利度过缓刑考验期。

(2)设立帮扶中心,扩大社区帮教范围

山东省的帮教基地大多以跟踪帮教问题少年为主,随着"全面维权"少年司法理念和前期预防思想的不断深入,与社区开展多方位合作的意识不断增强。青岛市南区法院早在2004年即在湛山社区开展了预防青少年违法犯罪"红黄绿"预防预警机制。落实预防计划之初,青岛市南区法院协调成立了由综治人员、派出所民警、小区居委会主任为主的摸底工作小组,深入湛山街道四个社区,对一街一区、一楼一院、一家一户青少年基本状况进行调查摸底,尤其对有家庭问题的青少年、"两释"青少年、社会闲散青少年、有不良行为的青少年建立起档案,做到人员底数清、家庭情况清、心理特征清、当前状况清。在查清社区青少年状况的基础上,建立了以"红黄绿"为划分标准的预防预警机制,即根据所调查青少年的不同情况对其进行分类,进行动态管理,以便于采取有针对性的教育和预防、矫正措施。"红色"是指已触犯《刑法》和《社会治安管理处罚条例》的青少年;"黄色"包括单亲家庭青少年、家庭生活困难青少年、存在打架斗殴、逃课逃学青少年、有不良行为倾向的青少年;"绿色"是指除了以上情形的正常青少年。通过摸底,湛山社区共有5400余名青少年,其中"红色"的有2人,"黄色"为23人,其余为绿色青少年。经过近两年的帮教,湛山街道社区杜绝了触犯刑律青少年,黄色青少年也由最初的23人减少到11人。

附录 主要参引书目

（以参引先后为序）

中文著作类

1. 姚建龙：《超越刑事司法—美国少年司法史纲》，法律出版社 2009 年版。
2. 梁启超：《少年中国说》，东方出版社 1998 年版。
3. 张柏峰主编：《中国当代司法制度》，法律出版社 2007 年版。
4. 康树华、刘灿璞、戴燚云：《中外少年司法制度》，华东师范大学出版社 1991 年版。
5. 徐建主编：《青少年法学新视野》，中国人民公安大学出版社 2005 年版。
6. 肖建国：《中国少年法概论》，中国矿业大学出版社 1993 年版。
7. 张鸿巍：《少年司法通论》，人民出版社 2008 年版。
8. 储槐植：《刑事一体化与关系刑法论》，北京大学出版社 1997 年版。
9. 曹立群、周愫娴：《犯罪学理论与实证》，群众出版社 2007 年版。
10. 张可创主编：《犯罪学的实证研究方法》，广西师范大学出版社 2009 年版。
11. 吴宗宪：《西方犯罪学》，法律出版社 1999 年版。
12. 尹琳：《日本少年法研究》，中国人民公安大学出版社 2005 年版。
13. 沈银和：《中德少年刑法比较研究》，五南图书出版公司 1988 年版。
14. 姚建龙：《长大成人：少年司法制度的建构》，中国人民公安大学出版社 2003 年版。
15. 钟仁耀主编：《社会救助与社会福利》，上海财经大学出版社 2005 年版。
16. 张利兆主编：《未成年人犯罪刑事政策研究》，中国检察出版社 2006 年版。
17. 高铭暄编著：《中华人民共和国刑法的孕育和诞生》，法律出版社 1981 年版。
18. 李步云主编：《人权法学》，高等教育出版社 2005 年版。
19. 李双元等著：《儿童权利的国际法律保护》，人民法院出版社 2004 年版。
20. 徐静村主编：《刑事诉讼法学》，法律出版社 2001 年版。

21. 孙长永:《沉默权制度研究》,法律出版社 2001 年版。

22. 中国青少年犯罪研究学会编委会编:《中国青少年犯罪研究年鉴》(1987 年首卷),春秋出版社 1987 年版。

23. 温小洁:《我国未成年人刑事案件诉讼程序研究》,中国人民公安大学出版社 2003 年版。

24. 薛晓源、陈家刚主编:《全球化与新制度主义》,社会科学文献出版社 2004 年版。

25. 杨春洗、康树华、杨殿升主编:《北京大学法学百科全书》,北京大学出版社 2001 年版。

26. 北京大学法律系国外法学研究室编:《国外保护青少年法规与资料选编》,群众出版社 1981 年版。

27. 张中剑等:《少年法研究》,人民法院出版社 2005 年版。

28. 刘作揖:《少年事件处理法》,三民书局 1996 年版。

29. 樊崇义:《刑事诉讼法实施问题与对策研究》,中国人民公安大学出版社 2001 年版。

30. 杨安定主编:《跨世纪的青少年保护》,上海教育出版社 1997 年版。

31. 王运生、严军兴:《英国刑事司法与替刑制度》,中国法制出版社 1999 年版。

32. 李伟民主编:《法学辞海》,蓝天出版社 1998 年版。

33. 吴宗宪:《国外罪犯心理矫治》,中国轻工业出版社 2004 年版。

34. 王运生、严军兴:《英国刑事司法与替刑制度》,中国法制出版社 1999 年版。

35. 徐美君:《侦查讯问程序正当性研究》,中国人民公安大学出版社 2003 年版。

36. 王以真:《外国刑事诉讼法学》,北京大学出版社 1994 年版。

37. 陈卫东、张弢:《刑事特别程序的实践与探讨》,人民法院出版社 1992 年版。

38. 徐美君:《未成年人刑事诉讼特别程序研究——基于实证和比较的分析》,法律出版社 2007 年版。

39. 徐建主编:《英国保释制度与中国少年司法制度改革》,方正出版社 2005 年版。

40. 陈卫东主编:《保释制度与取保候审》,中国检察出版社 2003 年版。

41. 郝杰英等编:《青少年法律保护》,中国青年出版社 1991 年版。

42. 中央司法警官学院科研处编:《监狱劳教工作改革与创新研究报告》,群众出版社 2006 年版。

43. 宋冰:《美国与德国的司法制度及司法程序》,中国政法大学出版社 1998 年版。

44. 黄荣康、邬耀广:《少年法研究》,人民法院出版社 2005 年版。

45. 龙宗智:《刑事庭审制度研究》,中国政法大学出版社 2001 年版。

46. 陈卫东主编:《刑事诉讼法学研究》,中国人民大学出版社 2008 年版。

47. 吴宗宪、陈志海、叶旦声、马晓东:《非监禁刑研究》,中国人民公安大学出版社2003年版。

48. 鞠青主编:《中国工读教育研究报告》,中国人民公安大学出版社2007年版。

49. 林崇德:《发展心理学》,浙江教育出版社2002年版。

50. 中国关工委等编:《问题少年与工读教育》,中国妇女出版社2001年版。

51. 何鹏、杨世光主编:《中外罪犯改造制度比较研究》,社会科学文献出版社1993年版。

52. 李均仁主编:《中国重新犯罪研究》,法律出版社1992年版。

53. 关颖:《城市未成年人犯罪与家庭》,群众出版社2004年版。

54. 甘雨沛、何鹏:《外国刑法学》(上册),北京大学出版社1984年版。

55. 李亚学主编:《少年矫正制度比较研究》,群众出版社2004年版。

56. 高莹等:《矫治理念与教养制度变革》,群众出版社2005年版。

57. 章恩友主编:《中国监狱心理矫治规范化运作研究》,中国市场出版社2004年版。

58. 陈士涵:《人格改造论》,学林出版社2001年版。

59. 吴宗宪:《罪犯改造论——罪犯改造犯因性差异理论初探》,中国人民公安大学出版社2007年版。

60. 杨殿升、张金桑:《中国特色监狱制度研究》,法律出版社1999年版。

61. 姚建龙:《少年刑法与刑法变革》,中国人民公安大学出版社2005年版。

62. 郭建安、郑霞泽主编:《社区矫正通论》,法律出版社2004年版。

63. 王利荣:《行刑法律机能研究》,法律出版社2001年版。

64. 刘强编著:《美国犯罪未成年人的矫正制度概要》,中国人民公安大学出版社2005年版。

65. 王运生、严军兴:《英国刑事司法与替刑制度》,中国法制出版社1991年版。

66. 梁慧星:《民法》,四川人民出版社1989年版。

67. 刘强主编:《社区矫正制度研究》,法律出版社2007年版。

68. 刘强主编:《各国(地区)社区矫正法规选编及评价》,中国人民公安大学出版社2004年版。

69. 周国强:《社区矫正制度研究》,中国检察出版社2006年版。

70. 狄小华、李志纲编著:《刑事司法前沿问题——恢复性司法研究》,群众出版社2005年版。

71. 孙小华、刘志伟主编:《恢复性司法理论与实践》,群众出版社2007年版。

72. 林山田:《刑罚学》,台湾商务印书馆股份有限公司1992年版。

73. 张昱、费梅萍:《社区矫正实务过程分析》,华东理工大学出版社 2005 年版。
74. 翟进、张曙:《个案社会工作》,社会科学文献出版社 2002 年版。
75. 刘梦:《小组工作》,高等教育出版社 2003 年版。
76. 袁登明:《行刑社会化研究》,中国人民公安大学出版社 2005 年版。
77. 胡艳辉:《"问题少年"矫治体系论》,湖南人民出版社 2005 年版。
78. 于志刚:《刑罚消灭制度研究》,法律出版社 2000 年版。
79. 姜兴长:《审判长适用法律手册·普通刑事犯罪卷》,人民法院出版社 2002 年版。

中文论文类

1. 徐建:《少年司法是向传统理论的挑战》,载《青少年犯罪问题》2008 年第 4 期。
2. 陈永辉:《功德无量——少年法庭工作 25 年回眸》,载《人民法院报》2009 年 6 月 1 日。
3. 康树华:《少年司法制度发展概况》,载《法学杂志》1995 年第 2 期。
4. 安克明:《人民法院司法改革取得明显进展》,载《人民法院报》2007 年 3 月 10 日。
5. 王牧:《我国应当尽快建立少年司法制度》,载《人民法院报》2003 年 1 月 6 日。
6. 康均心、韩光军:《试论我国少年司法制度的不足与完善》,载《青少年犯罪问题》2006 年第 6 期。
7. 孙谦、黄河:《少年司法制度论》,载《法制与社会发展》1998 年第 4 期。
8. 郭翔:《中日少年犯罪和少年司法制度比较》,载《河南公安学刊》2000 年第 2 期。
9. 卞建林、李菁菁:《从我国刑事法庭设置看刑事审判构造的完善》,载《法学研究》2004 年第 3 期。
10. 刘立:《论未成年人违法犯罪的法治与德治》,载《江汉论坛》2003 年第 6 期。
11. 杨长征、黎陆昕等:《"十五"期间青年社会发展预测》,载《中国青年研究》2001 年第 4 期。
12. 王培智:《社会制度》,载《理论学刊》1986 年第 1 期。
13. 康均心:《我国少年司法制度的现实困境与改革出路》,载《中国青年研究》2008 年第 3 期。
14. 张美英:《论现代少年司法制度——以中、德、日少年司法为视角》,载《青少年犯罪问题》2006 年第 5 期。
15. 王雪梅:《论少年司法的特殊理念和价值取向》,载《青少年犯罪问题》2006 年第 5 期。

16. 姚建龙:《美国少年司法严罚刑事政策的形成、实践与未来》,载《法律科学》2008 年第 3 期。

17. 张鸿巍、韦林欣:《美国少年司法的新近发展》,载《法学论坛》2005 年第 2 期。

18. 赵国玲、王海涛:《少年司法主导理念的困境、出路和中国的选择》,载《中州学刊》2006 年第 6 期。

19. 袁定波:《最高院披露中级法院少年法庭详情》,载《法制日报》2007 年 3 月 19 日。

20. 姚建龙:《犯罪学与刑事司法的融合:少年司法研究 30 年》,载《社会科学》2008 年第 12 期。

21. 柴建国、张明丽:《关于我国未成年人前科消灭制度若干问题的探讨》,载《河北法学》2003 年第 3 期。

22. 刘建:《少年司法制度理论研究滞后》,载《法制日报》2006 年 6 月 24 日。

23. 刘建宏:《"经验"方法与法学研究》,载《西南政法大学学报》2007 年第 3 期。

24. 赵运恒:《实证研究——当代中国犯罪学的缺失》,载《江西公安专科学校学报》2000 年第 3 期。

25. 金光旭:《日本少年司法制度的基本特征及其最近的动向》,http://www.criminallaw.com.cn/article/default.asp? id = 1853,2009 年 10 月 20 日访问。

26. 于建伟:《未成年人保护法修订的背景、思路与主要内容》,载《青少年犯罪问题》2007 年第 2 期。

27. 卜卫:《儿童的权利——我们应该知道和遵守〈儿童保护公约〉》,载《少年儿童研究》1998 年第 4 期。

28. 姚建龙:《〈未成年人保护法〉的修订及其重大进展》,载《当代青年研究》2007 年第 5 期。

29. 盖笑松、王海英:《我国亲职教育的发展状况与推进策略》,载《东北师范大学学报》2006 年第 6 期。

30. 肖建国:《预防未成年人犯罪教育探讨》,载《青少年犯罪问题》1999 年第 5 期。

31. 刘桃荣:《英国青少年犯罪预防的经验》,载《青少年犯罪问题》2006 年第 5 期。

32. 程晓璐:《未成年人审前羁押的实证分析及对策研究》,载《中澳少年司法制度探索研讨会论文集》,2009 年 5 月。

33. 张荆:《日本警察在预防青少年犯罪方面的作为》,http://www.cycs.org,2009 年 10 月 20 日访问。

34. 高键:《社会调查之现状与前景》,载《中澳少年司法制度探索研讨会论文集》,2009 年 5 月。

35. 王国琦:《日本的少年警察制度》,载《人民公安》2007年第11期。

36. 徐美君:《警察讯问和羁押期间未成年人待遇状况调查报告》,载《青少年犯罪问题》2004年第1期。

37. 樊荣庆:《德国少年司法制度研究》,载《青少年犯罪问题》2007年第3期。

38. 田向红:《美国少年司法制度介评》,载《人民检察》2007年第7期。

39. 徐志森、孙利平:《完善少年检察机构和工作制度的实践和建议》,载《青少年犯罪问题》2004年第1期。

40. 张晶、刘焱:《少年检察制度的阶段性构建与具体措施运用的探讨——结合暂缓起诉制度在少年检察中的试点》,载《安徽大学法律评论》2008年第1期。

41. 姚建龙:《评最高人民法院少年综合庭试点改革》,载《法学》2007年第12期。

42. 沈德咏:《为建立和完善中国特色少年司法制度而努力——在全国部分法院少年法庭工作座谈会上的讲话》,载《山东少年审判》2009年第1期。

43. 北京市高级人民法院课题组:《完善少年审判制度相关问题研究》,载《法律适用》2007年第8期。

44. 赵星:《设立未成年人法院的必要性、可行性及其方法》,载《法学论坛》2008年第5期。

45. 李璞荣:《论我国建立少年法院的必要性和可行性》,载《青少年犯罪问题》2001年第5期。

46. 温小洁:《我国未成年犯非监禁刑执行机制构建刍议》,载《青少年犯罪问题》2006年第1期。

47. 刘东根:《公安机关与社区矫正——兼论社区矫正执行机构的构建》,载《中国人民公安大学学报》2006年第3期。

48. 廖明:《在打击与保护之间寻求平衡——略论我国未成年人犯罪的侦查制度》,http://www.criminallawbnu.cn/,2009年10月5日访问。

49. 奚玮:《未成年人刑事诉讼中的全面调查制度》,载《法学论坛》2008年第1期。

50. 邓君韬:《未成年人刑事案件社会调查制度论纲》,载《西南政法大学学报》2006年第4期。

51. 杨雄:《未成年人刑事案件中社会调查制度的运用》,载《法学论坛》2008年第1期。

52. 曾康:《我国未成年人案件庭前社会调查制度的不足与完善》,http://www.cq-court.gov.cn/Information/InformationDisplay.asp,2009年10月15日访问。

53. 丁永龄、曹晓云:《未成年人刑事案件中的社会调查之发展》,载《青少年犯罪问题》1999年第5期。

54. 韩晓飞:《社会调查员制度在实践中的成效、问题及完善》,http://www.bjgy.chinacourt.org/public/detail.php,2007 年 11 月 26 日访问。

55. 廖明:《浅谈未成年人犯罪案件侦查的社会调查原则》,载《青少年犯罪问题》2004 年第 4 期。

56. 李璞荣、司明灯:《我国未成年被告个体情况社会调查制度运行模式比较研究》,载《青未成年人犯罪问题》2003 年第 1 期。

57. 贾冬梅:《办理未成年人刑事案件的探索》,载《青少年犯罪问题》2001 年第 2 期。

58. 史洪硕、刑瑜:《心理测试在教育、感化、挽救犯罪的未成年人工作中的效用》,载《青少年犯罪研究》2002 年第 2 期。

59. 姚建龙:《英国适当成年人介入制度及其在中国的引入》,载《中国刑事法杂志》2004 年第 4 期。

60. 刘芹:《"中欧少年司法制度——合适成年人参与制度研讨会"会议综述》,载《青少年犯罪问题》2003 年第 3 期。

61. 祈涛:《引进合适成年人制度初探》,载《云南大学学报》2005 年第 2 期。

62. 周树廉、祁涛:《合适成年人参与制度——昆明市盘龙区未成年人司法试点项目主线的思考》,载《社会工作》2008 年第 11 期。

63. 邢玲玲、杨敏:《建立合适成年人参与审讯制度的构想》,载《时代潮》2005 年第 6 期。

64. 林志强:《"第二次中欧少年司法制度——合适成年人参与制度"研讨会会议综述》,载《青少年犯罪问题》2004 年第 6 期。

65. 刘福谦:《试论侦查阶段对未成年犯罪嫌疑人的非监禁化》,载《青少年犯罪问题》2004 年第 8 期。

66. 韩晶晶:《扩大对涉嫌犯罪的未成年人非羁押强制措施的适用》,http://www.chinachild.org/default.asp,2009 年 10 月 10 日访问。

67. 程晓璐:《对未成年犯罪嫌疑人减少审前羁押之必要性、可行性分析及对策》,载《青少年犯罪研究》2008 年第 3 期。

68. 乐安定:《对未成年人逮捕措施的限制适用与适度适用》,载《中国检察官》2008 年第 10 期。

69. 陈瑜:《第三次中英少年司法制度——保释问题研讨会综述》,载《青少年犯罪问题》2004 年第 3 期。

70. 孙跃勤:《建立取保候审风险量化评估机制,推动认罪轻案办理程序的深入实施》,http://su.people.com.cn/GB/channel233/253/200811/21/20093.html,2008 年 10 月

21日访问。

71. 刘中发等:《取保候审制度运行现状调查》,载《国家检察官学院学报》2008年第2期。

72. 浙江省温州市人民检察院课题组:《宽严相济刑事政策视野中不起诉裁量权的行使》,载《法学杂志》2007年第5期。

73. 宋英辉:《酌定不起诉适用中面临的问题与对策——基于未成年人案件的实证研究》,载《当代法学》2007年第1期。

74. 陈光中:《刑事和解的理论基础与司法适用》,载《人民检察》2006年第5期。

75. 段学明:《理性对待暂缓起诉制度》,http://www.chinaweblaw.com/html/c27/2005-09/28265.html,2009年3月27日访问。

76. 姚建龙:《暂缓起诉制度研究》,载《青少年犯罪研究》2003年第4期。

77. 刘广三:《犯罪控制视野下的暂缓起诉裁量权》,载《当代法学》2007年第6期。

78. 公文卿:《青少年犯罪的暂缓起诉制度研究》,载《中国青年政治学院学报》2006年第4期。

79. 王敏远:《暂缓起诉制度——争议及前景》,载《人民检察》2006年第4期。

80. 张寒玉:《构建我国暂缓起诉制度的思考》,载《人民检察》2006年第4期。

81. 周小萍、曾宁:《略论未成年人刑事诉讼中的分案起诉制度》,载《青少年犯罪问题》2000年第5期。

82. 姜冰:《对未成年被告人分案起诉体现特殊保护》,载《检察日报》2004年5月31日。

83. 程功:《共同犯罪中未成年人分案起诉的原则与标准探析》,载《人民检察》2007年第4期。

84. 蔡煜:《试论分案处理原则的完善》,载《青少年犯罪问题》1997年第4期。

85. 胡巧绒:《完善分案起诉制度》,载《中国检察官》2008年第9期。

86. 曾宁:《未成年人刑事诉讼中分案起诉制度的试行》,载《上海市政法管理干部学院学报》2001年第4期。

87. 康均心:《未成年人刑事审判:中国的实践》,载《法学评论》1995年第1期。

88. 甲继霞、徐海斌:《试论对未成年人刑事案件的审判原则及刑罚的适用》,载《法律适用》1994年第1期。

89. 唐震:《未成年被告人个体情况调查报告的法律性质及其运用》,载《法治论丛》2007年第6期。

90. 史清:《"控辩式"庭审方式与未成年人刑事诉讼》,载《青少年犯罪问题》1997年第6期。

91. 陈碧红:《试论少年审判制度与女法官在其中的作用》,载《湖湘论坛》2008年第4期。

92. 孙箫:《略论未成年人犯罪的处理原则》,载《安徽警官职业学院学报》2005年第4期。

93. 陈瑞华:《定罪与量刑的程序分离——中国刑事审判制度改革的另一种思路》,载《法学》2008年第6期。

94. 陈瑞华:《论量刑程序的独立性——一种以量刑控制为足以的程序理论》,载《中国法学》2009年第1期。

95. 王一平:《标签理论——一个犯罪学的介绍》,载《河南公安高等公安专科学校学报》1995年第1期。

96. 陈建明:《未成年人被告人暂缓判决的实践与思考》,载《青少年犯罪问题》2002年第2期。

97. 王翔、陈建明:《少年法庭对未成年被告人的司法保护实践》,载《青少年犯罪问题》2001年第2期。

98. 张素英、裴维奇:《我国未成年人犯缓刑制度的改革与完善》,载《贵州民族学院学报》2005年第1期。

99. 姚建龙:《犯罪后的第三种法律后果:保护处分》,载《法学论坛》2006年第1期。

100. 于国旦:《保护处分及其在我国的适用》,载《国家检察官学院学报》2009年第3期。

101. 何慧英、张萍:《对我院审理涉及未成年人民事案件情况的分析》,载《未成年人法学研究专刊》2005年第3、4期。

102. 卢伟艳:《科学探索未成年人民事审判制度的实践及构想》,载《佳木斯大学社会科学学报》2009年第1期。

103. 马富周:《浅谈未成年人民事案件的特色审理》,http://www.chinacourt.org/html/article/200805/27/304147.shtml,2009年10月10日访问。

104. 胡俊崎、尹章伟:《英国伯明翰市预防青少年违法犯罪的特殊教育体系及作用》,载《青少年犯罪问题》2007年第3期。

105. 卓晴君:《中国的工读教育》,载《青少年犯罪研究》1991年第11期。

106. 张梅颖:《关注"问题孩子"办好工读教育》,载《群言》2006年第3期。

107. 候兆晓、王长风:《工读学校嬗变》,载《民主与法制》2008年第2期。

108. 刘世恩:《对我国工读学校立法的思考》,载《法学杂志》2005年第6期。

109. 刘长想:《上海未成年人社会帮教工作的历史和发展》,载《山东省青年管理干部学院学报》2005年第5期。

110. 柳忠卫:《假释监督保护机构及人员之比较研究》,载《河北法学》2006 年第 3 期。

111. 翟中东:《出狱人保护事业在当代中国的前景》,载《犯罪与改造研究》2002 年第 7 期。

112. 章凤仙、陆莉萍:《未成年人刑事案件判后工作研究》,载《青少年犯罪问题》2002 年第 2 期。

113. 冯文高:《回归之后的困扰——刑释青少年回访调查纪事》,载《青少年犯罪问题》1999 年第 1 期。

114. 储国梁、杨重辉等:《构筑城市未成年人犯罪预防与帮教机制的思考》,载《青少年犯罪问题》2004 第 1 期。

115. 张远煌:《未成年人犯罪严峻形势的冷思考》,http://www.legaldaily.com.cn/2007jdwt/2009-07/22/content_1133893.htm,2009 年 7 月 22 日访问。

116. 康树华:《论有中国特色的预防犯罪》,载《公安学刊》1999 年第 6 期。

117. 邬庆祥、胡静雅:《刑释少年个体再犯危险度测量之研究》,载《中国监狱学刊》2004 第 5 期。

118. 高铭暄、张杰:《中国刑法中未成年人犯罪处罚措施的完善——基于国际人权法视角的考察》,载《法学论坛》2008 年第 1 期。

119. 阮后人、方新文、邓俊彬:《对收容教养犯罪少年的几个问题的研究》,载《中国人民公安大学学报》1994 年第 5 期。

120. 王利荣:《完善青少年教养模式的基本思路》,载《青少年犯罪问题》1997 年第 5 期。

121. 孙平:《试论未成年违法犯罪人员九年义务教育的司法保护》,载《中国司法》2009 年第 2 期。

122. 林小培:《行刑社会化:未成年犯社区矫正的实践与思考》,载《青少年犯罪问题》2004 年第 3 期。

123. 蒋令:《建立"受害人谅解"相关制度的设想》,载《犯罪与改造研究》2004 年第 8 期。

124. 狄小华:《关于社区矫正若干问题的思考》,载《犯罪与改造研究》2005 年第 6 期。

125. 石先广:《建立未成年犯区别矫正制度的思考》,载《中国司法》2006 年第 6 期。

126. 林小培:《行刑社会化:未成年犯社区矫正的实践与思考》,载《青少年犯罪问题》2004 年 3 期。

127. 田国秀:《社会工作个案方法在社区矫正中的意义与运用》,载《首都师范大学学报》2004 年第 5 期。

128. 林仲书:《北京市社区矫正试点工作情况》,载《法治论丛》2007 年第 1 期。

129. 王文玲:《监外罪犯心理矫正工作现状与思考》,载《犯罪研究》2007 年第 4 期。

130. 吴宗宪:《目前中国社区矫正的问题与前景》,载《辽宁公安司法管理干部学院学报》2006 年第 4 期。

131. 王志亮、王俊莉:《关于我国社区矫正制度的思考》,载《中国司法》2004 年第 12 期。

132. 陈卫宁:《社区矫正工作现状与完善建议》,载《人民检察》2009 年第 11 期。

133. 储槐植、陈敏:《改善社区司法——以缓刑考察为例》,载《中国监狱学刊》2002 年第 6 期。

134. 席小华:《国外社区预防和矫正少年犯罪的实践与启迪》,载《中国青年研究》2004 年第 11 期。

135. 司法部预防犯罪研究所课题组:《监狱服刑人员未成年子女基本情况调查报告》,载《犯罪与改造研究》2006 年第 8 期。

136. 孟红:《未成年犯社区矫正中的法律主体研究》,载《华东政法学院学报》2006 年第 5 期。

137. 夏燕:《家庭治疗方法在青少年个案工作中的本土应用》,载《中国社会导刊》2007 年第 18 期。

138. 周朝英:《结构式家庭心理治疗在问题青少年矫治中的应用》,载《江苏警官学院学报》2005 年第 1 期。

139. 金艾裙、黄海燕:《青少年犯罪社区矫正的社会工作方法探讨》,载《社会工作》(学术版)2006 年第 7 期。

140. 王维:《社区矫正制度研究》,西南政法大学 2006 年博士论文。

141. 邓煌发:《社区处遇之探讨》,载《警学丛刊》1999 年第 3 期。

142. 张静:《积极探索广泛论证努力兴建中国大陆第一个中途之家》,载《人民调解》2008 年第 9 期。

143. 赵碧华、周震欧:《少年庇护服务中心(中途之家)——小区处遇方式之探讨》,载《东吴社会学报》1994 年第 3 期。

144. 李明:《国外主要社区矫正模式考察及其借鉴》,载《广州大学学报》2007 年第 9 期。

145. 王珏、鲁兰:《日本更生保护制度》,载《中国司法》2007 年第 11 期。

146. 詹火生、孙壹凤:《我国少年安置服务政策分析》,载《"国政"研究报告》2002 年 5 月。

147. 林瑞钦、戴伸峰、郑添成:《刑事司法机构内与机构外之处遇与连结——对再犯之研究》,《"行政院""法务部"2006年度委托研究计划报告》,www. moj. gov. tw/public/Attachment/82251410695. pdf,2009年8月20日访问。

148. 许疏影:《刍议恢复性司法与未成年人司法保护》,载《法制与社会》2008年第9期。

149. 刘方权、陈晓云:《西方刑事和解理论基础介评》,载《云南大学学报》2003年第1期。

150. 翟中东:《关于恢复性司法精神的引入》,载《法制日报》2005年2月4日。

151. 狄小华:《恢复性司法与未成年人司法国际会议述评》,载《国际学术动态》2007年第6期。

152. 康均心、胡春莉:《恢复性司法的价值取向探析》,载《山东大学学报》(哲学社会科学版)2007年第4期。

153. 马静华:《刑事和解的理论基础及其在我国的制度构想》,载《法律科学》2003年第4期。

154. 狄小华:《恢复性少年刑事司法的正义性探析》,载《青少年犯罪问题》2008年第2期。

155. 黄成荣:《复和公义在香港的应用和实践》,载《江苏社会科学》2004年第2期。

156. 刘凌梅:《西方国家刑事和解理论与实践介评》,载《现代法学》2001年第1期。

157. 张庆方:《恢复性司法》,载陈兴良主编:《刑事法评论》第12卷,法律出版社2003年版。

158. 刘东根:《恢复性司法及其借鉴意义》,载《环球法律评论》2006年第2期。

159. 联合国预防犯罪和刑事司法委员会:《恢复性司法专家组会议报告》,2002年4月,维也纳。

160. 顾文:《.对未成年人轻罪记录消灭的思考和制度设计》,载《中国检察官》2009年第10期。

161. 德州市中级人民法院、乐陵市人民法院:《关于乐陵市失足未成年人"前科消灭"制度的调查报告》,载《山东审判》2009年第3期。

162. 刘凌梅:《关于建立未成年人刑事污点消灭制度的思考》,载《青少年犯罪问题》2003年第1期。

163. 管晓静:《我国设立"未成年人刑事污点消灭"制度之探讨》,载《中国青年研究》2005年第1期。

164. 段晓梅、魏光民:《试论我国未成年人刑事污点消灭制度的构建》,载《青年探索》2006年第2期。

165. 房清侠:《前科消灭制度研究》,载《法学研究》2001 年第 4 期。

166. 陈晶:《关于建构未成年人前科消灭制度的思考》,载《福建师范大学福清分校学报》2005 年第 1 期。

167. 刘朝阳:《从犯罪标签理论的角度看刑法第 100 条的规定》,载《山东公安专科学校学报》2004 年第 3 期。

168. 沈兵、刘宇:《构建我国未成年人前科消灭制度》,载《法治论丛》2007 年第 5 期。

169. 山东省乐陵市法院:《乐陵法院失足未成年人"前科消灭制度"实施细则》,载《山东少年审判》2009 第 1 期。

170. 山东省青岛市李沧区法院:《青岛市李沧区未成年犯罪人前科封存实施意见(试行)》,载《山东少年审判》2009 第 1 期。

译著和外文类

1. 〔美〕玛格丽特·K.罗森海姆等编:《少年司法的一个世纪》,高维俭译,商务印书馆 2008 年版。

2. 〔日〕大谷实:《刑事政策学》,黎宏译,法律出版社 2000 年版。

3. 〔德〕柯尔纳:《德国刑事追诉与制裁》,许泽天、薛智仁译,元照出版公司 2008 年版。

4. 〔日〕大须贺明:《生存权》,林浩译,吴新平审校,法律出版社 2001 年版。

5. 〔日〕藤本哲也:《日本预防青少年犯罪的新国策》,俞建平译,载《青少年犯罪问题》2006 年第 6 期。

6. 〔日〕森本益之等:《刑事政策学》,戴波等译,中国人民公安大学出版 2004 年版。

7. 〔日〕土木武司:《日本刑事诉讼法要义》,董璠舆、宋英辉译,五南图书出版公司 1997 年版。

8. 〔德〕汉斯·海因里希·耶赛克、托马斯·魏根特:《德国刑法教科书》,徐久生译,法律出版社 2009 年版。

9. 〔日〕中尾克彦:《警察查处和帮教非行少年的现状》,载《第三届中日犯罪学学术研讨会论文》,2009 年 9 月 7 日—9 日,日本东京。

10. 〔美〕詹姆斯.B.杰克布斯:《美国少年司法状况报告》,时延安译,载《法学家》2006 年第 6 期。

11. 〔美〕约翰·杰克逊:《美国犯罪青少年的矫治》,李志红译,载《青少年研究》2007 年第 3 期。

12. 《德国刑法典》,徐久生、庄敬华译,方正出版社 2004 年版。

13.〔苏〕Л.Л.卡涅夫斯基:《未成年人犯罪的侦查和预防》,冯树樑译,群众出版社1988年版。

14.〔法〕卡斯东·斯特法尼:《法国刑事诉讼法精义》,罗结珍译,中国政法大学出版社1999年版。

15.〔美〕爱伦·豪切斯泰勒·斯黛丽:《美国刑事法院诉讼程序》,陈卫东等译,中国人民大学出版社2002年版。

16.〔捷〕夸美纽斯:《大教学论·教学法解析》,任钟印译,人民教育出版社2006年版。

17.〔美〕罗伯特.J.威克斯、H.H.A.库珀编:《各国矫正制度》,郭建安等译,中国政法大学出版社1988年版。

18.〔美〕丹尼拉·塞拉德:《恢复性司法的实证研究》,何挺译,载《中国刑事法杂志》2008年第5期。

19. Steven M. Cox, *Juvenile Justice: a Guide to Practice and Theory*, Wm. C. Brown Publisher, 1991.

20. Dean J. Champion, *The Juvenile Justice System: Delinquency, Processing, and the Law*, New Jersey: Prentice-Hall Upper Saddle River, 1998.

21. L T Empey & M C Stafford, *American Delinquency: Its Meaning & Construction*, 3rd ed., Belmont, California: Wadsworth Publishing Company, 1991.

22. Larry J. Siegel, *Juvenile Delinquency: Theory, Practice, and Law*, St. Paul: West Publishing Company, 1991.

23. Joseph J. Senna, *Juvenile Law: Cases and Comments*, St. Paul: West Publishing Company, 1992.

24. Jenneke Christiaens, "A History of Belgium's Child Protection Act of 1912 The Redefinition of the Juvenile Offender and His Punishment," *European Journal of Crime, Criminal Law & Criminal Justice* 7, 1999.

25. Tonry, Michael H, *Youth Crime and Youth Justice: Comparative and Cross-national Perspectives*, The University of Chicago Press: Chicago and London, 2004.

26. John T. Whitehead, *Juvenile Justice: an Introduction*, Cincinnati, OHIO: Anderson Publishing Co., 1990.

27. Weijers, "The Debate on Juvenile Justice in the Netherlands, 1891—1901", *European Journal of Crime, Criminal Law & Criminal Justice* 7, 1999.

28. Michael H. Tonry, *Youth Crime and Youth Justice: Comparative and Cross-national Perspectives*, The University of Chicago Press, 2004.

29. Allison Morris, *Restorative Justice for Juveniles: Conferencing, Mediation, and Circles*, Hart Publishing Co., 2001.

30. Julian Roberts, "Harmonizing the Sentencing of Young and Adult Offenders: A Comparison of the Youth Criminal Justice Act and Part XXIII of the Criminal Code," *Canadian Journal of Criminology & Criminal Justice* 3, 2004.

31. George F. Cole and Christopher E. Smith, *Criminal Justice in America*, Wadsworth Pub. Co., 1996.

32. Thomas Hammarberg, "The UN Convention on the Rights of the Child—And How to Make It Work," *Human Rights Quarterly* 12, 1990.

33. Slavin, RE, Karweit, NL, & Madden, NA, *Effective Programs for Students At-risk*, Allyn and Bacon, 1989.

34. Concha, D.-G., "The Value of Conformity: Learning to Stay in School," *Anthronpology and Education Quartely* 19, 1988.

35. MA. Raywid, "Alternative Schools: The State of the Art". *Educational Leadership* 52, 1994.

36. E. P. Deschenes and EW. Greenwood, "Alternative Placements for Juvenile Offenders: Results from the Evaluation of the Nokomis Challenge Program," *Journal of Research in Crime and Delinquency* 35, 1998.

37. Steve V. Gies, "Aftercare Services," *Juvenile Justice Bulletin*, Washington, DC: Office of Juvenile Justice and Delinquency Prevention. Sept., 2003.

38. Latessa, Edward J., Lawrence F. Travis. "Halfway House or Probation: A Comparison of Alternative Dispositions," *Journal of Crime and Justice* 14, 1991.

39. D. A. Andrews, I. Zinger, R. D. Hoge, J. Bonta, P. Gendreau, and F. T. Cullen, "Does Correctional Treatment Work? A Clinically Relevant and Psychologically Informed Meta-analysis," *Criminology* 28, 1990.

40. Doris Layton Mackenzie, *What Works in Corrections: Reducing the Criminal Activities of Offenders and Delinquents*, Cambridge University Press, 2006.

41. Kay Knapp, Peggy Burke, Mimi Carter, "Residential Community Corrections Facilities: Current Practice and Policy Issues," http://www.nicic.org/pubs/1992/010938.pdf, 2009年10月20日访问。

42. Sharron D. Matthews, "Preface," in *Second Policy Paper Series on Issues Affecting the Employment of Individuals with Criminal Records in Illinois*, Safer Foundation ed. http://www.saferfoundation.org/docs/2005CARREPaperSeries3Papers.pdf, 2009年10月20日

访问。

43. T. O'Connor, "An Overview of Juvenile Justice," http://www.apsu.edu/oconnort/1010/1010lect08.htm,2009 年 10 月 20 日访问。

44. Sergeant Shane Ptak, "Alternative to Incarceration," http://www.emich.edu/cerns/downloads/papers/PoliceStaff/Miscellaneous/Alternatives%20to%20Incarceration.pdf, 2009 年 10 月 20 日访问。

45. Nancy A. Marion, "Community Corrections in Ohio: Cost Savings and Program Effectiveness," http://policymattersohio.org/pdf/comm_corr_rep.pdf, 2009 年 10 月 20 日访问。

46. Christopher Lowenkamp and Edward Latessa, "Evaluation of Ohio's Community Based Correctional Facilities and Halfway House Programs, Final Report," http://www.drc.state.oh.us/web/reports/HWH/Annual%20Report%202003.pdf, 2009 年 10 月 20 日访问。

47. Harry E. Hageman, "Annual Report Fiscal Year 2003," http://www.drc.state.oh.us/web/reports/HWH/Annual%20Report%202003.pdf, 2009 年 10 月 20 日访问。

48. Frankenberger, K. D., "Adolescent Egocentrism: a Comparison Among Adolescents and Adults", *Journal of Adolescence* 23, 2000.

49. Martinson, "What works? —Questions and Answers about Prison Reform," *The Public Interest* 35, 1974.

50. Lipton, Martinson, & Wilks, *The Effectiveness of Correctional Treatment: A Survey of Treatment Evaluation Studies*, New York: Praeger, 1975.

51. Johnstone, G. *The Idea of Restorative Justice. Inaugural Professorial Lecture*, Univeristy of Hull, 11 October.

52. Noramalina binti Mustaffa, "Punishing Delinquents: Incarceration vs. Community Work, a Study on Juvenile Justice Systems in Malaysia, Thailand, and Japan," http://www.apimal.org/blogcms/media/13/File/Noramalina.pdf, 2009 年 10 月 20 日访问。

53. The Legal Action Center, 2002: "After Prison: Roadblocks to Reentry". http://www.lac.org/lac/main.php?view=law&subaction=5., 2009 年 4 月 2 日访问。

54. Sharron D. M., Michael Rutt, "Access to Livable Wage Employment: A Review of Expungement and Sealing Policies and their Impact on the Employment of Individuals with Arrest", in *Second Policy Paper Series on Issues Affecting the Employment of Individuals with Criminal Records in Illinois*, Safer Foundation: Council of Advisors to Reduce Recidivism Through Employment (C.A.R..R.E.), 2005.

55. Daly, K., "Restorative Justice: the Real Story". Revised from a Plenary Address

Given to the Scottish Criminology Conference, Edinburgh, 21—22 September 2000.

56. Coben, J. , Harley, P. , "Intentional Conversation about Restorative Justice, Mediation and the Practice of Law", *Journal of Public Law & Policy*, vol. 25.

57. Cormier, R. B. "Restorative Justice: Directions and Principles—Developments in Canada", A Paper Presented at the Technical Assistance Workshop of the Programme Network of Institutes at the 11th Session of the Commission on Crime Prevention and Criminal Justice, held in Vienna from April 16 to 25, 2002.

58. Umbreit, M. S. , Coates, R. B. , Kalanj, B. , Lipkin, R. , and Petros, G. *Mediation of Criminal Conflict: An Assessment of Programs in Four Canadian Provinces.* Center for Restorative Justice and Mediation, University of Minnesota, St. Paul, MN.

59. Hughes, Stella and Anne Schneider. *Victim Offender Mediation in the Juvenile Justice System.* Washington, D. C. : Office of Juvenile Justice and Delinquency Prevention.

60. Schiff, Mara F. , "Restorative Justice Interventions for Juvenile Offenders: A Research Agenda for the Next Decade." *Western Criminology Review*, 1(1), 1998. Online. Available: http://wcr.sonoma.edu/v1n1/schiff.html.

61. Morris, Allison and Gabrielle Maxwell, "Restorative Justice in New Zealand: Family Group Conferences as a Case Study." *Western Criminology Review*, 1(1), 1998.

62. Kay Pranis, Barry Stuart & Mark Wedge, *Peacemaking Circles: From Crime to Community*, Living Justice Press, 2003.

63. Bazemore, G. , Umbreit, M. , "Balanced and Restorative Justice: Prospects for Juvenile Justice in the 21st Century", *Juvenile Justice Sourcebook: Past, Present, and Future*, Albert R. Roberts, ed. —See NCJ-206597, 2004.

64. Zebr H. , *Changing Lenses*, Herald Press, 1990.

65. Coben, J. , Harley, P. , "Intentional Conversation about Restorative Justice, Mediation and the Practice of Law", *Journal of Public Law & Policy*, vol. 25, 2004.

66. Hirschi, T, *Causes of Delinquency.* Berkeley: University of California Press, 1969.

67. Tannenbaum, Frank, *Crime and the Community*, Boston: Ginn, 1938.

68. Lemert, Edwin M. , *Human Deviance, Social Problems and Social Control*, New York: Prentice-Hall, 1967.

69. Becker, Howard. , *Outsiders: Studies in the Sociology of Deviance*, New York: The Free Press, 1963.

后　　记

本课题研究从2007年开始,完稿之际,笔者在感到轻松的同时,也感到一份沉重的责任。未成年人司法制度直接关系到未成年人的健康成长和社会的和谐发展,如何为推动我国的未成年人司法制度改革作出自己的贡献,不能不说是一个沉重的课题。

在本次研究的过程中,我们进行了大规模的实证调查,在全国27个省市对法官、检察官、警察、律师、公众、未成年犯罪人等3116人样本进行了问卷调查,收集、分析了1180份未成年人犯罪案件的判决书,同时进行了深入的实地访谈。虽然未成年人司法制度已经成为目前我国犯罪学研究中的一个热点问题,但是在如此大规模实证调查的基础上进行的研究在国内尚不多见。可以说,本书是在该领域中运用实证方法的一次探索和尝试。和传统的思辨研究相比,实证研究不仅程序复杂,需要研究设计、抽样、问卷调查、统计分析等一系列的过程,而且还要有大量的人力、物力和财力作为保障,我们对此深有感触。但笔者相信,通过这些研究过程所得出的结论也更具针对性和说服力。当然,本书的研究成果能够在多大程度上得到学术界和司法界的认可,还需要时间的检验。

本课题的研究设计、样本抽取、数据统计与分析都致力于遵循实证研究的范式,但是,在调查过程中由于受到诸多条件的限制,给我们的研究也带来了一些遗憾,如调查样本的选取只能尽可能最大程度上保证其代表性,某些具体环节可能还不够严谨。加之研究者水平有限,书中存在一些不当之处也在所难免,敬请学界同仁和广大读者不吝指正。

本书为国家社会科学基金项目,原结项稿40多万字,限于篇幅,此次出版删减了近四分之一的内容。本项目由赵国玲负责,调研、数据统计分析及撰写分工为（以撰写章节先后为序）：赵国玲：前言、第一章、第十一章、后记；常磊：第一章、第八章；王海涛：第二章；刘灿华：第三章、第四章、第八章；刘东根：第五章、第六章；徐凯：第五章、第七章；赵星：第八章；赵桂芬：第九章、第十一章；崔会如：第五章、第十章；朱艳菊、罗莹：第十二章。主编、副主编负责本书的统稿工作，最后由主编定稿。

  本课题调研得到了河南省高级人民法院、石家庄市中级人民法院、陕西省律师协会等有关部门的大力支持；四川省成都市中级人民法院少年审判庭史志君庭长、国家检察官学院郭立新教授、河南省洛阳市人民检察院宋涛检察官、河北省廊坊市中级人民法院杨帆法官在百忙中组织进行了相关问卷调查；北京大学法学院硕士研究生巩艳军、韩桂珍及中国人民公安大学李伟老师指导的部分学生参与了艰苦的数据收集和整理工作；本书出版得到北京大学出版社的大力支持，在此一并表示衷心的感谢。

主编

2011 年 6 月